Wahlstraftaten

Criminalia

Herausgegeben von Klaus Volk

Band 43

Peter Lang

Frankfurt am Main · Berlin · Bern · Bruxelles · New York · Oxford · Wien

Dominik Härtl

Wahlstraftaten

Die §§ 107 ff. StGB
im System des Rechts

Peter Lang
Europäischer Verlag der Wissenschaften

Bibliografische Information Der Deutschen Bibliothek
Die Deutsche Bibliothek verzeichnet diese Publikation in der
Deutschen Nationalbibliografie; detaillierte bibliografische
Daten sind im Internet über <http://dnb.ddb.de> abrufbar.

Zugl.: München, Univ., Diss., 2006

Umschlaggestaltung:
Pierre Mendell.

Gedruckt auf alterungsbeständigem,
säurefreiem Papier.

D 19
ISSN 0945-1811
ISBN 3-631-55225-4

© Peter Lang GmbH
Europäischer Verlag der Wissenschaften
Frankfurt am Main 2006
Alle Rechte vorbehalten.

Printed in Germany 1 2 3 4 5 7

www.peterlang.de

Criminalia

Abhandlungen aus den gesamten Strafrechtswissenschaften

Der Herausgeber der Reihe ist Vorstand des "Instituts für die gesamten Strafrechtswissenschaften" der Universität München. Das Programm der Reihe ist im Untertitel genannt. In ihr werden veröffentlicht Schriften zum Strafrecht und Strafverfahrensrecht, zu Kriminologie und Kriminalpolitik, zu den rechtstheoretischen und rechtssoziologischen Grundlagen des Strafrechts und zu seiner Geschichte. Die Reihe läßt deutsche und ausländische Wissenschaftler zu Wort kommen und will dazu einladen, an der Fortentwicklung aller Bereiche des Strafrechts über die Grenzen hinaus mitzuwirken.

MEINEN ELTERN

Vorwort

Diese Arbeit lag im Wintersemester 2005/2006 der Ludwig-Maximilians-Universität München als Dissertation vor. Sie wurde im September 2005 abgeschlossen. Für die Veröffentlichung wurden Literatur und Rechtsprechung bis Ende Februar 2006 berücksichtigt.

Sie ist nicht das Werk eines Alleintäters. Zahlreiche Teilnehmer haben am Erfolg mitgewirkt. Ihnen gilt mein besonderer Dank:

Anstifter war mein Doktorvater, Prof. Dr. Dr. h.c. Klaus Volk. Seine Offenheit und sein Vertrauen in das Gelingen meines Vorhabens waren Motivation und Bestätigung. Die freundliche, ungezwungene Atmosphäre am Lehrstuhl, die ich von Anfang an als Mitarbeiter erleben durfte, trug das ihre dazu bei.

Prof. Dr. Ulrich Schroth beschleunigte den Erfolg durch die rasche Erstellung des Zweitgutachtens.

Wichtige Einblicke in die juristische Aufarbeitung der Unregelmäßigkeiten bei den Dachauer Kommunalwahlen ermöglichten Peter Bürgel, Josef Hermann und Jürgen Köpf.

Die empirischen Erkenntnisse gründen auf einer Telefonumfrage, die das Institut forsa unentgeltlich für diese Arbeit durchgeführt hat.

Der Deutsche Bundestag unterstützte diese Publikation mit einem Druckkostenzuschuss.

Ideell und materiell gefördert wurde ich seit dem Studium von der Studienstiftung des deutschen Volkes. Das hat einiges möglich und vieles leichter gemacht.

Gleiches gilt für das „natürliche Förderungswerk" – meine Eltern. Auf ihre Hilfe war Verlass, wann immer sie gebraucht wurde.

Psychische Beihilfe leisteten alle Freunde und Lehrstuhlkollegen, mit denen ich während der Erstellung der Dissertation zusammentraf. Fachlich belästigt wurden vor allem Verena Käbisch und Stefan Poller, privat belastet Angelika Mauersich. Neben diesen nahm auch Martin Mauersich die Last des Korrekturlesens auf sich.

Dachau, im März 2006   Dominik Härtl

Inhaltsverzeichnis

XVIII

Abkürzungsverzeichnis

Allgemeine Abkürzungen

aA	andere Ansicht
a.a.O.	am angegebenen Ort
Abs.	Absatz
a.E.	am Ende
a.f.	alte Fassung
AG	Amtsgericht
Anm.	Anmerkung
ABlEG	Amtsblatt der EG
Alt.	Alternative
Art.	Artikel
Az	Aktenzeichen
BAG	Bundesarbeitsgericht
BayObLG	Bayerisches Oberstes Landesgericht
BFH	Bundesfinanzhof
BGBl	Bundesgesetzblatt
BGH	Bundesgerichtshof
BT-Drs.	Bundestagsdrucksache
BT-Prot.	Stenographische Berichte des Bundestags
BVerfG	Bundesverfassungsgericht
BVerwG	Bundesverwaltungsgericht
bzw.	beziehungsweise
d.h.	das heißt
etc.	et cetera
f., ff.	folgende, fortfolgende
Fn.	Fußnote
FS	Festschrift
ggf.	gegebenenfalls
GS	Gedächtnisschrift
hL	herrschende Lehre
hM	herrschende Meinung
HS	Halbsatz
i.d.R.	in der Regel
i.E.	im Ergebnis
i.e.S.	im engeren Sinn
i.S.v.	im Sinne von
i.V.m.	in Verbindung mit
KG	Kammergericht
KrG	Kreisgericht
LG	Landgericht
m.a.W.	mit anderen Worten
MdB	Mitglied des Bundestags
m.w.N.	mit weiteren Nachweisen
n.F.	neue Fassung
o.ä.	oder ähnliches
OLG	Oberlandesgericht

OVG	Oberverwaltungsgericht
RAG	Reichsarbeitsgericht
RG	Reichsgericht
Rn.	Randnummer
Rspr.	Rechtsprechung
sog.	sogenannt
str.	strittig
u.a.	unter anderem, und andere
u.ä.	und ähnliches
Var.	Variante
VerfGH	Verfassungsgerichtshof
VfGH	Verfassungsgerichtshof
VG	Verwaltungsgericht
VGH	Verwaltungsgerichtshof
vgl.	vergleiche
z.B.	zum Beispiel

Gesetzesabkürzungen

AktG	Aktiengesetz (Schönfelder Nr. 51)
AO	Abgabenordnung (Schönfelder-Ergänzungsband Nr. 88 b)
BayBG	Bayerisches Beamtengesetz (Ziegler-Tremel Nr. 70)
BBG	Bundesbeamtengesetz (Sartorius I Nr. 160)
BetrVG	Betriebsverfassungsgesetz (Schönfelder-Ergänzungsband Nr. 82)
BezO	Bezirksordnung (Bayern) (Ziegler-Tremel Nr. 100)
BGB	Bürgerliches Gesetzbuch (Schönfelder Nr. 20)
BPersVG	Bundespersonalvertretungsgesetz (Sartorius I Nr. 240)
BV	Verfassung des Freistaates Bayern (Ziegler-Tremel Nr. 850)
BWahlGV	Bundeswahlgeräteverordnung vom 03.09.1975 (BGBl I S. 2459), letzte Änderung vom 20.04.1999 (BGBl I S. 749)
BWG	Bundeswahlgesetz (Sartorius I Nr. 30)
BWO	Bundeswahlordnung (Sartorius I Nr. 31)
DRiG	Deutsches Richtergesetz (Schönfelder-Ergänzungsband Nr. 97)
EBRG	Gesetz über Europäische Betriebsräte vom 28.10.1996 (BGBl I S. 1548, 2022), letzte Änderung vom 21.12.2000 (BGBl I S. 1983)
EGStGB	Einführungsgesetz zum Strafgesetzbuch (Schönfelder Nr. 85 a)
EUBestG	Gesetz zu dem Protokoll vom 27. September 1996 zum Übereinkommen über den Schutz der finanziellen Interessen der Europäischen Gemeinschaften vom 10.09.1998 (BGBl II S. 2340), letzte Änderung vom 21.07.2004 (BGBl I S. 1763)
EuWG	Gesetz über die Wahl der Abgeordneten des Europäischen Parlaments aus der Bundesrepublik Deutschland vom 16.06.1978 (BGBl I S. 709), neu gefasst durch Bekanntmachung vom 08.03.1994 (BGBl I S. 423, 555), letzte Änderung vom 15.08.2003 (BGBl I S. 1655) i.V.m. Bekanntmachung vom 21.07.2004 (BGBl I S. 1738)
GenG	Genossenschaftsgesetz (Schönfelder Nr. 53)
GG	Grundgesetz (Sartorius I Nr. 1)
GLkrWG	Gemeinde- und Landkreiswahlgesetz (Bayern) (Ziegler-Tremel Nr. 290)

GLkrWO	Gemeinde- und Landkreiswahlordnung (Bayern) (Ziegler-Tremel Nr. 291)
GO	Gemeindeordnung (Bayern) (Ziegler-Tremel Nr. 280)
GVG	Gerichtsverfassungsgesetz (Schönfelder Nr. 95)
HGB	Handelsgesetzbuch (Schönfelder Nr. 50)
HandwO	Handwerksordnung (Sartorius I Nr. 815)
IntBestG	Gesetz zu dem Übereinkommen vom 17. Dezember 1997 über die Bekämpfung der Bestechung ausländischer Amtsträger im internationalen Geschäftsverkehr vom 10.09.1998 (BGBl II S. 2327)
KWBG	Gesetz über kommunale Wahlbeamte (Bayern) (Ziegler-Tremel Nr. 375)
LKrO	Landkreisordnung (Bayern) (Ziegler-Tremel Nr. 440)
LStVG	Landesstraf- und Verordnungsgesetz (Bayern) (Ziegler-Tremel Nr. 420)
LWG	Landeswahlgesetz (Bayern) (Ziegler-Tremel Nr. 430)
SGB I/IV/IX	Sozialgesetzbuch I vom 11.12.1975 (BGBl I S. 3015), letzte Änderung vom 21.03.2005 (BGBl I S. 818) Sozialgesetzbuch IV vom 23.12.1976 (BGBl I S. 3845), letzte Änderung vom 03.08.2005 (BGBl I S. 2269) Sozialgesetzbuch IX vom 19.06.2001 (BGBl I S. 1046), letzte Änderung vom 27.04.2005 (BGBl I S. 1138)
SprAuG	Sprecherausschussgesetz vom 20.12.1988 (BGBl I S. 2312, 2316), letzte Änderung vom 25.11.2003 (BGBl I S. 2304)
StGB	Strafgesetzbuch (Schönfelder Nr. 85)
StPO	Strafprozessordnung (Schönfelder Nr. 90)
WahlPrüfG	Wahlprüfungsgesetz (Sartorius I Nr. 32)

Zeitschriften

AiB	Arbeitsrecht im Betrieb
AöR	Archiv des öffentlichen Rechts
BayBgm	Der Bayerische Bürgermeister
BayVBl	Bayerische Verwaltungsblätter
BB	Betriebs-Berater
CR	Computer und Recht
DB	Der Betrieb
DJZ	Deutsche Juristenzeitung
DÖV	Die öffentliche Verwaltung
DuD	Datenschutz und Datensicherung
DuR	Demokratie und Recht
DVB l	Deutsches Verwaltungsblatt
EuGRZ	Europäische Grundrechte-Zeitschrift
GA	Goltdammer's Archiv für Strafrecht
GrünhutsZ	Zeitschrift für das Privat- und Öffentliche Recht der Gegenwart
GS	Der Gerichtssaal
HSGZ	Hessische Städte- und Gemeindezeitung
JA	Juristische Arbeitsblätter
JR	Juristische Rundschau
JuS	Juristische Schulung
Jura	Juristische Ausbildung
JZ	Juristenzeitung

KJ	Kritische Justiz
KommPraxis BY	Kommunalpraxis Bayern
LKV	Landes- und Kommunalverwaltung
MMR	MultiMedia und Recht
NJ	Neue Justiz
NJW	Neue Juristische Wochenschrift
NJW-RR	NJW-Rechtsprechungsreport Zivilrecht
NStZ	Neue Zeitschrift für Strafrecht
NStZ-RR	NStZ-Rechtsprechungsreport Strafrecht
NuR	Natur und Recht
NVwZ	Neue Zeitschrift für Verwaltungsrecht
NVwZ-RR	NVwZ-Rechtsprechungsreport
StraFo	Strafverteidiger Forum
StV	Strafverteidiger
VerwA	Verwaltungsarchiv
wistra	Zeitschrift für Wirtschaft, Steuer, Strafrecht
WM	Wertpapier-Mitteilungen
ZHR	Zeitschrift für das gesamte Handelsrecht und Wirtschaftsrecht
ZParl	Zeitschrift für Parlamentsfragen
ZRP	Zeitschrift für Rechtspolitik
ZStW	Zeitschrift für die gesamte Strafrechtswissenschaft

„Die große Aufgabe der Demokratie,
ihr Ritual und ihr Fest, das ist die Wahl. "
Herbert George Wells (1866-1946),
englischer Romancier und Essayist

„Wähler ist einer, der sich des heiligen
Privilegs erfreut, für den stimmen zu
dürfen, den ein anderer für ihn ausge-
wählt hat. "
Ambrose Bierce (1842-1914), amerika-
nischer Schriftsteller und Journalist

Einleitung

Die §§ 107 ff. StGB fristen ein trauriges Dasein. Sie werden weder von der Wissenschaft noch von der Literatur wirklich beachtet und gewürdigt. Eigentlich ein
erfreulicher Zustand – jedenfalls, wenn er auf der geringen praktischen Bedeutung dieser Tatbestände gründen sollte. Daran mag man unter Berücksichtigung
der medialen Berichterstattung der vergangenen Zeit jedoch seine Zweifel haben.
Man hört von einer „Wahlposse" in Bayrischzell, wo Briefwahlunterlagen an
Nichtwahlberechtigte verteilt worden sind,[1] von einem „Polit-Skandal" in Dachau, wo ein CSU-Politiker fremde Stimmzettel ausgefüllt hat und zahlreiche
Wahlunterlagen nachträglich verschwunden sind,[2] von einem versuchten Wahlbetrug in Augsburg, wo die Kreuze schon vor der Wahl auf den Stimmzetteln
gewesen sind.[3] Probleme gab es auch nach der Wiedervereinigung, als vor allem
„Republikflüchtlinge" in zwei Melderegistern geführt wurden.[4] Vom Vorwurf
der „Wählertäuschung" ist beim Wahlverlierer die Rede, wenn der Wahlgewin-
ner seine Wahlversprechen nicht einhält[5] und man wird, ebenso wie beim „Lü-

---

[1] http://www.neusob.de/homepage/bucjoe/wahlposs/index.htm#uebersicht
[2] Vgl. Abendzeitung vom 28. Mai 2002, S. 1, 10.
[3] http://www.augsburger-allgemeine.de/Home/sptnid,3_arid,1032662554617_regid,2.html
[4] Der Spiegel vom 10. Oktober 1994, S. 16; vgl. zu Manipulationen in Großbritannien Spiegel
Online vom 17. April 2005: http://www.spiegel.de/politik/ausland/0,1518,351140,00.html
[5] Süddeutsche Zeitung vom 7. November 2003, S. 47.

genausschuss"[6] des Bundestags den Eindruck nicht los, als stünde auch immer strafbares Verhalten inmitten. Gleiches gilt für den „Mitgliederkauf" der Münchner CSU.[7] Erst kürzlich machte die NPD Schlagzeilen, weil sie offenbar mit Drückerkolonnen und falschen Angaben Unterschriften zur Unterstützung ihrer Wahlkreiskandidaten sammelte.[8] Ebenso aktuell ist der Versuch einiger ebay-Mitglieder, über das Internet-Auktionshaus ihre Wahlstimmen für die vorgezogene Bundestagswahl im Herbst 2005 zu versteigern.[9] Von der immer wieder auflodernden Diskussion über „geschmierte" Abgeordnete, etwa im Zusammenhang mit der Verlegung des Regierungssitzes von Bonn nach Berlin, ganz zu schweigen.[10]

Trotz dieser spektakulären Einzelfälle und selbst bei Berücksichtigung des Dunkelfelds[11] muss man konstatieren, dass unsere Demokratie im Wesentlichen „funktioniert".[12] Wahlen und Abstimmungen haben im Bewusstsein der Bevölkerung offensichtlich einen besonderen Stellenwert. Die bisherige wissenschaftliche Behandlung ihres Schutzes durch das Strafrecht wird dem nicht gerecht.

---

[6] BT-Drs. 15/2100.

[7] Süddeutsche Zeitung vom 30. Juni 2004, S. 41.

[8] Der Spiegel vom 7. März 2005, S. 16.

[9] http://www.spiegel.de/netzwelt/politik/0,1518,374218,00.html

[10] Auch bei der Entscheidung über das Misstrauensvotum gegen Bundeskanzler Willy Brandt sollen Abgeordnete beeinflusst worden sein, und zwar durch das Ministerium für Staatssicherheit der DDR.

[11] Zu empirischen Erkenntnissen vgl. Junck, S. 137 ff. im Hinblick auf die §§ 108-108 b StGB.

[12] Kritisch Leisner, NJW 2005, 486 f.

A) Standortbestimmung

I) Begriffsklärung „Wahlstraftaten"

Wahlstraftaten sind Straftaten bei Wahlen – das legt jedenfalls die reine Wortlautanalyse des Begriffs nahe. Den in der Sache identischen Schluss könnte man bei den andernorts synonym gebrauchten Bezeichnungen der „Wahldelikte"[13], „Wahlrechtsdelikte"[14] oder „Wahlvergehen"[15] ziehen. Diese Überschriften sind zwar gebräuchlich (und werden deshalb auch hier zugrunde gelegt), nicht aber präzise. Schließlich spricht der Gesetzgeber in seiner Überschrift zum Vierten Abschnitt des Strafgesetzbuchs nicht ohne Grund von den „Straftaten [...] bei Wahlen und Abstimmungen", da nach § 108 d StGB gerade auch letztere geschützt sind. Der Begriff der „Wahlstraftaten"[16] bzw. des „Wahlstrafrechts"[17] ist demnach einerseits zu eng, weil er nicht erkennen lässt, dass er Abstimmungen umfasst. Er ist andererseits zu weit, weil nicht alle Wahlen, etwa die zu berufsständischen Kammern o.ä., vom Anwendungsbereich des § 108 d StGB erfasst werden.

Damit ist aber noch nicht geklärt, welche Delikte unter die „Wahlstraftaten" zu subsumieren sind.
Eindeutig ist dies bei den §§ 107 bis 108 b StGB der Fall, bei denen bereits in der amtlichen Überschrift von „Wahl-" oder „Wähler-" die Rede ist und für die der in § 108 d StGB geregelte Anwendungsbereich greift. § 108 c StGB enthält selbst kein Delikt, ist also keine „Wahlstraftat". Als Anordnung spezifischer Rechtsfolgen für die meisten der soeben als „Wahlstraftaten" identifizierten Tatbestände fällt er jedoch unter den weiteren Begriff des „Wahlstrafrechts", was folglich auch für § 108 d StGB gilt.[18]
Weniger eindeutig fällt die Einordnung der Abgeordnetenbestechung des § 108 e StGB aus. Will man dem Gesetzgeber keine systematische Nachlässigkeit unterstellen,[19] muss die Abgeordnetenbestechung nach der Überschrift des Vierten Abschnitts entweder Straftat gegen ein Verfassungsorgan oder Straftat bei Wahlen und Abstimmungen sein. Geht man von einer am tatsächlichen Situ-

---

[13] So der Titel der Dissertation von Combrinck; auch Kirschner, S. 33, Rutschke, S. 110; Schneider G., S. 71.
[14] Fillié, S. 11; Gurwitsch, S. 1.
[15] Lindner, S. 6; Drenkmann GA 17, S. 11; Bühring, S. 8; Sondermann, S. 1.
[16] AK-Wolter, vor § 105 Rn. 1.
[17] LK-Laufhütte, § 107 vor Rn. 1; Sch/Sch-Eser, § 107 Rn. 1.
[18] Ausdrücklich Sch/Sch-Eser, § 107 Rn. 1.
[19] Sch/Sch-Eser, vor §§ 105 ff. Rn. 1 halten den Ausdruck der Abschnittsüberschrift für juristisch nicht eindeutig und als jedenfalls für die Auslegung der einzelnen Tatbestände nicht geeignet.

ationszusammenhang orientierten Betrachtung aus,[20] liegt es nahe, die Abgeordnetenbestechung zu den „Wahlstraftaten" zu zählen. Sie steht im Kontext mit einer Wahl oder Abstimmung in einem der genannten Gremien. Systematisch wird dies durch die Stellung nach § 108 d StGB verdeutlicht, der, vereinfacht gesprochen, von § 108 e StGB für Handlungen im Sinne des § 108 b StGB erweitert wird. Allerdings lässt sich – wenn auch nicht ausschließlich – diese „Übertragung" von strafbaren Verhaltensweisen in den innerparlamentarischen Bereich auch im Verhältnis der §§ 107, 108 StGB zu den §§ 105, 106 StGB beobachten – und diese sind ohne Zweifel „Straftaten gegen Verfassungsorgane". Ob die von § 108 e StGB im Gegensatz zu §§ 105, 106 StGB auch geschützten Gemeindevertretungen[21] hingegen unter die „Verfassungsorgane" der Abschnittsüberschrift gefasst werden können, ist fraglich.[22] Materiell betrachtet lässt sich auch eine Verbindung zu den §§ 105 bis 106 b StGB nicht leugnen: § 105,[23] § 106,[24] § 106 b[25] und § 108 e StGB[26] dienen jeweils (auch) dem Schutz der Funktionsfähigkeit bestimmter Staatsorgane. Man könnte daraus folgern, dass die §§ 107-108 d StGB die ordnungsgemäße Besetzung, die §§ 105-106 b, 108 e StGB das ordnungsgemäße Funktionieren der betreffenden Gremien garantiert.[27] Dem steht es gleich, wenn man den Schutz der unmittelbaren und den Schutz der mittelbaren Demokratie unterscheiden will.[28]

Was unter den Begriff der „Wahlstraftaten" zu subsumieren ist, bleibt letztlich eine Frage dessen, welchen Aspekt – den formellen oder den materiellen – man in den Vordergrund stellen will. Die Strafverfolgungsstatistik hat sich beispielsweise für den pragmatischeren Ansatz entschieden und listet unter den „Straftaten bei Wahlen und Abstimmungen" die Fälle der §§ 107-108 e StGB auf. Dem soll, stets im Bewusstsein des bereits reichlich vorhandenen Schrifttums zu § 108 e StGB,[29] auch hier gefolgt werden. Die Richtigkeit dieser Annahme, mit-

---

[20] So wohl Sch/Sch-Eser, vor §§ 105 ff. Rn. 1; widersprüchlich erscheint es jedoch, wenn bei § 107 Rn. 1 der Begriff des Wahlstrafrechts dann nur auf die §§ 107 a - 108 d StGB erstreckt wird.

[21] Jedenfalls soweit sie legislativ tätig werden, vgl. nur MünchKomm-Müller, § 108 e Rn. 14 und siehe unten, S. 211 ff.

[22] Ablehnend Wolf, S. 453.

[23] AK-Wolter, § 105 Rn. 3; LK-Laufhütte, § 105 Rn. 1; Sch/Sch-Eser, § 105 Rn. 1; SK-Rudolphi, § 105 Rn. 1.

[24] Jedenfalls mittelbar durch den Schutz der einzelnen Mitglieder der in § 105 StGB jeweils als Kollektiv geschützten Organe; Sch/Sch-Eser, § 106 Rn. 1; Wolf, S. 24.

[25] AK-Wolter, § 106 Rn. 1; LK-Laufhütte, § 106 Rn. 1; Sch/Sch-Eser, § 106 Rn. 1; SK-Rudolphi, § 106 Rn. 1.

[26] Vgl. nur BT-Drs. 12/5927, S. 4; Lackner/Kühl, § 108 e Rn. 1; SK-Rudolphi, § 108 e Rn. 5; Olderog, S. 91; Schaller, S. 27 f.

[27] Olderog, S. 104.

[28] Dazu siehe unten, S. 9 f.

[29] Zu nennen sind insbesondere die Werke von Epp, Heisz, Richter und Schaller; zur geschichtlichen Entwicklung der Abgeordnetenbestechung ausführlich Römer, S. 31 ff.

hin die große Nähe des § 108 e StGB zu den §§ 107 ff. StGB wird im Laufe der Untersuchung deutlich werden.

II) Überblick über die geschichtliche Entwicklung der Wahlstraftaten

1) Die Anfänge in Rom

Der Schutz von Wahlen mittels (straf)rechtlicher Bestimmungen reicht weit zurück: Schon kurze Zeit nach dem Zwölftafelgesetz von 432 v. Chr. wurde es in Rom verboten, sich als Bewerber um ein Amt öffentlich in einem besonders glänzenden Kleid zu zeigen, das einen als Amtsbewerber erkennbar machte, und auf Dörfern herumzuziehen.[30] Handelte es sich dabei noch um reine Handlungsanweisungen, folgten später in der Republik zahlreiche Regelungen des „crimen ambitus" (Verbrechen der mit Bestechung verbundenen Amtsbewerbung),[31] aller strafbarer Wahlumtriebe, von denen in der Rechtswirklichkeit aber die Wahlbestechung überwogen haben dürfte.[32] Öffentliche Mähler und andere dargebotene Lustbarkeiten sowie der unmittelbare Stimmenkauf stellten die Hauptübel der Zeit dar,[33] wobei strafbar stets nur die aktive Bestechung war, die Annahme der Leistung blieb hingegen straflos.[34] Die Rechtsfolgen reichten vom zeitweiligen Ausschluss von der Amtsbewerbung bis hin zum lebenslänglichen Exil.[35]

Das Beispiel Roms zeigt deutlich, wie eng die Verknüpfung von Staatsform und Wahlstrafrecht ist: Erst wenn das Staatswesen ein Wahlrecht anerkennt – wozu Rom aufgrund des immer größer werdenden Reiches gezwungen war[36] – bedarf es dessen Schutzes durch das Strafrecht.[37] Mit dem Zusammenbruch der Republik verlor das Wahlstrafrecht schließlich gemeinsam mit dem Wahlrecht an Bedeutung.[38]

2) Die Entwicklung in Deutschland

a) Von der Französischen Revolution bis zum RStGB

Begonnen hatte die Entwicklung in Deutschland als Folge der Französischen Revolution. Erst diese führte zur Entstehung eines konstitutionellen Staatswesens, der Parlamentarismus trat seinen Siegeszug an. Begleitet wurde er von eben jenem Bedürfnis nach gesetzgeberischer Tätigkeit des Staates, diese Errun-

---

[30] Mommsen, S. 865 f.
[31] Umfassend Mommsen, S. 866 ff.
[32] Olderog, S. 4.
[33] Mommsen, S. 869 f.
[34] Freudenthal S. 13; Mommsen, S. 868.
[35] Mommsen, S. 873 f.
[36] Sello, S. 10 f.
[37] Fillié, S. 31.
[38] V. Flemming, S. 3.

genschaft gegen Angriffe zu sichern. Denn je breiter das Wahlrecht angelegt ist, desto größer ist auch die Gefahr von rechtswidrigen Eingriffen.[39] In Frankreich entstanden als Konsequenz daraus im Jahre 1791 die Art. 109-113 des Code Pénal zum Schutze der Wahlfreiheit, die unter der Überschrift „crimes ou délits relatifs à l'exercice des droits civiques" im Code Pénal von 1810 fortgeführt und erweitert wurden.[40] Strafbar waren die Stimmverhinderung, die Wahlfälschung sowie Stimmenkauf und -verkauf. Einen vorläufigen Abschluss fand diese Entwicklung 1849 in einem neuen Wahlgesetz, das die Wahldelikte in revidierter und vor allem extrem detaillierter Form (Art. 98-124) beinhaltete.[41] Die Ausstrahlungswirkungen der Französischen Revolution erreichten bekanntermaßen auch Deutschland und führten unter anderem zur Entstehung einzelner Verfassungsstaaten,[42] die sich im Hinblick auf ihr wahlstrafrechtliches Engagement in zwei Gruppen unterteilen lassen: die gemeinrechtlich geprägte Gruppe auf der einen (insbesondere Braunschweig, Hannover, Baden, Hessen, Sachsen, Thüringen, Württemberg) und das französisch geprägte Preußen auf der anderen Seite.[43]

aa) Die gemeinrechtlich beeinflusste Entwicklungslinie

Da im gemeinen Recht wiederum auf römische Vorgaben zurückgegriffen worden war[44] und dort das „crimen ambitus" auf eine lange Tradition zurückblicken konnte, liegt nahe, dass in den gemeinrechtlich geprägten Partikularstaaten dieses Delikt besonders stark ausgeprägt war. Vereinzelt finden sich aber auch Ansätze zur Wahlhinderung und Wahlfälschung. Die gemein- und römischrechtlichen Vorläuferregelungen wurden jedoch meist nicht schlechthin übernommen, sondern in mancherlei Hinsicht modifiziert. In der Regel wurde etwa neben der aktiven die passive Wahlbestechung unter Strafe gestellt. Zudem wurde – jedenfalls, was die Wahlbestechung angeht – teilweise die Notwendigkeit eines eigenständigen Charakters der Wahldelikte erkannt. Das klassische „crimen ambitus" erfasste die Situation der „Amtserschleichung" und stand insofern im Kontext mit Delikten wie der Amtsanmaßung und der Beamtenbestechung.[45] Mit der Eröffnung des Volkswahlrechts ging es aber nicht mehr um die Besetzung von Ämtern, sondern um die Besetzung von Parlamenten, so dass das

---

[39] Spira, GrünhutsZ 1908, 480.
[40] Zur Entwicklung in Frankreich Combrinck, S. 3; v. Flemming, S. 5; Mittermaier, ANF 1849, 354 ff.
[41] In Übersetzung und mit Anmerkungen bei Mittermaier, ANF 1849, 357 ff.
[42] Sello, S. 12.
[43] Vgl. hierzu und zum Folgenden ausführlich Bühring, S. 9 ff.; Fillié, S. 31 ff.
[44] Olderog, S. 5.
[45] Das württembergischen Strafgesetzbuch etwa stellte die Wahlbestechung unter die Überschrift „Handlungen gegen das obrigkeitliche Ansehen", vgl. Fillié, S. 36.

klassische „crimen ambitus" ins Leere lief.[46] Einige moderne partikulare Rechte erkannten dies und trennten fortan deutlich zwischen Ämterschacher und Stimmenhandel.[47]

bb) Die französisch beeinflusste Entwicklungslinie

Prägend für das geltende Recht waren diese Überlegungen jedoch nicht, vielmehr setzte sich die französisch-preußische Linie durch. „Französisch"-preußisch deshalb, weil Preußen die Regelungen aus dem Code Pénal von 1810 nahezu wörtlich übernommen hatte.[48] Die dortigen Art. 109, 111 und 113 wurden zu den §§ 84, 85 und 86 des Preußischen Strafgesetzes von 1851. Sogar die Überschrift des damaligen Fünften Abschnitts wurde wörtlich übersetzt: „Verbrechen und Vergehen in Beziehung auf die Ausübung staatsbürgerlicher Rechte" – was äußerst ungeschickt war, da das preußische Gesetz im Gegensatz zum französischen in jenem Abschnitt auch die den heutigen §§ 105, 106 StGB entsprechenden Regelungen unterbrachte, die von der Überschrift nicht gedeckt waren. Die Bestimmungen des preußischen Strafgesetzes fanden dann, ebenfalls ohne wesentliche Veränderung, Einzug ins Strafgesetzbuch des Norddeutschen Bundes und schließlich in abstrakterer Form als §§ 107, 108, 109 ins Reichsstrafgesetzbuch.[49]

Zusammenfassend lässt sich die deutsche Regelung der Wahlstraftaten mithin auf die durch die Französische Revolution erwachsenen Gesetze zurückführen, was nicht verwundert, da erst die Französische Revolution echte staatsbürgerliche Rechte hervorbrachte, die fortan zu schützen waren.

b) Vom RStGB bis heute

Die Zeitspanne vom Reichsstrafgesetzbuch bis heute (immerhin mehr als 130 Jahre) ist geprägt von zwei tatsächlichen und zahllosen beabsichtigten Veränderungen.

Die Erfahrung, dass strafrechtliche Regelungen Mängel oder Lücken aufweisen, macht der Gesetzgeber immer wieder, insbesondere, wenn eine völlig neue Materie erstmals zu regeln und der „Ideenreichtum" der Straftäter nicht absehbar ist. Folglich blieb auch Kritik an der Regelung der Wahlstraftaten, die über zahlreiche Mängel verfügte, nicht aus[50] und führte zu mehreren Veränderungsvorschlägen und Entwürfen seitens der Politik und der Wissenschaft.

---

[46] Olderog, S. 5.
[47] Bühring, S. 14, u.a. mit Hessens StGB von 1841 als Beispiel.
[48] Drenkmann, GA 17, 169.
[49] Genauer Bühring, S. 15 ff.; Combrinck, S. 4 f.; Fillié, S. 36 ff.; v. Flemming, S. 5 f; Gurwitsch, S. 1; Junck, S. 18 f., 105 f.; Kirschner, S. 35; Lindner S. 7 f.; Stern W., S. 2.
[50] Etwa v. Behm, S. 22; Gurwitsch, S. 35; Rosenthal, S. 53; Rutschke, S. 110; Stern W., S. 54.

Zu nennen sind[51] insbesondere der Vorentwurf zu einem Deutschen Strafgesetzbuch von 1909, der Gegenentwurf hierzu von 1911, der Kommissionsentwurf von 1913, der Entwurf von 1919, die Entwürfe zu einem Deutschen Strafgesetzbuch von 1920, der Entwurf eines Allgemeinen Deutschen Strafgesetzbuchs von 1925, der Entwurf eines Allgemeinen Deutschen Strafgesetzbuches, dem Reichstag vom Reichsjustizminister vorgelegt im Jahre 1927 und der entsprechende Beschlussantrag aus dem Jahre 1930, die Entwürfe eines Deutschen Strafgesetzbuchs von 1936 und 1939 sowie der Regierungsentwurf eines Gesetzes zur Änderung des Strafgesetzbuches von 1950 (Strafrechtsänderungsgesetz 1950). Sämtliche Entwürfe blieben jedoch in genau diesem Stadium stecken.

Die erste tatsächlich durchgeführte Reform findet sich dann im Dritten Strafrechtsänderungsgesetz von 1953.[52] Aus den §§ 107, 108, 109 wurden die §§ 107, 107 a, 107 b, 107 c, 108, 108 a, 108 b, 109, 109 a StGB, die bis auf eine im Zuge des Vierten Strafrechtsänderungsgesetzes 1957[53] erfolgte Umnummerierung des § 109 in § 108 c und des § 109 a in § 108 d und kleinere inhaltliche Änderungen im Anwendungsbereich der gegenwärtigen Rechtslage entsprechen.[54] Die Entwürfe von 1959, 1960 und 1962, basierend insbesondere auf den Beratungen der Großen Strafrechtskommission 1959, brachten es ebenso wenig zu geltendem Recht wie die seit 1956 immer wieder gestellten Anträge zur äußerst problematischen Frage der Strafbarkeit der Abgeordnetenbestechung. Unter diese Debatte wurde erst 1994 mit der Einfügung des § 108 e StGB[55] ein (vorläufiger) Schlussstrich gezogen.

In ihrem wesentlichen materiellen Gehalt besteht die aktuelle Fassung der Wahlstraftaten (von § 108 e StGB abgesehen) also nunmehr seit über 50 Jahren.

---

[51] Fundstellen der Entwürfe im Literaturverzeichnis.
[52] BT-Drs. 1/1307.
[53] BGBl I 1957, S. 599.
[54] Zu kleineren redaktionellen Änderungen vgl. noch BT-Drs. 7/550, S. 13, 218 f.
[55] BT-Drs. 12/5927.

B) Die Wahlstraftaten de lege lata

I) Systematik, Grundstrukturen, Grundbegriffe

1) Systematik des Vierten Abschnitts

Die Systematik des Vierten Abschnitts lässt sich graphisch folgendermaßen darstellen:

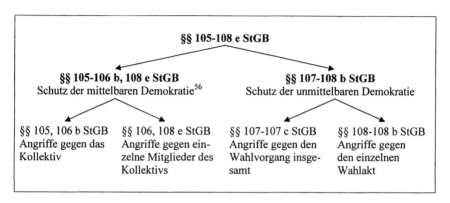

§§ 105-108 e StGB

§§ 105-106 b, 108 e StGB
Schutz der mittelbaren Demokratie[56]

§§ 107-108 b StGB
Schutz der unmittelbaren Demokratie

§§ 105, 106 b StGB
Angriffe gegen das
Kollektiv

§§ 106, 108 e StGB
Angriffe gegen einzelne Mitglieder des
Kollektivs

§§ 107-107 c StGB
Angriffe gegen den
Wahlvorgang insgesamt

§§ 108-108 b StGB
Angriffe gegen
den einzelnen
Wahlakt

Danach erscheint die Struktur sehr klar und eindeutig. Auf einer ersten Ebene können der Schutz der mittelbaren Demokratie mittels der §§ 105-106 b, 108 e StGB und der Schutz der unmittelbaren Demokratie mittels der §§ 107-108 b StGB unterschieden werden. Beide Bereiche können ihrerseits wieder in generelle (§§ 105, 106 b StGB bzw. §§ 107-107 c StGB) und individuelle Angriffe (§§ 106, 108 e StGB bzw. 108-108 b StGB) unterteilt werden. Die Frage nach dem geschützten Rechtsgut ist mit dieser am Tatbild orientierten Einteilung noch nicht beantwortet.

2) Das geschützte Rechtsgut

Auszugehen ist vom allgemeineren Rechtsgut des Vierten Abschnitts insgesamt hin zum besonderen Rechtsgut der §§ 107 ff. StGB.

a) Bei den §§ 105 ff. StGB

Obige Grobeinteilung macht bereits deutlich, dass sich die Tatbestände des Vierten Abschnitts durchaus auf einen gemeinsamen Grundgedanken zurückfüh-

---

[56] Vgl. Maurach/Schroeder/Maiwald, BT 2, § 86 I Rn. 1, wonach die Gruppierung der Straftaten der Unterscheidung der Demokratie in mittelbare und unmittelbare folge; zu diesen Begriffen aus Sicht des Staatsrechts vgl. Badura, StaatsR, Kap. D Rn. 10. Unmittelbare Demokratie meint deren plebiszitären, mittelbare deren repräsentativen Bereich.

ren lassen, wenngleich die Abschnittsüberschrift diesen durch ihre grammatikalische Zweiteilung nur unvollständig zum Ausdruck bringt.[57]

Man ist sich mit – sachlich irrelevanten[58] – Unterschieden in der Formulierung einig,[59] dass im Vierten Abschnitt die Freiheit der demokratischen Willensbildung und Willensbetätigung geschützt ist, wobei dieser Schutz sowohl den Bereich der mittelbaren (§§ 105-106 b, 108 e StGB) als auch der unmittelbaren Demokratie (§§ 107-108 b StGB) erfasst.[60] Allerdings ist dieses Schutzgut nicht umfassend genug, um insbesondere allen Tatbeständen des Wahlstrafrechts gerecht werden zu können,[61] so dass es einer Präzisierung bedarf. Geschützt ist demnach die Authentizität der unmittelbar(en) und mittelbar(en) demokratischen Willensbildung und Willensbetätigung, die durch einen unbeeinträchtigten Ablauf der jeweiligen Prozesse (Ausübung von Befugnissen bzw. Wahlen und Abstimmungen) gewährleistet ist. Warum der Schutz in den beiden „Demokratiebereichen" dabei unterschiedlich stark ausgeprägt ist, wird ebenso wie der unter diesem Schutzgut fragwürdige Einbezug der Sozialwahlen in § 108 d StGB noch zu erörtern sein.[62]

b) Bei den §§ 107 ff. StGB

Konkretisiert auf die Wahlstraftaten bedeutet das den Schutz einer authentischen demokratischen Willensbildung und Willensbetätigung des Volkes im Sinne eines unbeeinträchtigten Ablaufs einer Wahl bzw. Abstimmung. Anders gewendet sollen Wahlen bzw. Abstimmungen gewährleistet werden, die ordnungsgemäß ablaufen, damit sich ausschließlich und vollständig der wahre Wille der Wähler bzw. Abstimmenden im jeweiligen Wahl- bzw. Abstimmungsergebnis widerspiegelt. Das ist etwa dann nicht der Fall, wenn Wähler genötigt werden, gegen ihren Willen eine bestimmte Partei zu wählen oder gar nicht zur Wahl zu gehen, wenn Unbefugte wählen etc.

---

[57] Abgesehen davon ist diese überdies zu weit geraten, weil sich nicht alle Straftaten gegen Verfassungsorgane im Vierten Abschnitt befinden (vgl. etwa §§ 90, 90 a, 90 b StGB).

[58] AK-Wolter, vor § 105 Rn. 1; Sch/Sch-Eser, vor §§ 105 ff. Rn. 1; Schmidhäuser, BT, Überschrift Kap. 19, spricht von der „politischen" Willensbildung und Willensbetätigung, womit sachlich nichts Abweichendes gemeint ist.

[59] Von einem anderen Blickwinkel, nämlich dem der geschützten Institutionen aus, betrachtet Schroeder, S. 450, den Vierten Abschnitt. Geschützt sei die Betätigungsfreiheit der Staatsorgane, zu denen auch die Aktivbürgerschaft zähle. Dies führt in erster Linie nicht zu inhaltlichen, sondern systematischen Unterschieden bei der Beurteilung der Tatbestände.

[60] LK-Laufhütte, vor § 105 Rn. 1; NK-Wohlers, vor § 105 Rn. 1; SK-Rudolphi, vor § 105 Rn. 1.

[61] Vgl. etwa §§ 107 a und b StGB, die mit dem freien Willen der Wähler zunächst einmal nichts zu tun haben.

[62] Siehe unten, S. 174 ff., insbesondere S. 190 ff.

Bis auf eine allein gebliebene Stimme in der Literatur besteht soweit (noch) Einigkeit.[63] Beim nächsten Schritt zeigt sich allerdings schon ein bunter Reigen teilweise deutlich divergierender Meinungen.

Dabei können die Unterschiede anhand zweier grundsätzlicher Fragen festgestellt werden:

- Schützen die §§ 107 ff. StGB ausschließlich ein Allgemeinrechtsgut?
- Falls nein, in welchem Verhältnis stehen dann Individual- und Allgemeinrechtsgut zueinander?

Zunächst einmal erscheint es keinesfalls abwegig, es beim Schutz des genannten Rechtsguts, eines Allgemeinrechtsguts, zu belassen. Die Wahlstraftaten sind Teil des so genannten Staatsschutzrechts, das, bewusst einfach formuliert, „den Staat" schützen soll, nicht aber etwaige Individualrechte.[64] Das scheint auf den ersten Blick die systematische Stellung des gesamten Abschnitts zwischen den „Straftaten gegen ausländische Staaten" und den „Straftaten gegen die Landesverteidigung" zu untermauern,[65] da diese Abschnitte einerseits das Interesse der Bundesrepublik an ungestörten Beziehungen,[66] andererseits eben die Landesverteidigung,[67] beides kollektive Rechtsgüter, schützen. Sieht man aber genauer hin, werden auch in diesen Abschnitten zum Teil Individualrechtsgüter zumindest als mitgeschützt betrachtet,[68] so dass sich eine derart kategorische Anschauung aus der systematischen Stellung allein nicht herleiten lässt. In eine andere Richtung gibt die Systematik aber einen Hinweis: Sie demonstriert die Bedeutung des geschützten Allgemeinrechtsguts. Die Einreihung ins Staatsschutzrecht zeigt, dass der Schutz „des Staates" besonders wichtig ist, ja sogar im Vordergrund steht. Möglicherweise zusätzlich geschützte Rechtsgüter werden sich diesem allgemeinen Interesse an authentischen Wahlen und Abstimmungen unterzuordnen haben.[69]

---

[63] Abweichend NK-Wohlers, der in den Vorbemerkungen zu den §§ 105 ff. das geschützte Rechtsgut noch als Integrität des Vorgangs der Bildung des Volkswillens betrachtet, bei § 108 Rn. 1 und § 108 a Rn. 1, jedoch ausschließlich auf ein Individualrechtsgut abstellt und dem hier zugrunde gelegten geschützten Allgemeinrechtsgut nur einen faktischen Schutzreflex zuweist.

[64] Schmidhäuser, BT, vor 18/1 ff.; vgl. im Einzelnen Hefendehl, S. 340 ff.

[65] Darauf beruft sich Kirschner, S. 42.

[66] Sch/Sch-Eser, vor §§ 102 ff. Rn. 2.

[67] Sch/Sch-Eser, vor §§ 109 ff. Rn. 1.

[68] Vgl. etwa § 102 StGB, der auch Leib und Leben der erwähnten Personen schützt; vgl. nur Sch/Sch-Eser, § 102 Rn. 1.

[69] So auch Eser, StrafR 3, Fall 12 Rn. 17; Fischer, NStZ 2000, 143, der für § 108 StGB betont, es handle sich um ein Staatsschutz-, nicht um ein Freiheitsdelikt; Arzt/Weber, BT, § 43 Rn. 8, sehen den Gedanken des Staatsschutzes teilweise als nur noch „verdünnt" an.

Bei der Bestimmung dieser womöglich zusätzlich geschützten Rechtsgüter muss die besondere Natur des Wahlrechts nach dem Grundgesetz berücksichtigt werden. Art. 20 Abs. 2 GG legt fest, dass das Volk als Träger der Staatsgewalt diese in Wahlen und Abstimmungen ausübt, für die dann die Wahlrechtsgrundsätze des Art. 38 GG gelten. Daraus ergibt sich einmal eine objektive Garantie für die Institutionen Wahl und Abstimmung[70] sowie verbindliche Grundsätze, wie diese Wahlen und Abstimmungen auszugestalten und zu deren Gewährleistung die drei Staatsgewalten verpflichtet sind.[71] Nach der heute ganz einhelligen Meinung bleibt es dabei aber nicht. Vielmehr wird Art. 38 GG auch ein subjektives Recht zur Teilnahme an der Wahl entnommen, das sich überdies auf die Einhaltung der Wahlrechtsgrundsätze erstreckt.[72] Und: Dieses subjektive Recht wirkt nicht nur gegenüber dem Staat, sondern nach herrschender Meinung – jedenfalls was die Grundsätze der freien und der geheimen Wahl angeht – auch gegenüber Privaten, hat also unmittelbare Drittwirkung.[73]

Macht man sich bewusst, wie eng die Anlehnung des Wahlstrafrechts an grundgesetzliche Kategorien ist,[74] erscheint der Schutz des genannten subjektiven Rechts mindestens in den Tatbeständen der §§ 107 c, 108, 108 a und 108 b Abs. 1 StGB als besonders nahe liegend. Die bloße Existenz des subjektiven Wahlrechts zwingt den Gesetzgeber freilich nicht dazu, dieses mit einem Straftatbestand zu schützen,[75] aber selbiges ist ihm auch nicht verwehrt, so dass bis hierher der individuelle Schutz lediglich als nicht ausgeschlossen anzusehen ist.

Ein Weiteres erklärt, warum die Bestimmung des geschützten Rechtsguts zu so unterschiedlichen Ergebnissen führt. In einigen Tatbeständen, insbesondere den §§ 108 ff. StGB, hat der Gesetzgeber Tathandlungen gegen „einen anderen" oder „jemanden" umschrieben, hat also den einzelnen Wähler zum Angriffsobjekt gemacht. Zwar sind Angriffsobjekt und geschütztes Rechtsgut bekanntlich strikt voneinander zu unterscheiden, gleichwohl verleitet die besondere Situation, dass auf einen Einzelnen eingewirkt wird, der auch noch über die subjektive Komponente des geschützten objektiven Rechtsinstituts verfügt, dazu, gerade dieses Individualrechtsgut (auch) als geschützt anzusehen. Schließlich verfährt die herrschende Meinung bei ähnlichen Situationen, etwa bei § 106 oder § 113

---

[70] Vgl. nur Schreiber, Einführung Rn. 13.

[71] Vgl. nur AK GG-Schneider, Art. 38 Rn. 60.

[72] Vgl. nur BVerfGE 89, 155 (171); v. Münch/Kunig-Trute, Art. 38 Rn. 16; Sachs-Magiera, Art. 38 Rn. 100, 103; Schreiber, Einführung Rn. 18; Seifert, Art. 38 GG Rn. 4, vor §§ 12 ff. BWG Rn. 1; vgl. auch die Möglichkeit einer Verfassungsbeschwerde in Art. 93 I Nr. 4 a GG.

[73] M/D/H/S-Maunz, Art. 38 Rn. 47, 54; v. Münch/Kunig-Trute, Art. 38 Rn. 42; Schreiber, § 1 Rn. 24; Seifert, Art. 38 GG Rn. 4; Erichsen, Jura 1983, 646.

[74] Siehe unten im Rahmen des Anwendungsbereichs der Wahlstrafnormen, S. 18 ff.

[75] Hübner, S. 148.

13

StGB in diesem Sinne und betrachtet die freie Willensbildung und -betätigung[76] bzw. das einzelne zur Vollstreckung berufene Organ[77] als (mit)geschützt.

Im Rahmen des Überblicks lässt sich deshalb nur festhalten, dass geschütztes Rechtsgut der Wahlstraftaten jedenfalls das Allgemeinrechtsgut der Authentizität von Wahlen und Abstimmungen in Form des unbeeinträchtigten Ablaufs derselben ist. Es erscheint möglich, dass durch bestimmte Wahlstraftatbestände auch ein Individualrechtsgut, nämlich das Recht des einzelnen Wählers auf eine freie und geheime Wahl, nachrangig mitgeschützt ist. Inwiefern das der Fall ist, muss für jeden Tatbestand gesondert geprüft werden.

3) Anwendungsbereich der Wahlstraftaten

Da landläufig vielerlei Unternehmungen als Wahl oder Abstimmung bezeichnet werden (zum Beispiel Abstimmung in einer Klasse darüber, welche Lektüre gelesen werden soll) und der Begriff der Wahlstraftaten insofern ebenfalls nicht aussagekräftig ist, ist es erforderlich, den Anwendungsbereich der Wahlstraftaten genauer festzulegen.
Die zentrale Norm dafür ist heute § 108 d StGB, der mit „Geltungsbereich" amtlich überschrieben ist. Diese Gesetzestechnik, nicht in jedem Tatbestand selbst alle umfassten Wahlen und Abstimmungen aufzuführen, sondern diese mittels einer Norm wie § 108 d StGB gleichsam „hinter die Klammer zu ziehen", wurde seit dem Kommissionsentwurf 1913 jedem Gesetzentwurf zugrunde gelegt. Man zog damit die Konsequenzen aus der heftig geführten Diskussion darüber, wie die Begriffe der „staatsbürgerlichen Rechte" in § 107 StGB a.F. einerseits und der „öffentlichen Angelegenheit" in den §§ 108, 109 StGB a.F. andererseits auszulegen seien.[78] Für das Verfassen einer abschließenden Aufzählung der relevanten Wahlen und Abstimmungen spricht neben der dadurch ermöglichten größeren Übersichtlichkeit der Einzeltatbestände vor allem die tatbestandliche Bestimmtheit und Eindeutigkeit.
De lege lata sind in den Geltungsbereich einbezogen:
- Wahlen zu den Volksvertretungen
- Wahl der Abgeordneten des Europäischen Parlaments
- Sonstige Wahlen und Abstimmungen des Volkes im Bund, in den Ländern, Gemeinden und Gemeindeverbänden
- Urwahlen in der Sozialversicherung
- Unterschreiben eines Wahlvorschlags
- Unterschreiben für ein Volksbegehren

---

[76] Vgl. nur LK-Laufhütte, § 106 Rn. 1.
[77] Vgl. nur Sch/Sch-Eser, § 113 Rn. 2.
[78] Hierzu Combrinck, S. 7 ff.; Sello, S. 23 ff.; Sondermann, S. 2 ff.; Stern W., S. 11 ff.; siehe noch unten, S. 172.

a) Wahlen und Abstimmungen

Die prägnante Abgrenzung zwischen Wahlen und Abstimmungen lautet: Wahlen sind Personalentscheidungen, Abstimmungen sind Sachentscheidungen.[79] Durch Wahlen werden diejenigen ausgewählt, die dann zur Sachentscheidung befugt sind.[80] Wenn teilweise davon ausgegangen wird, dass Wahl jede Abstimmung (!) sei, durch die eine Person aus mehreren ausgewählt werde, wird hingegen eine Systematik begründet, die die Abstimmung im weiteren Sinn als Oberbegriff und die Wahl sowie die Abstimmung im engeren Sinn als Unterbegriffe ansieht.[81] Zur verfassungsrechtlichen Betrachtungsweise steht diese Begriffsfindung klar im Widerspruch.[82] Sie sollte vermieden werden, weil das Wahlstrafrecht über einen derart engen Bezug zum Grundgesetz verfügt, dass hier die Einheit der Rechtsordnung ohne Not aufgegeben werden würde. Aber auch strafrechtsimmanente systematische Gründe machen deutlich, dass Wahlen und Abstimmungen schlicht nebeneinander stehen. § 108 d StGB bezieht „Wahlen zu den Volksvertretungen, [...] die Wahl der Abgeordneten des Europäischen Parlaments [und ...] sonstige Wahlen und Abstimmungen des Volkes" in den Geltungsbereich der Wahlvergehen ein. Weil die beiden erstgenannten nur konkretisierende Beispiele für geschützte Wahlen darstellen, könnte § 108 d StGB auch lediglich von den „Wahlen und Abstimmungen des Volkes im Bund, [...]" sprechen. Das zeigt aber, dass Wahlen und Abstimmungen zwei voneinander zu unterscheidende und hier nur nebeneinander gestellte Vorgänge sind.[83] Die entgegengesetzte Lesart könnte man allenfalls mit der grammatikalischen Begründung stützen, § 108 d StGB sei so zu lesen, dass „Wahlen zu den Volksvertretungen, [...] die Wahl der Abgeordneten des Europäischen Parlaments, [...] sonstige Wahlen und [sonstige] Abstimmungen [...]" erfasst seien. Die „sonstigen Wahlen" würden dann die beiden erstgenannten in sich aufnehmen und dies alles würde wiederum den „sonstigen Abstimmungen" untergeordnet werden.[84] Dann wäre aber die nochmalige Aufführung von Wahlen in S. 2 merkwürdig, weil der Gesetzgeber sich bei dieser Auslegung auf die Formulierung „Einer Abstimmung steht [...] gleich" hätte beschränken können.

---

[79] Dreier-Fielitz, Art. 20 Rn. 89, 93; Sachs-Sachs, Art. 20 Rn. 31; Degenhart, StaatsR I, Rn. 24; Pieroth, JuS 1991, 89.

[80] Dreier-Fielitz, Art. 20 Rn. 89.

[81] So schon RGSt 4, 299 (304); Kirschner, S. 36; Trinkaus, S. 6; LK-Laufhütte, § 107 Rn. 1; MünchKomm-Müller, § 107 Rn. 5.

[82] Mit Nachdruck gegen eine drohende Begriffsverwischung im öffentlichen Recht Pieroth, JuS 1991, 90.

[83] Ähnlich Begründung E 1962, BT-Drs 4/650, S. 587: Abstimmungen werden den Wahlen gleichgestellt; ebenso Lackner, § 108 d Rn. 1; Geilen, in: LdR, S. 1110.

[84] Dieses Verständnis legt die Aufgliederung bei LK-Laufhütte, § 107 Rn. 2, bei II.1. und II. 2 nahe.

Die strenge Unterscheidung von Wahlen und Abstimmungen mag nicht mit dem allgemeinen (Umgangs)Sprachgebrauch konform gehen,[85] doch wegen der Anlehnung des Wahlstrafrechts an die Verfassung und damit auch dessen Terminologie ist die gewählte Unterscheidung nachvollziehbar und zu begrüßen. Schließlich bestehen keine Bedenken gegen die Verständlichkeit der Norm und in praxi ist das Verhältnis von Wahlen und Abstimmungen ohnehin ohne Bedeutung.

b) Konkretisierung der erfassten Wahlen und Abstimmungen

Die oben als bestimmt und eindeutig bezeichnete Aufzählung ist nicht ohne Zweifelsfragen geblieben.[86] Dabei sind zwei grundsätzliche Bereiche auseinander zu halten: zum einen die Frage danach, ob die Wahlstraftaten von vorne herein nur bundesdeutsche Wahlen und Abstimmungen schützen, zum anderen danach, ob die geschützten Wahlen und Abstimmungen einer bestimmten Qualität bedürfen.

aa) Beschränkung auf inländische Wahlen und Abstimmungen

Ob nur inländische Rechtsgüter geschützt sind, war unter der Geltung der §§ 107 ff. StGB a.F. nicht unumstritten.[87] *Binding* betonte jedoch schon sehr früh, dass im Bereich des Staatsschutzes, hier genauer des Schutzes staatlicher Einrichtungen, nur die inländischen geschützt sind, wenn die ausländischen nicht ausdrücklich genannt werden.[88] Unabhängig von der Berechtigung bestehe, so wird vorgebracht, überhaupt kein Interesse des deutschen Staates, fremde Wahlen zu schützen.[89] Das hat im Grundsatz auch heute noch Gültigkeit,[90] denn aus welchem Grunde sollte die deutsche Staatsgewalt dazu berufen sein, Wahlen und Abstimmungen auf der ganzen Welt zu schützen, zumal, wenn im Einzelfall gar nicht feststeht, ob die in Betracht kommenden Wahlen bzw. Abstimmungen aus deutscher Sicht – auch unter Berücksichtigung außenpolitischer Beziehun-

---

[85] Begründung E 1962, BT-Drs 4/650, S. 587.

[86] Grund hierfür waren v.a. die Prozesse um Wahlfälschungen bei Kommunalwahlen in der DDR. Dabei war insbesondere fraglich, ob eben jene Wahlen unter die §§ 107 a, 108 d StGB fallen. Zu den damit spezifisch zusammenhängenden Problemen vgl. umfassend Hübner, S. 103 ff.; Müller, S. 252 ff. mit zahlreichen weiteren Hinweisen. Die Gerichtsentscheidungen sind im Originaltext zusammengestellt bei Marxen/Werle.

[87] Für den Einbezug ausländischer Wahlen damals insbesondere Schneidler, GS 40, 2 f., der unzulässigerweise aus präventiver Notwendigkeit die ausländischen Wahlen für eingeschlossen erachtet; das zum Ausdruck zu bringen, wäre aber Aufgabe des Gesetzgebers gewesen, wie Sondermann, S. 2, zu Recht bemerkt.

[88] Binding, BT 2/2, § 278 II 1, S. 822 und § 192 III, S. 373 f.

[89] Fillié, S. 15.

[90] Satzger, Internationales StrafR, § 6 Rn. 1.

gen – schützenswert bzw. schutzbedürftig erscheinen?[91] Nicht zuletzt würde andernfalls der deutsche Gesetzgeber Gefahr laufen, sich dem Vorwurf des völkerrechtswidrigen Einmischens in innere Angelegenheiten eines fremden Staates auszusetzen,[92] was man im „Straftaten gegen ausländische Taten" schützenden Dritten Abschnitt durch Einfügung des § 104 a StGB verhindert hat, der insbesondere ein Strafverlangen der ausländischen Regierung voraussetzt. Schon aus diesen allgemeinen Erwägungen ergibt sich, dass nur deutsche Wahlen und Abstimmungen vom Strafrechtsschutz erfasst werden. Dieses Ergebnis lässt sich auch an der Auslegung der Wahlstraftaten festmachen.[93]

(1) Wortlaut

Schon die Nennung der Wahlen auf den Ebenen Bund – Länder – Gemeinden/Gemeindeverbände in § 108 d StGB schlägt den Bogen zum Grundgesetz und dem dort angelegten Staatsaufbau: Art. 20 I GG spricht vom Bundesstaat, Art. 28 GG nennt ausdrücklich die Länder, die Gemeinden und die Gemeindeverbände. Deshalb kann § 108 d StGB auch nicht als Legaldefinition der Wahl bezeichnet werden,[94] da nicht etwa wie bei den §§ 11, 12, 184 c, 330 d StGB eine „Begriffsbestimmung" im Sinne von kategorialer Umschreibung vorliegt, sondern der „Geltungsbereich", der sachliche Anwendungsbereich der §§ 107-108 c StGB in Form einer „Positivliste" festgelegt ist.[95] Wäre jede Volksvertretung erfasst gewesen, hätte zudem für den Gesetzgeber kein Bedürfnis bestanden, die Europawahlen gesondert zu erwähnen. Schließlich sind die Urwahlen in der Sozialversicherung eine „typisch deutsche" Einrichtung, so dass alle angeführten Wahlen bzw. Abstimmungen schon dem bloßen Wortlaut nach einen spezifisch inländischen Bezug aufweisen.[96]

(2) Systematik

Dies wird durch die Systematik noch verstärkt, indem bereits im vorhergehenden Dritten Abschnitt ausdrücklich die Straftaten gegen ausländische Staaten geregelt sind, weshalb im Umkehrschluss davon auszugehen ist, dass das restliche Staatsschutzrecht deren Tätigkeit und Institutionen gerade nicht erfassen

---

[91] Sch/Sch-Eser, vor §§ 3-7 Rn. 17 f.
[92] Vormbaum, NJ 1993, 213.
[93] Hierzu auch Hübner, S. 103 ff.; Müller, S. 337 ff.
[94] So aber AK-Wolter, § 108 d Rn. 1; Kohlrausch-Lange, § 108 d; Preisendanz, § 108 d Anm. 1 a; Sch/Sch-Eser, § 108 d Rn. 1; SK-Rudolphi, § 108 d Rn. 1; Maurach/Schroeder/Maiwald, BT 2, § 86 III Rn. 16; Otto, § 87 Überschrift vor Rn. 9.
[95] Ähnlich Wolf, S. 21 Fn. 14.
[96] Ausdrücklich auch BGHSt 39, 54 (65): „Auch aus der Fassung des § 108 d StGB ist herzuleiten, dass § 107 a StGB nur die Wahlen in der Bundesrepublik Deutschland meint"; ebenso Vormbaum, NJ 1993, 213 Fn. 14.

soll.[97] Der hier in Rede stehende Vierte Abschnitt hingegen betrifft laut Überschrift Straftaten gegen (ergänzbar wäre: deutsche) Verfassungsorgane sowie bei Wahlen und Abstimmungen. Dass nur deutsche Verfassungsorgane gemeint sein können, ergibt sich aus dem Wortlaut, wo etwa von der Bundesversammlung oder dem Bundespräsidenten, dem Bundestag oder dem Bundesrat die Rede ist. Wenn also nur die inländische mittelbare demokratische Willensbildung geschützt ist, liegt es nahe, dass es sich beim im selben Abschnitt befindlichen Schutz der unmittelbaren demokratischen Willensbildung ebenfalls um die inländische handelt.

(3) Wille des historischen Gesetzgebers

Zwar lassen die Gesetzesmaterialien nicht eindeutig erkennen, dass nur inländische Wahlen und Abstimmungen dem Schutz der §§ 107 ff. StGB unterfallen sollen, jedoch zeigt schon die Begründung zu § 107 c StGB, in der von der freien und geheimen Wahl als Grundelement des demokratischen Staates die Rede ist,[98] dass nicht jede beliebige Wahl geschützt sein kann. Und nicht zuletzt verweist der Bundesrat in seiner Stellungnahme bezüglich des Anwendungsbereichs auf den § 103 des E 1930, der seinem Vorschlag entspreche.[99] Dort geht es aber gerade nur um Wahlen und Abstimmungen, die auf Grund der Verfassung oder anderer Vorschriften des Reichs oder eines Landes in öffentlichen Angelegenheiten vorgenommen werden. Zwar wurde im Ergebnis vom Parlament dieser Wortlaut nicht übernommen, doch legt die Tatsache, dass im Gesetzgebungsverfahren offensichtlich ältere, eindeutig nur inländische Wahlen betreffende Entwürfe zum Vorbild genommen wurden, nahe, dass auf nationale Normen nur deshalb nicht verwiesen wurde, weil man dies für selbstverständlich hielt. Das ergibt sich auch aus der späteren Entwicklung in den Entwürfen 1959 I und II sowie 1962, in denen die Voraussetzung des Beruhens der Wahl bzw. Abstimmung auf bundes- oder landesrechtlichen Rechtsvorschriften wieder ausdrücklich aufgenommen werden und insgesamt der Anwendungsbereich erweitert werden sollte.[100] Wären mit der Reform 1953 aber Wahlen und Abstimmungen in aller Welt erfasst gewesen, hätten die genannten späteren Entwürfe ganz im Gegenteil eine Einschränkung des Anwendungsbereichs bedeutet. Der historische Gesetzgeber wollte mithin nur inländische Wahlen und Abstimmungen schützen.

---

[97] Sch/Sch-Eser, vor §§ 3-7 Rn. 18.
[98] BT-Drs. 1/1307, S. 41.
[99] BT-Drs. 1/1307, Anlage 2, S. 65.
[100] BT-Drs. 4/650, S. 593.

(4) Sinn und Zweck

Der Zweck der Wahlstraftaten liegt insbesondere im Schutz der Authentizität von Wahlen und Abstimmungen in Form des unbeeinträchtigten Ablaufs derselben. Es soll eine freie demokratische Willensbildung und -betätigung gewährleistet werden. Das macht seinen guten Sinn in einem System der Volkssouveränität, wo jegliche staatliche Gewalt auf den Volkswillen zurückführbar sein muss.[101] Das Grundgesetz legt in Art. 20 II 2 fest, dass diese Staatgewalt vom Volk in Wahlen und Abstimmungen sowie durch besondere Staatsorgane ausgeübt wird. Genau diese Zweiteilung findet sich in der Überschrift des Vierten Abschnitts wieder, so dass es innerhalb des Abschnitts naheliegenderweise nur um den Schutz der Ausübung der deutschen Staatsgewalt gehen kann. Neben diesen Gewährleistungszweck tritt das Sinnargument: Wie § 104 a StGB zeigt, sieht der deutsche Gesetzgeber im Schutz ausländischer staatlicher Belange und Institutionen nur dann einen Sinn, wenn durch deren Beeinträchtigung zugleich das Interesse der Bundesrepublik an ungestörten auswärtigen Beziehungen in Mitleidenschaft gezogen wird.[102] Der Gesetzgeber hat dies offensichtlich nur in den Fällen der §§ 102-104 StGB so gesehen und nicht beim Schutz ausländischer Wahlen und Abstimmungen. Auch objektiv betrachtet ist nicht ersichtlich, welchen Sinn es machen sollte, ausländische Wahlen und Abstimmungen dem deutschen Strafrechtsschutz zu unterstellen.

Teleologische Gründe sprechen ebenfalls gegen den Einbezug von anderen als inländischen Wahlen bzw. Abstimmungen.

Insofern lässt sich festhalten, dass die Wahlstraftaten nur deutsche Wahlen und Abstimmungen schützen, so dass die einleitenden allgemeinen Erwägungen durch die Auslegung bestätigt worden sind.

bb) Erforderliche Eigenschaften der erfassten Wahlen und Abstimmungen

Gewagt formulierte das Bezirksgericht Dresden in einer Entscheidung zu DDR-Wahlfälschungen: „Aus der Aufzählung bestimmter Wahlen in § 108 d StGB kann deshalb nicht der Schluß gezogen werden, Wahlen seien nur dann strafrechtlich geschützt, wenn sie den Anforderungen, die das Grundgesetz bzw. die Länderverfassungen an demokratische Wahlen stellt, in jedem Fall gerecht werden".[103] Angesprochen ist das Problem, welche Qualität Wahlen und Abstimmungen besitzen müssen, um von den §§ 107 ff. StGB geschützt zu werden. Dies kann – abgesehen von den problematischen Fällen im Rahmen der Wieder-

---

[101] Dreier-Fielitz, Art. 20 Rn. 77.

[102] Sch/Sch-Eser, vor §§ 102 ff. Rn. 2; § 104 a StGB setzt zur Strafverfolgung diplomatische Beziehungen zum anderen Staat voraus.

[103] BezG Dresden, JR 1992, 431 (433).

vereinigung[104] – etwa dann virulent werden, wenn einzelne Bundesländer Wahlgesetze erlassen, die mit den Vorgaben aus dem Grundgesetz, respektive den Länderverfassungen[105] nicht übereinstimmen.[106]

Offensichtlich ist in einem ersten Schritt, dass die Wahlstraftaten nicht völlig aus sich selbst heraus erklärbar sind, sondern sich an zahlreichen Stellen ans geltende Wahlrecht anlehnen, also wahlrechtsakzessorisch sind.[107] Das zeigen schon Begriffe wie „unbefugt" in § 107 a StGB, „einer dem Schutz des Wahlgeheimnisses dienenden Vorschrift" in § 107 c StGB, „ungültig wählt" in § 108 a StGB sowie die Fragen des fehlenden aktiven bzw. passiven Wahlrechts in § 107 b StGB. Nach dem oben Gesagten ist in einem nächsten Schritt klar, dass es sich dabei nur um eine Anlehnung an das deutsche Wahlrecht handeln kann. Im verfassungskonformen Fall ergibt sich aufgrund der Bindung von Gesetzgebung und Verwaltung an Recht und Gesetz daraus mittelbar die Verfassungsakzessorietät: Das Grundgesetz gibt vor, nach welchen Grundprinzipien sich Wahlen zu richten haben, diesen Vorgaben muss die Wahlgesetzgebung entsprechen und diese ist wiederum Grundlage für das Wahlstrafrecht.[108] Was aber, wenn der (Bundes- oder Landes)Gesetzgeber die Wahl verfassungswidrig ausgestaltet? Zum Beispiel, wenn der Bundesgesetzgeber in den Wahlgesetzen eine offene Abstimmung vorsähe oder Arbeitslosen das Wahlrecht versagen würde. Dann wäre das Wahlstrafrecht von vornherein nicht einschlägig, wenn sich auch unmittelbar ergäbe, dass die in den §§ 107 ff. StGB geschützten Wahlen nur solche sind, die den Vorgaben des Grundgesetzes entsprechen, also verfassungsgemäße.

Zunächst kann auf die bereits beschriebene Nähe von Systematik und Wortlaut der Wahlstraftaten bzw. der Abschnittsüberschrift zu den Vorgaben des Grundgesetzes verwiesen werden, was den exklusiven Schutz verfassungskonformer Wahlen mindestens nahe legt. Ein Hinweis darauf, dass es sich um allgemeine Wahlen handeln muss, findet sich in der Formulierung des § 108 d S. 1 StGB,

---

[104] Nach dem oben erarbeiteten Ergebnis, dass von vorne herein nur inländische Wahlen dem Strafrechtsschutz unterfallen, mag das überraschen. Samson, StV 1992, 142, etwa stellt fest, dass § 107 a i.V.m. § 108 d StGB regional begrenzte Rechtsgüter schützten und lehnt damit die Strafbarkeit der DDR-Wahlfälschungen ab. Der BGH hingegen kommt in BGHSt 39, 54 (65 f.) zum Ergebnis, die Beschränkungen des räumlichen Geltungsbereichs seien wegen Art. 315 I 1 EGStGB unbeachtlich, so dass er sich mit der erforderlichen Qualität der Wahlen noch beschäftigen muss; zur Kritik an dieser Lösung vgl. nur Hübner, S. 119 ff. m.w.N.
[105] Vgl. aber Art. 28 I 2 GG, der auf Länder, Kreise und Gemeinden die Wahlrechtsgrundsätze des Art. 38 I 1 GG überträgt.
[106] Lorenz, NStZ 1992, 425, wirft etwa die Frage auf, ob extreme Scheinwahlen auszugrenzen seien.
[107] BGHSt 39, 54 (66); Lorenz, NStZ 1992, 425; Wolf, S. 27 f.
[108] So auch Hübner, S. 130 f.

dass „Wahlen [...] des Volkes" geschützt sind. Eindeutig sind die schon in Betracht gezogenen teleologischen Erwägungen: Es geht bei den Wahlstraftaten um den Schutz der (inländischen) demokratischen Willensbildung und -betätigung. Aufgrund der räumlichen Beschränkung auf die Bundesrepublik Deutschland kann damit eben nur die Demokratie des Grundgesetzes gemeint sein. Deren nähere Ausgestaltung äußert sich beispielsweise in der Aufstellung von Wahlrechtsgrundsätzen. Anders gesagt: Wie die „deutsche Demokratie" ausgeformt ist, wird im Grundgesetz festgelegt. Wenn die §§ 107 ff. StGB aber Wahlen und Abstimmungen als Kernbestandteil dieser Demokratie (eine „andere" gibt es in der Bundesrepublik ja nicht) schützen sollen, müssen die dort genannten Wahlen und Abstimmungen auch den Erfordernissen des Grundgesetzes entsprechen. Die Wahlstraftaten sind Staatsschutzrecht, das den deutschen Staat und die deutsche Verfassung schützen soll bzw. will.[109] Dann macht es aber nur Sinn, ausschließlich Wahlen, die in ihrer Ausgestaltung dieser Verfassung entsprechen, diesen Schutz zu gewähren.[110]

Weder der Einbezug der Urwahlen in der Sozialversicherung und der Europawahlen noch die Entstehungsgeschichte der Wahlstraftaten vermögen daran etwas zu ändern:[111]
Der Einbezug der Urwahlen in der Sozialversicherung ist de lege lata systemwidrig,[112] weil es sich nicht um eine Wahl des Volkes, sondern nur der Versicherten handelt und kann schon deshalb kein ausschlaggebendes Argument sein. Gleichwohl ist es tatsächlich so, dass jene Urwahlen frei, geheim und unmittelbar sind, sowie über Art. 3 I GG auch die Grundsätze der Allgemeinheit und Freiheit der Wahl Geltung erlangen.[113] Diese faktische Konformität mit den Wahlrechtsgrundsätzen teilen gemäß § 1 I 2 EuWahlG auch die Wahlen zum Europaparlament.[114] Der Gesetzgeber hat also zwei Wahlen in § 108 d StGB aufgenommen, die den Wahlrechtsgrundsätzen des Art. 38 I 1 GG entsprechen, obwohl sie von dessen Anwendungsbereich gar nicht erfasst sind. Dies eint die genannten Wahlen und betont gleichzeitig die Bedeutung der Wahlrechtsgrundsätze für die in den §§ 107 ff. StGB geschützten Wahlen. Nicht zuletzt gelten die Wahlen zum Europäischen Parlament als Wahlen des Volkes in Ausübung staatsbürgerlicher Rechte,[115] so dass auch dadurch der Bezug zum Grundgesetz gewährleistet ist.

---

[109] Vgl. die Gliederung von Schroeder, S. XIII: §§ 31 ff. – §§ 43 ff.
[110] Im Ergebnis ebenso Arnold/Kühl, NJ 1992, 478; Hübner, S. 133; Müller, S. 342; Wolf, S. 29.
[111] Anders BezG Dresden, JR 1992, 431 (433).
[112] AK-Wolter, vor § 105 Rn. 1.
[113] BVerfGE 30, 227 (246).
[114] Vgl. hierzu Boettcher/Högner, EuWG, § 1 Rn. 4.
[115] Sch/Sch-Eser, § 108 d Rn. 2.

Weder der Einbezug der Sozialwahlen noch der der Europawahlen spricht demnach gegen den Schutz nur grundgesetzkonformer Wahlen.[116]

Im Dunkeln lässt das Bezirksgericht auch, inwiefern die Entstehungsgeschichte des § 108 d StGB gegen den alleinigen Schutz von Wahlen, die den Normen des Grundgesetzes bzw. der Länderverfassungen Rechnung tragen, sprechen soll. Die zunächst vorgeschlagene, wesentlich umfassendere Formulierung „Abstimmungen in öffentlichen Angelegenheiten"[117] mag zwar nicht gerade für eine Grundgesetzkonformität gesprochen haben, relevant ist aber allein, dass sich der Gesetzgeber gerade gegen diese Fassung und für die Form der „Positivliste" in der heutigen Gestalt[118] entschieden hat.[119]

Die §§ 107 ff. StGB machen mithin schon aus sich selbst heraus deutlich, dass nur Wahlen, die den Vorgaben des Grundgesetzes, also insbesondere den Wahlrechtsgrundsätzen entsprechen, in ihren Schutz einbezogen sein sollen. Nur die korrekt umgesetzte Demokratie des Grundgesetzes verdient Schutz durch das Strafrecht. Zur Klarstellung: Hiermit werden nicht etwa im Strafrecht höhere Voraussetzungen als im Öffentlichen Recht aufgestellt. Wahlen, auf die die Wahlrechtsgrundsätze des Art. 38 GG weder direkt noch analog Anwendung finden, müssen auch nicht diesen Vorgaben entsprechen, sie müssen aber allgemein verfassungskonform (demokratisch) ausgestaltet sein.[120]

Insgesamt bleibt festzuhalten, dass es bei der Voraussetzung der Grundgesetzkonformität der geschützten Wahlen und Abstimmungen stets nur um die „theoretische" geht, d.h. die an den Normen zu messende, nicht die „praktische", d.h. die Durchführung im konkreten Fall – ansonsten könnte man zum Beispiel durch das Begehen einer Wahlstraftat (und damit gegebenenfalls einem „Grundgesetzverstoß") die Wahl zu einer nicht mehr von den Wahlstraftaten erfassten machen. Das wäre absurd.

Wählte also der oben als Beispiel gegebene Arbeitslose unter der Prämisse, dass das Wahlgesetz sein aktives Wahlrecht ausschlösse, könnte er sich von vorne herein nicht nach § 107 a I Alt. 1 StGB strafbar machen, obwohl er den Wahlnormen zufolge ja tatsächlich unbefugt wählt.
Praktische Konsequenz dieser Erkenntnis ist, dass die Verfassungsmäßigkeit der in Rede stehenden Wahl letztlich zum Tatbestandsmerkmal wird und vom jewei-

---

[116] So im Ergebnis auch Hübner, S. 132 f., 135 f.
[117] BT-Drs. 1/1307, S. 12.
[118] Damals noch ohne Europa- und Urwahlen in der Sozialversicherung.
[119] So völlig zu Recht Hübner, S. 136 f.
[120] So wohl auch Maurach/Schroeder/Maiwald, BT 2, § 86 I Rn. 1, wenn sie von der „verfassungsrechtlich gesicherte[n] Demokratie" sprechen.

ligen Strafrichter zu prüfen ist. Eine Richtervorlage nach Art. 100 I GG wäre in den meisten Konstellationen mangels Entscheidungserheblichkeit nicht zulässig, wenn man nur den mittelbaren Weg der Verfassungskonformität über die den Straftatbeständen zugrunde liegenden Wahlgesetze gehen würde: Bei einer Wählernötigung etwa wäre dann die Frage nach der Verfassungskonformität der Wahl nicht entscheidungsrelevant, weil die Wahlgesetze für die Erfüllung des Tatbestandes keine Rolle spielen, der Richter müsste nach § 108 StGB verurteilen. Weil aber, wie dargelegt, eine „undemokratische" im Sinne von mit den Wahlrechtsgrundsätzen nicht konforme Wahl nicht schutzwürdig ist, mithin das geschützte Rechtsgut des § 108 StGB gar nicht betroffen ist, darf eine Verurteilung nach § 108 StGB keinesfalls erfolgen.[121] Ist die Verfassungsgemäßheit der Wahl jedoch Tatbestandsmerkmal, ist die Möglichkeit der Richtervorlage bei allen Wahlstraftaten stets eröffnet.

c) Die erfassten Wahlen und Abstimmungen im Einzelnen

aa) § 108 d S. 1 StGB

Alle von § 108 d StGB erfassten Wahlen und Abstimmungen (abgesehen von den Urwahlen in der Sozialversicherung) müssen solche „des Volkes" sein. Es darf sich also nicht um Wahlen bzw. Abstimmungen eines bestimmten Teils des (jeweiligen) Volkes handeln, vielmehr werden nur allgemeine Wahlen und Abstimmungen geschützt.[122] Die genannten Urwahlen sind demnach ebenso wenig wie Wahlen zu berufsständischen Kammern etc. Wahlen „des Volkes".[123] Aufgrund des Schutzzwecks der Wahlstrafnormen ist „Volk"[124] nicht gleichbedeutend mit „Bevölkerung" bzw. den im Staatsgebiet Lebenden, sondern meint nur das Staatsvolk der Bundesrepublik Deutschland.[125] Im Zusammenhang mit Wahlen und Abstimmungen ist der Begriff des Volkes sogar noch weiter einzuschränken auf die Aktivbürgerschaft, also diejenigen, denen die staatsbürgerlichen Rechte zustehen.[126] Hinzu kommt, dass in der Bundesrepublik Deutschland nicht nur „ein Volk" existiert. Neben dem Bundesvolk existieren auch die „Landesvölker" sowie, was Kreise und Gemeinden anlangt, die „Verbandsvölker".[127]

---

[121] Es kommt § 240 StGB in Betracht.

[122] Dalcke-Fuhrmann-Schäfer/Schäfer, § 109 a Anm. 1; LK[8]-Jagusch, § 109 a Anm. 3.

[123] Entsprechendes galt ebenso für den mittlerweile abgeschafften Bayerischen Senat, dessen Mitglieder von berufsständischen und ähnlichen Organisationen gewählt wurden; mit diesem Beispiel Kirschner, S. 37.

[124] Vgl. allgemein zum Begriff des Volkes im GG Stern K., StaatsR 2, § 25.

[125] Vgl. Art. 20 II 1 GG; beachte dabei auch Art. 116 I GG sowie Art. 28 I 3 GG; M/D/H/S-Herzog, Art. 20 Rn. 52; Dreier-Fielitz, Art. 20 Rn. 83 f.; Sachs-Sachs, Art. 20 Rn. 27 a.

[126] Vgl. Art. 20 II 2 GG; M/D/H/S-Herzog, Art. 20 Rn. 10 Fn. 1; Sachs-Sachs, Art. 20 Rn. 28; Stern K., StaatsR 2, § 25 II 3, S. 24 f.

[127] Vgl. Art. 28 I 2 GG sowie BVerfGE 83, 37 (55); 47, 253 (272); Dreier-Fielitz Art. 20 Rn. 85 f.; Stern K., StaatsR 2, § 25 II 2 c, S. 24.

Sowohl auf der Ebene des Bundes als auch der Länder, Kreise und Gemein-den[128] besteht also jeweils eine Aktivbürgerschaft, ein „Volk". § 108 d S. 1 StGB greift nun eben diese Ebenen auf und schützt alle dort statt-findenden (allgemeinen) Wahlen und Abstimmungen des Volkes. Mithin werden alle in Art. 20 II 2 und 28 I 2 GG vorgesehenen Wahlen auch mit Strafrechtsschutz versehen. Gleiches gilt für die Abstimmungen auf Bundesebe-ne, die in Art. 20 II 2 GG genannt werden und nur in den Art. 29, 118, 118 a GG vorgesehen sind. Bezüglich Abstimmungen auf Landes-, Kreis- und Gemeinde-ebene macht das Grundgesetz keine verpflichtenden Vorgaben, das Homogeni-tätsgebot des Art. 28 I 1 GG erlaubt aber eine weitergehendere Regelung als die des Grundgesetzes, etwa was Volks-/Bürgerbegehren und Volks-/Bürgerent-scheid angeht.[129] Weil die bayerischen Bezirke unter den Begriff der Gemeinde-verbände in Art. 28 II 2 GG fallen,[130] handelt es sich auch auf dieser Ebene um verfassungsrechtlich vorgesehene, von § 108 d S. 1 StGB geschützte Wahlen und Abstimmungen.

Verbleiben noch die Europawahlen und die Urwahlen in der Sozialversicherung, die in § 108 d StGB aufgeführt, aber nicht (unmittelbar) im Grundgesetz veran-kert sind. Zu letzteren ist bereits gesagt worden, dass deren Einbezug als de lege lata systemwidrig abzulehnen ist. Geschützt wurden sie aufgrund ihrer besonde-ren Bedeutung.[131] Sie gehören nach der jetzigen Gesetzessystematik richtiger-weise ins Nebenstrafrecht.

Bei den Europawahlen ergibt sich die Frage, welchen Umfang der „deutsche Schutz" der Europawahl besitzt. Schließlich findet die Europawahl nicht nur in Deutschland, sondern in allen Ländern der EU statt. Zugespitzt formuliert: Schützt § 108 d StGB die Wahl der Abgeordneten des Europäischen Parlaments allgemein oder nur die Wahl der deutschen Abgeordneten? Gegenwärtig wird, weil es (noch) kein einheitliches europäisches Wahlverfahren gibt, das Europäische Parlament aus den in den einzelnen Mitgliedstaaten nach

---

[128] Maurach/Schroeder/Maiwald, BT 2, § 86 III Rn. 17 sprechen aufgrund der Einbeziehung der Kommunen von einem „weiten Wahlbegriff"; in § 107 StGB a.F. wurde der Begriff der „staatsbürgerlichen Rechte" verwendet, der gerade auch im Hinblick auf die Kommunalwah-len sehr umstritten war; vgl. zum damaligen Diskurs nur Schönke[6], § 107 Anm. I; Binding, BT 2/2, § 278, II 3, S. 822; Schneidler, GS 40, 4; anders v. Olshausen, § 107 Anm. 2; Hinter-grund für diesen Diskurs war insbesondere auch die Frage, inwiefern die „Ausübung staats-bürgerlicher Rechte" und die „Wahlen in öffentlichen Angelegenheiten" deckungsgleich oder verschieden weit reichend sind; vgl. hierzu nur RGSt 7, 223 einerseits und RGSt 41, 121 an-dererseits.
[129] Kempen, in: Becker/Heckmann/Kempen/Manssen, 1. Teil Rn. 33 f.
[130] Becker, in: Becker/Heckmann/Kempen/Manssen, 2. Teil Rn. 15.
[131] Sch/Sch-Eser, § 108 d Rn. 2; BT-Drs. 7/4122, S. 39.

den dort erlassenen Regeln[132] gewählten Abgeordneten „zusammengesetzt". Die Entstehung des Europaparlaments[133] lässt sich also in einen deutschen, einen italienischen, einen griechischen usw. Ausschnitt unterteilen, wovon nach dem oben Gesagten nur der inländische von § 108 d StGB erfasst wird.[134] Der Schutz der nationalen Wahl liegt im Verantwortungs- und Aufgabenbereich des jeweiligen Mitgliedsstaats selbst.[135]

Schwierigkeiten können sich auch im Zusammenhang mit Abstimmungen ergeben. Die Abstimmungen erfolgen jeweils in einem mehrstufigen Verfahren, wobei fraglich ist, welche Stufen von § 108 d StGB erfasst sind. Dem Volks-/Bürgerentscheid kann oder muss ein Volks-/Bürgerbegehren vorausgehen. Davor kann noch zusätzlich ein Zulassungsverfahren geschaltet sein.[136] Teilweise wird nur der jeweilige Entscheid unter § 108 d S. 1 StGB gefasst, das jeweilige Begehren unter § 108 d S. 2 StGB subsumiert[137] und das Unterschreiben des Zulassungsantrags aufgrund des insofern scheinbar eindeutigen Wortlauts aus dem Geltungsbereich ausgeschieden.[138] Letzteres ist zwar in sich schlüssig, weil es wenig sinnvoll wäre, den Wortlaut „Unterschreiben für ein Volksbegehren" zu verstehen als „Unterschreiben eines Zulassungsantrags" und das Unterschreiben des Volksbegehrens, das ja „näher dran" ist am Entscheid als der Zulassungsantrag, aus dem Geltungsbereich auszuscheiden. Die Wendung „für" kann verstanden werden als Unterschreiben „zugunsten" oder „des" Volksbegehrens, so dass auch der Wortlaut nicht entgegensteht.

Aber die Prämisse dieses Vorgehens ist verkehrt: Das beschriebene Dilemma ergibt sich dann nicht, wenn man das jeweilige Begehren bereits unter die „Abstimmungen des Volkes" subsumiert. Danach fallen ausschließlich die Zulassungsverfahren unter § 108 d S. 2 Alt. 2 StGB. Diese Auslegung ergibt sich auch hier aus der engen Anlehnung an das Verfassungsrecht. Zur Abstimmung im Sinne des Art. 20 II 2 GG zählen Volksbegehren, Volksentscheide und Volksbefragungen.[139] Das entspricht auch dem historischen (Straf)Gesetzge-

---

[132] Die sich an diversen europäischen Vorgaben auszurichten haben; vgl. dazu umfassend Schreiber, NVwZ 2004, 21 ff.

[133] Nicht aber das Mandat an sich! Die Europaabgeordneten sind Vertreter der Völker der EU in ihrer Gesamtheit, nicht etwa Vertreter des Mitgliedsstaates, in dem sie gewählt worden sind; vgl. Bleckmann, EuropaR, Rn. 288.

[134] So auch allgemein LK-Laufhütte, vor §§ 105 ff. Rn. 2; Sch/Sch-Eser, vor §§ 105 ff. Rn. 2.

[135] Sch/Sch-Eser, § 108 e Rn. 5.

[136] Vgl. etwa Art. 63 ff. LWG für den Volksentscheid.

[137] So etwa Trinkaus, S. 15 ff., insbesondere S. 17; Kirschner, S. 39 f.

[138] Ausdrücklich Kirschner, S. 40.

[139] Derzeit nur Art. 29, 118, 118 a GG; vgl. nur Stern K., StaatsR 2, § 25 II 1 b, S. 13 ff.; Dreier-Fielitz, Art. 20 Rn. 94, der allerdings entgegen der hM darin nur Bevölkerungsentscheide und mithin keine Abstimmungen sieht.

berwillen. Die mit dem heutigen § 108 d S. 2 StGB identische Formulierung findet sich erstmals in § 103 III E 1927.[140] Hier wurde festgestellt: „Den Wahlen geht im allgemeinen die Einreichung eines Wahlvorschlags und dem Volksbegehren das Zulassungsverfahren voraus. Abs. 3 stellt sicher, daß auch diese die Wahl oder Abstimmung vorbereitenden Handlungen den Schutz des Gesetzes genießen." Das Herausfallenlassen des Zulassungsverfahrens aus dem Geltungsbereich wäre auch systematisch nicht erklärbar: Warum sollte das „Vorverfahren" zur Wahl geschützt sein, nicht aber dasjenige zur Abstimmung? Auch der Zweck des umfassenden Schutzes der ordnungsgemäßen unmittelbaren demokratischen Willensäußerung wäre nicht erreichbar, wenn nur ein Ausschnitt des Abstimmungsverfahrens geschützt wäre.

Mithin sind die drei Arten der Abstimmung, Volksbegehren, Volksentscheid und Volksbefragung von § 108 d S. 1 StGB erfasst, das Zulassungsverfahren für ein Volksbegehren unterfällt S. 2.

Probleme könnten sich nur für den Fall ergeben, dass in einem Bundesland auch für Bürgerbegehren ein Zulassungsverfahren vorgesehen wird. Ein „Unterschreiben für ein Volksbegehren" wäre dann nicht gegeben. Um den genannten Sinn und Zweck erreichen zu können, müsste man aber wohl unter Ausreizung der Wortlautgrenze den Begriff des Volksbegehrens „untechnisch" verstehen, was freilich unter dem historischen Blickwinkel zweifelhaft wäre. Schon daran sieht man aber, welche Schwierigkeiten auftreten können, wenn der Bundesgesetzgeber Regelungen für landesspezifische Sachverhalte trifft.[141] Als Abstimmung des Volkes in den Gemeinden ist noch die praktisch bedeutungslose Konstellation des Art. 28 I 4 GG zu erwähnen, wonach an die Stelle einer gewählten Körperschaft die Gemeindeversammlung treten kann.[142]

Die Übersicht auf der nächsten Seite zeigt, welche Wahlen und Abstimmungen im Bund und den Ländern (am Beispiel Bayerns) im Einzelnen in den Geltungsbereich des § 108 d S. 1 StGB einbezogen sind.

---

[140] S. 68; der Sache nach stimmt § 108 d S. 2 StGB teilweise schon mit § 102 E 1925 überein, der von der „Sammlung von Unterschriften für ein Volksbegehren" spricht, aber Wahlvorschläge unberücksichtigt lässt.
[141] Zum Verhältnis von Bundes- und Landesstrafrecht siehe unten, S. 226 ff.
[142] Vgl. hierzu Trinkaus, S. 14.

	Volkswahl	Volksabstimmung
Bund	Bundestagswahl, Art. 38 I 1 GG	Art. 20 IV, V, 29 GG
	Europawahl, EuWG	-
Land (Bayern)	Landtagswahl, Art. 14 I 1 BV	Volksbegehren, Art. 74 I BV i.V.m. Art. 71 II 1 LWG Volksentscheid, Art. 74 BV
Bezirk	Bezirkstagswahl, Art. 12 BezO	-
Landkreis	Kreistagswahl, Art. 12 LKrO Landratswahl, Art. 31 I 2 LKrO	Bürgerbegehren, Art. 12 a VI, VII 2 LKrO Bürgerentscheid, Art. 12 a LKrO
Gemeinde	Gemeinderatswahl, Art. 17 GO Bürgermeisterwahl, Art. 17 GO	Bürgerbegehren, Art. 18 a VI GO Bürgerentscheid, Art. 18 a GO
Sonstiges	Urwahlen in der Sozialversicherung, §§ 34 ff. SGB IV	

bb) § 108 d S. 2 StGB

Beide in § 108 d S. 2 StGB genannten Erweiterungen des Geltungsbereichs beschreiben formalisierte Verfahren, die für die spätere Wahl bzw. Abstimmung von eminenter Bedeutung sind; das Wahlvorschlagsrecht ist Bestandteil des Wahlrechts, für das etwa auch Art. 38 I 1 GG gilt,[143] das Volksbegehren kann nur durch ein Zulassungsverfahren eingeleitet werden.[144]

Erfasst sind folgende wahlrechtliche Situationen:[145]

	Wahlvorschläge	Zulassungs-verfahren
Bund	§ 20 II 2 und § 20 III BWG	-
	§ 9 V 1, 2 EuWG	-
Land (Bayern)	Art. 27 I Nr. 4 S. 2 LWG	Art. 63 ff. LWG
Bezirk	Art. 4 I Nr. 4 c BezWG i.V.m. Art. 27 I Nr. 4 S. 2 LWG	-
Landkreis	Art. 25 I 1, 27 I 1, III GLkrWG	-
Gemeinde	Art. 25 I 1, 27 I 1, III GLkrWG	-
Sonstiges	§ 48 II 1, IV 1 SGB IV	-

Die teilweise vorgesehene Zurücknahme eines Wahlvorschlags per Unterschriften der Mehrheit der vorherigen Befürworter des Wahlvorschlags fällt klar nicht unter den Wortlaut des § 108 d S. 2 StGB,[146] weil nur die Unterzeichnung, nicht aber die Unterzeichnung der Zurücknahme desselben erwähnt ist.

---

[143] BVerfGE 41, 399 (417); 71, 81 (100); Schreiber, § 18 Rn. 1.
[144] Kempen, in: Becker/Heckmann/Kempen/Manssen, 1. Teil Rn. 169 ff.
[145] Zitiert sind die Vorschriften, in denen das jeweilige Quorum bestimmt ist.
[146] Vgl. etwa Art. 23 S. 2 BWG, Art. 12 II 2 EuWG, Art. 31 S. 2 LWG, Art. 4 I Nr. 4 BezWG i.V.m. Art. 31 S. 2 LWG.

(cc) Internationaler Geltungsbereich der Wahlstraftaten

Es ist denkbar, dass ein Deutscher oder ein EU-Ausländer[147] den, wie dargelegt, geschützten deutschen Bereich der Europawahlen im Ausland vollzieht (etwa per Briefwahl). Erstreckt sich die deutsche Strafgewalt auch auf diese Taten? Es handelt sich um die generelle Frage, ob eine im Ausland begangene Handlung gegen deutsche Wahlen bzw. Wähler nach dem deutschen Strafrecht bestraft werden kann. Angesprochen ist damit der internationale Geltungsbereich des StGB.[148]

Nach § 3 StGB gilt das deutsche Strafrecht für Taten, die im Inland begangen werden, wobei gemäß § 9 I StGB eine Tat unter anderem an dem Ort als begangen gilt, an dem der Täter gehandelt hat oder der zum Tatbestand gehörende Erfolg eingetreten ist. Da in den hier interessierenden Konstellationen die Handlungen sämtlich im Ausland stattfinden, wird relevant, wann und wo der zum Tatbestand gehörende Erfolg jeweils eingetreten ist.

So ist bei § 107 StGB theoretisch denkbar, dass Drohungen aus terroristischen Kreisen zu einer Verhinderung der Wahl als zum Tatbestand gehörenden Erfolg in Deutschland führen. Auch die Wahlfälschung kommt in Betracht, etwa wenn ein Unbefugter im Ausland per Briefwahl wählt und dadurch in Deutschland ein unrichtiges Ergebnis herbeiführt. Bei § 107 b StGB tritt der Erfolg, nämlich die falsche oder fehlende Eintragung[149] bzw. die unberechtigte Aufstellung als Kandidat, ebenfalls stets in Deutschland ein. Bei § 107 c StGB ist eine Deutschland-Auslands-Beziehung de facto nicht vorstellbar.[150] Bei § 108 b StGB kommt es darauf an, wo die Unrechtsvereinbarung geschlossen wird.[151] Ist das im Ausland der Fall, scheidet eine Strafbarkeit aus.

---

[147] Der sich für sein Europawahlrecht in Deutschland und gegen das in seinem Heimatstaat entschieden hat.

[148] Wobei umstritten ist, ob die Frage nach dem Schutzbereich der Norm (erfasst der Tatbestand überhaupt das Verhalten z.B. gegen ein ausländisches Rechtsgut?) der Frage nach dem Internationalen Strafrecht (erstreckt sich die deutsche Strafgewalt auf dieses Verhalten? vgl. §§ 3 ff. StGB) vor- oder nachgelagert ist; vgl. nur einerseits Sch/Sch-Eser, vor §§ 3 ff. Rn. 13, andererseits SK-Hoyer, vor § 3 Rn. 31.

[149] Hier ist zu beachten, dass bei Nr. 3 der Erfolg nicht etwa die Hinderung des Wahlberechtigten an seiner Eintragung ist (diese könnte sich ausschließlich im Ausland abspielen), sondern die Verhinderung der Eintragung; deren Ausbleiben schlägt sich stets im deutschen Wählerverzeichnis nieder.

[150] Die denkbare Situation des Zuschauens bei der Briefwahl im Ausland unterfällt schon nicht dem Tatbestand, siehe unten, S. 92 f. In einem womöglich konstruierbaren Fall mit Verletzung der das Wahlgeheimnis schützenden Norm im Ausland lägen demnach Handlung und Erfolg im Ausland, so dass §§ 3, 9 StGB nicht erfüllt wären.

[151] Vgl. zur identischen Situation bei § 108 e StGB Schaller, S. 40 f.; hierfür ist § 5 Nr. 14 a StGB zu beachten.

Als vielschichtiger erweisen sich jedoch die Konstellationen der Wählernötigung sowie der Wählertäuschung, §§ 108, 108 a StGB. Der in § 108 StGB umschriebene Erfolg ist dann eingetreten, wenn der Wähler (endgültig nicht) wählt oder in einem bestimmten Sinne wählt, bei § 108 a StGB, wenn er seine Stimme im Erklärungsirrtum abgibt, er ungültig oder endgültig nicht wählt. Insofern sind sowohl Konstellationen denkbar, in denen der Erfolg im Ausland eintritt, als auch solche mit Erfolg im Inland: X nötigt bzw. täuscht den sich im Ausland befindlichen Deutschen im Hinblick auf dessen Briefwahl, die dieser im Ausland ausführt bzw. ausführen will. Hier tritt der beschriebene Erfolg ausschließlich im Ausland ein, § 9 StGB ist nicht erfüllt, der Täter nicht nach dem StGB bestrafbar. Findet hingegen die Nötigung bzw. Täuschung etwa im Urlaub statt, nach dem der Deutsche wieder nach Deutschland zurückkehrt, und legt er dann ein auf die Nötigung bzw. Täuschung zurückzuführendes Wahlverhalten an den Tag, so tritt der Erfolg gemäß § 9 StGB im Inland ein, der Täter kann nach dem StGB bestraft werden.

Für Konstellationen, in denen die §§ 3, 9 StGB nicht zur Anwendung deutschen Strafrechts führen, ist grundsätzlich an § 5 StGB (Auslandstaten gegen inländische Rechtsgüter) zu denken, der jedoch in Nr. 14 a nur § 198 e StGB aufführt.

Zuletzt ist § 7 StGB heranzuziehen, der in seinem Abs. 1 unter anderem eine Auslandstat „gegen einen Deutschen" verlangt. Das setzt voraus, dass der Inhaber des Rechtsguts, das durch die Tat verletzt wird bzw. werden soll, Deutscher ist. Ausgeschlossen sind damit Tatbestände, die nur die Allgemeinheit schützen.[152] Für alle anderen Fälle gelten die Voraussetzungen des § 7 II StGB. Regelmäßig wird § 7 StGB jedoch an der Voraussetzung, dass die Tat (also die Beeinträchtigung der deutschen (!) Wahl) am Tatort mit Strafe bedroht sein muss, scheitern.

Aus diesen Erkenntnissen ergibt sich die Übersicht auf der nächsten Seite.

---

[152] Der BGH geht in BGHSt 39, 54 (60) davon aus, dass diese Voraussetzung für § 107 a StGB jedenfalls dann nicht erfüllt ist, wenn nicht das persönliche Wahlrecht eines einzelnen Wählers verletzt, sondern der Ausgang der Wahlen insgesamt verfälscht wird. Geht man hingegen richtigerweise (siehe unten, S. 39 ff.) davon aus, dass § 107 a StGB ausschließlich ein Kollektivrechtsgut schützt, kann § 7 I StGB bei § 107 a StGB nie erfüllt sein. Nicht ganz klar ist, ob § 7 I StGB anwendbar ist, wenn zwar primär ein Allgemeinrechtsgut geschützt, ein Individualrechtsgut aber mitgeschützt ist, wie etwa bei den §§ 107 c, 108, 108 a, 108 b I StGB (siehe unten, S. 88 f., 95, 123 ff., 134 f.); ablehnend wohl SK-Hoyer, § 7 Rn. 8; bejahend z.B. MünchKomm-Ambos, § 7 Rn. 25 gerade unter Hinweis auf die Wahlstraftaten. Das dürfte mit dem Wortlaut zu vereinbaren sein, weil besagte Taten jedenfalls auch „gegen einen Deutschen begangen" werden.

wer wählt?	wo wählt er?	welche Wahl?	Bestrafung nach StGB möglich?
D	D	D	(+)
A	D	D	(+)
D	A	D	vgl. §§ 3 ff. StGB
D	D	A	Schutzbereich der Wahlstraftaten (-)
A	A	D	vgl. §§ 3 ff. StGB
D	A	A	Schutzbereich der Wahlstraftaten (-)
A	D	A	Schutzbereich der Wahlstraftaten (-)
A	A	A	Schutzbereich der Wahlstraftaten (-)

D: Deutscher/Deutschland/deutsche A: Ausländer/Ausland/ausländische[153]

II) Wahlbehinderung, § 107 StGB[154]

Nach § 107 StGB wird bestraft, wer eine Wahl oder die Feststellung ihres Ergebnisses mit Gewalt oder Drohung mit Gewalt verhindert oder stört.

1) Geschütztes Rechtsgut

Die oben dargelegte Grobeinteilung des Abschnitts spiegelt sich hier im Rechtsgut wider. Vom Tatbestand werden Beeinträchtigungen einer Wahl oder ihrer Ergebnisfeststellung schlechthin erfasst, nicht Beeinträchtigungen einzelner Wähler.[155] Diese objektive Ausrichtung führt zu Recht zur allgemeinen Meinung, dass die Authentizität der unmittelbar(en) demokratischen Willensbetätigung geschützt wird und zwar durch die Gewährleistung eines ordnungsgemäßen Ablaufs des gesamten Wahlvorgangs, sprich der ordnungsgemäßen Wahlrechtsausübung des Wahlvolks in seiner Gesamtheit.[156]

2) Aufbau des Tatbestands

a) Wahl oder Feststellung ihres Ergebnisses

Dieses Begriffspaar gibt Rätsel über die (zeitliche) Reichweite des Tatbestandes auf. Die erfassten Arten von Wahlen sind zwar in § 108 d StGB abschließend aufgezählt, daraus lässt sich aber nichts für die Frage gewinnen, welche zeitlichen Stadien mit dem Begriff der Wahl verbunden sind.

---

[153] Als ausländische Wahl ist auch ein EU-ausländischer Teilausschnitt bei den Europawahlen anzusehen.

[154] Zur (reform)geschichtlichen Entwicklung vgl. Wolf, S. 217 f.

[155] Vgl. dazu die §§ 108 ff. StGB.

[156] AK StGB-Wolter, § 107 Rn. 1; D/F/S-Schäfer, § 107 Anm. 1; Kohlrausch/Lange, § 107 Anm. II; Lackner, § 107 Rn. 1; LK-Laufhütte, § 107 Rn. 1; Preisendanz, § 107 Anm. 1; Sch/Sch-Eser, § 107 Rn. 2; Tröndle/Fischer, § 107 Rn. 1; Blei, BT, § 99 II 1, S. 386; Geilen, in: LdR, S. 1110; Harnischmacher, S. 75; Otto, BT, § 87 Rn. 9; Schmidhäuser, BT, 19, Überschrift vor Rn. 3; Wolf, S. 164 f.

Aus staatsrechtlicher Sicht legt das BWG nahe, drei Abschnitte zu unterscheiden (Wahlrechtsakzessorietät): die Vorbereitung der Wahl (§§ 16-30 BWG), die Wahlhandlung (§§ 31-36 BWG) und die Feststellung des Wahlergebnisses (§§ 37-42 BWG). Letzterer ist in § 107 StGB ausdrücklich genannt. Und dass mit „Wahl" nach Sinn und Zweck der Regelung auf jeden Fall auch die Wahlhandlung, also der Wahlakt gemeint sein muss, ist allgemeine Meinung.[157] Damit ist aber noch unbeantwortet, ob es nun systematisch zwingend ist, aus der ausdrücklichen Nennung der Feststellung des Ergebnisses neben der „Wahl" den Umkehrschluss zu ziehen, dass „Wahl" dann nur im engen Sinne, also als „Wahlakt" bzw. „Wahlhandlung" zu verstehen ist. Wäre die Wahl im weiten Sinne, also insbesondere unter Einschluss der Wahlvorbereitung gemeint, müsste die Feststellung des Wahlergebnisses schließlich nicht gesondert aufgeführt sein.[158] Der Wortlaut „Wahl" allein gebietet diesen Schluss natürlich nicht, er kann auch weit verstanden werden.[159]

Wolf nennt als Beispiel für eine Verhinderung bzw. Störung der „Wahl", die gerade die Wahlvorbereitung betreffen soll, den Fall, dass bei einem gewaltsamen Angriff auf die Wahlbehörden die Wahlunterlagen vernichtet werden. Diese Konstellation ist aber grundsätzlich auch dann erfassbar, wenn man die „Wahl" eng versteht. Zwei zeitliche Gesichtspunkte sind nämlich zu unterscheiden: zum einen, welche Phase der Wahl tatbestandlich verhindert oder gestört wird, zum anderen, wann das Nötigungsmittel angewendet wird.[160] Bezüglich letzterem macht der Tatbestand keine ausdrücklichen Vorgaben, entscheidend wäre danach allein, dass der Erfolg der wann auch immer angewendeten Gewalt bzw. Drohung mit Gewalt darin besteht, dass die Wahl verhindert oder gestört wird. Für das „Verhindern" folgt das schon aus dem Begriff selbst: Wenn das Stattfin-

---

[157] Auf diese zwei Abschnitte beschränken den Schutz ohne nähere Begründung AK-Wolter, § 107 Rn. 2; SK-Rudolphi, § 107 Rn. 2; wohl auch LK-Laufhütte, § 107 Rn. 3; Tröndle/Fischer, § 107 Rn. 1; Geilen, in: LdR, S. 1110; Harnischmacher, S. 75; i.d.R. wird auf Reichsgerichtsentscheidungen verwiesen (RGSt 63, 382; 64, 299), die allerdings von § 107 StGB a.F. handeln, der den Begriff der „Wahlhandlung", nicht der „Wahl" beinhaltet. Allenfalls die Tatsache, dass § 107 StGB wie § 108 StGB a.F. (Wahlfälschung) den Gesamtvorgang, nicht den einzelnen Wähler betreffen, mag man daraus ablesen. Eng auch Trinkaus, S. 67 f., der Wahl und Feststellung ihres Ergebnisses als zwei Ausschnitte aus dem gesamten Vorgang der Wahlverhandlung ansieht, der wiederum auch die Vorbereitung erfasst, vgl. dort S. 25.

[158] So in Abgrenzung zum in den Entscheidungen jeweils in Rede stehenden § 119 I Nr. 1 BetrVG, der nur die Wahl nennt, BayObLG, NStZ 1981, 30; LG Braunschweig, NStZ-RR 2000, 93; NK-Wohlers, § 107 Rn. 3 hingegen bezieht die Vorbereitungen ausdrücklich in den Tatbestand mit ein.

[159] Wolf, S. 218 f.

[160] Anders MünchKomm-Müller, § 107 Rn. 8, der beim Verhindern der Ergebnisfeststellung voraussetzt, dass die Einwirkung erst zu diesem Zeitpunkt stattfindet.

den einer Veranstaltung von vorne herein unterbunden werden soll, muss der diesbezügliche Angriff denklogisch zeitlich vor der Veranstaltung liegen, mindestens beginnen. Konkret: Wer erreichen will, dass die Wahl überhaupt nicht stattfindet, muss vor der Wahl tätig werden. Anders hingegen bei der „Störung". Etwas zu stören setzt schon begrifflich voraus, dass das zu Störende bereits abläuft.[161] Bei dieser Auslegung bleibt die Wahl bzw. die Feststellung ihres Ergebnisses gleichwohl Angriffsobjekt,[162] wobei der Angriff eben gegebenenfalls nicht unmittelbar, sondern mittelbar erfolgt. Kann also im Beispielsfall aufgrund der Vernichtung der Wahlunterlagen die Wahl(handlung) letztlich nicht stattfinden, ist § 107 StGB auch dann erfüllt, wenn man unter dem Begriff der Wahl nicht die Wahlvorbereitungsphase versteht.

Mithin existieren bei enger Auslegung des Wahlbegriffs zwei Situationen, die nicht unter die Wahlbehinderung subsumiert werden können: Fälle, in denen die Wahlvorbereitung gestört wird und solche, in denen die Wahlvorbereitung (teilweise) verhindert wird, wobei die Auswirkungen jeweils auf diese Phase beschränkt bleiben. Beispiele hierfür wären die gewaltsame Erschwerung der Beschaffung amtlicher Stimmzettel einerseits sowie die Hinderung von Wahlberechtigten an ihrem Einsichtsrecht ins Wählerverzeichnis nach § 17 I S. 2 BWG andererseits.[163]

Mit dem Argument, die Wahlstraftaten erforderten einen besonders umfassenden Schutz der demokratischen Willensbildung und -betätigung, lässt sich eine Einbeziehung derartiger Konstellationen zwar durchaus stützen, gleichwohl ist sie im Ergebnis abzulehnen. Zugegeben, der Wortlaut „Wahl" an sich ist unterschiedlichen Deutungen zugänglich – die Nebeneinanderstellung („oder") mit der Feststellung des Ergebnisses einer Wahl legt aber nahe, dass es sich bei der „Wahl" eben um „etwas anderes" handelt, nicht jedenfalls um einen Oberbegriff. Das entspricht dem genannten Umkehrschluss und dem Vergleich mit § 119 I Nr. 1 BetrVG. Auch die Gesetzgebungsgeschichte ist kein Beweis dafür, dass die Vorbereitungsphase mit erfasst sein soll: Häufig war die Rede in eindeutiger Weise von der „Wahlhandlung"[164] bzw. dem „Wahlgeschäft"[165]. Nur einmal war ausschließlich die Rede von der „Wahl"[166], wovon man aber gleich wieder ab-

---

[161] Kirschner, S. 86.

[162] Wolf, S. 218.

[163] Beispiel nach Wolf, S. 219, der § 107 StGB verwirklicht sieht. Das verwundert insofern, als er kurz zuvor (S. 209 Fn. 171) davon ausgeht, bei § 107 StGB sei eine strenge Abgrenzung zwischen Wahlvorbereitung und Wahlhandlung erforderlich, weil dieser nur die Wahlhandlung i.e.S. und das Wahlergebnis erfasse.

[164] § 122 E 1909, § 143 GE 1911.

[165] § 160 E 1913.

[166] § 158 E 1919.

ging.[167] Die Feststellung des Ergebnisses wurde erstmals in § 107 E 1925 erwähnt und blieb in allen weiteren Vorschlägen erhalten.[168] Hinweise zu den geschützten Wahlphasen finden sich in den Gesetzesbegründungen nicht. Gleichwohl liegt nahe, dass man mit der Erwähnung der Ergebnisfeststellung den Anwendungsbereich im Vergleich zu den vorhergehenden Entwürfen erweitern wollte.[169] Hätte man diesen aber auf alle Phasen der Wahl ausdehnen wollen, hätte man alleine den Begriff der Wahl verwenden können.[170] Hinzu kommt schließlich, dass die Phase der Wahlvorbereitung in § 107 StGB nicht etwa völlig ungeschützt ist. Da gemäß § 108 d S. 2 StGB der Wahl das Unterschreiben eines Wahlvorschlags gleichsteht, kann im Einzelfall § 107 StGB auch diesbezüglich einschlägig sein.

Ob die – exotischen – Beispielsfälle, die nach der hier vertretenen Lösung nicht dem § 107 StGB unterfallen, strafbar sein sollten, ist primär eine kriminalpolitische Frage. Soll der Zweck der Wahlbehinderung darin bestehen, den ordnungsgemäßen Gesamtablauf der Wahl zu schützen, müsste der Wortlaut erweitert werden in „eine Wahl oder deren Vorbereitung oder die Feststellung ihres Ergebnisses"; alternativ dazu könnte man auch wie bei § 158 E 1919 einfach die Feststellung des Ergebnisses weglassen, so dass nur noch von einer „Wahl" die Rede ist.

Der Tatbestand erfasst mithin die Störung bzw. Verhinderung der Wahlhandlung und der Feststellung ihres Ergebnisses.[171]

b) Verhindern oder stören

Verhindern bedeutet, die Wahl ganz oder teilweise unmöglich zu machen, stören, den ordnungsgemäßen Ablauf der Wahl zu beeinträchtigen, d.h. zu erschweren oder zu verzögern.

Bei beiden Handlungsweisen ist stets das geschützte Rechtsgut zu bedenken: Für den Erfolg des § 107 StGB ist nicht ausreichend, dass einzelne Wähler an der Ausübung ihres Wahlrechts gehindert werden, da hierfür § 108 StGB existiert. Vielmehr muss eine größere Menge individuell nicht bestimmter Personen von

---

[167] § 122 E 1922: Wahlhandlung.

[168] Vgl. etwa § 109 E 1927, § 109 E 1930, § 282 E 1936, § 307 E 1938, § 405 E 1959 I, § 400 E 1959 II, § 400 E 1962.

[169] Insofern ist Wolf, S. 218 f., zu widersprechen, der meint, mit einer engen Auslegung des Wahlbegriffs kehre man zum Stand der Entwürfe von 1909 und 1911 zurück; er übersieht, dass diese die Feststellung des Ergebnisses gerade nicht geschützt haben.

[170] Insofern hat Th. Mayer, S. 40 recht, wenngleich er offensichtlich, allerdings ohne Begründung, trotz der Erwähnung der Ergebnisfeststellung von einer weiten Auslegung des Wahlbegriffs ausgeht.

[171] Zum Begriff des Ergebnisses siehe unten zu § 107 a StGB, S. 51 ff.

den Aktionen im Sinne des § 107 StGB betroffen sein, damit der Wahlvorgang insgesamt beeinträchtigt ist.[172] Das genügt. Nicht erforderlich ist also, dass die Wahl in keinem einzigen Wahllokal erfolgen kann. Das Merkmal der Verhinderung wäre andernfalls so gut wie nie relevant. Es genügt zum Beispiel, in einem Wahllokal die bereits genannte Menge individuell nicht bestimmter Wähler zu betreffen.[173]

Schließlich muss insbesondere der „Störung" eine gewisse Erheblichkeit innewohnen, um nur tatsächlich strafwürdiges Unrecht zu erfassen. Bloß geringfügige Einwirkungen genügen also nicht. Gerade weil § 107 StGB die Störung neben der Verhinderung genügen lässt, bedarf es bei letzterer nicht der – praktisch nicht durchführbaren – Unterscheidung zwischen einer tatbestandsmäßigen längeren (eine Stunde?) und einer nicht tatbestandsmäßigen kürzeren zeitlichen Unterbrechung (eine halbe Stunde?).[174] Eine Wahl ist eben nur dann verhindert, wenn sie von vorne herein überhaupt nicht stattfinden kann (weil Täter kurz vor dessen Öffnung ein Wahllokal anzünden und Ersatz nicht zur Verfügung steht) oder wenn sie abgebrochen werden muss und am selben Tag nicht mehr aufgenommen werden kann (weil Täter gegen Mittag das Wahllokal stürmen und die Einrichtung komplett zerstören). Alles andere ist als Störung zu prüfen, wobei eine gewisse Erheblichkeitsschwelle überschritten sein muss.[175] Unklar ist nur, woran die Erheblichkeit oder Wesentlichkeit, die strukturell eine teleologische Reduktion ist, festzumachen sein soll.

Eine Störung könnte in Anlehnung an § 126 StGB (Störung des öffentlichen Friedens) nach dem Eindruck zumindest eines Teils der Betroffenen zu bestimmen sein, die Wahl finde aufgrund der Einwirkungen nicht ordnungsmäßig statt.[176] Geschützt ist bei § 107 StGB – anders als bei § 126 StGB, wo es um den Schutz des öffentlichen Friedens geht, der die subjektive Komponente des Sicherheitsgefühls der Bürger beinhaltet, das im Vertrauen auf ein weiterhin befriedetes Zusammenleben gründet[177] – jedoch nicht die subjektive Vorstellung

---

[172] LK-Laufhütte, § 107 Rn. 4; MünchKomm-Müller, § 107 Rn. 10; NK-Wohlers, § 107 Rn. 3; Sch/Sch-Eser, § 107 Rn. 4; SK-Rudolphi, § 107 Rn. 3.
[173] Ausdrücklich Blei, BT, § 99 II 1, S. 386; Geilen, in: LdR, S. 1110; Kirschner, S. 85.
[174] So aber Kirschner, S. 85 f.
[175] Diese fehlt in der Definition der Störung etwa bei Preisendanz, § 107 Anm. II; Sch/Sch-Eser, § 107 Rn. 4; Harnischmacher, S. 75; ausdrücklich von einer „wesentlichen Erschwerung" sprechen aber etwa AK-Wolter, § 107 Rn. 3; LK-Laufhütte, § 107 Rn. 3; NK-Wohlers, § 107 Rn. 3; SK-Rudolphi, § 107 Rn. 3; auch MünchKomm-Müller, § 107 Rn. 9: „nicht unerheblich erschwert".
[176] So Wolf, S. 220 f.
[177] Vgl. nur Sch/Sch-Lenckner, § 126 Rn. 1.

34

vom unbeeinträchtigten Wahlablauf, sondern dessen objektive Gewährleistung.[178]

Orientieren könnte man sich aber an anderen „Störungstatbeständen", insbesondere den §§ 109 d, 167 I Nr. 1, 167 a StGB, die jeweils absichtliches oder wenigstens wissentliches Verhalten voraussetzen.[179] Allerdings könnte man anstelle dieser für den Täter günstigen und deshalb zulässigen Analogie auch einen Umkehrschluss bilden, weil der Gesetzgeber bei den genannten Tatbeständen das besondere subjektive Element extra genannt hat, bei § 107 StGB hingegen nicht. Hinzu kommt, dass bei § 107 StGB das Hauptaugenmerk nicht auf einer „wahlfeindlichen Gesinnung" liegt, sondern auf einem Verhalten, das den ordnungsgemäßen Ablauf einer Wahl objektiv deutlich beeinträchtigt. Wenn eine dafür völlig unbedeutende Aktion, die aber durchaus schon allgemein als „stören" zu bezeichnen ist, allein durch die (irrationale) Störungsabsicht zum strafbaren Verhalten hochstilisiert wird, schießt man über das Ziel des § 107 StGB hinaus. Schließlich ist zu bedenken, dass nicht jede beliebige Störung den Tatbestand erfüllt, sondern nur eine solche, die mittels Gewalt bzw. Drohung mit Gewalt ausgeführt wird, so dass über die Angriffsmittel, die gesondert auszulegen sind, ebenfalls Einschränkungen gemacht werden.

Mithin ist es richtig, den Tatbestand des § 107 StGB bezüglich des „Störens" teleologisch zu reduzieren, indem man eine Erheblichkeit der Störung verlangt. Will man nicht den Gedanken eines möglichst abstrakt gefassten Strafrechts aufgeben,[180] wird man es aber bei diesem allgemeinen Kriterium und dessen Konkretisierung im Einzelfall belassen können. Das funktioniert ja auch bei der „körperlichen Misshandlung" im Rahmen der Körperverletzung oder sogar nach dem Wortlaut des Gesetzes bei § 226 I Nr. 3 StGB („in erheblicher Weise [...] entstellt").

Im Verhältnis der Handlungsmodalitäten zueinander ist festzuhalten, dass nicht zwingend in einer Störung auch der Versuch einer Verhinderung liegt.[181] Denkbar ist das aber, was aufgrund der Alternativität der Handlungen und dem Genü-

---

[178] Insofern ist auch die Formulierung bei LK-Laufhütte, § 107 Rn. 4, fraglich, wonach der Taterfolg dann eingetreten sei, wenn der Gesamtablauf der Wahl nicht ordnungsgemäß erscheine.

[179] So Sax, S. 152 ff. für § 119 I Nr. 1 BetrVG, allerdings mit einem eigenständigen Absichtsbegriff.

[180] Anders § 122 E 1909: „durch Erregung von Lärm oder Unordnung oder auf ähnliche Weise stört".

[181] Kirschner, S. 86 f.

gen einer Störung aber ohne praktische Bedeutung ist. Das hat den Vorteil, dass kein Verhinderungswille nachgewiesen werden muss.[182]

c) Mit Gewalt oder durch Drohung mit Gewalt

Die genannten Tatmittel stimmen im Wortlaut mit denen des § 105 StGB überein, woraus allgemein geschlossen wird, deren inhaltliche Bestimmung auf § 107 StGB zu übertragen.[183] Nur vereinzelt wird auf § 240 StGB verwiesen[184] oder auch die bloße Sachgewalt mit einbezogen.[185] Die hM wirkt mit ihrer Parallele insofern plausibel, als § 105 StGB den Angriff auf bestimmte Gesamtorgane im Bereich der mittelbaren Demokratie bestraft, § 107 StGB den Angriff auf das Gesamtorgan „Wahlvolk", also die unmittelbare Demokratie, erfasst.

In der Sache wird bei § 105 StGB der allgemeine Gewaltbegriff des körperlich wirkenden Zwangs dahingehend konkretisiert, dass eine stärkere Zwangswirkung als bei § 240 StGB üblich vorausgesetzt wird. Die Eignung zur Zwangswirkung ist nur dann zu bejahen, wenn der „Druck einen solchen Grad erreicht, dass sich eine verantwortungsbewußte Regierung zur Kapitulation vor der Forderung der Gewalttäter gezwungen sehen kann, um schwerwiegende Schäden für das Gemeinwesen oder einzelner Bürger abzuwenden".[186] Aufgrund deren besonderer Pflichtenstellung gegenüber der Allgemeinheit wird von den in § 105 StGB aufgeführten Organen auch im Rahmen heftiger politischer Auseinandersetzungen ein stärkeres Standhaltevermögen verlangt.[187] Das wird gerade bei mittelbaren Gewalteinwirkungen bedeutsam. Neben der Nähe zu § 81 StGB und der besonderen Stellung des genötigten Organs wird vor allem der Wille des historischen Gesetzgebers, für Gewalt gegenüber einem Verfassungsorgan eine höhere Schwelle als bei individualschützenden Tatbeständen anzusetzen, um politische Kraftproben aus der Entscheidungsgewalt der Strafgerichte herauszunehmen, als Argument für die strengeren Anforderungen vorgebracht.[188] Fraglich ist, ob man für § 107 StGB zum gleichen Ergebnis gelangt.

---

[182] Trinkaus, S. 69; Stern W., S. 57.

[183] AK-Wolter, § 107 Rn. 4; LK-Laufhütte, § 107 Rn. 3; Sch/Sch-Eser, § 107 Rn. 6; SK-Rudolphi, § 107 Rn. 4; NK-Wohlers, § 107 Rn. 2 mit einem zusätzlichen Verweis auf § 81 StGB, den auch Lackner, § 107 Rn. 1 anführt.

[184] Tröndle/Fischer, § 107 Rn. 2.

[185] Blei, BT, § 99 II 1, S. 386 f.; anders zwar im Text Harnischmacher, S. 75 f. (Verweis auf § 105 StGB), die angeführten Beispiele lassen aber den Einbezug reiner Sachgewalt vermuten.

[186] BGHSt 32, 165 (175); zustimmend Arzt, JZ 1984, 428 f.; mit einer etwas geringeren Einschränkung als der BGH, nämlich dem Kriterium der „ernstlichen inneren Bedrängnis" Willms, JR 1984, 120 f.; zum Ganzen auch Scholz, Jura 1987, 190 ff.

[187] BGHSt 32, 165 (174 f.).

[188] BGHSt 32, 165 (170 ff.); vgl. auch AK-Wolter, § 105 Rn. 9 sowie im Hinblick auf den Hochverrat Sch/Sch-Stree, § 81 Rn. 4; zum Ganzen Lindensruth, S. 14 ff.

Der identische Wortlaut bezüglich der Nötigungsmittel sowie die zu § 105 StGB parallele Funktion im Bereich der unmittelbaren Demokratie sprechen dafür. Auch die Binnenstruktur des Tatbestands, der die Gewalt gleichwertig neben die Drohung mit Gewalt und nicht etwa – wie zum Beispiel § 108 StGB – die weniger intensive Drohung mit einem empfindlichen Übel stellt, spricht grundsätzlich für höhere Anforderungen auch bezüglich der Gewalt.[189] Das gilt im Kontext der Wahlstraftaten umso mehr, als der Gesetzgeber hier die Nötigungsmittel noch stärker als anderswo ausdifferenziert hat, indem er bei § 108 StGB ein zusätzliches, im StGB einmaliges Nötigungsmittel („wirtschaftlicher Druck") angefügt hat, das von seiner Intensität her unterhalb der Drohung mit einem empfindlichen Übel liegen kann.[190] Des Weiteren weist auch § 107 StGB eine Nähe zu § 81 StGB auf: Zur dort geschützten verfassungsmäßigen Ordnung, deren Änderung, also deren dauerndes oder wenigstens vorübergehendes Ausschalten unternommen werden muss, zählt etwa die Wahl der Legislativen. § 107 StGB bestraft die punktuelle Beeinträchtigung dieser verfassungsmäßigen Einrichtung. Freilich gründen diese Überlegungen nicht zuletzt darauf, dass ein Kollektiv stets „stärker" als ein Individuum und deshalb schwerer zu nötigen ist, so dass die diesbezüglichen Anforderungen strenger sein müssen, um zu einer den individualschützenden Tatbeständen vergleichbaren Druckwirkung zu gelangen.[191] Das ist bei § 105 StGB deswegen plausibel, weil dort die geschützten Verfassungs(kollektiv)organe explizit als Nötigungsopfer genannt sind. Nötigungen müssen sich demnach wenigstens mittelbar gegen die aufgeführten Organe richten. Der Aufbau des § 107 StGB ist hingegen ein anderer: Genannt sind nur die Nötigungsmittel (Gewalt und Drohung mit Gewalt) und der Nötigungserfolg (Wahl oder Feststellung ihres Ergebnisses verhindern oder stören), über die Nötigungsopfer wird keine Aussage getroffen. Aus Sicht der geschichtlichen Entwicklung des Tatbestands hat der historische Gesetzgeber § 107 StGB nicht etwa nur geschaffen, um eine „kumulierte Wählernötigung" zu bestrafen, wenn er davon ausgeht, mit dem neuen Tatbestand Konstellationen des Hausfriedensbruchs, der Nötigung oder der Beleidigung erfassen zu können und außerdem bereits bloße Störungen zur Tatbestandserfüllung genügen.[192] Dass nicht nur Beeinträchtigungen von Wählern erfasst sein können, ergibt sich zudem schon aus der Tatbestandsalternative des Verhinderns der Ergebnisfeststellung, die regelmäßig gegen den Wahlvorstand gerichtet sein muss. Folglich ist nicht ausgeschlossen, dass durch die Einwirkung auf wenige oder sogar nur eine Person die Wahl oder deren Ergebnisfeststellung verhindert wird. Das Argument des „stärkeren Kollektivs" ist folglich auf § 107 StGB nicht übertragbar.

---

[189] Allgemein AK-Wolter, § 105 Rn. 9.
[190] Siehe zur Struktur des § 108 StGB unten, S. 96 ff.
[191] Ramm, NJW 1962, 466.
[192] Vgl. etwa Begründung § 109 E 1927, S. 69.

Das entkräftet allerdings die obige Argumentation nicht, da auch bei § 81 StGB das Opfer der Gewalt nicht näher umschrieben ist. Ausschlaggebend für die enge Auslegung des Gewaltbegriffs ist nicht die Quantität der Nötigungsopfer, sondern das Ziel des Handelns, das hier wie dort in der Beeinträchtigung eines Kollektiv-, nicht eines Individualrechtsguts besteht, zumal eines solchen im Rahmen des Staatsschutzes, bei dem eine enge Auslegung angebracht ist, um politische Streitigkeiten aus dem Bereich des Strafbaren herauszuhalten.[193]

Zwar begründet der historische Gesetzgeber die Wahl der Nötigungsmittel bei der Wahlbehinderung anders als bei § 105 StGB nicht, aber die grammatikalischen und systematisch-strukturellen Erwägungen, insbesondere die Nähe zu § 81 StGB, sprechen dafür, den Begriff der Gewalt auch hier eng auszulegen.

Dabei kann die zu § 105 StGB gefundene Einschränkung über die Zwangseignung nicht auf § 107 StGB übertragen werden, da hier aufgrund des Offenlassens des Nötigungsopfers dessen besondere Pflichtenbindung nicht einheitlich festgestellt werden kann und darüber hinaus schon aus praktischen Gründen kaum jemals das Organ Wahlvolk insgesamt angegriffen werden wird. Die verschiedenen denkbaren Situationen schließen eine allgemeine Definition ohnehin aus, so dass die besonders massive Gewalt anhand der Umstände des konkreten Falles festgestellt werden muss.

Geht man mithin richtigerweise davon aus, dass der Gewaltbegriff des § 107 StGB enger ist als der des § 240 StGB, fällt die reine Sachgewalt, durch die keinerlei körperlich wirkender Zwang ausgeübt wird und die deshalb schon nicht von § 240 StGB erfasst wird,[194] erst recht nicht unter § 107 StGB.[195] Das nächtliche Stehlen sämtlicher Stimmzettel ist demnach unter dem Gesichtspunkt des § 107 StGB mangels Anwendung eines Nötigungsmittels irrelevant.

3) Rechtswidrigkeit

Eine analoge Anwendung der Verwerflichkeitsklausel des § 240 II StGB kommt schon aufgrund der qualifizierten Nötigungsmittel nicht in Betracht.[196]

---

[193] Vgl. nur AK-Wolter, § 105 Rn. 9; Sch/Sch-Stree, § 81 Rn. 4.

[194] Vgl. nur Sch/Sch-Eser, vor §§ 243 ff. Rn. 13; Rengier, BT 2, § 23 Rn. 30; für § 105 StGB MünchKomm-Müller, § 105 Rn. 18.

[195] Völlig zu Recht AK-Wolter, § 105 Rn. 30; anders Sch/Sch-Eser, § 107 Rn. 6 i.V.m. § 105 Rn. 7.

[196] Vgl. die Darstellung bei § 108 StGB unten, S. 119 ff., der sogar schwächere Nötigungsmittel zulässt; so auch die hM zu § 105 StGB, vgl. nur LK-Laufhütte, § 105 Rn. 16 ff.

4) Konkurrenzen

Wenn § 107 StGB mit der Nötigung einzelner Wähler zusammenfällt (was nicht zwingend ist[197]), besteht Idealkonkurrenz zu § 108 StGB, um dessen mittelbar individualschützenden Gehalt zum Ausdruck zu bringen.[198] In diesen Fällen kommt § 240 StGB schon deshalb nicht in Betracht, weil § 108 StGB zu diesem speziell ist.[199]

Fraglich ist das Verhältnis zu § 240 StGB jedoch dann, wenn nicht gleichzeitig eine Wählernötigung vorliegt und mit einem anderen empfindlichen Übel als Gewalt gedroht wird, so dass die Intensität der Nötigungsmittel des § 107 StGB nicht erreicht wird; etwa wenn damit die Versorgung eines Wahllokals mit Stimmzetteln unterbunden und so die Wahl dort verhindert wird. Die hM misst § 105 StGB in derartigen Konstellationen den Charakter einer abschließenden Sondervorschrift bei, um gerade in politischen Streitigkeiten nicht der Rechtsprechung die Verwerflichkeitsprüfung nach § 240 II StGB zu überbürden.[200] Derartige politische Aktionen sind im ganzen Staatsschutzrecht, also auch bei § 107 StGB die Hauptanwendungsfälle, so dass die Argumentation übertragbar ist. Hinzu kommt, dass aufgrund der besonderen Tatsituation des § 107 StGB dem Opfer ein besonders großes Standhaltevermögen abverlangt wird – dies würde man umgehen und letztlich einen Wertungswiderspruch herbeiführen, wenn man eine geringere Drucksituation in der gleichen Fallgestaltung doch über § 240 StGB bestrafen würde.[201]

§ 107 StGB kann zudem noch in Idealkonkurrenz stehen mit einem zugleich verwirklichten Diebstahl, einer Sachbeschädigung, einer Urkundenunterdrückung,[202] einem Hausfriedensbruch etc.[203]

---

[197] Zu Recht formulieren Kohlrausch/Lange, § 107 Anm. II, dass in der Verhinderung einzelner Wahlberechtigter die des ganzen Vorgangs liegen kann; das gilt auch im umgekehrten Fall. Darin lag gerade der Grund für die Schaffung eines eigenen Tatbestandes, damit nicht die Hinderung Einzelner an der Wahl nachgewiesen werden muss; vgl. Begründung § 109 E 1927, S. 69.

[198] Vgl. nur AK-Wolter, § 107 Rn. 7; LK-Laufhütte, § 107 Rn. 6; NK-Wohlers, § 107 Rn. 5; Preisendanz, § 107 Anm. 3; SK-Rudolphi, § 107 Rn. 7; Wolf, S. 221 f.

[199] Siehe unten bei § 108, S. 121 f.

[200] BGHSt 32, 165 (176); dem folgend die hL, vgl. nur LK-Laufhütte, § 105 Rn. 26; anders AK-Wolter, § 105 Rn. 64, da § 105 StGB nicht eine Einschränkung des allgemeinen Schutzes gegen Nötigung bezwecke.

[201] Arzt, JZ 1984, 429 zu § 105 StGB.

[202] Zur (fraglichen) Urkundenqualität von Wahlunterlagen siehe unten, S. 153 ff.

[203] Kirschner, S. 88 f.; Wolf, S. 222.

III) Wahlfälschung, § 107 a StGB[204]

Nach § 107 a StGB wird bestraft, wer unbefugt wählt oder sonst ein unrichtiges Ergebnis einer Wahl herbeiführt, das Ergebnis verfälscht oder unrichtig verkündet bzw. verkünden lässt.

1) Geschütztes Rechtsgut

Zunächst steht fest, dass § 107 a StGB wiederum die Authentizität der unmittelbar(en) demokratischen Willensbetätigung schützt und zwar durch die Gewährleistung eines ordnungsgemäßen Ablaufs von Wahlen und Abstimmungen.[205] Es geht um das Interesse der Allgemeinheit am Zustandekommen eines richtigen Ergebnisses sowie dessen richtiger Verkündung.

Hätte es die deutsche Wiedervereinigung nicht gegeben, hätte man, von einer einsamen Stimme in der Literatur mal abgesehen,[206] wohl keinen Anlass gehabt, an dieser allgemeinen Einschätzung zu zweifeln. Die „Wende" führte jedoch im Gefolge der Frage nach der Beurteilung der Strafbarkeit von (Kommunal)Wahlfälschungen in der DDR nach dem StGB zu einer Wende auch von Teilen der Rechtsprechung und der Literatur. Die Gründe können hier nur kursorisch dargestellt werden:[207]
Nach Art. 315 EGStGB[208] ist auf die besagten Altfälle § 2 StGB anzuwenden, insbesondere nach dessen Abs. 3 also das mildeste Gesetz. Das kann auch gar kein Gesetz sein, wenn nämlich die relevante Strafnorm aufgehoben worden ist.[209] Einer Aufhebung steht es zudem gleich, wenn zwischen altem und neuem Tatbestand massive inhaltliche Unterschiede bestehen, obwohl das relevante Verhalten von beiden Normen erfasst wird.[210] § 211 StGB-DDR (Wahlfälschung) wurde von § 107 a StGB „abgelöst". Zu entscheiden ist folglich, ob bei

---

[204] Zur (reform)geschichtlichen Entwicklung vgl. Wolf, S. 229 ff.

[205] BGHSt 29, 380 (386); 39, 54 (60), OLG Zweibrücken, NStZ 1986, 554 (555); auch schon zu § 108 a.F. StGB RGSt 37, 233 (237); 37, 380 (382); 63, 382 (387); ebenso LK-Laufhütte, § 107 a Rn. 1; NK-Wohlers, § 107 a Rn. 1; Sch/Sch-Eser, § 107 a Rn. 1; Tröndle/Fischer, § 107 a Rn. 1; Geilen, in: LdR, S. 1110; Zaczyk, S. 191; zum früheren Recht Combrinck, S. 16; Stern W., S. 10.

[206] Wolf, S. 166 f., ergänzte schon früh die hM um einen zusätzlichen Aspekt, dazu sogleich.

[207] Vgl. zu sämtlichen auftauchenden Fragen im Überblick Hübner, S. 109 ff.; ausführlich Müller, S. 252 ff.; zu weiteren strafrechtlichen Problemkonstellationen im Zusammenhang mit der Wiedervereinigung vgl. Simma/Volk, NJW 1991, 871 ff.; Peter/Volk, JR 1991, 89 ff.

[208] Zu dessen Bedeutung im hiesigen Kontext und abweichenden Konzepten der Literatur Müller, S. 253 ff.

[209] Vgl. nur Roxin, AT I, § 5 Rn. 62.

[210] Worauf bei der Prüfung der inhaltlichen Kontinuität genau abzustellen ist, ist umstritten; vgl. nur Schroeder, NStZ 1993, 216.

dieser „Ablösung" der „Unrechtskern"[211] erhalten geblieben ist oder nicht. Das wiederum ist eine Frage des geschützten Rechtsguts.

Erste Anläufe, das art- und wertgleiche Unrecht im beiderseits geschützten Interesse der Allgemeinheit an ordnungsgemäßen Wahlen, also dem Allgemeinrechtsgut zu sehen,[212] erteilte der BGH zu Recht eine Absage, weil der Unrechtsgehalt der Beeinträchtigung sozialistischer Wahlen ein anderer ist als der der Beeinträchtigung parlamentarisch-demokratischer Wahlen.[213] Eine Wahl steht immer in einem bestimmten staatsrechtlichen Zusammenhang und kann folglich nicht losgelöst von ihrer konkreten politischen Funktion beurteilt werden, so dass das abstrakte Schutzgut „Ordnungsgemäßheit von Wahlen" für einen Vergleich untauglich ist.[214]

Den Anstoß zur angesprochenen Debatte gab indes das Bezirksgericht Dresden, das einen völlig neuen[215] Ansatz verfolgte: Geschützt seien neben dem ordnungsgemäßen Wahlvorgang an sich auch „die verfassungsmäßigen Rechte der Bürger auf Ausübung ihres Wahlrechts", ja, „sein [des Wählers] Recht darauf, dass sich sein Wahlverhalten im Wahlergebnis auch wiederfindet".[216] „Ideengeber" hierzu könnte die offizielle Auslegung des § 211 StGB-DDR gewesen sein, in der auch von der Sicherung der verfassungsmäßigen Rechte der Bürger die Rede ist.[217] Ob diese Argumentation letztendlich zur Strafbarkeit von DDR-Wahlfälschungen führen kann, bleibt äußerst fraglich, weil auch das subjektive Recht nicht losgelöst von der es gewährenden staatlichen Ordnung betrachtet werden kann, was sich schon daran zeigt, dass in der Kommentierung des § 211 StGB-DDR[218] bezüglich der Rechte der Bürger auf die Art. 21, 22 DDR-Verf. verwiesen wird.[219] Das muss hier dahinstehen. Interessant und einer näheren Betrachtung zu unterziehen ist jedoch die ausdrückliche Feststellung des Bezirksgerichts, § 107 a StGB schütze auch ein individuelles Recht des einzelnen Wählers.[220] Ist das richtig und welchen Inhalt hat gegebenenfalls dieses Schutzgut? Bei letzterem ergeben sich feine Unterschiede, wobei diese angesichts der wenigen Überlegungen hierzu kaum als beabsichtigt gelten können. *Wolf* etwa formuliert es als Recht des einzelnen Wählers „auf wahrheitsgemäße Würdigung

---

[211] So die Formulierung des BGH in BGHSt 39, 54 (68).

[212] So das KrG Weimar, siehe Marxen/Werle, S. 139 f.

[213] BGHSt 39, 54 (68 f.).

[214] Näher Müller, S. 349 ff.; Hübner, S. 159 f.

[215] Eine erste Andeutung des BGH in Richtung Schutz eines wie auch immer gearteten Individualrechtsguts kann man allenfalls in BGHSt 29, 380 (386), sehen, wo er darauf abstellt, dass das Interesse der Allgemeinheit an ordnungsgemäßen Wahlen „im Vordergrund" stehe.

[216] BezG Dresden, JR 1992, 431 (433); zustimmend Höchst, JR 1992, 434 f.; König, JR 1993, 209.

[217] Strafrecht der Deutschen Demokratischen Republik, § 211 Anm. 1.

[218] Strafrecht der Deutschen Demokratischen Republik, § 211 Anm. 1.

[219] Müller, S. 350 f.; Hübner, S. 157 f.

[220] In der Sache ebenso Lorenz, NStZ 1992, 427 f.

der abgegebenen Stimme",[221] *Nowak* sieht aus dem öffentlich-rechtlichen Blickwinkel des subjektiven aktiven Wahlrechts einen „Anspruch des Wähler auf [...] unverfälschte Einflussnahme auf das Wahlresultat",[222] das Bezirksgericht Dresden wie dargelegt das Recht „darauf, dass sich sein Wahlverhalten im Wahlergebnis auch wiederfindet".[223] Unterstellt man BGHSt 29, 380 (386) den (nicht ausgesprochenen) Gedanken an ein Individualrechtsgut, wäre das wohl das Recht des einzelnen Wählers, seinen Willen im Wahlergebnis wiederzufinden (wenn andere für einen unzulässigerweise die Stimme abgeben). Man könnte daraus zwei Tendenzen destillieren: auf der einen Seite die, die sicherstellen will, dass die abgegebene Stimme in genau dieser Form, also als die „von Wähler X abgegebene Stimme für Kandidat A" ins Ergebnis einfließt, auf der anderen Seite die, dass sich eine Entscheidung „für Kandidat A" – ohne (gedachte[224]) persönliche Zuordnung – im Ergebnis wiederfindet. An einem Beispiel[225] verdeutlicht: X verfälscht zunächst die Stimme des W 1, die dieser dem A gegeben hat, zugunsten des B. Anschließend verfälscht er die Stimme des W 2, die dieser dem B gegeben hat, zugunsten des A. Geht man von der ersten Deutung aus, hätte X in beiden Fällen jeweils ein unrichtiges Ergebnis herbeigeführt, weil weder die Stimme des W 1 für A noch die Stimme des W 2 für B ihren Weg ins Ergebnis gefunden hat. Aus Sicht der zweiten Deutung hingegen findet sich im Ergebnis eine Stimme für A und eine Stimme für B, also genau die Stimmen, die der Sache nach abgegeben wurde, so dass kein unrichtiges Ergebnis vorläge. Diese Nuancen könnten im Einzelfall etwa bezüglich des Zeitpunkts der Vollendung Bedeutung erlangen, bedürfen aber an dieser Stelle noch keiner näheren Darstellung und Entscheidung, weil die Frage, ob § 107 a StGB überhaupt ein Individualrechtsgut (über dessen grundsätzliche Richtung ja Einigkeit besteht) schützt, zuvor zu beantworten ist. Dafür sind die bekannten Kriterien der Auslegung heranzuziehen.

a) Wortlaut

Wenngleich Handlungsobjekt und geschütztes Rechtsgut voneinander zu unterscheiden sind,[226] spricht bei einem individuellen Angriffsobjekt viel für ein (auch) geschütztes Individualrechtsgut.

---

[221] Wolf, S. 167.

[222] Nowak, EuGRZ 1983, 100 unter Berufung auf die ständige Rechtsprechung des Österreichischen Verfassungsgerichtshofs.

[223] BezG Dresden, JR 1992, 431 (433).

[224] Eine reale Zuordnung ist freilich wegen des Grundsatzes der geheimen Wahl nicht möglich.

[225] Beispiel von Wolf, S. 167; vergleichbares Beispiel bei Hübner, S. 149 f.

[226] Vgl. nur Roxin, AT I, § 2 Rn. 34.

Zunächst bietet § 107 a StGB dafür keine Anhaltspunkte, da das „unbefugte Wählen" oder das „unrichtige Verkünden(lassen) eines Wahlergebnisses" keinerlei individuellen Handlungsbezug aufweisen. Das gilt auch für die verbleibenden zwei Alternativen, die beide Manipulationen eines Wahlergebnisses, also eines „Gesamtakts", betreffen. Insofern unterscheidet sich der Wortlaut des § 107 a StGB etwa deutlich von dem der §§ 108, 108 a StGB, bei denen jeweils Einwirkungen auf Einzelpersonen beschrieben sind, was schon vom Wortlaut her den Schutz (auch) von Rechtsgütern dieser Personen nahe legt. In der Bezeichnung des Wahlergebnisses als „Gesamtakt" könnte jedoch der Schlüssel dazu liegen, die Bedeutung des Wortlauts als unerheblich zu betrachten. Typischerweise setzt sich ein „Gesamtakt" aus diversen „Einzelakten" zusammen, das Wahlergebnis etwa aus sämtlichen Einzelstimmen.[227] Wäre eine Einwirkung auf das Wahlergebnis stets bei einer Einwirkung auf eine einzelne Stimme gegeben, würde man mithin bei einer Änderung des Wortlauts hin zu einer individuellen Formulierung („wer Einzelstimmen verfälscht") zu deckungsgleichen Ergebnissen gelangen, erschiene der Schutz eines Individualrechtsgut wieder möglich, das Wortlautindiz nicht zwingend. Dies ist hier aber nicht der Fall: Ohne bereits die einzelnen Tatbestandsmerkmale genauer auszulegen, ist offensichtlich, dass, wer im Rahmen der Wahlauszählung zusätzliche Stimmzettel hinzufügt, das Ergebnis der Wahl verfälscht. Das Hinzufügen von Stimmzetteln stellt aber kein Verfälschen einer Einzelstimme dar. Mithin kann das Wahlergebnis ohne Manipulation der Einzelstimmen verfälscht werden. Dieses Beispiel ist auf die Variante des Herbeiführens eines unrichtigen Ergebnisses übertragbar (Hinzufügen einer Stimme während der laufenden Wahl).

Damit bleibt es beim ursprünglichen Ergebnis, dass der Wortlaut keine Anhaltspunkte für den Schutz eines Individualrechtsguts bietet.

Entgegen der Meinung des Bezirksgerichts Dresden kann aus dem Wortlaut der Überschrift des Vierten Abschnitts ebenfalls kein Anhaltspunkt für den Individualschutz bei § 107 a StGB gewonnen werden. Die Nebeneinanderstellung mit den Straftaten gegen Verfassungsorgane verdeutliche, dass gerade keine Gleichsetzung mit diesen keine Individualrechtsgüter schützenden Tatbeständen erfolge, so das Bezirksgericht.[228] Nicht nur, dass die Nebeneinanderstellung auch als Argument in die andere Richtung verwendet werden könnte,[229] hinzu kommt vielmehr, dass die herrschende Meinung – ob zu Recht oder zu Unrecht – etwa in § 106 StGB durchaus auch individuelle Rechtsgüter als mitgeschützt ansieht.[230] Der Abschnittsüberschrift lässt sich jedenfalls für das geschützte Rechtsgut keine klare Vorgabe entnehmen.

---

[227] Zur genauen Definition des Begriffs Wahlergebnis siehe unten, S. 51 ff.
[228] Siehe bei Marxen/Werle, S. 209.
[229] So Hübner, S. 149.
[230] Vgl. nur Sch/Sch-Eser, § 106 Rn. 1.

b) Systematik

Die systematischen Gesichtspunkte sind in zweierlei Hinsicht relevant: einmal bezüglich der einzelnen Varianten des § 107 a StGB, einmal bezüglich der Stellung des § 107 a StGB an sich.

Was die innere Systematik angeht, so streitet auch diese gegen eine individuelle Schutzrichtung des Tatbestandes. Bezüglich der 1. Var. wird man mit Recht sagen können, dass der, der unbefugt, also ohne Wahlrecht wählt, ausschließlich das Allgemeinrechtsgut „ordnungsgemäßer Ablauf der Wahl" beeinträchtigt, weil jemand an ihr teilnimmt, der gerade nicht an ihr teilnehmen darf. Es existiert aber – ebenso wenig wie etwa ein allgemeines Recht auf gesetzmäßiges Verhalten der Verwaltung – kein Recht des Einzelnen dahingehend, dass nur „Befugte" zur Wahl gehen; das liegt vielmehr ausschließlich im Interesse der Allgemeinheit.[231] Nun stellt das unbefugte Wählen nach dem ausdrücklichen Wortlaut „sonst" einen beispielhaften, besonders häufig vorkommenden Fall des Herbeiführens eines unrichtigen Ergebnisses dar.[232] Wenn aber der vorangestellte typische Fall des Herbeiführens eines unrichtigen Ergebnisses ausschließlich am Schutz der Allgemeinheit orientiert ist, wäre es mindestens verwunderlich, im allgemeinen Fall zudem ein Individualrechtsgut als geschützt anzusehen. Eindeutig ist die Lage beim Rechtsgut des Absatzes 2: Die Verkündung des Ergebnisses, also des Gesamtakts, kann nur die Interessen der gesamten Wählerschaft verletzen, nicht aber die Interessen des einzelnen Wählers.[233] Problematisch an den verbleibenden Alternativen der Herbeiführung eines unrichtigen Ergebnisses sowie des Verfälschens des Ergebnisses ist, dass hierbei Individualinteressen verletzt werden können (Herausnehmen eines Stimmzettels aus der Urne bzw. Verschwindenlassen bei der Auszählung), aber nicht müssen (vgl. bereits oben: Hinzufügen eines Stimmzettels). Stets verletzt ist jedoch das Interesse der Allgemeinheit am ordnungsgemäßen Wahlablauf.[234]

Berücksichtigt man demnach, dass zwei der vier Handlungsmodalitäten ausschließlich am Schutz der Allgemeinheit orientiert sind und bei den anderen beiden Modalitäten die Verletzung des Allgemeinrechtsguts zwingend, die des Individualrechtsguts hingegen nur möglich ist, die relevanten Verhaltensweisen also auch ohne diesen Schutz strafbar sind, wird klar, dass die innere Systematik des § 107 a StGB gegen ein mitgeschütztes individuelles Rechtsgut spricht.

---

[231] Wolf, S. 165.
[232] LK-Laufhütte, § 107 a Rn. 1; anders Wolf, S. 165, der § 107 a I Alt. 1 StGB bereits beim unbefugten Wählen an sich für erfüllt ansieht, ohne Berücksichtigung, ob das Wahlergebnis anders ausfällt oder nicht; m.a.W. sieht er Alt. 1 und Alt. 2 als voneinander unabhängig an; vgl. dazu noch unten, S. 63.
[233] So auch Wolf, S. 167 f.
[234] Hübner, S. 152.

Sähe man die oben dargestellte Systematisierung des gesamten Vierten Abschnitts nicht nur als grobe, am Tatbild orientierte Einteilung, sondern mäße man ihr zugleich eine Aussage über die jeweils geschützten Rechtsgüter bei, würden die §§ 107-107 c StGB die Wahl als Gesamtvorgang und die §§ 108-108 b StGB (daneben) den einzelnen Wähler schützen; für § 107 a StGB käme ein Individualschutz demnach nicht in Betracht. Diese Struktur entspricht dem Willen des historischen Gesetzgebers, der den Vorschlag des Bundesrates, die Wahlstraftaten unter eben diesem Gesichtspunkt anzuordnen, aufgriff.[235] Hier muss man allerdings Vorsicht walten lassen: Schon bei § 108 b II StGB versagt sie nämlich. Dieser will sicher nicht den einzelnen Wähler – etwa vor sich selbst? – schützen.[236] Und dass § 107 c StGB auch den Einzelnen bei seiner geheimen Wahl schützen will, erscheint mindestens denkbar.[237]

Weil die vom Bundesrat herausgestellte Systematik nicht durchzuhalten ist, stellt sie nur ein schwaches Argument zugunsten des alleinigen Allgemeinrechtsschutzes des § 107 a StGB dar.

c) Wille des historischen Gesetzgebers

Auch der Wille des historischen Gesetzgebers – abgesehen vom soeben dargestellten Vorschlag des Bundesrats – gibt Anhaltspunkte für die Auslegung des § 107 a StGB.

Bei § 108 StGB a.F. wurde die Lauterkeit und Legalität der Wahl als geschützt angesehen, von etwaigen subjektiven Rechten war keine Rede.[238] Der oben bereits erwähnte Gedanke einer Zweiteilung des Abschnitts taucht zum ersten Mal im E 1919 auf, wonach die Wahlfälschung den Wahlakt in seiner Gesamtheit sichern sollte.[239] Dieser Gedanke setzte sich in späteren Entwürfen fort.[240]

Aus der historischen Perspektive war demnach von einem Individualschutz bei der Wahlfälschung nie die Rede, wenngleich man dieses eindeutige Votum vor dem Hintergrund einer intensiven Diskussion über die Natur des Wahlrechts sehen muss, dessen heute klar beschriebene subjektive Komponente lange Zeit höchst umstritten war.[241] Wenn aber der Gesetzgeber in Kenntnis dieses Disputs mit den einen Tatbeständen den einzelnen Wähler, mit den anderen den Wahlvorgang an sich schützen will, liegt nahe, dass es sich diesbezüglich um eine bewusste Entscheidung handelt.

---

[235] BT-Drs. 1/1307, Anlage 2, S. 65.
[236] Kirschner, S. 42.
[237] Siehe unten, S. 87 f.
[238] Vgl. nur M. E. Mayer, S. 279.
[239] Begründung, S. 133.
[240] Vgl. z.B. Begründung E 1925, S. 64; Begründung E 1927, S. 69.
[241] Vgl. den kurzen Überblick bei Stern W., S. 4 ff.

Auch der historische Gesetzgeberwille streitet mithin für den ausschließlichen Schutz eines Allgemeinrechtsguts.

d) Sinn und Zweck

„Alle Staatsgewalt geht vom Volke aus. Sie wird vom Volke in Wahlen und Abstimmungen und durch besondere Organe der Gesetzgebung, der vollziehenden Gewalt und der Rechtsprechung ausgeübt." So formuliert Art. 20 I GG das Demokratieprinzip. Sinn und Zweck des Vierten Abschnitts ist es nun, die Willensbildungs- und -betätigungsprozesse einmal bei Wahlen und Abstimmungen und einmal bei den genannten besonderen Organen, mithin im Bereich der unmittelbaren und der mittelbaren Demokratie unbeeinträchtigt ablaufen zu lassen. Das liegt im Interesse dessen, der Träger der Staatsgewalt ist, also im Interesse des Volkes.

Unter einem anderen Blickwinkel lässt sich formulieren, geschützt sei die Betätigungsfreiheit der Staatsorgane, weil auch die Aktivbürgerschaft ein solches darstellt.[242] Wie beschrieben ergibt sich daraus die Einordnung des Vierten Abschnitts ins Staatsschutzrecht und daraus wiederum die zentrale Bedeutung des geschützten Rechtsguts „des Volkes".

Ebenfalls bereits dargelegt wurde, dass das den gleichzeitigen Schutz von Individualrechtsgütern, insbesondere des subjektiven Rechts auf eine freie Wahl, nicht ausschließt. Diese müssen sich in ihrer Bedeutung jedoch dem geschilderten zentralen Rechtsgut unterordnen, sind also allenfalls mitgeschützt.[243] Zur Bekräftigung dieses Ergebnisses wird zu Recht angeführt, bei einem im Vordergrund stehenden Individualrechtsgut sei eine rechtfertigende Einwilligung möglich, was jedoch nicht sein könne, weil dem Einzelnen nicht die Disposition über die Richtigkeit des Wahlergebnisses zugebilligt werden dürfe.[244]

Bis hierher ist freilich noch nichts gewonnen, was aus teleologischer Sicht gegen den Einbezug eines Individualrechtsschutzes bei § 107 a StGB spricht.

---

[242] Schroeder F.-C., S. 450; zur „Aktivbürgerschaft" vgl. Stern K., StaatsR 2, § 25 II 3, S. 24 f.

[243] Für das hier nur interessierende Wahlstrafrecht anders die hM; vgl. nur Sch/Sch-Eser, § 108 Rn. 1; § 108 a Rn. 1.

[244] Hübner, S. 155 f.; Maurach/Zipf, AT 1, § 19 Rn. 15 mit dem Hinweis, dass ein zufälliger Repräsentant einer weiter reichenden Schutzwirkung des Gesetzes nicht als Träger des Rechtsguts gesehen werden kann. Das schließt allerdings nicht aus, dass daneben noch Rechtsgüter dieses Repräsentanten selbst vom Tatbestand geschützt werden. Zu Fragen der Einwilligung siehe unten, S. 160 f.

46

Dies ergibt sich aber aus dem Vergleich zu den §§ 108, 108 a StGB, wo die nahezu einhellige Meinung[245] vom Schutz der Entscheidungsfreiheit auch des Einzelnen ausgeht. Dort fallen Schutz der Allgemeinheit und Schutz des Einzelnen stets zusammen: Wenn die demokratische Entscheidungsfreiheit des Einzelnen verletzt ist, ist zwingend die demokratische Willensbildung insgesamt verletzt, weil der wahre, die gewählten Organe allein legitimierende Wählerwille nicht korrekt zum Ausdruck kommt.[246] Anders gesagt: Die Wahl insgesamt ist unfrei, wenn der einzelne Wähler unfrei ist. Bei Erfüllung des Tatbestandes ist der einzelne Wähler stets in seiner Wahlfreiheit verletzt. Diese zwingende Verknüpfung besteht im Rahmen der Wahlfälschung gerade nicht. Das scheitert schon daran, dass Situationen denkbar sind, in denen die einzelnen Stimmen unberührt bleiben und gleichwohl das Ergebnis unrichtig ist.[247]

Mithin ist technisch betrachtet bei den §§ 108, 108 a StGB der Schutz des Einzelnen das Mittel zum Zweck[248] des Schutzes der Wahl insgesamt, bei § 107 a StGB hingegen ist dies nicht der Fall.

Liegt der kombinierte Schutz bei den §§ 108, 108 a StGB, was im Übrigen vom historischen Gesetzgeber auch genau so gewollt war,[249] im zwingenden Zusammenfallen der Rechtsgutsverletzungen begründet, kann dieser Sinn und Zweck bei § 107 a StGB gerade nicht ins Feld geführt werden.
Auch die teleologische Betrachtung schließt den Schutz eines Individualrechtsguts dort aus.

Zusammenfassend lässt sich sagen, dass sowohl der Wortlaut der Norm als auch die innere Systematik des Tatbestands, der historische Gesetzgeberwille sowie Sinn und Zweck der Regelung für den ausschließlichen Schutz des Allgemeinrechtsguts der ordnungsgemäßen Willensbildung des Volkes durch § 107 a StGB sprechen.[250] Dieses Allgemeinrechtsgut wird im Folgenden weiter präzisiert.

---

[245] Abweichend etwa Kirschner, S. 42 f.: ausschließlich Schutz der Willensbildung des Volkes.

[246] Junck, S. 65 f.; Wolf, S. 183 f.

[247] Vgl. obiges Beispiel des unzulässigen Hinzufügens von Stimmzetteln.

[248] So Kirschner, S. 42 f., freilich mit der Schlussfolgerung, dass ausschließlich ein Allgemeinrechtsgut geschützt sei.

[249] Vgl. die Begründung zur Wahltäuschung in BT-Drs. 1/1307, S. 40: „Durch solche Handlungen wird nicht nur der Einzelne um sein Wahl- oder Stimmrecht betrogen, sondern es wird auch der in der Wahl oder Abstimmung zum Ausdruck kommende Volkswille verfälscht."

[250] BGHSt 39, 54 rekurriert hingegen auf das – vom Gesellschafts- und Sozialsystem losgelöste – Wahlrecht als Bürgerrecht, das es auch in der DDR erlaubte, die Einheitsliste abzulehnen; zustimmend Amelung, S. 28; nach der hiesigen Herleitung ist diese Meinung nicht vertretbar.

e) Lösung von „Problemfällen"

Schließlich sei demonstriert, dass die teilweise vorgebrachten „Problemfälle", die bei Einbezug eines Individualrechtsguts leichter in Griff zu bekommen seien, auch mit dem hier erarbeiteten Ergebnis lösbar sind. Diesbezüglich sind besonders die Konstellationen zu nennen, in denen trotz Manipulationen am Ende das Gesamtergebnis „wieder richtig" ist:

1) X verändert den von Wähler W 1 für A abgegebenen Stimmzettel zugunsten des B. Später verfälscht er den von Wähler W 2 für B abgegebenen Stimmzettel zugunsten des A.[251]

2) Im Rahmen der Auszählung wertet Wahlvorstand W 1 eine für A abgegebene Stimme für B, anschließend eine für B abgegebene für A.[252]
   Alternative: W 1 wertet nur die erste Stimme falsch, W 2 wertet eine für B abgegebene Stimme zugunsten des A, um das Ergebnis wieder zu berichtigen.[253]

3) Ein Wähler wählt unbefugt. Ein Mitglied des Wahlvorstands entfernt anschließend diese Stimme wieder.
   Alternative 1: Der Wähler selbst entfernt gleich anschließend vom schlechten Gewissen gepackt seinen Wahlzettel wieder aus der Urne.
   Alternative 2: Der Wähler wählt befugt. Er wird plötzlich unsicher, ob er richtig gewählt hat, holt den Zettel wieder heraus, sieht, dass alles „in Ordnung" ist und wirft den Zettel wieder zurück.
   Alternative 3: Ein Mitglied des Wahlvorstands entfernt einen Stimmzettel aus der Urne, legt ihn Stunden später aber wieder zurück.

4) Für eine bestimmte Abstimmung genügen 100 Unterschriften. A befürchtet, dass diese nicht zusammen kommen und unterschreibt selbst für 20 Personen, die sich damit teils vorher, teils nachher einverstanden erklärt haben. Im Ergebnis kommen aber insgesamt 120 Stimmen zusammen, so dass es der manipulierten Stimmen gar nicht bedurft hätte.[254]

In den Beispielen 1) und 2) ergäbe sich bei der in § 107 a StGB den Schutz eines Individualrechtsguts verortenden Ansicht das bereits dargelegte Problem, worin dieses Individualrechtsgut genau bestehen soll.

Nach der hier vertretenen Meinung stellt sich hingegen die Frage, ob eine Strafbarkeit auch dann eintreten kann, wenn das Ergebnis „am Ende (wieder) stimmt", also den Willen der Wähler korrekt wiedergibt. Die geäußerten Zweifel, ob man diese Konstellationen bei bloßem Schutz eines Allgemeinrechtsguts erfassen kann, überraschen insofern, als bei ihren Vertretern wohl wenigstens

---

[251] Ähnliches Beispiel bei Wolf, S. 167; auch Spira, GrünhutsZ 1908, 556.
[252] Beispiel bei Hübner, S. 149 f.
[253] Ähnliches Beispiel bei Spira, GrünhutsZ 1908, 556 f.
[254] Ähnliches Beispiel von Welzel, GrStrK, Band 13, S. 721.

48

zum Teil von einer Art Gesamtbetrachtung ausgegangen wird: Überspitzt formuliert, könnte danach mit dem Stimmmaterial geschehen, was mag, solange nur am Ende (wieder) das korrekte Ergebnis steht. In diesem Fall wären alle Beteiligten bzw. zumindest die jeweils „Korrigierenden"[255] straflos. Man stelle sich nur eine Kombination der Beispiele vor, wo bei einer Wahl von verschiedenen Wahlhelfern in die verschiedensten Richtungen manipuliert, gleichzeitig Stimmzettel von einem Mitglied des Wahlvorstands entfernt, von einem anderen schließlich Stimmzettel mit genau dem Inhalt der entnommen selbst ausgefüllt und wieder in die Urne gelegt werden. Das Beispiel könnte man noch auf Manipulationen in verschiedenen Wahlbezirken erweitern. Schon vom ersten Eindruck her erschiene es schwer erklärbar, hier keine Herbeiführung eines unrichtigen Ergebnisses anzunehmen, sondern allenfalls wegen versuchter Wahlfälschungen zu bestrafen. Wenn man von der Straflosigkeit jedenfalls des Berichtigenden ausgeht, ist kaum vorstellbar, wie die jeweiligen (gegebenenfalls zufälligen) Berichtigungshandlungen und damit die straflosen Handlungen festgestellt und von den strafbaren geschieden werden können. Schließlich stünde diese Lösung auch im Widerspruch zum Sinn und Zweck des Gesetzes. § 107 a StGB schützt eben nicht nur ein Ergebnis, das dem Willen der an der Wahl Teilnehmenden inhaltlich entspricht, sondern es schützt die Authentizität der unmittelbar(en) demokratischen Willensbetätigung gerade durch Gewährleistung eines ordnungsgemäßen Ablaufs von Wahlen und Abstimmungen. Anders gesagt: Geschützt ist nicht etwa allein ein richtiges Ergebnis, sondern ein ordnungsgemäß zustande gekommenes und deshalb richtiges Ergebnis. Daran hat die Allgemeinheit ein Interesse. Diese Verknüpfung mit den wahlrechtlichen Bestimmungen ist bereits im Wortlaut der Norm angelegt, die zum Beispiel vom ausfüllungsbedürftigen „unbefugten Wählen" spricht. Auch der historische Gesetzgeber spricht von einem anderen Wahlergebnis als wenn die Wahl ordnungsgemäß vorgenommen worden wäre[256] und stellt damit diese Verbindung her. Der telos spricht ebenfalls dafür: Denn eine Wahl bzw. Abstimmung, die den öffentlich-rechtlichen Bestimmungen (etwa aus dem Grundgesetz sowie den Wahlgesetzen und -ordnungen[257]) gemäß abläuft, bildet stets den Wählerwillen korrekt ab.[258] Sobald diese hingegen verletzt werden, also eine Handlung erfolgt, die die

---

[255] So wohl Sello, S. 56 f., der offenbar keine „Gesamtbetrachtung" vornimmt, sondern der die erste Tat auch dann für strafbar hält, wenn das Ergebnis später durch einen zusätzlichen Eingriff wieder berichtigt wird. Der Berichtigende soll aber offensichtlich straflos bleiben. In diesem Sinne wohl auch v. Olshausen, § 108 Anm. 3.

[256] BT-Drs. 1/1307, S. 41.

[257] Damit sind nur solche Bestimmungen gemeint, deren Missachtung Einfluss auf das Ergebnis hat.

[258] Kirschner, S. 50.

Entstehung eines richtigen Resultats verhindert,[259] ist der Tatbestand erfüllt, genauer gesagt: die Tat vollendet.[260] Und dies, obwohl zum Zeitpunkt der manipulativen Handlung noch gar kein (End)Ergebnis vorliegen muss.[261] Die Tat ist vollendet in dem Moment, in dem „die die Gesetzwidrigkeit in sich fassende Handlung ausgeführt wird",[262] wenn das unrichtige Ergebnis unwiderruflich festgelegt ist.[263] Sobald eine wie auch immer geartete Beeinträchtigung stattgefunden und ihren bei ordnungsgemäßem Fortgang unumkehrbaren Weg ins Ergebnis genommen hat, steht fest, dass das richtige Ergebnis in ordnungsgemäßer Weise nicht mehr herbeigeführt werden kann. Eventuelle spätere „Korrekturen" wie in den Beispielen dürfen keine Berücksichtigung bei der Beurteilung der Strafbarkeit finden, weil diese selbst nur unter Verletzung der relevanten Wahlregelungen erfolgen können. Somit mag im Einzelnen das Ergebnis richtig sein, jedoch unter Verletzung des dahin führenden, durch das Wahlrecht vorgegebenen Wegs. Das aber genügt für eine Strafbarkeit nach § 107 a StGB, und zwar sowohl beim Herbeiführen eines unrichtigen Ergebnisses wie auch beim Verfälschen des Ergebnisses.

Für die Beispielsfälle ergibt sich daraus für den objektiven Tatbestand Folgendes:
In Fall 1 liegen zwei vollendete Wahlfälschungen durch H vor. Hier zeigt sich ganz deutlich, dass die Korrektur selbst strafbares Unrecht verwirklicht und nicht etwa zur „Aufhebung" der Strafbarkeit der ersten Handlung führen kann, nur weil schließlich das Ergebnis „wieder passt".
Für Fall 2, der die Ergebnisverfälschung betrifft, kann dann (für beide Konstellationen) nichts anderes gelten.
Etwas aufwändiger, aber nicht weniger eindeutig fällt die Begründung in Fall 3 aus: Das unbefugte Wählen fällt klar unter den Tatbestand des § 107 a StGB.

---

[259] So schon M. E. Mayer, S. 280, insbesondere gegen Binding, BT 2/2, § 281 II 4, S. 830 f., dessen Meinung, Vollendung sei erst mit Feststellung des unrichtigen Resultats eingetreten, auf allgemeine Ablehnung gestoßen ist. Dies würde schon der Zweiteilung des Tatbestandes, der zwei Erfolge zu verschiedenen Zeitpunkten erfassen will, von denen der erste eben vorgelagert ist, nicht gerecht. Hinzu kommt, dass der Wortlaut nur ein Ergebnis verlangt, nicht aber ein festgestelltes Ergebnis; dazu, dass ein Ergebnis aber bereits vor dessen Feststellung (!) existiert, siehe unten, S. 51 f. Schließlich läge nach Binding in Bsp. 3) ein strafbefreiender Rücktritt vor – das verwundert, wenn doch das Unrecht bereits voll verwirklicht und der Tatbestand erfüllt ist.

[260] In diesem Sinne, jedoch jeweils ohne nähere Begründung LK[8]-Jagusch. § 107 a Anm. 3; Sch/Sch-Eser, § 107 a Rn. 5; Fillié, S. 54.

[261] Zum Begriff des Ergebnisses siehe unten, S. 51 ff.; es genügt nach dem Wortlaut, dass man ein unrichtiges Ergebnis „herbeiführt", man muss es nicht „herbeigeführt haben", vgl. Trink-aus, S. 40.

[262] RGSt 20, 420 (424); auch LK[8]-Jagusch, § 107 a Anm. 3.

[263] OLG Zweibrücken, NStZ 1986, 554 (555); v. Behm, S. 10, 12.

Wird nun diese „falsche" Stimme entfernt, wird ein unrichtiges Ergebnis herbei-geführt,[264] weil dadurch eine ungültige Stimme im Ergebnis fehlt.[265] Selbst wenn das Handeln von einer Berichtigungsabsicht getragen war, ändert sich nichts, weil objektiv das Ergebnis verändert wird und das dem Täter auch bewusst ist. Beide machen sich wegen Wahlfälschung strafbar.[266] An dieser Begründung kann sich nichts ändern, wenn die beiden Handlungen durch dieselbe Person vorgenommen werden (*Alternative 1*). Die gleiche Lösung ergibt sich, wenn ein Mitglied des Wahlvorstands einen selbst ausgefüllten Stimmzettel in die Urne wirft und später wieder herausholt. Das Herausholen des Stimmzettels in *Alternative 2* ist demnach Wahlfälschung, weil damit feststeht, dass bei einem ord-nungsgemäßen (weiteren) Ablauf der Wahl besagte Stimme nicht mitgezählt werden kann. Da mit der ersten Stimmabgabe das Wahlrecht des Wählers erlo-schen ist, wählt er beim Zurückwerfen des entnommenen Stimmzettels unbe-fugt, begeht also erneut eine Wahlfälschung.[267] In *Alternative 3* führt die Entfer-nung des Stimmzettels zunächst ein unrichtiges Ergebnis herbei. Im Zurückle-gen des Zettels liegt nun ebenso wenig wie im vorhergehenden Fall ein Rück-tritt, weil dieser beim vollendeten Delikt gar nicht möglich ist. Vielmehr wird auch dadurch wiederum ein unrichtiges Ergebnis herbeigeführt, weil durch einen ordnungswidrigen Eingriff das sich gegenwärtig abzeichnende (unrichtige) Er-gebnis verändert wird. Das mag zunächst verwundern, weil es sich um eine rücktrittsähnliche Situation, quasi um einen „actus contrarius" handelt, der straf-bar sein soll. Diesen Gedanken hätte man aber dann bereits bei Variante 1 und 2 ins Spiel bringen müssen, wo er offensichtlich nicht zulässig ist. Es wäre zudem schwer nachvollziehbar, eine genau spiegelbildliche Handlung völlig unter-schiedlich zu behandeln. Hinzu kommt abschließend der Gedanke, dass bei einer Wahl bzw. Abstimmung eben eine besonders strenge Bindung an das vorgese-hene Verfahren besteht, weil gerade dessen Einhaltung, wie dargelegt, die ein-wandfreie Ermittlung des Wählerwillens gewährleistet.

Fall 4 gehört letztlich nicht in den hier behandelten Kontext.[268] A hat unbefugt abgestimmt und dadurch ein unrichtiges Ergebnis herbeigeführt, weil sich im Gesamtergebnis nicht persönliche, handschriftliche Unterschriften finden. Ob diese gefälschten Unterschriften ergebnisrelevant im Sinne von entscheidungsre-levant waren, ist unbedeutend, da es nicht auf den Erfolg, sondern die Zusam-mensetzung des Ergebnisses ankommt.[269] Ebenso wenig spielt es eine Rolle, dass die Personen teilweise mit der Ausfüllung der Abstimmungslisten einver-

---

[264] Zur Unterscheidung der beiden Tathandlungen aus Alt. 1 und Alt. 2 siehe unten, S. 63 ff.

[265] Auch ungültige Stimmen sind Bestandteil des Ergebnisses; siehe unten, S. 51 ff.

[266] So auch Schneidler, GS 40, 17; Fillié, S. 52 Fn. 112.

[267] So schon in einer ganz ähnlichen Konstellation RGSt 7, 144 (145).

[268] Anders offenbar Welzel, GrStrK, Band 13, S. 721.

[269] Vgl. ausdrücklich OLG Hamm, JZ 1957, 583.

standen waren, da aufgrund der vorgeschriebenen Höchstpersönlichkeit eine ordnungswidrige Abstimmung vorliegt, die damit zu einem unrichtigen Ergebnis führt.[270]

2) Aufbau des Tatbestands

Der tatbestandliche Aufbau lässt sich in zeitlicher Betrachtung wie folgt veranschaulichen:

unbefugt wählen
auf sonstige Weise ⟩ unrichtiges ERGEBNIS verfälschen   unrichtig verkünden (lassen)
herbeiführen

a) Ergebnis einer Wahl

Schon die skizzenhafte Darstellung der Struktur des Tatbestandes macht klar, dass der Begriff des Wahlergebnisses die zeitliche Grenze zwischen den Handlungsmodalitäten markiert: Ein unrichtiges Ergebnis kann nur herbeigeführt werden, solange es noch nicht vorliegt, ein Ergebnis kann nur verfälscht oder unrichtig verkündet werden, wenn es bereits vorliegt.[271] Demnach ist insbesondere relevant, was unter Wahlergebnis im Sinne des § 107 a StGB zu verstehen ist, wann selbiges vorliegt und wann es unrichtig ist.

aa) Begriff des Wahlergebnisses

Dem Begriff des Wahlergebnisses werden im Wahlrecht die verschiedensten Bedeutungen beigemessen.[272] Weil § 107 a StGB einen ordnungsgemäßen Ablauf der Wahl gewährleisten soll, das entsprechend zu einem ordnungsgemäßen Ergebnis führt, kommt eine strafrechtsautonome Definition des Begriffs des Wahlergebnisses nicht in Betracht; die Ordnungsgemäßheit richtet sich ja gerade nach den Wahlnormen. Darin stehen insbesondere zwei Begriffe im Mittelpunkt, die auch für § 107 a StGB von Bedeutung sind, und zwar (in der Terminologie *Seiferts*[273]) das Stimmenergebnis als Verteilung der Stimmen und die Sitzverteilung. Wäre allein letztere für die Wahlfälschung relevant, käme eine solche nur in Betracht, wenn durch die Manipulation ein anderer Kandidat ein Mandat erringt als ohne. Praktisch liefe der Tatbestand demnach bei Wahlen, die sich nicht

---

[270] Siehe noch unten, S. 64.

[271] Es geht zunächst nur um den zeitlichen Scheidepunkt der Tatbestandsalternativen; zu Fragen der Vollendung derselben siehe unten, S. 63 ff.

[272] Seifert, vor §§ 37 ff. BWG Rn. 2, listet allein 12 verschiedene Bedeutungen des Begriffs „Wahlergebnis" auf.

[273] Seifert, vor §§ 37 ff. BWG Rn. 2.

gerade in einer kleinen Gemeinde abspielen, leer, weil eine Mandatsrelevanz bei einer großen Zahl von abgegebenen Stimmen regelmäßig nicht gegeben wäre. Schon deshalb muss es primär auf die Stimmenverteilung ankommen.[274] Damit ist nicht allein das Stimmenverhältnis der Kandidaten zueinander gemeint, weil andernfalls derjenige strafbar bliebe, der zum Beispiel bei allen Kandidaten die gleiche Anzahl von Stimmen entfernen würde,[275] sondern gerade auch die Summe der Stimmen, die der jeweilige Kandidat bzw. die jeweilige Liste auf sich vereinigt.[276] Diese Ergebnisse können zudem auf verschiedenen wahlorganisatorischen Ebenen existieren, also im Wahlbezirk, im Wahlkreis, auf Landes- und gegebenenfalls auf Bundesebene. Wenn wahlrechtlich auf jeder dieser Ebenen ein relevantes Ergebnis existiert, gilt das auch für das Wahlstrafrecht. Der größte Teil der Manipulationen wird im Hinblick auf die Veränderung der Stimmenverteilung erfasst. Allerdings sind Situationen denkbar, in denen diese unbeeinträchtigt bleibt und vielmehr ausschließlich die Mandatsverteilung verschoben wird. Das ist etwa der Fall, wenn zwei Kandidaten über die gleiche Stimmenzahl verfügen und deshalb ein Losentscheid herbeigeführt werden muss.[277] In dieser Sondersituation existiert zunächst ein Stimmenergebnis, das Gegenstand einer Verfälschung sein kann, weil aber die Sitzverteilung als weiteres relevantes Ergebnis noch nicht feststeht, ist im Rahmen des Losentscheids auch noch die Herbeiführung eines unrichtigen Ergebnisses denkbar.[278] Eine vergleichbare Situation liegt dann vor, wenn durch einen bewussten Rechenfehler bei der Ermittlung der Mandatsträger eine falsche Mandatsverteilung zur Darstellung gelangt.[279]

---

[274] Allgemeine Meinung, vgl. nur LK[10]-Willms, § 107 a Rn. 1 f.; auch schon RG vom 06.10.1881 bei Stenglein, S. 1745 Nr. 3.

[275] Beispiel bei Fillié, S. 51.

[276] Vgl. nur § 67 Nr. 5 und 6 BWO.

[277] Z.B. gemäß § 5 S. 2 BWG.

[278] Kirschner, S. 46.

[279] Kirschner, S. 71 f.: Es liegt eine Verfälschung des Ergebnisses vor. Kirschner, S. 46, 72, zählt hierzu auch den Fall, dass die gemäß § 45 BWG erforderliche Erklärung über Annahme bzw. Ablehnung der Wahl gefälscht wird, also ein Dritter „für" einen gewählten Kandidaten dessen vermeintlich echte Erklärung einreicht, er nehme die Wahl nicht an. Dies mag unter dem Aspekt der Urkundenstraftaten relevant sein, nicht aber unter dem der Wahlstraftaten: § 107 a StGB bestraft Manipulationen am Wahlergebnis, das Grundlage dafür ist, wer später Mandatsträger werden kann bzw. soll. Nicht erfasst wird allerdings die Frage, ob derjenige schließlich tatsächlich Mitglied z.B. des Bundestages wird oder nicht. Anders gewendet: § 107 a StGB will und kann nur gewährleisten, dass der richtige Kandidat als Sieger ermittelt wird, nicht aber, dass er auch tatsächlich Mitglied des Bundestags wird. In der vorliegenden Konstellation wird am (korrekten) Ergebnis, dass das Mandat dem A zusteht, nichts manipuliert. Die Tatsache, dass aufgrund der Ablehnung ein anderer Kandidat nachrückt und ein Mandat erhält, stellt keine direkte Beeinträchtigung des Ergebnisses dar; andernfalls würde sich (schon bei entsprechendem dolus eventualis) auch der wegen einer Wahlfälschung (!) strafbar machen, der den Wahlsieger erschießt.

Schließlich bezieht das „Ergebnis einer Wahl" auch die ungültigen Stimmen mit ein, da auch diese nach dem Wahlrecht relevant sind.[280]

bb) Relevanter Zeitpunkt

Für die Bestimmung des richtigen Zeitpunktes, von dem die Entscheidung, welche Alternative des Tatbestands für das zu beurteilende Verhalten relevant ist, abhängt, kommen nur zwei Möglichkeiten in Betracht: Entweder man setzt voraus, dass das Ergebnis bereits (amtlich) festgestellt wurde[281] oder man lässt das bloße Vorhandensein des Ergebnisses genügen. Nur letzteres ist richtig,[282] weil sich schon aus der wahlrechtlichen Terminologie der „Feststellung" ergibt, dass dieses keinen konstitutiven Charakter hat, sondern rein deklaratorischer Natur ist.[283] Und nicht zuletzt verblieben für eine Verfälschung des Ergebnisses andernfalls nur noch die Fälle der Fälschungen des Protokolls, was weder der zweigeteilten Systematik noch dem weiten Wortlaut gerecht werden würde.[284] Mithin muss das Ergebnis schlicht vorhanden sein, und zwar das Ergebnis der Wahl, nicht nur das Ergebnis eines einzelnen Wählers;[285] dies wiederum ergibt sich aus dem Schutzgut des Wahlvorgangs insgesamt. Wenn also in einem Wahllokal der letzte Wahlberechtigte, der sein Wahlrecht ausüben will, dies auch getan hat, liegt das Wahlergebnis vor. Das kann noch während der Wahlzeit der Fall sein.[286]

---

[280] Vgl. etwa § 67 Nr. 3, 4 BWO; der Sache nach auch mit wahlrechtlicher Argumentation Schneidler, GS 40, 17; Fillié, S. 52; Gurwitsch, S. 33; ohne nähere Begründung Binding, BT 2/2, § 281 II 2 a, S. 829; Trinkaus, S. 48 f.; offensichtlich anders LK[8]-Jagusch, § 107 a Anm. 3 und LK[9]-Schwalm, § 107 a Rn. 3, die davon ausgehen, dass die Ungültigkeit des Wahlzettels ohne Einfluss auf die Richtigkeit des Wahlergebnisses sei; anders und richtig aber LK[10]-Willms, § 107 a Rn. 2, der das Beispiel bildet, dass sich ein unbefugt Wählender zu seiner Entlastung nicht darauf berufen könne, ungültig gewählt zu haben, da er auch dadurch ein anderes Stimmverhältnis (also ein anderes Ergebnis) bewirkt habe; deutlich auch BGHSt 29, 380 (383), wonach ein Wahlergebnis dann falsch ist, wenn bei der Auszählung eine ungültige Stimme als gültig mitgezählt wird.
[281] So allein Binding, BT 2/2, § 281 II 4, S. 831, der die Existenz eines „latenten Wahlergebnisses" leugnet.
[282] Ganz allgemeine Meinung, vgl. nur OLG Koblenz, NStZ 1992, 134; schon früher RGSt 20, 420 (422); 37, 380 (381); 56, 387 (389); 62, 6 (7 f.); Sch/Sch-Eser, § 107 a Rn. 6; v. Behm, S. 12; vgl. zum Zeitpunkt der Vollendung und der Beendigung siehe unten, S. 63 ff.
[283] RGSt 20, 420 (424); ähnlich Fillié, S. 50.
[284] Mayer Th., S. 24; siehe oben, Fn. 259.
[285] So aber offensichtlich Scheidler, GS 40, 18; gegen ihn etwa v. Behm, S. 12 mit dem Argument, es handle sich allenfalls um ein (irrelevantes) „Teilergebnis".
[286] Fillé, S. 50 Fn. 108; Trinkaus, S. 29; anders etwa v. Behm, S. 12; i.E. ebenso NK-Wohlers, § 107 a Rn. 4, der vom „Abschluss der Wahlhandlung" (diese endet mit ihrer Schließung nach § 56 S. 1 BWO, vgl. Seifert, vor §§ 31 ff. BWG Rn. 2) spricht, nicht eindeutig LK-Laufhütte, § 107 a Rn. 5, der von der „Beendigung der Stimmabgabe durch die Stimmberechtigten" spricht; ebenso unklar AK-Wolter, § 107 a Rn. 4, „nach Abschluss der Stimmabgabe".

Insofern kann allerdings das Problem auftauchen, dass etwa bei einem Täter, der einen Stimmzettel entfernt, zum Zeitpunkt der Tat noch nicht sicher feststeht, ob er dadurch ein unrichtiges Ergebnis herbeigeführt, oder, weil schon alle wahl-willigen Wähler von ihrem Wahlrecht Gebrauch gemacht haben, das Ergebnis verfälscht hat. Das spielt aber keine Rolle, da die Tatbestandsalternativen völlig gleichwertig und ohnehin nicht immer ganz klar voneinander abgrenzbar sind.[287] Der Gesetzgeber wollte die Wahl umfassend gegen Beeinträchtigungen schüt-zen. Entsprechende Vorsatzabweichungen bleiben aufgrund dieser qualitativen Vergleichbarkeit der Tatbestandsalternativen ohne Auswirkungen.[288]

Wenn schließlich ein Ergebnis vorliegt und demnach nur noch § 107 a I Alt. 3 StGB verwirklicht werden kann, so ist dies nicht ohne zeitliche Grenze nach hinten möglich. Beeinträchtigungen des ordnungsgemäßen Ablaufs der Wahl sind nur solange möglich, als noch keine endgültige Entscheidung über Stim-menentscheidung und Sitzverteilung getroffen worden ist.[289] Mit einer rechts-kräftigen Entscheidung im Falle einer Wahlanfechtung sind diese Punkte jedoch abschließend geklärt. Einwirkungen auf das Wahlergebnis sind jetzt unter dem Gesichtspunkt der einwandfrei ermittelten demokratischen Willensbildung der Bevölkerung bedeutungslos, weil die „richtige" Willensbildung abschließend geklärt und festgestellt ist und an etwaige diesbezügliche Veränderungen keine Konsequenzen mehr geknüpft werden (können).

b) Ein unrichtiges Ergebnis herbeiführen (§ 107 a I Alt. 2 StGB)

aa) Voraussetzungen

Die überall gebräuchliche Formulierung stammt noch vom Reichsgericht und lautet: „Ein unrichtiges Ergebnis ist [...] herbeigeführt, wenn unter der Form der gesetzmäßig vollzogenen Wahl thatsächlich die Wahlausübung in ungesetzlicher Weise stattgefunden hat und dadurch das thatsächlich herbeigeführte Stimmver-hältnis ein anderes geworden ist, als es bei ordnungsgemäßem Vollzuge der Wahl gewesen sein würde".[290]

Das Reichsgericht stellt damit drei Voraussetzungen auf:
- Es muss eine äußerlich scheinbar gesetzmäßig ablaufende Wahlausübung vor-liegen (Schein der Ordnungsmäßigkeit).
- Tatsächlich wird jedoch in nicht ordnungsgemäßer Weise gewählt (Wahl-rechtsverstoß).

---

[287] RGSt 20, 420 (425).
[288] Zum Irrtum über Tatbestandsalternativen vgl. Rolofs, JA 2003, 304; umfassend Schroth, S. 67 ff., für hier insbesondere S. 69 ff.
[289] Schneidler, GS 40, 18; Kirschner, S. 71.
[290] RGSt 20, 420 (422).

- Daraus folgt ein Ergebnis, das anders ist, als es bei ordnungsgemäßem Ablauf der Wahl gewesen wäre (negativer Ergebnisvergleich).

Die erste Voraussetzung (Schein der Ordnungsmäßigkeit) kann dabei keine zwingende Anforderung darstellen. Man denke nur an Konstellationen, in denen Stimmzettel aus der Urne entfernt werden, bei denen von einer scheinbar gesetzmäßig ablaufenden Wahlhandlung keine Rede sein kann, die aber sicher ein unrichtiges Ergebnis herbeiführen.[291] *Frank* präzisiert deshalb diese Voraussetzung richtigerweise auf eine ganz bestimmte Konstellation, indem er von der „Einführung gesetzlich unzulässiger Wahlmaterialien unter dem Schein gesetzlich zulässiger" spricht.[292] Ausgeschieden werden sollen lediglich Handlungen, die objektiv völlig untauglich sind, ein unrichtiges Ergebnis herbeizuführen.[293] Das Beispiel der Verwendung schon äußerlich unzulässiger Stimmzettel[294] ist allerdings unglücklich gewählt, da etwa ein handschriftlich hergestellter Stimmzettel als ungültige Stimme zu werten ist[295] und insofern durchaus Einfluss auf das Wahlergebnis haben kann. Etwas anderes gilt aber, wenn der Täter zum Beispiel mit seinem Stimmzettel auch seine Wahlbenachrichtigung mit in die Urne wirft; deren Einwurf führt kein unrichtiges Ergebnis herbei, weil Gegenstände, die nicht einmal im Entferntesten etwas mit einem Stimmzettel zu tun haben, darin gar nicht vorkommen.[296] Bei entsprechendem Vorsatz kommt ein untauglicher Versuch oder ein Wahndelikt in Betracht. Ein gesondertes Definitionsmerkmal ist letztlich entbehrlich, weil in der genannten Situation jedenfalls der negative Ergebnisvergleich mangels Ergebnisrelevanz der Handlung nicht erfüllt ist. Der „Schein der Ordnungsmäßigkeit" entfaltet seine volle Bedeutung heute in der Abgrenzung der beiden Tatbestandsalternativen des „unbefugten Wählens" und des „Herbeiführens eines unrichtigen Ergebnisses" zueinander,[297] wenngleich zuzugeben ist, dass dieser Unterscheidung keine praktische Bedeutung zukommt, weil erstere nur ein Beispiel von letzterer ist, so dass eine Festlegung nicht erforderlich ist. Danach wird man von einem Wählen immer dann

---

[291] RGSt 7, 144 (145).

[292] Frank, § 108 Anm. III 1 a.

[293] Anknüpfungspunkt für dieses Kriterium ist damit weniger die Eigenschaft des § 107 a StGB als Fälschungsdelikt, wie Kirschner, S. 48, konstatiert, sondern die Ergebnisrelevanz.

[294] Frank, § 108, III 1 a, S. 276; Kirschner, S. 48; beide gegen Spira, GrünhutsZ 1908, 533 mit Fn. 57, der sich völlig gegen das genannte Merkmal wendet und darüber hinaus – was sich überhaupt nicht aus dem Tatbestand ergibt – eine Täuschungshandlung verlangt.

[295] Vgl. § 39 I Nr. 1 BWG sowie Seifert, § 39 BWG Rn. 6.

[296] Derartige Fälle sind ohnehin mehr theoretischer Natur, weil der Wahlvorstand gemäß § 56 VI Nr. 6 BWO einen Wähler zurückzuweisen hat, der mit dem Stimmzettel einen weiteren Gegenstand in die Wahlurne werfen will.

[297] Als das RG seine Definition ersann, war dies ohne Bedeutung, weil die Alternative des unbefugten Wählens erst 1953 ins Gesetz eingefügt wurde.

sprechen können, wenn jemand eine[298] Stimme abgibt, sich also (äußerlich) so verhält, wie es das Wahlrecht für eine Stimmabgabe vorsieht und wie ein „normaler Wähler" sein Wahlrecht ausübt. „Kennzeichnung des Stimmzettels in der Wahlzelle" und „Einwurf des Stimmzettels in die Wahlurne" nach § 34 BWG, § 56 BWO erfüllen demnach den Begriff des Wählens.[299] Wer sich zum Beispiel am Tisch des Wahlvorstands mehrere Stimmzettel nimmt, diese dort ausfüllt und in die Urne wirft, hat nicht „gewählt" im Sinne der Alt. 1, weil er sich nicht nach außen hin mit dem Schein einer ordnungsgemäßen Wahlhandlung umgeben hat. In Betracht kommt allein das Herbeiführen eines unrichtigen Ergebnisses. Die Unterscheidung nach dem äußeren Hergang ist auf die Briefwahl übertragbar.[300]

Es gibt weitere Grenzfälle, deren Subsumtion unter die ersten beiden Definitionsmerkmale Schwierigkeiten bereitet. Das RG[301] hatte den Fall zu beurteilen, dass von mehreren gemeinschaftlich das Wahllokal gestürmt, Wahlurnen und Wahllisten weggenommen und anschließend verbrannt wurden. Es verneinte eine Wahlfälschung, weil es nur auf die Stimmabgabe ankomme und die Angeklagten darauf nicht eingewirkt hätten. In Betracht kämen vielmehr die §§ 123, 303, 304, 240 StGB. Nach der heutigen Gesetzeslage wäre auch an § 107 StGB zu denken. Offenbar will man Handlungen, die schon nicht den äußeren Anschein einer Wahlhandlung machen, aus dem Tatbestand des § 107 a StGB herausnehmen. Das ist aber deswegen kaum durchführbar, weil das Entfernen eines Stimmzettels aus der Urne dem Tatbestand sicher unterfällt, aber keine Handlung ist, mit der an der Stimmabgabe an sich manipuliert wird.[302] Hätten die Angeklagten also „nur" einen Großteil der Stimmzettel aus der Urne entfernt, wäre eine Wahlfälschung gegeben gewesen. Der Unterschied zum entschiedenen Fall liegt darin, dass dort letztendlich überhaupt kein Ergebnis mehr

---

[298] Dabei muss es sich, anders als D/F/S-Schäfer, § 107 a Anm. 1, nahe legen, nicht um seine Stimme handeln; vgl. etwa den Fall des RG in JW 1905, 747.

[299] Insofern hat Schröder JZ 1957, 584, Recht, wenn er es für unbeachtlich hält, dass der Eindruck entsteht, ein anderer als der Täter habe gewählt, weil bei der Abgrenzung rein auf den formalen, äußeren Hergang abzustellen ist.

[300] MünchKomm-Müller, § 107 a Rn. 12 unter Berufung auf die Dachauer Kommunalwahl 2002, bei der Briefwahlunterlagen von anderen als den Berechtigten ausgefüllt, aber als von den Berechtigten ausgefüllte in die Auszählung eingebracht worden sind. Das stellt ein „unbefugtes Wählen" dar.

[301] DJZ 1922, 194 f.

[302] Insofern ist auch die Unterscheidung danach, dass § 107 StGB offene Angriffe, quasi solche „von außen" und § 107 a StGB verdeckte, also solche „von innen" praktisch nur für die Fälle der Ergebnisfeststellung durchführbar; anders aber Kirschner, S. 60, 67 f.; ähnlich Sch/Sch-Eser, § 107 Rn. 5.

vorlag, hier aber schon.[303] Handlungen mit der Folge, dass gar kein Ergebnis mehr vorliegt, können deshalb nicht dem Tatbestand unterfallen, weil kein Ergebnis auch kein unrichtiges Ergebnis sein kann. Vielmehr sind derartige Aktionen Wahlbehinderungen, weil die Wahl mindestens gestört wird, wozu Beeinträchtigungen in einem Wahllokal bereits genügen.[304]

Die Wahlausübung hat dann „in ungesetzlicher Weise" stattgefunden, wenn die in Rede stehende Handlung gegen das Wahlrecht verstößt.[305] Insofern ist klar, dass eine Wahl, die § 107 a StGB voraussetzt („Ergebnis einer Wahl"), eben auch dann vorliegt, wenn Wahlfehler begangen werden und eventuell die Wahl (deshalb) später für insgesamt ungültig erklärt wird.[306] Wer also unbefugt wählt, bleibt auch dann strafbar, wenn aufgrund anderer Defizite die Wahl später für ungültig erklärt werden sollte. Die Frage, wann die rechtswidrigen Einwirkungen so massiv sind, dass man schon begrifflich nicht mehr von einer Wahl ausgehen kann, dürften praktisch nicht relevant werden, weil das wohl in einer politischen Umgebung der Fall wäre, in der den Wahlstraftaten in der jetzigen Form keine Bedeutung (mehr) zukäme. Beim Wahlrechtsverstoß ist auch zu berücksichtigen, dass bestimmte, in den §§ 39 IV BWG, 56 VI BWO beschriebene Vorkommnisse dazu führen, dass ein Wähler zurückzuweisen ist. Erfolgt diese Zurückweisung, liegt eine Nichtwahl vor, so dass durch die beschriebenen Handlungen keine Veränderung des Ergebnisses möglich ist.[307] Es ist an einen Versuch zu denken.

Bei der Prüfung des Wahlrechtsverstoßes ist jedoch zu beachten, dass nicht jedes Verhalten, das zu einer ungültigen Stimme führt, auch gleich eine Wahlfälschung zur Folge hat: Der (formell und materiell) Wahlberechtigte, der auf seinem Stimmzettel zur Bundestagswahl den Zusatz „Berliner Geldverschwender" notiert und damit gemäß § 39 I Nr. 4 BWG seine Stimme ungültig macht, führt kein unrichtiges Ergebnis herbei, weil es „sein gutes Recht ist", eine ungültige Stimme abzugeben. Abgesehen von den Fällen des unbefugten Wählens geht es bei den Konstellationen, in denen ungültige Stimmen zu einem unrichtigen Ergebnis führen, regelmäßig um Ungültigkeit aufgrund der Einflussnahme Dritter.

---

[303] Die Entfernung der Wahllisten aus dem Wahllokal unterfällt ggf. § 107 StGB, weil darin jedenfalls eine Störung der Wahl liegt.
[304] Siehe oben, S. 32.
[305] Diese Anlehnung wird sehr deutlich dargestellt in RGSt 7, 144 (145); 37, 233 (235); 37, 297 (298); 63, 382 (384 ff.).
[306] Trinkaus, S. 27; Beispiele bei RGSt 6, 351 (352); 64, 299 (303).
[307] § 39 IV S. 2 BWG stellt klar, dass es sich insbesondere nicht um ungültige Stimmen handelt.

Im Rahmen des Ergebnisvergleichs wird das tatsächliche Ergebnis dem Ergebnis, das bei ordnungsgemäßem Wahlablauf eingetreten wäre, gegenüber gestellt, weil es nur dann unrichtig ist, wenn gerade „zufolge" [308] der ordnungswidrigen Wahl das Ergebnis anders als bei ordnungsgemäßer Durchführung gewesen wäre. Dabei darf keine „globale" Betrachtung erfolgen, sondern die einzelnen Manipulationen sind jeweils getrennt zu untersuchen. Bei der Situation von Fälschung und Gegenfälschung,[309] wo das Ergebnis am Schluss „wieder stimmt", fällt der Ergebnisvergleich gleichwohl negativ aus, weil es anders ist als wenn nach der ersten Manipulation die Wahl ordnungsgemäß weitergelaufen wäre.

Bei den genannten Feststellungen, etwa ob ein Wahlrechtsverstoß vorliegt oder ein unrichtiges Ergebnis herbeigeführt worden ist, besteht keine Bindung des Gerichts an etwaige Entscheidungen der Wahlbehörden bzw -organe.[310] Unter pragmatischen Gesichtspunkten wäre eine derartige Bindung schon deshalb wenig sinnvoll, weil in zahlreichen Wahlprüfungsentscheidungen ein Wahlfehler gar nicht explizit festgestellt, sondern unmittelbar auf die (in der Regel fehlende) Mandatsrelevanz abgestellt wird.[311] Vorfeldfragen wie die der Wahlberechtigung werden zudem von den Wahlbehörden nicht abschließend beantwortet, was sich schon daran zeigt, dass diese im Wahlprüfungsverfahren überprüfbar sind und diesbezüglich ergibt sich dann wiederum das vorgenannte Problem.

Schließlich muss das unrichtige Ergebnis „herbeigeführt" werden, was nichts anderes bedeutet, als dass zwischen der Handlung des Täters und dem unrichtigen Ergebnis ein Kausalzusammenhang gegeben sein muss.[312]

Zu berücksichtigen ist, dass im Einzelfall, konkret bei Abstimmungen wie Volksbegehren und Volksentscheid, für das Ergebnis nicht nur die abgegebenen Stimmen von Bedeutung sind, sondern auch die nicht abgegebenen, wenn ein bestimmtes Quorum zu erreichen ist. Ein unrichtiges Ergebnis herbeigeführt hat dann schon der, der Wähler unberechtigt einträgt oder entfernt, weil jedenfalls mit Abschluss des Wählerverzeichnisses das unrichtige Ergebnis der Abstimmung feststeht.[313]

---

[308] RGSt 37, 380 (381).
[309] Siehe oben, S. 45 ff.
[310] BVerfG, NVwZ 1993, 55 (56); NK-Wohlers, § 107 a Rn. 5.
[311] Vgl. etwa BVerfGE 34, 201 (203).
[312] RGSt 10, 60 (61).
[313] Zu diesem Sonderfall vgl. Trinkaus, S. 44.

bb) Beispielsfälle

Einige Beispiele sollen die Tathandlung verdeutlichen.[314] Auf die Darlegung des ersten Definitionsmerkmals wird dabei aufgrund obiger Erläuterungen teilweise verzichtet.

- Der Wahlvorsteher entfernt einen Wahlzettel aus der Urne.[315]

Wahlrechtsverstoß: In den Wahlgesetzen existiert keine Grundlage dafür, dass während des Laufs der Wahlzeit von wem auch immer Stimmzettel entfernt werden dürfen, vielmehr wird die Urne erst im Rahmen der Feststellung der Wahlergebnisse geöffnet.[316]

Negativer Ergebnisvergleich: Hätte der Wahlvorsteher den Stimmzettel nicht entfernt, wäre er in das Wahlergebnis eingeflossen. Im tatsächlichen Ergebnis fehlt also eine Stimme.

- X stellt sich zur Wahl, obwohl er nicht passiv wahlberechtigt ist.[317]

Wahlrechtsverstoß: Wählbar sind nur die Personen, die die Voraussetzungen des § 15 BWG erfüllen.

Negativer Ergebnisvergleich: Hätte sich X nicht zur Wahl gestellt, hätte es für ihn überhaupt „kein Ergebnis" gegeben. Im tatsächlichen Ergebnis finden sich also Stimmen für X, die es bei ordnungsgemäßem Ablauf nicht gegeben hätte.[318]

- Ein Beisitzer des Wahlvorstands händigt einem Wähler einen von ihm ausgefüllten Wahlzettel aus, den der Wähler schließlich in die Urne wirft.[319]

Schein der Ordnungsmäßigkeit: Der Wähler geht in die Wahlkabine und gibt anschließend einen angekreuzten Stimmzettel ab; dies wirkt wie ein ordnungsgemäßes Verhalten.[320]

Wahlrechtsverstoß: Der Wähler muss seinen Stimmzettel persönlich kennzeichnen.[321]

---

[314] Siehe zu weiteren (problematischen) Konstellationen oben, S. 45 ff.

[315] RGSt 7, 144.

[316] § 68 S. 1 BWO.

[317] BVerfG, NVwZ 1993, 55.

[318] Werden, wie etwa nach Art. 47 LWG, die Stimmen für den Mehrfachbewerber für ungültig erklärt (vgl. Boettcher/Hög- ner, LWG, Art. 46), kann man auch sagen, die Stimmen wären bei Erfüllung der Wählbarkeitsvoraussetzungen gültig gewesen.

[319] RGSt 63, 382; hierher gehört auch die Konstellation des OLG Zweibrücken, NStZ 1986, 554, bei dem aus nicht nachvollziehbaren Gründen der Wahlrechtsverstoß jedoch daraus hergeleitet wird, dass gegen das Prinzip der geheimen und unbeeinflussten Stimmabgabe verstoßen wurde.

[320] Das RGSt 63, 382 (386) subsumiert so unter diesen Definitionsbestandteil. Wie dargelegt ist damit in der Sache aber nichts gewonnen, entscheidend sind die weiteren Definitionsmerkmale.

[321] Vgl. §§ 14 IV, 33 II BWG, § 56 II BWO; die einzige denkbare Ausnahme nach § 57 BWO (Stimmabgabe behinderter Wähler) liegt hier nicht vor.

Negativer Ergebnisvergleich: Hätte der Beisitzer den Stimmzettel nicht ausgefüllt, wäre dieser als gültiger ins Wahlergebnis eingeflossen. Im tatsächlichen
Ergebnis befindet sich also eine ungültige Stimme, die eigentlich gültig wäre.[322]

- Der Wahlvorstand weist ohne Grund einen Wähler zurück.

Wahlrechtsverstoß: Wähler dürfen nur unter den Voraussetzungen des § 56 VI
Nr. 1-6 BWO zurückgewiesen werden bzw. bei Bedenken kann ein Beschluss
des Wahlvorstands über die Zurückweisung gemäß § 56 VII BWO herbeigeführt werden.

Negativer Ergebnisvergleich: Wäre der Wähler nicht zurückgewiesen worden,
hätte sich eine Stimme mehr im Ergebnis befunden.

cc) Abgrenzung zu den §§ 108 ff. StGB

Es wurde bereits mehrfach erwähnt, dass ungültige Stimmen zum Wahlergebnis
zählen. Führen Handlungen des Täters zur Ungültigkeit einer Stimme und wäre
diese Ungültigkeit ohne diese Handlung nicht eingetreten, liegt demnach die
Herbeiführung eines unrichtigen Ergebnisses vor. Weiterhin wird davon ausgegangen, dass die strafbare Wahlbeeinflussung durch Zwang, Drohung, Täuschung und Bestechung, also Straftaten nach den §§ 108 ff. StGB, zur Ungültig-

---

[322] Bei der Kausalitätsbetrachtung ist der Umstand, dass der Wähler eventuell auch selbst den
Stimmzettel ungültig gemacht haben könnte (indem er z.B. einen Zusatz darauf notiert, § 39 I
Nr. 4 BWG), als Reserveursache unbeachtlich. Beachtlich ist allenfalls die Frage, ob der Kau-
sal- bzw. Zurechnungszusammenhang nicht dadurch unterbrochen ist, dass der Wähler in
Kenntnis der vorherigen Kennzeichnung den Stimmzettel gleichwohl in die Urne geworfen
hat. Ein Abbruch der Kausalkette liegt jedoch nicht vor, da die ursprüngliche Ursache fort-
wirkt (so auch RGSt 63, 382 (387)). Auch die objektive Zurechnung ist zu bejahen, weil der
Wähler nicht etwa eigenverantwortlich dazwischengetreten ist und eine neue Gefahr begründet hat, sondern die Anknüpfungshandlung in der Gefahrschaffung bereits mit angelegt und
sogar beabsichtigt ist. Fraglich ist schließlich die Strafbarkeit der unmittelbar Wählenden
selbst. Nach dem oben Gesagten, wonach es „das gute Recht" eines (wahlberechtigten) Wählers ist, seinen Stimmzettel als ungültigen abzugeben, handelt dieser tatbestandslos. Dagegen
lässt sich auch nicht anführen, der Wähler hätte etwa im Gegensatz zur Situation, wo er selbst
alle Kandidaten durchstreicht, hier nicht bewusst ungültig gewählt, denn der Wähler hätte sich
jederzeit einen ordnungsgemäßen Stimmzettel geben lassen können. Eine Wahlfälschung liegt
auch dann nicht vor, wenn der (wahlberechtigte) Wähler aus Versehen mehr Kreuze als erlaubt macht und deshalb seine Stimmen ungültig sind. Zum gleichen Ergebnis, allerdings mit
anderer Begründung, gelangt Trinkaus, S. 101 f., der davon ausgeht, dass die Wähler selbst
überhaupt keine Erklärung abgeben, so dass sie auch keine Wahlfälschung begehen können.
Seine weitere Annahme (S. 103), der Beisitzer mache sich dann nicht strafbar, wenn er das
Kreuz nur leicht vorzeichne und der Wähler – aus welchen Gründen auch immer – dieses
Kreuz noch einmal nachziehe, geht jedoch fehl. Das eigene Tätigwerden des Wählers kann
eine ungültige Stimme nicht gültig machen. Schließlich ist auch wertungsmäßig kein Unterschied darin zu sehen, ob der Wähler das bereits angebrachte Kreuz sieht und damit einverstanden ist oder ob er es sieht und zur Bestätigung noch einmal nachzeichnet.

keit der „beeinflussten Stimme" führt.[323] Wer einen anderen zur Wahl einer bestimmten Partei nötigt, bewirkt die Ungültigkeit der Stimme des Genötigten und
führt damit ein unrichtiges Ergebnis herbei. Jede Wählernötigung, jede Wählertäuschung und jede Wählerbestechung wäre zugleich eine Wahlfälschung.

Diese Auffassung scheint der hM zugrunde zu liegen, die von § 107 a StGB als
Grund- bzw. Auffangtatbestand spricht und das Verhältnis der Tatbestände zueinander auf der Konkurrenzebene lösen will, wobei die §§ 108-108 b StGB
dann als leges speciales zu § 107 a StGB anzusehen wären.[324] Unter der gleichzeitigen Prämisse der hM, dass die §§ 108 ff. StGB vorrangig ein Individualrechtsgut schützen, erscheint dies allerdings fraglich.[325] Der volle Unrechtsgehalt – nach hM einmal Verletzung eines Allgemeinrechtsguts, einmal vorrangig
die eines Individualrechtsguts – muss über die Annahme von Idealkonkurrenz
klargestellt werden.[326]

Allerdings wären diese Überlegungen hinfällig, wenn man in der Prüfung gar
nicht bis zur Frage des Konkurrenzverhältnisses vordringen, sondern vielmehr
eine tatbestandliche Abgrenzung vornehmen würde.
Der Gesetzgeber hat von den Unregelmäßigkeiten bei Wahlen, die darauf beruhen, dass auf die Willensbildung bzw. -betätigung des einzelnen Wählers eingewirkt wird, die also dazu führen, dass der Wähler seinen eigentlichen Willen
nicht realisiert/nicht realisieren kann bzw. wenigstens die diesbezügliche Gefahr
entsteht,[327] drei herausgegriffen und in den §§ 108, 108 a, 108 b StGB besonders
geregelt. Zwang, Drohung, Täuschung und Bestechung hat er nur unter ganz
bestimmten Voraussetzungen für strafbar erklärt. § 107 a StGB soll den Erhalt
eines richtigen Ergebnisses durch Einhaltung der wahlrechtlichen Vorgaben gewährleisten. Gäbe es nun Situationen, in denen eine Einwirkung auf den einzelnen Wähler zur Ungültigkeit seiner Stimme führte, die aber nicht die Schwelle
der §§ 108 ff. StGB erreicht, so läge gegebenenfalls eine Strafbarkeit gemäß
§ 107 a StGB vor, und das, obwohl der Gesetzgeber diese Situation gerade nicht
für strafwürdig gehalten hat. Dann entstünde ein eklatanter Wertungswiderspruch, eine Strafbarkeit durch die Hintertür. Eben diese Situation ist denkbar:

---

[323] Schreiber, § 39 Rn. 2; Seifert, § 39 BWG Rn. 1.
[324] AK-Wolter, § 107 a Rn. 8; § 108 b Rn. 6; Kohlrausch/Lange, § 107 a Anm. III; LK-
Laufhütte, § 107 a Rn. 9; Sch/Sch-Eser, § 107 a Rn. 10; SK-Rudolphi, § 107 a Rn. 9; § 108 b
Rn. 7; Tröndle/Fischer, § 107 a Rn. 5; Geilen, in: LdR, S. 1113 f.; nur für § 108 a StGB
Lackner/Kühl, § 108 a Rn. 2; Preisendanz, § 108 Anm. 2; Harnischmacher, S. 80.
[325] Gewisse Bedenken scheinen auch bei AK-Wolter, § 107 a Rn. 8 auf.
[326] NK-Wohlers, § 107 a Rn. 7; § 108 b Rn. 7; für §§ 108, 108 a Wolf, S. 232; für § 108 StGB
RGSt 63, 382 (387); Lackner/Kühl, § 108 Rn. 5; Preisendanz, § 108 Anm. 2; Harnischmacher, S. 79.
[327] Wenn es etwa beim bloßen Anbieten eines Vorteils bei § 108 b StGB bleibt.

§ 32 BWG[328] untersagt jegliche Beeinflussung der Wähler durch Wort, Ton, Schrift oder Bild, also auch jegliche Art von Zwang, Drohung, Täuschung und Bestechung. Ein Verstoß gegen die §§ 31 ff. BWG führt zur Ungültigkeit der Stimme(n).[329] Durch entsprechende Aktionen kann folglich ein unrichtiges Ergebnis herbeigeführt, § 107 a StGB begangen werden.[330] Eine Beeinflussung, die etwa unterhalb der Schwelle des § 108 StGB läge und vom Gesetzgeber deshalb gerade nicht für strafbar erklärt wurde, wäre über den Umweg des § 107 a StGB doch wieder strafbar.[331] Und das – wenn eine Täuschung in Rede steht – auch noch mit der höheren Strafobergrenze des § 107 a StGB im Verhältnis zu § 108 a StGB.

Zwei Möglichkeiten bestehen, dieses Ergebnis zu verhindern: Entweder man betrachtet die §§ 108 ff. StGB für speziell und abschließend in dem Sinn, dass man bei weniger intensiven Angriffen nicht auf die Generalklausel § 107 a StGB zurückfällt oder man grenzt bereits tatbestandlich ab. Ersteres ist aber, wie das Beispiel des § 113 StGB im Verhältnis zum § 240 StGB zeigt, meist[332] dann der Fall, wenn der spezielle Tatbestand den Täter gerade privilegieren will. Schon der Blick auf die Strafdrohung des § 108 im Vergleich zu der in § 107 a StGB zeigt, dass dies hier nicht der Fall ist. Beim „normalen" Spezialitätsverhältnis fällt man aber gerade dann, wenn ein objektives oder subjektives Tatbestandsmerkmal der speziellen Norm nicht erfüllt ist, auf den Grundtatbestand zurück.[333] Mithin kann man nur unter der Annahme, dass der Bereich der Beeinflussungen der einzelnen Wähler mit den §§ 108-108 b StGB abschließend geregelt ist, § 107 a StGB hingegen diese Vorkommnisse – im Rahmen einer teleologischen Reduktion – schon vom Tatbestand her nicht erfasst, zu einem widerspruchsfreien Ergebnis gelangen. Ein unrichtiges Ergebnis herbeiführen kann man folglich nur durch einen Wahlrechtsverstoß, der nichts mit der individuellen Beeinflussung von Wählern zu tun hat. Diese wiederum ist strafrechtlich nur relevant, wenn sie die Schwelle der §§ 108-108 b StGB erreicht.

In Ausnahmefällen kann es jedoch auch unter diesen Vorzeichen zu einem gleichzeitigen Vorliegen von § 107 a StGB einerseits und einem Tatbestand der §§ 108 ff. StGB andererseits kommen, nämlich wenn beide „Beeinträchtigungs-

---

[328] Ebenso z.B. Art. 20 GLkrWG.
[329] Schreiber⁶, § 39 Rn. 2; in der Folgeauflage, Schreiber, § 32 Rn. 6 wird nur § 32 in Bezug genommen; vgl. auch Kunze/Merk/Quecke, § 23 Rn. 2; kritisch Rehm, DJZ 1912, 62 ff.
[330] Das wird besonders deutlich im umfangreichen Entwurf von Frank, DJZ 1919, 141: „§ 10 Wer [...] durch Täuschung des Wählers [...] ein unrichtiges Ergebnis [...] herbeiführt".
[331] Ähnlich Kirscher, S. 57 f., mit landesrechtlicher Argumentation.
[332] Andere Gründe sind etwa relevant im Verhältnis von § 107 zu § 240 StGB; siehe oben, S. 38.
[333] BGHSt 30, 235 (236); Sch/Sch-Stree, vor § 52 Rn. 135.

formen" zugleich erfolgen. Gibt im Fall von RGSt 63, 382 der Beisitzer des Wahlvorstands den bereits ausgefüllten Stimmzettel an den Wähler und verbindet er dies mit der Drohung, den Wähler zu verprügeln, falls er nicht genau diesen Stimmzettel so wie er ist in die Urne wirft, nötigt er ihn also zudem, ungültig zu wählen, so stehen § 107 a StGB und § 108 StGB in Tateinheit.[334] Liegt hingegen ausschließlich eine Wählernötigung vor, ist nicht zugleich § 107 a StGB erfüllt. Eine derartige tatbestandliche Abgrenzung ist im Hinblick auf § 107 c StGB aufgrund dessen Blankettcharakter, der eine Vielzahl von verschiedenen Fallkonstellationen zulässt, die nicht wie bei den §§ 108 ff. StGB auf eine einheitliche Angriffsrichtung im Sinne der Willensbeeinträchtigung zurückzuführen sind, nicht durchführbar. Hier ist eine Konkurrenzlösung zu favorisieren, die aufgrund der unterschiedlichen geschützten Rechtsgüter in der Annahme von Idealkonkurrenz besteht.

Eine andere Art von „Wertungswiderspruch" kann daraus entstehen, dass Landes- und Kommunalwahlrecht Ländersache sind. Voraussetzungen und Ablauf der Wahl können in unterschiedlichen Landes(wahl)gesetzen unterschiedlich geregelt sein und sind es teilweise auch. In Hessen wurde etwa das Wahlalter bei Kommunalwahlen vorübergehend auf 16 Jahre gesenkt. Damit war der Bereich des strafbaren Verhaltens, was ein „unbefugtes Wählen" angeht, zum Beispiel in Bayern größer als in Hessen. Diese Situation liegt darin begründet, dass der Bund in § 107 a StGB mit den Formulierungen „unbefugt" und „unrichtig" ausfüllungsbedürftige Tatbestände geschaffen hat, die durch Landesrecht konkretisiert werden (müssen). Insofern liegt jedoch weder ein Verstoß gegen Art. 33 I GG noch gegen Art. 3 I GG vor. Ersterer erfordert nicht, dass alle Länder die gleichen Regeln für staatsbürgerliche Rechte aufstellen müssen, bei letzterem kann eine eventuell Ungleichbehandlung über das Bundesstaatsprinzip gerechtfertigt werden.[335]

dd) Vollendungszeitpunkt

Abschließend sei unter Berücksichtigung der weiteren Ergebnisse noch einmal der Zeitpunkt der Vollendung aufgegriffen. Dabei sind zwei Fragen voneinander zu trennen:
- die Frage danach, wann das Wahlergebnis vorliegt; sie entscheidet ausschließlich darüber, ob die Herbeiführung eines unrichtigen Ergebnisses oder eine Ergebnisverfälschung vorliegt.

---

[334] So i.E. auch RGSt 63, 383 (387).

[335] BVerfG, NVwZ 1993, 55 (56); siehe allgemein zur Zulässigkeit dieser Verquickung von Bundes(straf)recht und Landesrecht sowie zur Frage der Zulässigkeit von Landesstrafrecht unten, S. 226 ff.

- die Frage danach, wann Alt. 1 und Alt. 2 des § 107 a StGB vollendet sind. Beendigung wird man jedenfalls mit der Feststellung des Ergebnisses annehmen können.

Damit und mit dem bereits oben Gesagten[336] ist klar, dass die beiden Zeitpunkte nicht zusammenfallen (müssen). Den oben so beschriebenen „unumkehrbaren Weg ins Ergebnis" hat die Stimme dann genommen, wenn sie in der Urne liegt oder aus dieser entnommen bzw. wenn sie endgültig zurückgewiesen worden ist.[337] Dann liegt Vollendung vor. Diese fällt nur dann mit dem Vorliegen des Ergebnisses zusammen, wenn gerade der letzte wahlbereite Wähler des Wahlbezirks unbefugt wählt oder sonst ein unrichtiges Ergebnis herbeiführt. Hiernach läge es im Kontext der Briefwahl nahe, als Vollendungszeitpunkt beim Herbeiführen eines unrichtigen Ergebnisses denjenigen anzunehmen, zu dem die Wahlunterlagen beim Wahlvorstand eingegangen sind, weil sie dann nicht mehr zurückgegeben werden dürfen[338] und das unrichtige Ergebnis jedenfalls dann (vermeintlich) unwiderruflich feststeht. Man könnte sagen, solange der Brief nur auf den Weg gebracht ist, kann er vom Absender gegebenenfalls noch zurückgeholt werden, so dass durch das Losschicken an sich das Ergebnis noch nicht sicher unrichtig ist.[339]

Diese Annahmen übersehen jedoch eine wahlrechtsspezifische Besonderheit. Es gibt Situationen, in denen Wähler (§ 56 VI BWO) bzw. Wahlbriefe (§ 39 IV BWG) vom Wahlvorstand zurückgewiesen werden mit der Konsequenz, dass diese Stimmen als überhaupt nicht abgegeben gelten.[340] Eine nicht abgegebene Stimme ist freilich für das Ergebnis völlig irrelevant, sie kann dieses mithin auch nicht unrichtig machen. Würde man jedoch mit dem Eingang der Wahlunterlagen bei der Wahlbehörde bereits Vollendung annehmen, wäre der Briefwähler selbst dann strafbar, wenn sein Wahlbrief später (§ 75 I, II BWO) zurückgewiesen wird, obwohl er nicht als Wähler gezählt wird und seine Stimme als nicht abgegeben gilt.[341] Auch hier kann folglich die Vollendung erst dann angenommen werden, wenn die Wahlumschläge den Wahlbriefen entnommen und in

---

[336] Siehe oben, S. 45 ff.
[337] Ähnlich schon Fillié, S. 54, allerdings ohne nähere Herleitung; Sch/Sch-Eser, § 107 a Rn. 5 stellen jedenfalls ausdrücklich auf die Stimmabgabe ab.
[338] Vgl. § 66 I 3 BWO.
[339] So auch OLG Zweibrücken, NStZ 1986, 554 (555); offengelassen von OLG Koblenz, NStZ 1992, 134; zustimmend Sch/Sch-Eser, § 107 a Rn. 5.
[340] Seifert, § 39 BWG Rn. 14.
[341] Es ist zu unterscheiden zwischen der Zurückweisung von Wahlbriefen und der Entscheidung über die (Un)Gültigkeit der abgegebenen Stimmen, Boettcher/Hoegner, BWG, § 38 Rn. 2; Schreiber, § 39 Rn. 19.

die Urne geworfen worden sind (§ 75 III BWO).[342] In Betracht kommt andern-falls ein Versuch.[343]

Beim unerlaubten Entnehmen von Stimmzetteln ist die Ergebnisrelevanz der Handlung in Anbetracht der potentiellen Zurückweisung des Wahlbriefs erst dann sicher, wenn die Wahlunterlagen in der Urne gelegen sind. Vor diesem Zeitpunkt kommt insbesondere eine Strafbarkeit nach § 133 StGB in Betracht.

Noch nicht geklärt ist, wann das Wahlergebnis bei der Briefwahl vorliegt. Die Antwort darauf ergibt sich völlig parallel zu der bei der Präsenzwahl: das Brief-wahlergebnis muss schlicht „latent" vorhanden sein, was spätestens zum Ende der Präsenzwahlzeit der Fall ist, aber auch schon vorher der Fall sein kann.[344]

c) Unbefugt wählen (§ 107 a I Alt. 1 StGB)

Mit der Formulierung „oder sonst ein unrichtiges Ergebnis herbeiführt" wird klar, dass der Gesetzgeber das unbefugte Wählen als Unterfall der Alt. 2 gese-hen hat. Dieses Verhalten wird nur zur Klarstellung ausdrücklich erwähnt, „zur Vermeidung von Zweifeln".[345] *Wolf* hingegen sieht Var. 1 als selbständige Vari-ante an, hält es also für unerheblich, ob aufgrund des unbefugten Wählens ein anderes Wahlergebnis entsteht oder nicht, wenngleich er selbst zugeben muss, den Wortlaut „sonst" damit zu bagatellisieren.[346] Abgesehen von den grammati-kalischen und historischen Gründen macht diese Sichtweise auch der Sache nach

---

[342] In Anbetracht der Einrichtung des Zulassens bzw. Zurückweisens von Wählern bzw. Wahlbriefen könnte man geneigt sein, eine Vollendung nicht erst dann anzunehmen, wenn die Unterlagen in der Urne liegen, sondern bereits dann, wenn diese endgültig zugelassen sind. Das ist jedoch abzulehnen, weil dann auch bei ordnungsgemäßem Fortgang die Unrichtigkeit des Ergebnisses keineswegs festgelegt ist; der Wähler ist nach der Zulassung nicht verpflich-tet, den Stimmzettel in die Urne zu werfen, so dass er sich „noch einmal anders überlegen" könnte. Dann kann aber (mangels Ergebnisrelevanz) keine Vollendung, sondern nur ein Ver-such (von dem er ggf. strafbefreiend zurückgetreten ist) vorliegen. Weil bei der Briefwahl diese Möglichkeit des „Zurückziehens" der Stimme nicht gegeben ist (insofern richtig OLG Zweibrücken, NStZ 1986, 555) kann man hier mit der endgültigen Zulassung des Wahlbriefs bereits Vollendung annehmen, weil damit sicher die Ergebnisrelevanz feststeht. Die einzige praktische Konsequenz dieser „Vorverlagerung um Sekunden" ist letztlich, dass der unbefug-te Briefwähler durch Wegnahme seines Wahlbriefs nach Zulassung und vor Einwurf in die Urne nicht mehr von der Wahlfälschung strafbefreiend zurücktreten kann, weil bereits Vollendung gegeben ist.
[343] So ohne Begründung auch Bruns, NJW 1978, 928, in einer vergleichbaren Fallgestaltung.
[344] Vgl. § 36 I 1 BWG a.E.; der Ansatz des OLG Koblenz, NStZ 1992, 134, das das Wahler-gebnis bei Briefwahl bereits mit der subjektiven Vorstellung des einzelnen Wählers, die Wahlhandlung sei abgeschlossen, annimmt, ist insofern verfehlt: Auch bei der Briefwahl ist nicht das Wahlergebnis des einzelnen Wählers relevant, sondern das der Wahl insgesamt.
[345] BT-Drs. 1/1307, S. 41.
[346] Wolf, S. 165 Fn. 18; S. 180 Fn. 84 und S. 231.

wenig Sinn: Ein unbefugtes Wählen führt stets zu einem unrichtigen Ergebnis,[347] weil eine (ungültige) Stimme ins Wahlergebnis einfließt, die es bei ordnungsgemäßem Verhalten (Nichtwählen) gar nicht gegeben hätte. Wann jemand unbefugt wählt, kann nicht strafrechtsautonom festegelegt, sondern muss unter Rückgriff auf die Regelungen des Wahlrechts bestimmt werden. Wählen bedeutet in der Terminologie des Wahlrechts die Stimmabgabe, die mit dem Einwurf des Stimmzettels in die Urne vollendet ist.

Unbefugt wählt der Täter dann, wenn er für die vorliegende Wahl kein Wahlrecht hat.[348] Ob er das Wahlrecht hat oder nicht, richtet sich nach den einschlägigen Wahlrechtsbestimmungen. Denkbar sind unter anderem folgende Konstellationen:

- Dem Täter wurde das Wahlrecht gemäß § 108 c i.V.m. § 45 V StGB aberkannt (vergleiche auch die sonstigen Ausschlussgründe des § 13 BWG).
- Der Täter ist gemäß § 12 BWG überhaupt nicht wahlberechtigt, etwa weil er noch nicht das Wahlalter erreicht hat.
- Der Täter wählt mehrfach. Nach der ersten Wahl ist das Wahlrecht aber verbraucht, weil § 4 BWG nur eine beschränkte Stimmenzahl vorgibt.[349]
- Der Täter wählt unter falschem Namen für einen anderen, was nicht zulässig ist, da das Stimmrecht ein höchstpersönliches Recht und also nicht übertragbar ist.[350] Insofern ist es auch ohne Belang, ob der Vertretene genauso gewählt hätte wie sein Vertreter, da durch eine eventuelle Willensübereinstimmung der Verstoß gegen die Höchstpersönlichkeit und also die Unbefugtheit nicht beseitigt werden.[351]

Festzuhalten bleibt, dass nur das Vorliegen von materiellem (§§ 12, 13 BWG) und formellem Wahlrecht (§ 14 BWG) zugleich die Wahl als befugt wirken lässt.[352] Folglich wählt auch der unbefugt, der nur formell, aber nicht materiell wahlberechtigt ist, weil die Aufnahme ins Wählerverzeichnis nicht rechtsbegründend wirkt[353] und § 107 a StGB gerade ein inhaltlich richtiges Ergebnis sichern will.[354] Wer materiell, aber nicht formell wahlberechtigt ist, wählt eben-

---

[347] Vgl. nur LK-Laufhütte, § 107 a Rn. 3; i.E. auch BGHSt 29, 380 (383).

[348] Allgemeine Meinung, vgl. nur LK-Laufhütte, § 107 a Rn. 2.

[349] RGSt 7, 144 (145); 37, 233 (238); 37, 380 (384).

[350] RG, JW 1929, 1145 (1146); OLG Köln, NJW 1956, 1609.

[351] BGHSt 29, 380 klarstellend zu RGSt 63, 382 (386) mit zustimmender Anmerkung Oehler, JR 1981, 519; OLG Hamm, JZ 1957, 583 mit insoweit zustimmender Anmerkung Schröder, JZ 1957, 584.

[352] Alle Konstellationen „durchgespielt" bei Kirschner, S. 61 ff.

[353] BVerfG NVwZ 1993, 55 (56); Seifert, § 14 BWG Rn. 3.

[354] Anders einmalig RGSt 21, 414 (§ 107 a StGB schütze nur die formale Echtheit der Wahl); Rechtsprechung wieder geändert in RGSt 37, 233; gegen dieses Einschwenken des RG auf die alte, richtige Linie wendet sich ein ungenannter Autor in AöR, Bd. 20, 285 ff. mit zweifelhaften Argumenten, die ausführlich von Trinkaus, S. 34 ff. widerlegt werden.

falls unbefugt.[355] In der Praxis dürfte diese Situation jedoch äußerst selten vorkommen, da dann in der Regel nachträglich eine Eintragung ins Wählerverzeichnis erfolgt, die die Wahl zulässig macht.[356]

d) Ergebnis verfälschen (§ 107 a I Alt. 3 StGB)

§ 107 a I Alt. 3 StGB kommt erst dann in Betracht, wenn das Ergebnis im erläuterten Sinne vorliegt.[357] Dieses muss nun Gegenstand einer Verfälschung sein, es wird also nachträglich verändert.[358] In den (etwas komplizierteren) Worten des Reichsgerichts wird ein Ergebnis dann verfälscht, „wenn seine Ermittelung und Feststellung in einer der thatsächlich geschehenen Ausübung des Wahlrechts nicht entsprechenden Weise dergestalt geschieht, dass an Stelle des in Wirklichkeit vorliegenden richtigen Ergebnisses ein anderes unter dem Schein, dass es das richtige sei, zur Darstellung gelangt".[359]

Im Kern geht es darum, dass das Ergebnis, so wie es tatsächlich vorliegt, durchgehend, also „bis ins Protokoll hinein" unverändert bleiben soll. Damit ist zugleich gesagt, dass nicht nur ein richtiges Ergebnis Gegenstand einer Verfälschung sein kann, sondern auch ein unrichtiges, das zuvor herbeigeführt worden ist.[360] Weiter ist zu beachten, dass nicht nur ein unrichtiges, sondern auch ein bereits verfälschtes Ergebnis (weiter) verfälscht werden kann.[361] Schließlich bezweifelt auch bei § 107 a Alt. 1 und 2 keiner, dass ein durch ein unbefugtes Wählen herbeigeführtes unrichtiges Ergebnis etwa durch eine spätere Entnahme eines Stimmzettels „noch unrichtiger" gemacht werden kann. Es wäre auch mehr als verwunderlich, wenn dem zeitlich später agierenden Wahlfälscher der Zufall zugute kommen würde, dass vor ihm bereits ein anderer Wahlfälscher tätig war. Die Besonderheit der 3. Alt. besteht in der Existenz eines offiziellen Dokuments am Ende der Stimmenauszählung, der Wahlniederschrift gemäß § 72 I BWO, bei dessen Erstellung § 107 a StGB noch einmal in Betracht kommt, eben wenn ein verändertes Ergebnis seinen Weg in diese Niederschrift findet. Wird ein Ergebnis als verfälscht erkannt, aber als richtig in der Wahlnie-

---

[355] Vgl. nur Trinkaus, S. 41; Seifert, § 14 BWG Rn. 2: Seine Stimme ist ungültig!

[356] Schreiber, § 14 Rn. 2: Zwar ist ein Nachtrag im Wählerverzeichnis gemäß § 23 IV BWO grundsätzlich unzulässig, jedoch handelt es sich hierbei um eine bloße Ordnungsvorschrift, deren Verletzung die Stimmabgabe nicht ungültig macht.

[357] Vgl. noch einmal ausdrücklich RGSt 62, 6 (7 f.).

[358] SK-Rudolphi, § 107 a Rn. 5; LK-Laufhütte, § 107 a Rn. 5; Sch/Sch-Eser, § 107 a Rn. 6.

[359] RGSt 20, 420 (422).

[360] Vgl. nur SK-Rudolphi, § 107 a Rn. 5; insofern ist die genannte Definition des RG missverständlich.

[361] Ausdrücklich RGSt 56, 387 (389); vgl. auch Kirschner, S. 67; Trinkaus, S. 51 f.

derschrift beurkundet, liegt demnach eine Verfälschung des Ergebnisses vor, weil die vorherige Verfälschung perpetuiert wird.[362] Allgemein sind ähnliche Verhaltensweisen wie schon bei der Herbeiführung eines unrichtigen Ergebnisses denkbar, etwa das Hinzufügen oder Entfernen von (auch ungültigen[363]) Stimmzetteln. In Betracht kommen weiter das falsche Auszählen der Stimmen,[364] das Austauschen ungültiger durch scheinbar gültige Stimmzettel,[365] die Ungültigerklärung von gültigen Stimmen sowie die inhaltliche Veränderung von Stimmzetteln.[366]

Auch der Zeitpunkt der Vollendung ist parallel zur Herbeiführung eines unrichtigen Ergebnisses zu bestimmen:[367] Diese liegt vor, sobald eine Manipulation erfolgt ist, also sobald Stimmzettel entfernt oder hinzugefügt sind oder die Auszählung falsch erfolgt ist.[368] Auch hier ist nicht ausschlaggebend, dass am Schluss das Ergebnis – nach Manipulationen und Gegenmanipulationen – „wieder richtig" ist oder die Manipulation entdeckt und durch erneutes Auszählen beseitigt wird.[369]

Folgender abschließender Fall beinhaltet nach dem Gesagten drei Wahlfälschungen: Wahlvorstand A nimmt vor und nach Vorliegen des Ergebnisses jeweils einige Stimmzettel aus der Urne und protokolliert schließlich das Ergebnis als richtig (mit).

e) Unrichtiges Verkünden(lassen) (§ 107 a II StGB)

Eine weitere Beeinflussungsmöglichkeit des ordnungsgemäßen Wahlablaufs stellt § 107 a II StGB unter Strafe, das unrichtige Verkünden(lassen). Dabei interessieren vor allem der mögliche Täterkreis, der denkbare Zeitpunkt der Tat, sowie wiederum die Akte des Weiterverfälschens.

aa) Täterkreis

Hierfür kommen verschiedene Personengruppen in Betracht: Es gibt Personen, die von Gesetzes wegen beauftragt sind, Wahlergebnisse bekannt zu machen, nämlich insbesondere die Kreis-, Landes- und der Bundeswahlleiter.[370] Denkbar ist auch, dass sich Private (etwa die Presse) die amtliche Befugnis bzw. Aufgabe

---

[362] RGSt 56, 387 (389).
[363] Kirschner, S. 66.
[364] RGSt 20, 420 (422).
[365] RGSt 56, 387 (389).
[366] Maurach/Schroeder/Maiwald, BT 2, § 86 III Rn. 20.
[367] Siehe oben, S. 61 ff.
[368] So wohl auch Kirschner, S. 68.
[369] Ausdrücklich RGSt 20, 420 (424).
[370] Vgl. §§ 76 V, 77 III, 78 III, 79 BWO.

der Ergebnisbekanntgabe anmaßen oder dass Private ohne weiteres Zutun unrichtige Ergebnisse präsentieren. Fraglich ist, ob sie alle den Tatbestand erfüllen können, oder ob § 107 a II StGB eine bestimmte Täterqualifikation voraussetzt. Auszugehen ist vom Wortlaut, der gerade nicht jegliches Verbreiten oder jegliche Darstellung eines unrichtigen Ergebnisses nennt, sondern vom „Verkünden" spricht. Damit wird eine Terminologie gebraucht, die von öffentlich-rechtlichen Sachverhalten her bekannt ist („ein Gesetz verkünden") und der das Kriterium der Amtlichkeit innewohnt. Soweit besteht im Ergebnis Einigkeit.[371] Die genannten Wahlleiter gehören demnach sicher zum potentiellen Täterkreis. Die Wortwahl stellt darüber hinaus klar, dass nur der unmittelbare Akt der Bekanntgabe selbst, nicht hingegen die (mittelbare) Verbreitung bzw. Weitergabe des bereits bekannt gegebenen Ergebnisses, sei sie auch unrichtig, vom Tatbestand erfasst sein soll.[372] Was aber ist mit denjenigen, die entweder nicht beauftragt sind, ein Wahlergebnis bekannt zu geben oder sich diese Aufgabe einfach anmaßen? Jedenfalls der Nichtbeauftragte kann nach der grammatikalischen Auslegung kein Ergebnis „verkünden", jedoch wird sich der Private in den praktisch vorstellbaren Fällen (ein Privater tritt als Wahlleiter auf und „verkündet" das Ergebnis unrichtig) stets konkludent eines öffentlichen Auftrags berühmen, um – was schwierig genug sein dürfte, weil die Wahlleiter in der Regel persönlich bekannt sind – einigermaßen glaubwürdig zu wirken.

Der historische Gesetzgeberwille durchlief, soweit nachvollziehbar, eine Entwicklung. In der Begründung des Strafrechtsänderungsgesetzes 1950 ging die Bundesregierung von der Strafbarkeit auch derjenigen Person aus, „die sich diese Befugnis anmaßt"[373]. In der Darlegung des Gesetzesvorhabens durch den Berichterstatter des Rechtsausschusses im Bundestag hingegen erläuterte dieser dessen Einigkeit dahingehend, dass nur amtliche Verlautbarungen über die Wahlergebnisse unter § 107 a II StGB zu fassen seien.[374] Da davon auszugehen ist, dass sich der Bundestag diese Auffassung zueigen gemacht hat und der Wille des historischen Gesetzgebers, nicht der der Exekutive von Belang ist, spricht dies dafür, nur die entsprechenden Wahlleiter als erfasst anzusehen.

Was Sinn und Zweck der Regelung angeht, so soll der ordnungsgemäße Ablauf der Wahl einschließlich der Ergebnisverkündung gewährleistet werden. Aller-

---

[371] Die wohl hM belässt es dabei und geht nicht darüber hinaus, vgl. AK-Wolter, § 107 a Rn. 5; Kohlrausch/Lange, § 107 a Anm. II 4; LK-Laufhütte, § 107 a Rn. 6; MünchKomm-Müller, § 107 a Rn. 18; NK-Wohlers, § 107 a Rn. 2; Sch/Sch-Eser, § 107 a Rn. 7; SK-Rudolphi, § 107 a Rn. 6; Blei, BT, § 99 II 2, S. 387; Harnischmacher, S. 76 f.; Maurach/Schroeder/Maiwald, BT 2, § 86 III Rn. 20.
[372] BT-Drs. 1/1307, S. 41; Harnischmacher, S. 76 f.; D/F/S-Schäfer, § 107 a Anm. 4.
[373] BT-Drs. 1/1307, S. 41.
[374] BT-Prot., 1. Wahlperiode, 265. Sitzung, S. 12995.

dings geht es bei Abs. 2 weniger darum, ein authentisches Ergebnis durch die Einhaltung des korrekten Ablaufs der Wahl zu gewährleisten, als vielmehr um den Schutz vor einer Irreführung über die politische Willensbildung des Volkes kraft Öffentlichkeitswirkung einer Verkündung. Man könnte nun davon ausgehen, dass derjenige, der sich mit dem Schein der Amtlichkeit umgibt, in der öffentlichen Wahrnehmung diesen Schutzzweck genauso stark beeinträchtigt wie wenn er tatsächlich Wahlleiter wäre.[375] Freilich gilt das nicht ausnahmslos und so gerät man schnell in massive Abgrenzungsprobleme: So soll eine Pressemeldung auch dann nicht Abs. 2 erfüllen, wenn sie sich einen „pseudoamtlichen Anstrich" gibt.[376] Der Schutzzweck scheint tatsächlich nicht beeinträchtigt zu sein, wenn die „Pseudoamtlichkeit" schlecht gemacht und die Verteilerzahl gering ist; wie wäre es aber, wenn eine große Presseagentur an alle Zeitungen eine gut gemachte (gefälschte) Pressemeldung versenden würde? Dies sind Fragen, die im Rahmen der §§ 132, 132 a StGB zu beantworten sind. Die Beeinträchtigung des Schutzgutes ist dann am größten, wenn die amtlich betrauten Personen, denen das Wahlvolk schließlich ein gewisses Vertrauen im Hinblick auf deren einwandfreie Amtsführung entgegenbringt, ein Ergebnis unrichtig verkünden. Die tatsächlich amtlichen, aber unrichtigen Ergebnisbekanntmachungen stellen weit stärkere Beeinträchtigungen dar als die nur pseudoamtlichen unrichtigen. Zu den praktischen Abgrenzungsschwierigkeiten kommen systematische Erwägungen hinzu. Abs. 2 bestraft nicht nur denjenigen, der das Ergebnis einer Wahl unrichtig verkündet, sondern auch denjenigen, der das Ergebnis unrichtig verkünden lässt. Mit letzterem gemeint sind Anordnungen der dafür zuständigen Person bezüglich der amtlichen Verkündung durch einen anderen.[377] Zwar sind die gesetzgeberischen Motive für diese Formulierung in den Materialien nicht mehr nachvollziehbar, jedoch liegt es nahe, dass dadurch eine Situation vergleichbar der bei den §§ 160, 271 StGB geregelt werden sollte. Man wollte auch den mittelbaren Täter bestrafen können, sah mit der Aufnahme von Abs. 2 Alt. 1 allein aber diese Möglichkeit offenbar als nicht gegeben an. Andernfalls wäre Alt. 2 schlicht überflüssig. Zwei Umstände kommen in Betracht, weshalb es bei Abs. 2 Alt. 1 keine mittelbare Täterschaft gibt: Es könnte sich um ein eigenhändiges (wie §§ 153 ff. StGB) oder ein Sonderdelikt (wie § 348 StGB) handeln. Eigenhändige Delikte sind solche, bei denen die Auslegung des entsprechenden Tatbestandes ergibt, dass der strafbare Unwert des Delikts nur bei eigenhändiger

---

[375] So i.E. Lackner/Kühl, § 107 a Rn. 2; Preisendanz, § 107 a Anm. 4; Tröndle/Fischer, § 107 a Rn. 3; Kirschner, S. 72 f.; Otto, BT, § 87 Rn. 12.

[376] Geilen, in: LdR, S. 1111; Er lässt alle Ergebnisverkündungen dem Tatbestand unterfallen, die „amtlich inspiriert" sind. Ob damit die Konstellationen der angemaßten Aufgabe gemeint sind oder worin dazu ggf. der Unterschied liegt, bleibt jedoch offen.

[377] LK[8]-Jagusch, § 107 a Anm. 5; ähnlich die Gesetzesbegründung, BT-Drs. 1/1307, S. 41.

Vornahme verwirklicht wird.[378] Warum dies bei § 107 a II StGB der Fall sein sollte, ist nicht ersichtlich.[379] Dann macht Abs. 2 Alt. 2 nur deshalb Sinn, weil die unrichtige Verkündung eines Ergebnisses die diesbezügliche amtliche Aufgabe voraussetzt und damit Sonderdelikt ist. Folglich reicht es – entsprechend dem historischen Gesetzgeberwillen – nicht aus, wenn sich jemand die Befugnis zur Verkündung des Ergebnisses nur anmaßt.[380]

Es schließt sich die Frage an, ob es sich im Hinblick auf die Anwendbarkeit von § 28 StGB bei der Bekanntmachungsbefugnis um ein täter- oder tatbezogenes Merkmal handelt. Soweit überhaupt Stellungnahmen ersichtlich sind, wird ohne nähere Begründung letzteres angenommen.[381] Nach der Legaldefinition des § 14 I StGB sind besondere persönliche Merkmale besondere persönliche Eigenschaften, Verhältnisse oder Umstände. Dabei versteht man unter persönlichen Verhältnissen solche, die die äußere Beziehung eines Menschen zum Beispiel zu einer Institution kennzeichnen.[382] Die Amtsträgereigenschaft begründet nach allgemeiner Meinung eine derartige besondere Pflichtenstellung höchstpersönlicher Art.[383] Weil aber wie gesehen nur die Wahlleiter mit der Ergebnisverkündung betraut und diese Amtsträger jedenfalls im Sinne des § 11 I Nr. 2 c StGB sind, handelt es sich bei Abs. 2 letztlich um ein echtes Amtsdelikt, auf das § 28 StGB Anwendung findet.

Schließlich bleibt festzuhalten, dass es sich beim „Verkünden" schon begrifflich um eine Verlautbarung nach außen handelt, so dass zum Beispiel die internen Schnellmeldungen gemäß § 71 I-IV BWO hier nicht berücksichtigt werden. Die zeitlich erste denkbare „Verkündung" ist die der vorläufigen Wahlergebnisse durch die jeweiligen Wahlleiter gemäß § 71 VI BWO.

bb) Zeitpunkt der Tat und Weiterverfälschen

Wenn davon die Rede ist, dass die unrichtige Verkündung eine ordnungsgemäße Feststellung des Ergebnisses voraussetzt,[384] ist dadurch zunächst nur eine Aus-

---

[378] Sch/Sch-Cramer/Heine, § 25 Rn. 45.

[379] Zu § 108 II StGB a.F. schon ablehnend RG GA 60, 274.

[380] Geht man hingegen davon aus, dass die angemaßte Aufgabe ausreicht, so kann konsequenterweise für Alt. 2 nichts anderes gelten; dafür genügt es dann, wenn sich jemand die Anordnungsbefugnis bezüglich der amtlichen Verkündung nur anmaßt. So auch ausdrücklich Trinkaus, S. 53 f.

[381] AK-Wolter, § 107 a Rn. 5; Sch/Sch-Eser, § 107 a Rn. 7.

[382] Sch/Sch-Cramer, § 28 Rn. 13.

[383] Vgl. nur SK-Hoyer, § 28 Rn. 38; Wessels/Beulke, AT, Rn. 558.

[384] So etwa LK-Laufhütte, § 107 a Rn. 6; Sch/Sch-Eser, § 107 a Rn. 7; SK-Rudolphi, § 107 a Rn. 6.

sage über den zeitlichen Anwendungsbereich des Abs. 2 getroffen: Nur ein festgestelltes Ergebnis kann verkündet werden, alles was zuvor passiert, ist an
§ 107 a I Alt. 3 StGB zu messen.[385] Mehr ist nicht vorausgesetzt. Abs. 2 greift
nicht etwa nur dann ein, wenn der Verkündung ein von Manipulationen unbeein-
trächtigtes Verfahren vorausgegangen ist und die „erste Unregelmäßigkeit" in
der unrichtigen Verkündung besteht. Damit ist auch die Frage nach der Möglichkeit des Weiterverfälschens – wie bei den anderen Varianten – positiv beantwortet. Die Argumentation von oben ist übertragbar.

Ein Ergebnis ist immer dann richtig verkündet, wenn die Verlautbarung dem
Ergebnis entspricht, das tatsächlich vorlag, es ist dann unrichtig verkündet,
wenn ein anderes als das tatsächlich vorliegende bekannt gemacht wird. Insofern
ist es missverständlich, eine Abweichung des Inhalts der Verkündung vom ordnungsgemäß festgestellten Ergebnis zu verlangen,[386] weil Vergleichsmaßstab
nicht die Feststellung sondern das real vorliegende Ergebnis ist.[387] Wird also das
Ergebnis falsch protokolliert und wird dieses festgestellte Ergebnis verkündet,
liegt eine unrichtige, weil dem tatsächlichen Ergebnis widersprechende Verkündung vor. Insofern ist es passender, von einer Unrichtigkeit der Verkündung
immer dann zu sprechen, wenn das tatsächliche Wahlergebnis nicht richtig wiedergegeben wird.[388]

3) Irrtumsprobleme

In einem Fall des OLG Hamm[389] unterzeichnete der Täter einen Wahlvorschlag
für eine andere Person, die tatsächlich den Vorschlag inhaltlich unterstützten.
Allerdings ist beim Unterzeichnen von Wahlvorschlägen die persönliche Unterschrift verlangt,[390] so dass der Täter unbefugt handelte. Weil der Täter aber den
höchstpersönlichen Charakter der Unterzeichnung nicht erkannte und also eine
Stellvertretung für zulässig erachtete, nahm das OLG einen (vermeidbaren) Verbotsirrtum an[391] und ist damit zu Recht einhellig auf Kritik gestoßen.[392] Was das

---

[385] Vgl. nur MünchKomm-Müller, § 107 a Rn. 18.

[386] So aber SK-Rudolphi, § 107 a Rn. 6.

[387] Was sich freilich grundsätzlich inhaltlich deckt, solange keine Ergebnisverfälschung vorgenommen wird.

[388] Insofern wird auf den gleichen Bewertungsmaßstab wie bei § 107 a I Alt. 3 StGB zurückgegriffen, weshalb es nicht verwundert, dass bei § 108 StGB a.F., der keinen Tatbestand des
unrichtigen Verkündens kannte, diese Situation unter das Herbeiführen eines unrichtigen Ergebnisses subsumiert wurde; vgl. dazu nur v. Behm, S. 13; M. E. Mayer, S. 279 f.

[389] OLG Hamm, JZ 1957, 583 f.

[390] Vgl. z.B. § 20 II, III BWG.

[391] OLG Hamm, JZ 1957, 583.

[392] Vgl. nur LK-Laufhütte, § 107 a Rn. 7 und ausführlich Schröder in seiner Urteilsanmer-
kung, JZ 1957, 584 f.

richtige Ergebnis, die Annahme eines Tatbestandsirrtums angeht, besteht Einigkeit, kleinere Abweichungen ergeben sich bei dessen Herleitung.

Einerseits wird davon ausgegangen, dass der Tatbestand, weil Alt. 1 systematisch ein Unterfall der Alt. 2 ist, ausführlich heißen würde „Wer durch unbefugtes Wählen ein unrichtiges Ergebnis herbeiführt" und der Vorsatz des Täters sich deshalb auch auf das (ungeschriebene) Merkmal des Herbeiführens eines unrichtigen Ergebnisses beziehen müsse. Wer aber glaube, wirksam für einen anderen wählen zu können und also ein richtiges Ergebnis herbeizuführen, dem fehle der Vorsatz bezüglich des „unrichtigen Ergebnisses".[393]

Andererseits wird schlicht auf die Nichtkenntnis der Umstände des Tatbestandsmerkmals „unbefugt" abgestellt und darüber der Tatbestandsirrtum begründet.[394] Das liegt insofern näher, als die genannte ausführliche Formulierung des Tatbestands eine überflüssige Dopplung beinhaltet: Wie gezeigt ist das unrichtige Ergebnis die zwingende Folge des unbefugten Wählens und insofern kein „echtes" ungeschriebenes Merkmal, das den Tatbestand beschränken soll. Das „unbefugt" hat auch die Funktion, den Tatbestand und nicht die Rechtswidrigkeit näher zu beschreiben, da das andernfalls allein stehende „wählen" kein typisches Unrecht verwirklichen würde.[395]

Zu unterschiedlichen Ergebnissen führen die beiden Ansätze ohnehin nicht: Wer irrig glaubt, befugt zu sein, glaubt konsequenterweise auch irrig, kein unrichtiges, sondern ein richtiges Ergebnis herbeizuführen.
Sobald der Täter seine fehlende Befugnis kennt, ist danach Vorsatz zu bejahen, weil ihm der dem Tatbestand zugrunde liegende Unrechtsstereotyp bewusst ist;[396] die Vorstellung, eine Wahl in Stellvertretung nach dem Willen des Vertretenen führe kein falsches Ergebnis herbei, ist ein unbeachtlicher Subsumtionsirrtum.[397]

Ein Verbotsirrtum wäre etwa denkbar für den Fall, dass der Wahlvorstand bewusst ungültige Stimmen nach Vorliegen des Ergebnisses unterdrückt, also vorsätzlich das Ergebnis verfälscht, aber gleichzeitig meint, dazu („Korrektur") berechtigt zu sein.

---

[393] So ausdrücklich Schröder, JZ 1957, 585; auch in diesem Sinne vgl. nur MünchKomm-Müller, § 107 a Rn. 13; SK-Rudolphi, § 107 a Rn. 7.

[394] LK-Laufhütte, § 107 a Rn. 7; Tröndle/Fischer, § 107 a Rn. 2; Harnischmacher, S. 76.

[395] Warda, Jura 1979, 295, insbesondere Fn. 130.

[396] Hierzu Schroth, S. 71.

[397] So auch Sch/Sch-Eser, § 107 a Rn. 4.

4) Täterschaft und Teilnahme

Im Rahmen der Beteiligungslehre ergeben sich, abgesehen von den zu Abs. 2 genannten Voraussetzungen, keine Besonderheiten. Allein die Fälle einer potentiellen Beteiligung des Wahlvorstands bzw. dessen Beisitzer sollen erwähnt werden. Hier fand eine Kontroverse in der Literatur statt, die folgenden Hintergrund hat: In der Entscheidung RGSt 21, 414 wurde – das erste und auch letzte Mal – festgestellt, es wähle derjenige nicht unbefugt, der im Wählerverzeichnis eingetragen sei, auch wenn er nicht über ein materielles Wahlrecht verfüge. Als das Reichsgericht diese Ansicht in RGSt 37, 233 (zu Recht[398]) wieder aufgab, wurde dies von einem *ungenannten Verfasser*[399] aufs Heftigste kritisiert, unter anderem mit dem Argument, der Wahlvorsteher mache sich mindestens als Gehilfe einer Wahlfälschung strafbar, wenn er den Wähler, dessen materielle Nichtberechtigung er kenne, zur Wahl zulasse.[400] In der genannten Folgeentscheidung stellte das Reichsgericht jedoch klar, dass ein Wahlvorsteher, der den Wähler gemäß dem Wahlrecht zuzulassen habe, sich nicht strafbar machen könne, wenn und soweit er damit einer gesetzlichen Verpflichtung nachkomme.[401] Das Reichsgericht geht also davon aus, dass ein wahlrechtskonformes Verhalten des Wahlvorstehers nicht strafrechtlich relevant sein kann. Bei dieser Rechtslage wäre dann genauer zu untersuchen, ob womöglich schon gar keine tatbestandsrelevante, weil erlaubte bzw. sogar gesetzlich vorgeschriebene Beihilfehandlung vorläge oder eine Rechtfertigung gegeben wäre. Die Wahlrechtslage hat sich jedoch mittlerweile geändert, so dass diese Problematik dahinstehen kann. Zwar ist der materiell nichtberechtigte Wähler nicht per se vom Wahlvorstand zurückzuweisen, jedoch ist gemäß § 56 VII BWO ein Beschluss des Wahlvorstands über Zulassung bzw. Zurückweisung herbeizuführen, wenn der Wahlvorsteher glaubt, das (materielle) Wahlrecht einer im Wählerverzeichnis eingetragenen Person beanstanden zu müssen oder sonst aus der Mitte des Wahlvorstands Bedenken gegen die Zulassung des Wählers erhoben werden. Wer also wenigstens Eventualvorsatz bezüglich des fehlenden materiellen Wahlrechts des Wählers hat, diesen aber trotzdem zur Wahl zulässt, macht sich folglich einer Beihilfe zur Wahlfälschung strafbar. Dabei handelt es sich um eine Beihilfe durch Unterlassen, weil der Schwerpunkt der Vorwerfbarkeit darauf liegt, dass die – jedenfalls für den Wahlvorsteher – gesetzlich vorgeschriebene Herbeiführung einer Beschlussfassung (Garantenstellung) über die Zulassung des Wählers unterlassen wird. Auch unabhängig von einer konkreten gesetzlichen Regelung sind die Mitglieder des Wahlvorstands Garanten, soweit ihnen

---

[398] Siehe oben, S. 64.
[399] In AöR Bd. 20, 285 ff.
[400] AöR Bd. 20, 294 f.; damals wurde der Stimmzettel im Gegensatz zu heute noch vom Wahlvorsteher oder dessen Vertreter in die Urne gelegt.
[401] RGSt 37, 297 (300); dem folgend etwa Sello, S. 52.

die ordnungsgemäße Durchführung der Wahl im Wahllokal nach BWG und BWO übertragen ist.[402]

Damit kommt richtigerweise eine Beihilfe der Mitglieder des Wahlvorstands durchaus in Betracht.[403]

5) Konkurrenzen

Das Wesentliche zu den Konkurrenzverhältnissen ist bereits gesagt. Was das Verhältnis zu den anderen Wahlstraftaten angeht, ist bezüglich der §§ 108 ff. StGB bereits eine tatbestandliche Abgrenzung vorzunehmen, so dass sich die Frage der Konkurrenzen in der Regel nicht stellt. Sollten doch beide Angriffsrichtungen zugleich vorliegen, ist von Idealkonkurrenz auszugehen. Soweit Urkundenstraftaten in Betracht kommen,[404] liegt Idealkonkurrenz vor.[405]

IV) Fälschung von Wahlunterlagen, § 107 b StGB[406]

Nach § 107 b StGB werden Handlungen bestraft, die dazu führen, dass die für die Durchführung einer Wahl erforderlichen Wählerverzeichnisse unrichtig oder unvollständig sind bzw. jemand als Kandidat auf den Wahlzetteln erscheint, der nicht über das passive Wahlrecht verfügt. Es soll sichergestellt werden, dass alle (und nur die), die aktiv oder passiv wahlberechtigt sind, auch wählen bzw. gewählt werden können. Das ist Voraussetzung für eine authentische unmittelbar(e) demokratische Willensbetätigung und liegt damit im Interesse der Allgemeinheit.

1) Geschütztes Rechtsgut

Das genannte Interesse der Allgemeinheit an einem ordnungsgemäßen Ablauf der Wahl ist in allen vier Alternativen des § 107 b StGB gegeben und tritt in den Konstellationen der Nr. 1, 2 und 4 besonders klar zutage: In den Nr. 1 und 2 wird eine formelle Wahlberechtigung herbeigeführt, die eine Wahlfälschung vorbereitet bzw. erleichtert. Der Täter bzw. ein Dritter soll die Möglichkeit erhalten, entgegen der tatsächlichen Wahlrechtslage an der Wahl bzw. Abstim-

---

[402] So sind sie etwa nicht verpflichtet, in jedem Fall die Wahlberechtigung des Wählers zu überprüfen, weil sie grundsätzlich (Ausnahme siehe oben) von der Richtigkeit des Wählerverzeichnisses ausgehen dürfen.

[403] Denkbar ist im Einzelfall auch, dass ein unrichtiges Ergebnis mittäterschaftlich herbeigeführt wird.

[404] Siehe unten, S. 152 ff.

[405] Vgl. nur LK-Laufhütte, § 107 a Rn. 9.

[406] Zur (reform)geschichtlichen Entwicklung vgl. Wolf, S. 207 ff.

mung teilzunehmen. Auch die Konstellation aus Nr. 4 liegt im Vorfeld einer Wahlfälschung.[407]

Bei Nr. 3 scheint der Fall nicht so klar zu liegen, jedenfalls sieht *Wolf* neben dem Allgemeinrechtsgut auch das Recht auf freie Willensbildung des Einzelnen als mitgeschützt an.[408] Dies ist jedoch – wie schon im Rahmen der Wahlfälschung – abzulehnen. Zwar stellt der Wortlaut tatsächlich auf „einen Wahlberechtigten" ab,[409] damit ist aber noch nicht gesagt, dass es um Einwirkungen auf den einzelnen Wahlberechtigten geht, da nach dem Wortlaut im Vordergrund nicht dessen Person, sondern dessen Eintragung in den Wahlunterlagen steht. Der Wortlaut lässt letztlich beide Deutungen zu. Dem Wortlaut der amtlichen Überschrift, der teilweise von „Wahl" teilweise von „Wähler" spricht, mag man eine gewisse indizielle Bedeutung in dem Sinne zusprechen, dass bei ersterem nur ein Allgemeinrechtsgut, bei letzterem zusätzlich ein Individualrechtsgut geschützt sei. Zwingend ist aber auch das nicht.

Was den historischen Gesetzgeberwillen angeht, so verweist dieser allein auf die Ordnungsmäßigkeit der Wählerlisten und der Wahlvorschläge sowie die von § 107 b StGB erfassten Vorbereitungshandlungen zu einer Wahlfälschung.[410] Von einem wie auch immer gearteten Individualrechtsgut ist keine Rede. Auch im E 1962, der § 107 b StGB nahezu wörtlich übernimmt, wird nur von der Sicherung der inhaltlichen Richtigkeit der Wahlunterlagen gesprochen.[411] Bemerkenswert ist dabei, dass im Rahmen der Großen Strafrechtskommission der Tatbestand zeitweise explizit mit „Vorbereitung zur Wahlfälschung" amtlich überschrieben war.[412]

Eine klare Sprache spricht auch die Systematik. Die oben dargelegte Grobsystematik des Abschnitts ist zwar kein schlagendes Argument, aber wie bei der Wahlfälschung spielt auch hier die Binnensystematik eine Rolle. Die Nr. 3 ist mit den Nr. 1, 2 und 4 in lauter Bestimmungen eingebettet, die unstreitig nur das allgemeine Interesse am ordnungsgemäßen Ablauf von Wahlen betreffen. Auch die Stellung des § 107 b StGB direkt hinter § 107 a StGB dokumentiert deren engen Bezug zueinander – und § 107 a StGB schützt, wie gesehen, nur Rechtsgüter der Allgemeinheit. Geht es nun bei § 107 b StGB, dem Willen des Gesetzgebers gemäß, insbesondere um Vorfeld- bzw. Vorbereitungshandlungen zur

---

[407] Siehe bereits das Beispiel oben, S. 57.
[408] Wolf, S. 168.
[409] So das Argument von Wolf, S. 168.
[410] BT-Prot., 1. Wahlperiode, 265. Sitzung, S. 12995.
[411] BT-Drs. 4/650, S. 593 zu § 407 StGB.
[412] Vgl. beim Entwurf nach den Beschlüssen der Unterkommissionen (VZ), GrStrK, Band 5, Anhang B, S. 277.

Wahlfälschung, wäre es zumindest verwunderlich, wenn § 107 b StGB „plötzlich" (auch) ein Individualrechtsgut schützen würde. Hinzu kommt, dass die Nr. 1, 2 und 4 nur Einwirkungen auf den staatlichen Wahlvorbereitungsapparat betreffen, so dass dies systematisch auch für Nr. 3 zu gelten hat. Einwirkungen auf den Eintragungswilligen, die *Wolf* letztlich zur Annahme, dessen freie Willensbildung sei geschützt, verleitet, sind nicht unter dem Gesichtspunkt des § 107 b StGB, sondern unter dem des § 240 StGB relevant.

Zuzugeben ist, dass das Gemeinsame der Vorfeld- oder Vorbereitungshandlungen, deren Bestrafung Sinn und Zweck des § 107 a StGB ist, nicht ganz einfach zu erkennen ist. Bei den Nr. 1, 2 und 4 wird in den Wahlunterlagen jeweils der Anschein erweckt, als bestünde ein (aktives bzw. passives) Wahlrecht des Täters bzw. des Dritten, so dass deren Wahlfälschung erleichtert wird. Bei Nr. 3 hingegen wird jemandem sein formelles Wahlrecht, das ihm zusteht, genommen[413] bzw. schon dessen Entstehung unterbunden. Weil das materielle Wahlrecht allein zum „befugten Wählen" aber nicht genügt, wird insoweit jedoch ebenfalls eine Wahlfälschung vorbereitet.[414] Ob der Dritte dann überhaupt, vorsätzlich oder unvorsätzlich unbefugt wählt, spielt wie bei Nr. 2 nur für die Frage der Beteiligung an § 107 a StGB eine Rolle, nicht hingegen für die Strafbarkeit der hier in Rede stehenden Vorfeldhandlung.

Allen Varianten ist demnach gemeinsam, dass die Wahlunterlagen unrichtig werden und es zu einer Wahlfälschung kommt, sobald (man) gewählt wird. Bereits diese Vorfeldhandlungen sollen verhindert werden.

Einen anderen Bezug, nämlich eine Nähe zu § 108 StGB, scheinen besonders *Wolf*,[415] aber auch *Trinkaus*[416] und *Kirschner*[417] (zusätzlich?) zu sehen. Zu dieser Verbundenheit mit der Wählernötigung kann man mit der Parallelbetrachtung gelangen, dass dort Wähler an der Ausübung der Wahl gehindert werden, hier

---

[413] Ob das Streichen einer Eintragung unter den Wortlaut fällt ist zweifelhaft, siehe unten, S. 84 ff.

[414] Wobei hier wesentlich unwahrscheinlicher ist, dass es zu deren Vollendung kommt, da nicht eingetragene Wähler nach § 56 VI BWO grundsätzlich zurückzuweisen ist; kann der Nichteingetragene sein materielles Wahlrecht nachweisen, wird in aller Regel (in ordnungswidriger Weise!) der Wähler nachgetragen und zugelassen (was ausnahmsweise nicht zur Ungültigkeit der Stimme und mithin nicht zu einem unrichtigen Ergebnis führt), vgl. Seifert, § 14 BWG Rn. 2, § 52 BWO Anm. 12.

[415] Dies insbesondere deshalb, weil er die Tatmittel des § 108 StGB, die er aber unrichtig als „Gewalt oder Drohung mit Gewalt" bezeichnet und damit auf den ausschließlich ein Allgemeinrechtsgut schützenden § 107 StGB rekurriert, auf § 107 b I Nr. 3 StGB übertragen will; vgl. Wolf, S. 168.

[416] Trinkaus, S. 74.

[417] Kirschner, S. 147.

hingegen Wähler an der Begründung ihres formellen Wahlrechts. Diese Betrachtung ist jedoch verfehlt. § 107 b StGB bestraft keine Vorfeldhandlungen zu § 108 StGB, sondern solche zu § 107 a StGB. Das (mit)geschützte Rechtsgut des § 108 StGB hat insofern keine Aussagekraft für das des § 107 b StGB. Im Mittelpunkt steht wie dargelegt die Richtigkeit und Vollständigkeit der Wahlunterlagen, deren Manipulationen ohne § 107 b StGB zu großen Teilen straflos wären. Einwirkungen auf den Einzelnen sind strafrechtlich ohnehin stets unter dem Aspekt der Nötigung relevant.

Als mittelbar geschützt könnte man allenfalls das Recht des Einzelnen auf seine Eintragung im Wählerverzeichnis betrachten, nicht aber dessen freie Willensbildung.

Insbesondere die klare Systematik sowie die vom historischen Gesetzgeber so beabsichtigte Funktion des § 107 b StGB, Vorbereitungshandlungen zur Wahlfälschung zu pönalisieren, führen dazu, dass auch bei § 107 b StGB ausschließlich das eingangs beschriebene Allgemeinrechtsgut geschützt ist.

2) Systematik und Struktur

Ehe auf die einzelnen Alternativen eingegangen wird, bedürfen Systematik und Struktur des Tatbestandes einer näheren Betrachtung.

Dabei fallen die Nr. 1 und 2 besonders ins Auge, die der Sache nach den gleichen Erfolg, nämlich die fälschliche Eintragung eines Wählers, umschreiben, aber gleichzeitig ganz unterschiedlich formuliert sind. Des Weiteren stellt sich die Frage nach dem Bedürfnis für die Nr. 1 und 2 neben den §§ 271, 348 StGB. Nach Nr. 1 macht sich strafbar, wer seine (falsche) Eintragung „erwirkt", nach Nr. 2, wer einen anderen als Wähler schlicht „einträgt". Damit umschreibt Nr. 1 den Fall, dass man einem anderen gegenüber falsche Angaben macht und dieser aufgrund dessen die Eintragung vornimmt. Wer sich also selbst als Wähler einträgt, verwirklicht nicht § 107 b I Nr. 1 StGB, wer aber selbst einen anderen als Wähler einträgt, verwirklicht § 107 b I Nr. 2 StGB. Worin aber der Wertungsunterschied zwischen beiden Konstellationen liegen soll, ist nicht einsichtig,[418] zumal bei der falschen Eintragung der eigenen Person die Gefahr einer späteren Wahlfälschung größer sein dürfte. Auch konstruktiv bedingte Hintergründe für diese fragliche Gesetzeslage sind nicht ersichtlich: § 107 b I Nr. 1 StGB erinnert vom Wortlaut her stark an § 271 StGB, der seine Existenz primär dem Umstand verdankt, dass § 348 StGB als Sonderdelikt von einem Nicht-Amtsträger nicht in mittelbarer Täterschaft begangen werden kann.[419] Die Formulierung der Nr. 1 legt also nahe, dass jedenfalls hauptsächlich Konstellationen der mittelbaren Tä-

---

[418] Kritisch auch Geilen, in: LdR, S. 1111.
[419] Rengier, BT 2, § 37 Rn. 4.

terschaft erfasst werden sollen. Indes besteht dafür anders als bei den §§ 271, 348 StGB kein Bedürfnis, weil kein zu ergänzender Tatbestand existiert, der die mittelbare Täterschaft nicht zulässt. Es spricht nichts – insbesondere nicht die diesbezüglich völlig neutrale Formulierung der Nr. 2 – dafür, dass falsche Eintragungen ins Wählerverzeichnis nur dann strafbar sein sollen, wenn sie durch den mit deren Führung amtlich Betrauten erfolgen.[420] Zudem hätte man den Tatbestand auch formulieren können, ohne Gefahr zu laufen, daraus ein eigenhändiges Delikt zu machen, etwa mit den Worten „Wer seine Eintragung in das Wählerverzeichnis zu Unrecht bewirkt". Anderweitige Gründe, warum die „Selbsteintragung" in Nr. 1 nicht erfasst sein soll, sind nicht ersichtlich. Insbesondere ist die Argumentation auch nicht umkehrbar, indem man davon ausginge, auch Nr. 2 erfasse hauptsächlich die Konstellation der mittelbaren Täterschaft. Das wäre mit dem Wortlaut nicht zu vereinbaren.[421]

Der erste Eindruck, dass die unterschiedlichen Formulierungen von Nr. 1 und Nr. 2 nicht erklärbar sind, hat sich demnach bestätigt. Um eine sinnvolle Binnensystematik herzustellen, ist folglich der Gesetzgeber gefordert.

Die Nähe des Wortlauts des § 107 I Nr. 1 StGB zu dem des § 271 StGB stellt nicht die einzige Verbindung beider Tatbestände dar. Oft werden die Tatbestände auch zugleich verwirklicht sein, da es sich beim Wählerverzeichnis um eine öffentliche Urkunde handelt.[422] Ein Unterschied besteht wie gesehen darin, dass § 107 b I Nr. 1 keinen Amtsträger voraussetzt, der die entsprechenden Eintragungen vornimmt, wenngleich aus praktischer Sicht Handlungen eines Nicht-Amtsträgers in der Konstellation der Nr. 1 nahezu ausgeschlossen sein dürften. Ein weiterer Unterschied könnte darin bestehen, dass § 271 StGB nach hM nicht nur die Situation der mittelbaren Täterschaft erfasst, sondern letztlich alle Fälle, die nicht als Beteiligung an § 348 StGB strafbar sind, so dass zum Beispiel § 271 StGB auch dann erfüllt sein kann, wenn der unmittelbar Fälschende vorsätzlich handelt, also bösgläubig ist. Das leitet man insbesondere aus dem weit formulierten Merkmal des „Bewirkens" her, das jegliche Verursachung der Verwirklichung des objektiven Tatbestandes des § 348 StGB erfasse.[423] In § 107 b I Nr. 1 StGB ist von einem in der Sache identischen „Erwirken" die Rede, so dass die Argumentation übertragbar sein könnte. Die Normen divergieren

[420] Allgemeine Meinung, LK-Laufhütte, § 107 b Rn. 2; NK-Wohlers, § 107 b Rn. 3; Sch/Sch-Eser, § 107 b Rn. 3; Kirschner, S. 145.

[421] Und wird auch von niemandem vertreten. Häufig allerdings klingt an, dass Nr. 2 bereits direkt auch die Konstellation der mittelbaren Täterschaft erfasse, was beim gegebenen Wortlaut ebenso wenig nachvollziehbar ist; in diese Richtung aber offensichtlich Harnischmacher, S. 77, die sagen, „auch der mittelbare Täter wird erfasst".

[422] Seifert, § 17 BWG Rn. 4.

[423] Zum Ganzen Rengier, BT 2, § 37 Rn. 6 ff.

jedoch insofern, als sich § 271 StGB auf kein Mittel festlegt, mit dem die Falschbeurkundung erzielt wird, § 107 b I Nr. 1 StGB hingegen verlangt das Erwirken „durch falsche Angaben". Das spricht dafür, dass der Gesetzgeber davon ausging, die falschen Angaben führen zu einem Irrtum des Verzeichnisführers (der freilich nach dem Tatbestand nicht ausdrücklich vorausgesetzt ist) und damit einer unvorsätzlichen Aufnahme des Wählers ins Wählerverzeichnis. Folglich erfasst Nr. 1 im Gegensatz zu § 271 StGB ausschließlich die Konstellationen der mittelbaren Täterschaft, nämlich die, in der der Verzeichnisführer unvorsätzlich handelt und der eintragungswillige Wähler das weiß.

Bei den §§ 271, 348 StGB ist schließlich zu beachten, dass eine Strafbarkeit nur dann in Betracht kommt, wenn sich die Beurkundung auf Umstände bezieht, die an der erhöhten Beweiskraft der öffentlichen Urkunde teilnehmen. Welche Umstände das sind, hängt von entsprechenden gesetzlichen Regelungen und der Verkehrsanschauung ab.[424] Da § 16 VII BWO explizit eine Überprüfung der Wahlrechtsvoraussetzungen vor Eintragung vorschreibt und § 14 BWO das Aufführen von Namen, Geburtstag und Wohnung vorsieht, wird man davon ausgehen können, dass sowohl der Umstand, dass eine Person über ein Wahlrecht verfügt, als auch deren Geburtstags- und Wohnungsangaben an dieser erhöhten Beweiskraft teilnehmen.

In einer Übersicht auf der folgenden Seite sollen Parallelen und Unterschiede zwischen den §§ 107 b I Nr. 1 und Nr. 2 sowie den §§ 271, 348 StGB anhand der denkbaren Fallkonstellationen herausgearbeitet werden.

Aus systematischer Sicht lassen sich folgende Besonderheiten des Tatbestandes zusammenfassend festhalten:
- § 107 b StGB setzt im Gegensatz zu den §§ 271, 348 StGB kein Tätigwerden eines Amtsträgers voraus.
- § 107 b I Nr. 1 StGB erfasst im Gegensatz zu Nr. 2 nicht den Fall der unmittelbaren Eintragung.
- § 107 b I Nr. 1 StGB erfasst nur den Fall der mittelbaren Täterschaft, bei dem sich der Eintragende aufgrund einer Täuschung irrt und somit unvorsätzlich handelt. Eine erweiternde Auslegung wie bei § 271 StGB ist nicht zulässig.
- § 107 I Nr. 2 StGB kann nach den allgemeinen Regeln in mittelbarer Täterschaft begangen werden.

---

[424] Hierzu Wessels/Hettinger, BT 1, Rn. 910 ff.

	§ 107 b I Nr. 1 StGB	§ 107 I Nr. 2 StGB	§ 271 StGB	§ 348 StGB [425]
unmittelbare Eintragung				
des Wählers selbst[426]	(-)	./.	(-)	./.
eines Dritten	./.	(+)	(-)	./.
durch Amtsträger (vorsätzlich)	(-)	(+)	./.	(+)
mittelbare Eintragung kraft Täuschung (vorsatzloses Werkzeug)				
seiner eigenen Person				
durch einen Amtsträger	(+)[427]	./.	(+)	(-)
durch einen Nicht-Amtsträger	(+)[428]	./.	(-)	(-)
einer dritten Person				
durch einen Amtsträger	./.	(+)	(+)	(-)
durch einen Nicht-Amtsträger	./.	(+)	(-)	(-)
mittelbare Eintragung bei bösgläubigem Werkzeug				
seiner eigenen Person				
durch einen Amtsträger	(-)	./.	hM (+)	(+)
durch einen Nicht-Amtsträger	(-)	./.	(-)	(-)
einer dritten Person				
durch einen Amtsträger	./.	(-), da keine mT[429]	hM (+)	(+)
durch einen Nicht-Amtsträger	./.	(-), da keine mT[430]	(-)	(-)

---

[425] Strafbarkeit des (Pseudo)Amtsträgers.

[426] Gleiche Situation, wenn jemand nicht Amtsträger ist, sich diese Funktion aber anmaßt.

[427] Wendet der Täter andere Mittel als Täuschung an, kommt § 107 I Nr. 1 StGB nicht in Betracht, wohl aber § 271 StGB, weil dort die Art der „Bewirkungsmittel" vom Tatbestand nicht vorgegeben ist; vgl. nur Sch/Sch-Cramer, § 271 Rn. 25.

[428] Vgl. vorgehende Fn.

[429] mT = mittelbare Täterschaft nach allgemeinen Regeln. Diese scheitert an der Bösgläubigkeit des Werkzeugs (falls kein anderer „Defekt" vorliegt).

[430] Vgl. vorgehende Fn.

3) Die einzelnen Alternativen

a) § 107 b I Nr. 1 StGB

Danach macht sich strafbar, wer seine Eintragung in die Wählerliste (Wahlkartei) durch falsche Angaben erwirkt. Die Akzessorietät zum Wahlrecht wird hier besonders deutlich, denn die Begriffe Wählerliste und Wahlkartei waren selbigem wörtlich entnommen, wenngleich das StGB der Entwicklung des Wahlrechts mittlerweile hinterher ist; BWG und BWO bezeichnen die Unterlagen nunmehr allgemein als Wählerverzeichnis. Praktische Konsequenzen für die Anwendung hat dies nicht, da Wählerliste und Wahlkartei schon früher als bloße Erscheinungsformen des Wählerverzeichnisses galten.[431] Insofern ist der Begriff Wählerliste heute untechnisch zu verstehen, weil die Anlehnungsmöglichkeit entfallen ist. Beizeiten sollte der Gesetzgeber jedoch die Begrifflichkeiten angleichen. Konsequenz des § 107 b I Nr. 1 StGB ist ein nur formelles Wahlrecht. Wer später wählt, wählt unbefugt.[432]

Die Eintragung der eigenen Person (1) muss durch falsche Angaben (2) erwirkt werden (3). Nr. 1 betrifft aufgrund des eindeutigen Wortlauts „seine Eintragung" nur die Fälle, in denen der Täter sich selbst unerlaubt in das Wählerverzeichnis hineinschmuggelt. Die Eintragung eines Dritten wird von Nr. 2 erfasst.

Die „falschen Angaben" müssen sich auf für das aktive Wahlrecht relevante Umstände beziehen,[433] so dass nicht jede beliebige Täuschung über Tatsachen („ich muss wählen können, sonst schlägt mich mein Mann"), die zum gewünschten Erfolg führt, genügt. Andernfalls hätte es der Formulierung „Angaben" nicht bedurft, die den Gegenstand der Täuschung näher beschreibt, sondern man hätte ganz allgemein von einem Erwirken durch Täuschung sprechen können. Weil Gegenstand der Nr. 1 die Vorbereitung eines unbefugten Wählens im Sinne des § 107 a StGB ist, wird nicht bestraft, wer seine Eintragung zwar durch falsche Angaben erwirkt, aber materiell über ein Wahlrecht verfügt.[434] Wer also 18 Jahre alt ist, aber sein Alter mit 21 angibt, fällt eigentlich unter den Wortlaut des § 107 b I Nr. 1 StGB, ist aber gleichwohl nicht strafbar, weil das geschützte Rechtsgut nicht beeinträchtigt ist, schließlich droht kein falsches Ergebnis.

Der Täter muss seine Eintragung „erwirken", seine falschen Angaben müssen also für die Eintragung kausal werden. Damit wird der Fall, dass der Täter sich –

---

[431] Trinkaus, S. 72.

[432] Siehe oben, S. 64.

[433] Vgl. z.B. §§ 12, 13 BWG: falsche Angaben über Geburtsdatum, gewöhnlichen Aufenthalt oder einen eventuellen Ausschluss vom Wahlrecht.

[434] Kirschner, S. 144.

auf welche Weise auch immer – selbst einträgt, nicht erfasst, da sein Verhalten dann zwar für die Eintragung kausal wäre, was so pauschal aber eben nicht ausreicht; kausal müssen gerade die falschen Angaben sein, wobei dieser Wortlaut impliziert, dass man gerade gegenüber einem anderen falsche Angaben macht.

Für die Bejahung des subjektiven Tatbestands genügt dolus eventualis.[435]

b) § 107 b I Nr. 2 StGB

Strafbar ist, wer einen anderen als Wähler einträgt, von dem er weiß, dass er keinen Anspruch auf Eintragung hat. Hier wird ein Dritter zu Unrecht eingetragen, so dass von diesem die Gefahr eines unbefugten Wählens ausgeht. Wie gesehen liegt mit Nr. 2 keine vertatbestandlichte Form der mittelbaren Täterschaft vor, jedoch ist diese nach allgemeinen Regeln möglich, weil es sich weder um ein Sonder-, noch um ein eigenhändiges Delikt handelt. Hätte der Gesetzgeber eine mittelbare Täterschaft für unmöglich gehalten, hätte eine der Nr. 1 angeglichene Regelung näher gelegen.

Zum Dritten, der eingetragen wird, ist keinerlei Verbindung des Täters erforderlich. Dieser muss insbesondere nicht mit dem Täterhandeln einverstanden sein, geschweige denn es kennen,[436] da es rein um den Schutz des ordnungsgemäßen Wahlablaufs mit dem (End)Ziel eines richtigen Ergebnisses geht.

Dolus eventualis genügt, hinsichtlich der fehlenden Wahlberechtigung des Dritten ist jedoch sicheres Wissen erforderlich.[437]

Je nach Lage des Falles kann der Täter Gehilfe des Dritten bei einer späteren Wahlfälschung sein (wenn der Dritte vorsätzlich handelt) oder diesbezüglich mittelbare Täterschaft vorliegen (wenn der Dritte unvorsätzlich handelt). Die eigenständige Bedeutung der Nr. 2 wird etwa dann relevant, wenn der Dritte schließlich nicht zum Wählen geht, weil die versuchte Beihilfe straflos ist und in der Eintragung noch kein Versuchsbeginn für die Wahlfälschung in mittelbarer Täterschaft liegt.

c) § 107 b I Nr. 3 StGB

Strafbar macht sich auch, wer die Eintragung eines Wahlberechtigten als Wähler verhindert, obwohl er dessen Wahlberechtigung kennt. Was eingetragen ist, soll also nicht nur richtig, sondern das Wählerverzeichnis soll auch vollständig sein.

---

[435] Allgemeine Meinung, vgl. nur LK-Laufhütte, § 107 b Rn. 6.
[436] AK-Wolter, § 107 b Rn. 2; NK-Wohlers, § 107 b Rn. 3; Tröndle/Fischer, § 107 b Rn. 1 a; Kirschner, S. 146.
[437] Vgl. nur LK-Laufhütte, § 107 b Rn. 6.

Das größte Problem besteht darin, dem Tatbestandsmerkmal „Eintragung als Wähler verhindern" klare Konturen zu verleihen. Weder die Mittel noch das Angriffsobjekt dieser Verhinderung werden benannt, so dass es nach dem Wortlaut zur Erfüllung des Tatbestands genügen würde, wenn A den B dadurch von der Antragstellung zur Aufnahme ins Wählerverzeichnis abhält, dass er damit droht, ihm andernfalls ein Lied vorzusingen. Oder, wenn er den B vor der Gemeindebehörde erschießt, denn zu diesem Zeitpunkt ist dieser ja noch wahlberechtigt. Hier fehlen klare Kriterien.

Insgesamt sind drei Fragen problematisch. Einmal, welche Angriffsrichtung erfasst wird, weiter, welche Mittel in Frage kommen, und schließlich, ob auch die Löschung einer vorhandenen Eintragung genügt. Der von Nr. 3 erfasste Angriff könnte sich – anders als bei den anderen Ziffern – sowohl gegen den staatlichen Wahlvorbereitungsapparat richten (Bedrohung des zuständigen Bediensteten, damit ein Wahlberechtigter nicht eingetragen wird) als auch gegen den einzelnen Wahlberechtigten zielen (diesen von der Antragstellung auf Eintragung abhalten). Der Wortlaut ist nicht eindeutig und in beiden Fällen ist das Interesse der Allgemeinheit verletzt, das darin besteht, über ein richtiges, also insbesondere auch vollständiges Wählerverzeichnis zu verfügen. Freilich würde die Hinzunahme der Einwirkung auf den Wahlberechtigten mit der Binnensystematik des § 107 b StGB nicht konform gehen. Dessen Nr. 1, 2 und 4 erfassen nur Einwirkungen auf den staatlichen Wahlvorbereitungsapparat, so dass dies auch für Nr. 3 gelten sollte. Auch die amtliche Überschrift „Fälschung von Wahlunterlagen" legt nahe, dass sich die Beeinträchtigung nicht über den Wahlberechtigten, sondern über den „amtlichen Bereich" der Wahlvorbereitung vollzieht. Das legt zudem die Herkunft der Norm aus § 21 des ersten BWG nahe, das, wie das BWG auch heute noch, in seinem Gesamtkontext gerade den Ablauf der Wahl von „amtlicher Seite" regelt. Schließlich wäre es noch schwieriger als es ohnehin nach dem nun gefundenen Ergebnis ist, die Angriffsmittel gegen den Bürger näher zu bestimmen, über die sich das Gesetz ausschweigt.

Unter Einsatz welcher Mittel die Verhinderung erfolgen muss, sagt der Wortlaut nicht. Täuschung, Drohung, Gewalt, Bestechung oder „Selbstvornahme" kommen etwa in Betracht. Zur Begrenzung des Tatbestandes und weil es der Sache nach um eine den in Nr. 1 und 2 beschriebenen Situationen nahe stehende Fallgestaltung geht, wird man deren Angriffsmittel übertragen können (was als teleologische Reduktion zu Gunsten des Täters verfassungsrechtlich unbedenklich ist).[438] Relevant sind demnach Täuschungen über Angaben im Sinne der Nr. 1

---

[438] Offener LK-Laufhütte, § 107 b Rn. 4: „durch falsche Angaben im Sinne der Nr. 1 oder auf andere Weise".

sowie die „Selbstvornahme". Alle anderen Mittel können aber selbstverständlich unter dem Aspekt der auch hier denkbaren mittelbaren Täterschaft in Betracht kommen.

Der Täter muss „die Eintragung [...] verhindern". Allgemein wird der Wortlaut sehr weit verstanden, so dass auch das Löschen einer bereits vorhandenen richtigen Eintragung erfasst sein soll.[439] Begründet wird das damit, dass „Eintragung" als „dauernde Eintragung" zu lesen sei.[440] Im Ergebnis ist das richtig, wenngleich die Wortlautgrenze arg belastet wird. Für die Richtigkeit dieser Auslegung spricht die Zusammenschau mit § 107 StGB: Dort wird zu Recht das Verhindern der Wahl einerseits dann bejaht, wenn diese von vorne herein nicht stattfinden kann, andererseits, wenn sie abgebrochen werden muss und am selben Tag nicht mehr aufgenommen werden kann. Mit Verhindern ist demnach das Unmöglichmachen des Entstehens eines Zustands bzw. Erfolgs und das Unmöglichmachen der Fortdauer eines bereits erreichten Zustands bzw. Erfolgs gemeint.

Die Parallele zu § 107 StGB hilft schließlich auch bei der Frage nach dem Vollendungszeitpunkt der Nr. 3. Dieser ist dann erreicht, wenn die Eintragung dauerhaft nicht erfolgt oder dauerhaft gelöscht ist. Das Wählerverzeichnis wird stets fallweise für eine bestimmte Wahl aufgestellt und nicht als solches kontinuierlich geführt.[441] Für die Dauerhaftigkeit ist folglich die jeweilige Wahl bedeutsam. Vollendet ist die Verhinderung also, wenn der Wähler bis zur Wahl, für die das Verzeichnis angelegt ist, nicht aufgenommen wird bzw. dessen Eintragung bis zur Wahl gelöscht bleibt. Bewirkt der Täter etwa durch falsche Angaben, dass der zuständige Mitarbeiter der Verwaltung jemanden zu Unrecht nicht ins Wählerverzeichnis aufnimmt und korrigiert er dies aber am darauf folgenden Tag, so liegt nur (strafloser) Versuch des § 107 b I Nr. 3 StGB vor.

Dolus eventualis genügt, hinsichtlich der Wahlberechtigung des Dritten ist jedoch sicheres Wissen erforderlich.[442]

d) § 107 b I Nr. 4 StGB

Danach ist strafbar, wer sich als Bewerber für eine Wahl aufstellen lässt, obwohl er kein passives Wahlrecht besitzt.

---

[439] Ohne Begründung AK-Wolter, § 107 b Rn. 2; LK-Laufhütte, § 107 b Rn. 4; NK-Wohlers, § 107 b Rn. 4; Geilen, in: LdR, S. 1111 f., Harnischmacher, S. 77, die teilweise die Löschung der Verhinderung „gleichstellen" wollen, was den Einwand des Analogieverbots geradezu provoziert.
[440] Trinkaus, S. 74; ihm folgend Kirschner, S. 147.
[441] Seifert, § 17 BWG Rn. 3.
[442] Vgl. nur LK-Laufhütte, § 107 b Rn. 6.

Geschützt ist hier wieder die Ordnungsmäßigkeit des Wahlablaufs und mit diesem schließlich die Gewährleistung eines richtigen Wahlergebnisses.[443] Das Fehlen des passiven Wahlrechts ergibt sich aus den einschlägigen Bestimmungen des Wahlrechts.[444]

Auch hier ist wieder fraglich, wann der Tatbestand vollendet ist. Die Formulierung, „wer sich als Bewerber für eine Wahl aufstellen lässt" erlaubt verschiedene Deutungen. Den identischen Wortlaut (Aufstellung von Parteibewerbern, § 21 BWG) gebraucht das Wahlrecht nur bei den Bewerbern, die aus den Reihen der Parteien kommen, was als relevanten Zeitpunkt für die Vollendung den der Wahl innerhalb der Partei nahe legt.[445] Dann würde der Zeitpunkt für Bewerber so genannter „neuer Parteien" sowie der bei Wählervorschlägen anders zu bestimmen sein. Näher liegt es, dass der Wortlaut hier untechnisch zu verstehen ist, weil sich das StGB beim Vorhandensein mehrerer Möglichkeiten der Kandidatenaufstellung sicher nicht auf nur eine von ihnen konzentrieren wollte. Nimmt man den oben herausgearbeiteten Gedanken hinzu, dass die Zielrichtung sämtlicher Varianten des § 107 b StGB der staatliche Wahlvorbereitungsapparat ist, liegt es nahe, einen gemeinsamen Zeitpunkt zu wählen, bei dem auf diesen Apparat eingewirkt wird. Zwei Zeitpunkte kommen hierfür in Betracht: einerseits der der Einreichung der Wahlvorschläge gemäß § 19 BWG, andererseits der der Zulassung der Wahlvorschläge gemäß §§ 26, 28 BWG. Weil nach Einreichung in der Regel noch eine Zurücknahme des Wahlvorschlags denkbar ist und es offensichtlich unbillig wäre, wenn Vollendung bereits vor einer derartigen Zurücknahme läge und zudem das Erscheinen in der Kandidatenliste erst nach der Zulassung bei normalem Fortgang sicher ist, ist auf diesen Zeitpunkt abzustellen. Dolus eventualis genügt hier auch hinsichtlich des fehlenden passiven Wahlrechts.[446]

4) Konkurrenzen

§ 107 b StGB ist nur dann nicht verdrängt, wenn „die Tat nicht in anderen Vorschriften mit schwererer Strafe bedroht ist". Das gilt zunächst einmal für etwaige gleichzeitig verwirklichte Urkundendelikte, ganz allgemein wird aber auch eine Subsidiarität zu § 107 a StGB angenommen,[447] der in der Regel erst zeitlich später verwirklicht wird, so dass die Subsidiaritätsklausel hier anders als etwa bei § 246 I StGB verstanden wird. Das ist der Sache nach aber richtig, wenn-

---

[443] Vgl. nur Wolf, S. 168.
[444] § 15 BWG.
[445] § 21 I 1 BWG.
[446] Vgl. nur LK-Laufhütte, § 107 b Rn. 6.
[447] MünchKomm-Müller, § 107 b Rn. 11; SK-Rudolphi, § 107 b Rn. 1.

gleich „die Tat" dabei sehr weit auszulegen ist; man denke nur an den Fall, dass jemand gleich zu Beginn der Einsichtszeit, die durchaus einige Wochen vor dem Wahltag beginnen kann, seine (unrichtige) Eintragung erwirkt und schließlich am Wahltag unbefugt wählt. Die Richtigkeit dieser Auslegung ergibt sich jedoch aus dem Sinn und Zweck der Regelung, bereits im Vorfeld gefährliche Vorbereitungshandlungen unter Strafe zu stellen. Bleibt es nicht bei bloßen Vorbereitungen, sondern kommt es zur Tatausführung selbst, ist dieser Zweck hinfällig geworden.

Eine andere Frage ist, ob bei dieser weiten Auslegung der Subsidiaritätsklausel überhaupt ein praktischer Anwendungsbereich für § 107 b StGB verbleibt, oder ob nicht vielmehr stets schon eine versuchte Wahlfälschung gegeben ist, zu der § 107 b StGB subsidiär ist.[448] Diese Annahme ist jedoch in sich widersprüchlich: Geht man davon aus, dass es sich bei den Modalitäten des § 107 b StGB um Vorbereitungshandlungen zur Wahlfälschung handelt, kann man nicht gleichzeitig sagen, zur Wahlfälschung sei durch deren Verwirklichung bereits im Sinne des § 22 StGB unmittelbar angesetzt worden, da dieses gerade ein Überschreiten des bloßen Vorbereitungsstadiums voraussetzt.[449] Im genannten Beispiel wird besonders deutlich, dass ein relativ langer Zeitraum zwischen den Handlungen des § 107 b und dem tatsächlichen Wählen liegen kann, so dass die Schwelle zum „jetzt geht`s los" mit der Falscheintragung an sich nicht überschritten ist. Die Annahme, mit der Fälschung der Wahlunterlagen habe der Täter alles getan, was er tun konnte[450] und damit das Geschehen aus der Hand gegeben, geht nicht nur bei Nr. 1 fehl, wo offensichtlich ist, dass der Täter frühestens mit Erhalt der Wahlunterlagen im Wahllokal unmittelbar ansetzen kann, weil die Vollendung noch sein eigenes aktives Tätigwerden voraussetzt. Gleiches gilt bei Nr. 2 und 3: *Trinkaus* geht offenbar davon aus, dass es ausreicht, wenn derjenige, der die Unrichtigkeit bzw. Unvollständigkeit der Wahlunterlagen herbeiführt, zugleich Vorsatz bezüglich der unbefugten Wahl des Dritten hat, weil dann der Täter ein unrichtiges Ergebnis herbeiführen will.[451] Für den Fall, dass es zur unbefugten Wahl des Dritten kommt, ist aber dessen Täterschaft gar nicht sicher. Es genügt bei § 107 a StGB (wie stets) nicht die bloße Kausalität, sondern es muss zusätzlich Tatherrschaft vorliegen. Regelmäßig wird deshalb nur Beihilfe zur Wahlfälschung, gegebenenfalls auch mittelbare Täterschaft vorliegen. In der Beihilfesituation ist zu beachten, dass die versuchte Beihilfe straflos ist, so dass man auf

---

[448] Trinkaus, S. 56 f., 74 ff. sieht einen Anwendungsbereich für § 107 b StGB nur in den Fällen, in denen es dem Täter am Vorsatz bezüglich § 107 a StGB fehlt, insofern sei er „bedeutungslos".
[449] Wessels/Beulke, AT, Rn. 590.
[450] So Trinkaus, S. 56.
[451] Trinkaus, S. 56 f.

die Strafbarkeit nach § 107 b StGB zurückfällt.[452] Liegt mittelbare Täterschaft vor, so setzt deren Versuch nach der weitesten Auffassung noch die Einwirkung auf den Tatmittler voraus.[453] Bei Nr. 4 hingegen wird häufig zugleich eine versuchte Wahlfälschung gegeben sein, weil, sobald der Bewerber auf der Bewerberliste steht, er tatsächlich das Geschehen aus der Hand gegeben und damit unmittelbar angesetzt hat.

Kirschner[454] weist auf ein mögliches Zusammentreffen von § 107 I Nr. 4 StGB mit § 108 a StGB hin, weil bei einer Einzelkandidatenwahl der nicht über das passive Wahlrecht verfügende Bewerber vortäusche, man könne ihn wirksam wählen, tatsächlich wählten die Wähler aber gegen ihren Willen ungültig. Eine Bestrafung werde aber meist am fehlenden Täuschungsbewusstsein scheitern. Hier kann die Frage des Verhältnisses zu § 107 a StGB auftreten, der in dieser Konstellation regelmäßig auch gegeben sein wird.[455] Die §§ 107 a, 108 a StGB stehen dann in Idealkonkurrenz, weil sowohl eine Einwirkung auf den formalen Wahlablauf als auch auf die Willensbildung des einzelnen Wählers vorliegt.

V) Verletzung des Wahlgeheimnisses, § 107 c StGB[456]

Wegen einer Verletzung des Wahlgeheimnisses macht sich strafbar, wer einer dem Schutz des Wahlgeheimnisses dienenden Vorschrift in der Absicht zuwiderhandelt, sich oder einem anderen Kenntnis davon zu verschaffen, wie jemand gewählt hat.

1) Geschütztes Rechtsgut

§ 107 c StGB schützt die Authentizität der unmittelbar(en) demokratischen Willensbildung und -betätigung, präziser die Geheimheit der Wahl, das Wahlgeheimnis und zwar als objektiv-rechtliche Institution.[457] Denkbar erscheint daneben auch der Schutz des Einzelnen an der Geheimhaltung seiner politischen Anschauung,[458] was mit der öffentlich-rechtlichen Konstruktion des geheimen Wahlrechts als auch subjektivem Recht[459] übereinstimmen würde. Weil allgemein davon ausgegangen wird, dass die Freiheit der Wahl wesentlich durch ihre

---

[452] Kirschner, S. 146.

[453] Wessels/Beulke, AT, Rn. 613 ff.

[454] Kirschner, S. 148.

[455] Vgl. den Beispielsfall oben, S. 57.

[456] Zur (reform)geschichtlichen Entwicklung vgl. Wolf, S. 263; Rosenthal, S. 53 ff.

[457] HM;. Kohlrausch/Lange, § 107 c Anm. I; Lackner/Kühl, § 107 c Rn. 1; LK-Laufhütte, § 107 c Rn. 1; NK-Wohlers, § 107 c Rn. 1; Preisendanz, § 107 c; Sch/Sch-Eser, § 107 c Rn. 1; SK-Rudolphi, § 107 c Rn. 1.

[458] So Wolf, S. 169; der Sache nach auch Liefeldt, S. 29; Rosenthal, S. 62; Trinkaus, S. 85.

[459] M/D/H/S-Maunz, Art. 38 Rn. 47, 54; v. Münch/Kunig-Trute, Art. 38 Rn. 42; Schreiber, § 1 Rn. 4; Seifert, Art. 38 GG Rn. 4; Erichsen, Jura 1983, 646.

Geheimheit geschützt wird,[460] könnte man ohne Unterschied in der Sache noch einen Schritt weiter gehen und die (Wahl)Freiheit des Einzelnen als geschützt betrachten.[461]

Der Wortlaut der Norm spricht zunächst einmal das Interesse der Allgemeinheit an einer ordnungsgemäßen Willensbildung, also einer Willensbildung, bei der insbesondere die dem Schutz des Wahlgeheimnisses dienenden Vorschriften eingehalten werden, an. Berücksichtigt man aber, dass diese Vorschriften sowohl dem öffentlichen Interesse an der Geheimhaltung der Wahl dienen, als auch dem Schutz des einzelnen Wahlberechtigten,[462] wird man nicht umhin kommen, auch das Individualrechtsgut als geschützt anzusehen: Jede Erfüllung des Tatbestandes führt zwingend zu dessen Verletzung, so dass es keinen Unterschied zu den §§ 108, 108 a StGB gibt.[463] Das entspricht auch dem Willen des historischen Gesetzgebers, der das Wahlgeheimnis und damit die Freiheit des Einzelnen gewährleisten wollte.[464] Zudem kann man auf das in der überschießenden Innentendenz („in der Absicht [...], sich [...] Kenntnis davon zu verschaffen, wie jemand gewählt hat") verkörperte Unrecht abstellen, das den Individualbezug noch verstärkt.[465] Und nicht zuletzt befindet sich die Norm systematisch am Übergang zu den Normen, bei denen ein individueller (Mit)Schutz eindeutig ist, wohingegen der alleinige Allgemeinschutz mit dem Vorbereitungshandlungen der Wahlfälschung bestrafenden § 107 b StGB abgeschlossen ist. Damit schützt § 107 c StGB auch das individuelle Recht auf eine geheime, respektive freie Wahl mit.[466]

2) Aufbau des Tatbestandes

a) Zuwiderhandlung gegen dem Schutz des Wahlgeheimnisses dienende Vorschrift

Der objektive Tatbestand ist nur dann erfüllt, wenn gegen eine das Wahlgeheimnis sichernde Norm verstoßen worden ist. Daraus folgt einmal, dass § 107 c StGB ein Blanketttatbestand ist,[467] weil sich die Normen, auf die verwiesen wird, außerhalb der Strafnorm befinden, und weiter, dass jede andere Handlung,

---

[460] Vgl. nur v. Münch/Kunig-Trute, Art. 38 GG Rn. 36.
[461] So etwa die Begründungen zu E 1925, S. 17; E 1927, S. 29; E 1936, S. 187 sowie BT-Drs. 1/1307, S. 41.
[462] VGH Bad.-Württ., ESVGH Bd. 5, 167 (169); Schreiber, § 1 Rn. 24.
[463] Siehe oben, S. 44 f.
[464] BT-Drs. 1/1307, S. 41.
[465] Wolf, S. 169.
[466] Das meint wohl auch AK-Wolter, § 107 c Rn. 1, wenn er davon ausgeht, es sei das Wahlgeheimnis geschützt, und zwar mehr mit Blick auf die Institution als auf den einzelnen Wähler.
[467] Allgemein Dietmeier, S. 7 ff., 52.

die zwar zum Wahlgeheimnis im Widerspruch steht, die aber gegen keine das Wahlgeheimnis sichernde Norm verstößt, nicht tatbestandsmäßig ist.

aa) Vorschriften, die dem Schutz des Wahlgeheimnisses dienen

Das StGB äußert sich über die erforderliche Qualität der Vorschriften nicht, so dass von der europäischen Regelung über das Grundgesetz, die Wahlgesetze und -ordnungen bis hin zu Verwaltungsanordnungen alles als beachtlich erscheint. Allerdings sind die Vorschriften dadurch näher gekennzeichnet, dass sie gerade dem Schutz des Wahlgeheimnisses dienen müssen. Folglich kommen Normen wie Art. 38 I GG und § 1 I BWahlG von vorne herein nicht zur Blankettausfül- lung in Betracht,[468] da beide die Geheimheit der Wahl lediglich als Wahlrechts- grundsatz konstituieren, sie aber nicht selbst näher ausgestalten. Die Normen, die den Grundsatz der geheimen Wahl erst schaffen, können ihn nicht gleichzei- tig schützen. Insbesondere die Wahlgesetze und -ordnungen halten aber eine Fülle an Vorgaben bereit, die eine geheime Wahl gewährleisten sollen. Da diese nicht systematisiert sind, müssen sie durch – insbesondere teleologische – Aus- legung gewonnen werden. Hinzu kommt, dass nicht jeder Täter gegen jede Schutznorm verstoßen kann, da diese jeweils ganz bestimmte Adressaten im Auge haben. Der Verstoß ist also nur dann relevant, wenn die Norm, gegen die zuwidergehandelt wurde, gerade auch Ge- oder Verbote an den konkreten Täter richtet.[469] Zur Verdeutlichung: § 33 I 1 BWG begründet das Gebot, Vorkehrun- gen dafür zu treffen, dass der Wähler den Stimmzettel unbeobachtet kennzeich- nen und falten kann. Beobachtet nun ein Wähler einen anderen beim Falten sei- nes Wahlzettels, liegt darin kein Verstoß gegen § 33 I 1 BWG und folglich auch nicht gegen § 107 c StGB, weil diese Norm zwar offenkundig (vgl. nur die Ü- berschrift) dem Schutz des Wahlgeheimnisses dient, aber eben nur ein Gebot an die Wahlbehörden, die Wahlorgane richtet, nicht aber an andere Wähler.

bb) Beispiele

In einer Übersicht werden auf der folgenden Seite wichtige Vorschriften zum Schutz des Wahlgeheimnisses, jeweils mit Inhalt und Adressat der Regelung, dargestellt.

---

[468] OLG Celle, NdsRpfl 1961, 134 f.
[469] OLG Celle, NdsRpfl 1961, 135; vgl. auch Lenzen, JR 1980, 136: „Selbst wenn der Norm- adressat aber die einschlägigen Fachgesetze ermittelt hat, muß er noch klären, welche Gebote und Verbote sich an ihn richten".

Regelung	Inhalt	Adressat
§ 30 BWG i.V.m. § 45 I 2 BWO	Amtliche Herstellung von Wahlzetteln, bei denen nach Kennzeichnung und Falzung die Wahlentscheidung nicht sichtbar ist	Wahlbehörden, Wahlorgane
§ 33 I BWG	Pflicht, Vorkehrungen zur unbeobachteten Kennzeichnung und Falzung zu treffen	Wahlbehörden, Wahlorgane
§ 28 V 2 BWO	Möglichkeit der unbeobachteten Kennzeichnung bei Briefwahl an Ort und Stelle	Gemeindebehörde
§ 50 I BWO (auch § 9 I BWahlGV)	Einrichtung von Wahlzellen, in denen eine unbeobachtete Kennzeichnung und Falzung möglich ist	Wahlbehörden, Wahlorgane
§ 51 II BWO	Benutzung einer Wahlurne mit bestimmten Eigenschaften	Wahlbehörden, Wahlorgane
§ 56 II 1 BWO	Pflicht, zur Kennzeichnung die Wahlzelle zu benutzen und den Stimmzettel dort so zu falzen, dass Stimmabgabe nicht sichtbar ist	Wähler
§ 56 II 2 BWO	Überwachung, dass stets nur ein Wähler in Wahlzelle ist	Wahlvorstand
§ 56 VI Nr. 5 BWO	Zurückweisung von Wählern, durch deren Art der Stimmabgabe das Wahlgeheimnis beeinträchtigt ist	Wahlvorstand
§ 57 III BWO	Geheimhaltungspflicht der Hilfsperson	Hilfsperson
§ 57 II BWO (ggf. i.V.m. § 66 III 2 BWO)	Hilfsperson muss sich nach Wünschen des Wählers richten	Hilfsperson
§ 66 III 1 HS 1 BWO	Stimmzettel bei Briefwahl ist unbeobachtet zu kennzeichnen	str., siehe unten
§ 66 IV 1 BWO	Pflicht, unbeobachtete Kennzeichnung bei Briefwahl in Krankenhäusern und ähnlichen Einrichtungen zu ermöglichen	Leitung der jeweiligen Einrichtung
§ 74 I 1 BWO	Ungeöffnete Sammlung und Verwahrung der Wahlbriefe	nach § 66 II BWO Zuständiger
§ 89 BWO	Sicherung der Wahlunterlagen	Wahlbehörden, Wahlorgane etc.
§ 90 I, II BWO	Vernichtung von Wahlunterlagen	Wahlbehörden

Normen, die den Wähler selbst zum Adressaten haben, sind für § 107 c StGB freilich im Ergebnis irrelevant, weil der subjektive Tatbestand nicht erfüllt sein kann. Die weitaus überwiegende Zahl der dargestellten Bestimmungen betrifft ohnehin das Verhalten von Wahlbehörden oder Wahlorganen, nur vereinzelt richten sich die Ge- und Verbote gegen Dritte, also andere Wähler bzw. Private, die nicht mit Organisation und Ablauf der Wahl betraut sind.[470]

Der Adressat der Norm kann im Einzelfall zudem zweifelhaft sein, wie § 66 III 1 HS 1 BWO zeigt. Dieser lautet: „Der Stimmzettel ist unbeobachtet zu kennzeichnen und in den Wahlumschlag zu legen".[471] Hier könnte sich der Auftrag der unbeobachteten Kennzeichnung neben dem Wähler auch an einen möglicherweise anwesenden Dritten richten.[472] Aus verfassungsrechtlicher Sicht ist das nachvollziehbar, wird dem Grundsatz der geheimen Wahl doch unmittelbare Drittwirkung beigemessen.[473] Die Auslegung kann ihren Ausgangspunkt jedoch nicht im erwünschten Ergebnis nehmen. Insofern kommt dem Wortlaut entscheidende Bedeutung zu und dessen neutrale Formulierung „ist unbeobachtet zu kennzeichnen", die keine konkrete Person benennt, scheint die weite Auslegung zu stützen, gerade im Gegensatz zu § 66 I BWO, der explizit als Handelnden den Briefwähler benennt.[474] Weil das „Kennzeichnen" und das „in den Umschlag Legen" des § 66 III BWO aber natürlich durch den Briefwähler erfolgen muss, was sich aus § 66 I BWO ergibt, ist die Formulierung nur elliptisch: Zu ergänzen ist eben „durch den Briefwähler". Aufgrund der systematischen Stellung in der gleichen Norm konnte der Gesetzgeber auf diese Konkretisierung jedoch verzichten. Abs. 1 und Abs. 2 regeln folglich, wie sich der Wähler (und gegebenenfalls dessen Hilfsperson) bei der Briefwahl zu verhalten hat.[475] Auch eine teleologische Betrachtung führt zu diesem Ergebnis: Bei der Urnenwahl, die sich im Einflussbereich des Staates abspielt, wird die geheime Wahl durch diverse Verpflichtungen der staatlichen Organe – etwa über die Gestaltung des Wahllokals – gewährleistet. Der Ablauf der Briefwahl hingegen ist den Einwir-

---

[470] So auch die Begründung zu E 1960 und E 1962, die von der Fassung als Blanketttatbestand gerade deshalb abrücken wollten; vgl. BT-Drs. 3/2150, S. 551 und BT-Drs. 4/650, S. 592.

[471] Im bayerischen Kommunalwahlrecht lautet die entsprechende Bestimmung § 72 I 1 GLkrWO: „Bei der Stimmabgabe kennzeichnet die stimmberechtigte Person persönlich und unbeobachtet den Stimmzettel".

[472] In diesem Sinne Seifert, § 62 BWO Anm. 10, zum wortlautidentischen § 62 BWO a.F.; anders aber offenbar in DÖV 1958, 516, wo Seifert noch eine Erweiterung des § 107 c StGB erwog, weil das direkte Eindringen in das Wahlgeheimnis dort nicht ausreichend berücksichtigt sei.

[473] Vgl. nur v. Münch/Kunig-Trute, Art. 38 Rn. 68.

[474] Insofern ist also die Wortwahl in § 72 I 1 GLkrWG eindeutig; dieser richtet das Gebot der unbeobachteten Kennzeichnung nur an den Briefwähler selbst.

[475] OLG Celle, NdsRpfl 1961, 135.

kungsmöglichkeiten des Staates entzogen, hier muss sich deshalb jeder Wähler selbst darum kümmern, geheim wählen zu können. Der Staat lässt es demnach mit der Entscheidung für die Briefwahl Sache des einzelnen Bürgers sein, seine Wahl unbeobachtet durchzuführen.[476] Zwar könnte der Staat auch ein allgemeines – de facto unkontrollierbares – „Beobachtungsverbot bei Briefwahlen" aufstellen („Der Briefwähler darf bei Kennzeichnung [...] nicht beobachtet werden"), dies hat er hier jedoch ausweislich des Wortlauts gerade nicht getan.[477] Dies wird durch die historische Entstehung des Wahlgeheimnisses bestätigt, die darauf gründet, dass man der etablierten Klasse misstraute, nicht hingegen etwaigen Privatpersonen.[478] Nicht zuletzt wäre ein anderes Ergebnis verwunderlich, weil ein vergleichbares Verbot bei der diesen Einwirkungen auch ausgesetzten Urnenwahl gerade nicht vorgesehen ist. Freilich existiert dort, gerade weil die Wahl im staatlichen Einflussbereich stattfindet, eine Vielzahl von Regelungen, die letztlich alle die unbeobachtete Kennzeichnung gewährleisten wollen, aber keine dieser Regelungen hat den Privaten zum Adressaten, obwohl dies nahe liegend wäre.

Mithin richtet § 66 III 1 HS 1 BWO seine Handlungsanweisung nur gegen den Briefwähler selbst,[479] so dass die Vorschrift für § 107 c StGB irrelevant ist.[480]

Ein weiteres Defizit besteht insofern, dass keine Vorschrift existiert, die die Geheimhaltung einer Unterschrift unter einen Wahlvorschlag festlegt, so dass auch hier der Schutz des § 107 c StGB ins Leere geht.[481]

Wann die Verletzung der ausfüllenden Vorschrift erfolgt, ist für die Erfüllung des Tatbestandes nicht relevant, dies kann vor, während oder nach der Wahl geschehen.[482] Schließlich ist dies keine Frage des § 107 c StGB, sondern des Anwendungsbereichs der das Wahlgeheimnis schützenden Bestimmung.

Vollendung tritt mit der Verletzung der relevanten Wahlrechtsnorm ein,[483] da es sich bei § 107 c StGB um ein erfolgskupiertes Delikt handelt.

---

[476] Bedenken bei Klüber, DÖV 1958, 250.
[477] Ähnlich Greiser, NJW 1978, 928.
[478] BK-Badura Art. 38 Rn. 38.
[479] Beiläufig das BVerfG in BVerfGE 21, 200 (205) „er ist verpflichtet, den Stimmzettel selber unbeobachtet zu kennzeichnen"; 59, 119 (126) „seine Verpflichtung [...], den Stimmzettel unbeobachtet auszufüllen".
[480] OLG Celle, NdsRpfl 1961, 134 f.
[481] OLG Karlsruhe, GA 77, 312 f.
[482] Trinkaus, S. 82; Kirschner, S. 106.
[483] Trinkaus, S. 83.

b) Absicht der Kenntnisverschaffung hinsichtlich des Wie der Wahl

Gekennzeichnet ist der subjektive Tatbestand durch die besondere Absicht, sich oder einem anderen Kenntnis davon zu verschaffen, wie jemand gewählt hat. Gemeint ist Absicht im technischen Sinne, die sich auf das Wie, nicht aber auf das Ob der Wahl eines anderen beziehen muss. Das Wie der Wahl ist betroffen, wenn es dem Täter darauf ankommt, herauszufinden, ob jemand gültig oder ungültig gewählt hat. Da bestimmte Vorschriften zum Schutz des Wahlgeheimnisses nur dazu dienen, das Ob der Wahl geheim zu halten,[484] wird es kaum je zu deren Zuwiderhandlung bei gleichzeitiger Wie-Absicht kommen. Wie immer, wenn das Gesetz Absicht verlangt, genügt es, dass der angestrebte tatbestandsmäßige Erfolg notwendiges Zwischenziel des Täters ist, er muss nicht Handlungsmotiv sein.[485] Wenn also X die Wahl des Y ausspäht, um dieses Wissen gegen Belohnung an Z weiter zu geben, ist Absicht zu bejahen, auch wenn Motiv der Handlung des X die in Aussicht gestellte Belohnung ist; das Herausfinden, wie Y gewählt hat, ist notwendiges Zwischenziel auf dem Weg zur Belohnung. Wenn hingegen der Wahlvorstand gewisse Schutzvorschriften aus bloßer Nachlässigkeit oder Interesselosigkeit nicht einhält, fehlt die erforderliche Absicht.[486]

Noch einmal sei betont, dass für die Vollendung des Tatbestandes die tatsächliche Kenntnisnahme von der Wahlentscheidung nicht vorliegen muss.

Neben dieser spezifischen Absicht muss der Täter noch Vorsatz bezüglich der Zuwiderhandlung gegen die dem Schutz des Wahlgeheimnisses dienende Vorschrift haben. Hier genügt wiederum dolus eventualis, wobei sich die üblichen Irrtumsprobleme bei Blanketttatbeständen ergeben.[487]

3) Rechtswidrigkeit

Die Rechtswidrigkeit könnte durch eine Einwilligung des (beobachteten) Wählers ausgeschlossen sein. Eine Einwilligung setzt aber stets ein dispositives Rechtsgut voraus, was schon deshalb bei § 107 c StGB nicht gegeben ist, weil im Vordergrund der Schutz des Wahlgeheimnisses als objektiv-rechtlicher Institution steht. Sind verschiedene Rechtsgüter geschützt, kommt eine Einwilligung nur dann in Betracht, wenn das Individualrechtsgut im Vordergrund steht.[488]

---

[484] Z.B. §§ 89, 90 I, II BWO.
[485] Vgl. nur Kühl, AT, § 5 Rn. 35; ausdrücklich zu § 107 c LK-Laufhütte, § 107 c Rn. 3.
[486] Beispiel bei Kirschner, S. 107.
[487] Hierzu Dietmeier, S. 174 ff.; Warda, Jura 1979, 295 ff.
[488] Sternberg-Lieben, S. 98 ff.

Auch das ist hier nicht der Fall.[489] Schließlich wäre zu bedenken, dass nach der allgemeinen Meinung das subjektive Recht auf geheime Wahl jedenfalls für den Wahlakt selbst gar nicht verzichtbar[490] und folglich auch nicht dispositiv ist. Für diesen Zeitraum wäre eine Einwilligung selbst bei alleinigem Schutz des Individualrechtsguts nicht möglich. Richtigerweise kommt eine Rechtfertigung durch Einwilligung bei § 107 c StGB überhaupt nicht in Betracht.

VI) Wählernötigung, § 108 StGB[491]

Eine Wählernötigung begeht, wer rechtswidrig mit Gewalt, durch Drohung mit einem empfindlichen Übel, durch Missbrauch eines beruflichen oder wirtschaftlichen Abhängigkeitsverhältnisses oder durch sonstigen wirtschaftlichen Druck einen anderen nötigt oder hindert, zu wählen oder sein Wahlrecht in einem bestimmten Sinne auszuüben.

1) Geschütztes Rechtsgut

Auch hier steht wiederum das Interesse der Allgemeinheit an einem unbeeinträchtigten unmittelbar(en) demokratischen Willensbildungs- und -betätigungsprozess, der zu einem richtigen Ergebnis führt, im Vordergrund. Daneben ist aber auch das individuelle Recht auf eine freie Wahlentscheidung geschützt, also die Freiheit des Einzelnen bezüglich des Ob und Wie seiner Wahl bzw. Abstimmung.[492]

2) Aufbau des Tatbestands

Die Schwierigkeiten, die dieser Tatbestand bereitet, liegen in der nicht ganz klaren Distanz zu § 240 StGB begründet. Im Kern geht es um die Frage, ob § 108

---

[489] Trinkaus, S. 85, hingegen lässt ohne nähere Begründung die Einwilligung trotzdem zu; ebenso Rosenthal, S. 62, der aber offenbar den Individualschutz im Vordergrund sieht; Wolf, S. 203, will eine Einwilligung zulassen, soweit nur Beeinträchtigungen des Individualgutes, nicht aber des Allgemeingutes in Rede stehen. Daran ist richtig, dass das subjektive Recht auf geheime Wahl teilweise verzichtbar ist (siehe unten, S. 253 f.). Eine derartige Konstellation bei § 107 c StGB ist jedoch nicht denkbar, weil wie dargelegt der Verstoß gegen die beschriebenen Wahlrechtsvorschriften stets auch ein Allgemeininteresse verletzt.
[490] Allgemeine Meinung, vgl. M/D/H/S-Maunz, Art. 38 Rn. 54; Seifert, Art. 38 GG Rn. 36; Erichsen, Jura 1983, S. 645; Pieroth, JuS 1991, 91 f.
[491] Zur (reform)geschichtlichen Entwicklung vgl. Wolf, S. 257 f.; Junck, S. 17 ff.
[492] AK-Wolter, § 108 Rn. 1; LK-Laufhütte, § 108 Rn. 1; Sch/Sch-Eser, § 108 Rn. 1; SK-Rudolphi, § 108 Rn. 1; Geilen, in: LdR, S. 1113, die aber alle den Individualschutz im Vordergrund sehen; anders NK-Wohlers, § 108 Rn. 1, der vom Schutz des Einzelnen ausgeht und für das Allgemeinrechtsgut nur einen Schutzreflex sieht; ausschließlich den Schutz des individuellen Wahlrechts nimmt MünchKomm-Müller, § 108 Rn. 1 an; wie hier wohl Hübner, S. 156; Wolf, S. 172.

StGB klassische Nötigungen, die das freie Wahlrecht des Einzelnen betreffen, wegen dieses höheren Unrechtsgehalts nur schwerer bestrafen oder ob § 108 StGB schon auf Tatbestandsebene Unterschiede zu § 240 StGB aufweist.

Der Aufbau des Tatbestandes stellt sich wie folgt dar:
- nötigen/hindern, zu wählen/sein Wahlrecht in einem bestimmten Sinne ausüben
- mit Gewalt/durch Drohung mit einem empfindlichen Übel/durch Missbrauch eines beruflichen oder wirtschaftlichen Abhängigkeitsverhältnisses/durch sonstigen wirtschaftlichen Druck

a) Nötigungserfolg

Nach dem Wortlaut sind vier Konstellationen als Nötigungserfolg denkbar:
- der Wähler wird genötigt, zu wählen
- der Wähler wird genötigt, in einem bestimmten Sinne zu wählen
- der Wähler wird gehindert, zu wählen (also genötigt, nicht zu wählen)
- der Wähler wird gehindert, in einem bestimmten Sinne zu wählen
Bei Licht betrachtet ist die Hinderung, in einem bestimmten Sinne zu wählen jedoch nur ein Unterfall der Nötigung, in einem bestimmten Sinne zu wählen. Andernfalls würden, wenn jemand genötigt wird, den X statt den Y zu wählen, zwei Nötigungen vorliegen: Einmal, weil er gehindert wird, den Y zu wählen, einmal, weil er genötigt wird, den X zu wählen. Das Unrecht des § 108 StGB wird aber nur einmal verwirklicht, weil die eigentlich beabsichtigte Wahlentscheidung nicht realisiert werden kann. Die Nötigung, etwas zu tun, schließt die Nötigung, etwas anderes gerade nicht zu tun, mit ein.

Nach dem insofern eindeutigen Wortlaut kann der Nötigungserfolg nur bei einer wahlberechtigten Person eintreten, da nur diese über ein Wahlrecht verfügt.[493] Ist dies objektiv nicht der Fall, kommt ein untauglicher Versuch oder ein Wahndelikt in Betracht.

Der Wortlaut „einen anderen" könnte allerdings auch zur Annahme verleiten, als müsste es sich beim Nötigungsopfer stets um eine einzelne Person handeln. Freilich kann der Täter aber gleichzeitig mehrere Einzelpersonen nötigen, der Unterschied zu § 107 StGB liegt darin, dass dort auf eine unbestimmte Vielzahl von Personen eingewirkt wird, hier hingegen wenigstens der Adressatenkreis bestimmt sein muss.[494]

---

[493] Junck, S. 23.
[494] Siehe oben, S. 32.

Der Zwang, ungültig zu wählen, stellt eine Nötigung, in einem bestimmten Sinne zu wählen dar. Ausreichend ist auch der Zwang, einen bestimmten Kandidaten nicht zu wählen, ansonsten aber frei entscheiden zu können.[495]

Weil es sich um ein Erfolgsdelikt handelt, ist Vollendung erst dann gegeben, wenn die (Nicht)Wahl bzw. (Nicht-)So-Wahl tatsächlich im Sinne des Täters erfolgt ist.

b) Nötigungsmittel

aa) Verhältnis der Nötigungsmittel zueinander

Hier nun wird die bereits angedeutete Kontroverse bedeutsam. Beide Auslegungsmöglichkeiten des Verhältnisses der Nötigungsmittel zueinander sollen graphisch verdeutlicht werden:

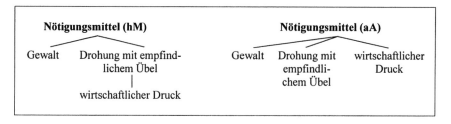

Entweder man geht davon aus, dass § 108 StGB dieselben Nötigungsmittel wie § 240 StGB erfasst[496] und deklariert dann die Mittel, die zusätzlich aufgeführt sind, als Konkretisierung,[497] Spezialfall[498] oder beispielhafte Verdeutlichung einer potentiellen Drohung.[499] Oder man sieht die Nötigungsmittel bei § 108 StGB

[495] RG vom 21.03.1882 bei Stenglein, S. 1744 Nr. 1; vgl. auch Kirscher, S. 92 f.; Trinkaus, S. 87 f.
[496] Für Gewalt und Drohung mit einem empfindlichen Übel geht man allgemein von den bei § 240 StGB gebräuchlichen Definitionen aus; vgl. nur LK-Laufhütte, § 108 Rn. 2; Born, S. 242.
[497] LK-Laufhütte, § 108 Rn. 3.
[498] NK-Wohlers, § 108 Rn. 3; Sch/Sch-Eser, § 108 Rn. 6; Harnischmacher, S. 79, der aber gleichzeitig geringere Anforderungen daran stellt.
[499] AK-Wolter, § 108 Rn. 3; SK-Rudolphi, § 108 Rn. 3; Oppermann, JuS 1985, 521; wohl auch Geilen, in: LdR, S. 1113; Maurach/Schroeder/Maiwald, BT 2, § 86 III Rn. 24, die von einem Beispiel für eine nach § 240 II StGB verwerfliche Drohung ausgehen; ähnlich Blei, BT, § 99 II 5, S. 388; Breitbach, DuR 1984, 436, 442 spricht – untechnisch – von „Regelbeispielen".

im Vergleich zu § 240 StGB als um die Variante des wirtschaftlichen Drucks erweitert an.[500]

(1) Wortlaut

Mit dieser Alternativenbildung wurde bereits implizit festgestellt, dass eine weitere Auslegungsmöglichkeit von vorne herein ausgeschlossen ist: Aufgrund der Formulierung „oder durch sonstigen wirtschaftlichen Druck" könnte man sowohl die Gewalt als auch die Drohung und den Missbrauch als Beispiele für den wirtschaftlichen Druck betrachten. Das ist aber abwegig. Man denke nur an die Fälle absoluter Gewalt, bei denen eine Verbindung mit wirtschaftlichem Druck kaum denkbar erscheint. Zudem muss das empfindliche Übel, mit dem gedroht wird, nicht zwingend ein wirtschaftliches sein – und es ist auch nichts dafür erkennbar, dass der Gesetzgeber die Nötigungsmittel derart beschränken wollte. Schließlich ist eine andere Lesart ebenfalls möglich, die überdies schon vom allgemeinen Begriffsverständnis her viel näher liegt: Nur der Missbrauch eines beruflichen oder wirtschaftlichen Abhängigkeitsverhältnisses ist ein Unterfall des wirtschaftlichen Drucks, Gewalt und Drohung hingegen sind es nicht.[501] Eine klarere Formulierung könnte schon durch das Weglassen des Wortes „durch" vor dem „sonstigen wirtschaftlichen Druck" erreicht werden.[502] Soweit besteht Einigkeit. Der um die Unterfälle bereinigte Tatbestand lautet nun sinngemäß „Wer rechtswidrig mit Gewalt, durch Drohung mit einem empfindlichen Übel oder durch wirtschaftlichen Druck einen anderen nötigt". Diese Formulierung würde die Nebeneinanderstellung dreier gleichwertiger Nötigungsmittel ganz deutlich machen. Doch auch der tatsächliche Wortlaut wird vor diesem Hintergrund klar, denn der dritte Block an Nötigungsmitteln, eingeleitet durch den Spezialfall des Missbrauchs, wird, durch ein Komma getrennt, schlicht den ersten beiden Nötigungsmitteln angefügt. Sollte dieser Block Konkretisierung, Spezialfall oder Beispiel für eine Drohung sein, hätte es nahe gelegen, dies durch einen Fokuspartikel („namentlich", „insbesondere", „beispielsweise") zum Ausdruck zu bringen; das handhabt der Gesetzgeber schließlich auch an

---

[500] Kohlrausch/Lange, § 108 Anm. III; Lackner/Kühl, § 108 Rn. 2; Junck, S. 26 ff., 41; Kirschner, S. 95 ff.; Schmidhäuser, BT, 19/5; Schneider G., S. 74 f.; Trinkaus, S. 91 ff.; Wolf, S. 257 f.; in dieser Richtung wohl auch das Bundesverfassungsgericht, BVerfGE 66, 369 (380): „Außer der Anwendung von Gewalt und der Drohung [...] kommen der Missbrauch eines [...] Abhängigkeitsverhältnisses oder sonstiger wirtschaftlicher Druck in Betracht"; für eine Erweiterung der Nötigungsmittel schon früh Mayer M.E., ZfP 3 (1910), 19 mit folgender Begründung: „Als ob der Wahlagitator mit gepanzerter Faust den zur Urne eilenden Wähler festhielte und niederschlüge, als ob er dem Widerstrebenden androhte, ihm den roten Hahn aufs Dach zu setzen, seine Felder zu verwüsten und sein Weib zu schänden! So romantisch sind unsere Wahlkämpfe denn doch nicht".

[501] Junck, S. 26 f.

[502] So schon Trinkaus, S. 92.

anderen Stellen so, vergleiche nur §§ 34 S. 1, 323 c StGB. Ein Umkehrschluss – wenn kein Fokuspartikel, dann kein Beispielscharakter – kann unterstützend hinzugezogen werden,[503] doch schon der pure Wortlaut spricht eine klare Sprache: Auch in anderen Tatbeständen kommt schließlich niemand auf die Idee, bei reinen Aufzählungen Unter- und Oberbegriffe zu bilden. Bei § 234 StGB beispielsweise stehen auch Gewalt, Drohung und List nebeneinander, ohne dass jemand die List als Beispiel für eine Drohung betrachten würde. Freilich liegt bei diesem Beispiel schon begrifflich die Unterordnung der List unter die Drohung gänzlich fern. Doch zeigt dies den Schwachpunkt der herrschenden Auslegung des § 108 StGB: Der wirtschaftliche Druck kann (!) sich nämlich tatsächlich als Drohung mit einem empfindlichen Übel darstellen. Das scheint das Außerachtlassen des Aufzählungscharakters durch die hM zu begünstigen, wenn man bedenkt, dass von vielen Seiten eine drohende Weite des Tatbestandes bei eigenständiger Bedeutung des wirtschaftlichen Drucks befürchtet wird.[504] Es wird mithin vom gewünschten Ergebnis her eine Lösung gefunden, die den Wortlaut überdehnt.

Geht man demnach vom blanken Wortlaut der Norm ohne Berücksichtigung etwaiger Folgen für die Bestimmtheit des Tatbestandes aus, handelt es sich bei der Aufführung des wirtschaftlichen Drucks um ein eigenständiges Nötigungsmittel.[505]

(2) Wille des historischen Gesetzgebers

Wie alle Wahlstraftaten hat auch die Wählernötigung eine Entstehungsgeschichte, die von zahlreichen Reformvorschlägen und wenigen tatsächlichen Veränderungen geprägt ist.

Wenn man ausschließlich die Entwürfe betrachtet, die ausdrücklich eine wirtschaftliche Komponente in die Wählernötigung aufnehmen, zeigt sich folgendes Bild: Der erste Vorschlag im GE 1911[506] nennt die „Drohung mit der Zufügung wirtschaftlicher Nachteile". Im E 1927[507] wird die „Drohung mit einem wirtschaftlichen Nachteil oder einem anderen erheblichen Übel" aufgeführt, konkretisiert im E 1930,[508] nach dem es sich um einen „erheblichen wirtschaftlichen Nachteil" handeln muss. Lässt man den E 1950 beiseite, auf dem die heutige

[503] So geht Junck, S. 27 f., vor.

[504] SK-Rudolphi, § 108 Rn. 3 a; Geilen, in: LdR, S. 1113.

[505] Es ist nicht ersichtlich, inwiefern die hier erarbeitete Lösung den Wortlaut überdehnen soll, wie es SK-Rudolphi, § 108 Rn. 3 a, meint. Ganz im Gegenteil trifft dies, wie dargelegt, gerade auf die Auslegung durch die hM zu.

[506] § 130 Nr. 1.

[507] § 104 I.

[508] § 104 I.

Gesetzesfassung basiert, taucht in den Entwürfen 1959 I[509] und II[510] sowie 1960[511] und 1962[512] wiederum die „Drohung mit einem wirtschaftlichen oder beruflichen Nachteil" auf. In all diesen Entwürfen steht die wirtschaftliche Komponente im Kontext mit der Drohung, ist der Gegenstand der Drohung. Inmitten dieser historischen Entwicklung gibt es lediglich einen abweichenden Formulierungsvorschlag im Jahr 1950, der es nach einigen Modifikationen zur noch heute gültigen Gesetzesform gebracht hat. Die Bundesregierung wollte einen zu § 240 StGB subsidiären Tatbestand schaffen, auf Anregung des Bundesrats sowie des Rechtsausschusses entstand schließlich ein Spezialdelikt zu § 240 StGB:

BReg: „durch Missbrauch eines beruflichen Abhängigkeitsverhältnisses oder durch wirtschaftlichen Druck"

BRat: „mit Gewalt, durch Drohung mit einem empfindlichen Übel oder durch Missbrauch eines beruflichen oder wirtschaftlichen Abhängigkeitsverhältnisses"

RechtsA: „mit Gewalt, durch rechtswidrige Drohung mit einem empfindlichen Übel, durch Missbrauch eines beruflichen oder wirtschaftlichen Abhängigkeitsverhältnisses oder durch sonstigen wirtschaftlichen Druck"

Allen drei Formulierungsvorschlägen ist gemein, dass im Gegensatz zu den Entwürfen davor und danach die wirtschaftliche Komponente ohne Verknüpfung mit der Drohung geblieben ist, sondern, abgesehen vom Vorschlag der Bundesregierung, wo dies strukturell bedingt ist, neben Gewalt und Drohung genannt wird. Grund hierfür ist die beabsichtigte Erweiterung des Schutzes der Wahlberechtigten, was nur plausibel ist, wenn dieser auch vor Angriffen, die von § 240 StGB nicht umfasst werden, geschützt wird. Völlig eindeutig ist dies beim Regierungsvorschlag. Da dieser aufgrund seiner internen Subsidiaritätsklausel Bedeutung nur für den Fall besitzt, dass die Nötigungsmittel des § 240 StGB nicht einschlägig sind, liegt sein Erweiterungscharakter auf der Hand.[513] Die Änderungsvorschläge des Bundesrates sind – bis auf die Streichung des Merkmals „wirtschaftlicher Druck", das für zu unbestimmt gehalten wurde – nur struktureller Natur, um § 108 StGB zum Spezialdelikt gegenüber § 240 StGB zu gestalten. Dies sollte durch eine abschließende Aufzählung der Nötigungsmittel erreicht werden, unter denen der Bundesrat ausdrücklich Gewalt, Drohung und Missbrauch verstand.[514] Schließlich weisen auch die Ausfüh-

---

[509] § 407 I.
[510] § 402 I.
[511] § 402 I.
[512] § 402 I.
[513] So auch die Begründung, BT-Drs. 1/1307, S. 40, nach der § 107 II geschaffen werden soll, „um die politische Willensfreiheit des Staatsbürgers [...] stärker zu schützen".
[514] Vgl. die Begründung der Änderungsvorschläge in BT-Drs 1/1307, Anlage 2, S. 65.

rungen des Rechtsausschusses in diese Richtung. Auch hier wird die technische Veränderung zum Spezialdelikt aufgegriffen, was durch die abschließende Nennung der Nötigungsmittel erreicht wird. Dabei fehlt wiederum nicht der Hinweis, dass man den Schutz vor wirtschaftlichen Abhängigkeiten für besonders wichtig hält.[515]

Warum aber sollte dieser Schutz von allen Seiten so in den Vordergrund gestellt werden, wenn er doch ohnehin und schon immer von den klassischen Nötigungsmitteln miterfasst wäre? Bundesrat und Rechtsausschuss nehmen Veränderungen nur beim Konkurrenzverhältnis vor, womöglich beabsichtigte Veränderungen bei der Systematik der Nötigungsmittel werden nirgendwo angedeutet, geschweige denn begründet. Eine stillschweigende Veränderung durch diese Gremien ist umso unwahrscheinlicher, als der Erweiterungscharakter der Ausgangsformulierung, wie dargelegt, eindeutig ist. Hinzu kommt, dass diese in offenkundiger Abkehr von den Formulierungen der bisher vorliegenden Entwürfe gestaltet wurde.

Ein Weiteres stützt den so ermittelten historischen Gesetzgeberwillen: Die späteren, in den Nötigungsmitteln wortgleichen Entwürfe 1960 und 1962 wollen nur die Nötigung „mit Gewalt, durch gefährliche Drohung [...] oder durch Drohung mit einem wirtschaftlichen oder beruflichen Nachteil" bestrafen. Grund: Die bisherigen Begriffe seien zu allgemein und könnten auch nicht strafwürdiges Verhalten einbeziehen, so dass eine engere Fassung angezeigt sei.[516] Unterstellt, § 108 StGB enthielte lediglich Gewalt und Drohung mit einem empfindlichen Übel als Nötigungsmittel – wäre diese Begründung dann plausibel? Eine Verengung der Nötigungsmittel, wenn die normale Nötigung im Grundsatz unberührt bleibt, ist nur dann nachvollziehbar, wenn zuvor eine Erweiterung derselben existiert hat. Nicht zuletzt nehmen die Begründungen zur Einschränkung des Tatbestandes sogar ausdrücklich auf den Missbrauch und den sonstigen wirtschaftlichen Druck Bezug.[517]

Die geschichtliche Entwicklung des Tatbestandes zeigt, dass der Gesetzgeber sich mit der gegenwärtigen Fassung der Wählernötigung deutlich von den zuvor existierenden Vorschlägen abgesetzt hat, indem er die wirtschaftliche Komponente nicht mit der Drohung verknüpft, sondern als eigenständiges Nötigungs-

---

[515] Vgl. die Ausführungen in BT-Prot., 1. Wahlperiode, 265. Sitzung, S. 12995.

[516] Begründung E 1960, BT-Drs. 3/2150, S. 547; Begründung E 1962, BT-Drs. 4/650, S. 588.

[517] Schafheutle in der GrStrK, Band 13, S. 281: „Das geltende Recht verwendet das Merkmal des wirtschaftlichen Drucks. Diese Fassung ist sicher zu weit. [...] Aber es wäre andererseits zu eng, wenn wir auch in diesem Bereich die Strafbarkeit auf die Nötigungsmittel der Gewalt und der gefährlichen Drohung beschränken würden".

mittel formuliert hat. Auch spätere Entwürfe unterstreichen dies, weil darin diese Erweiterung wenigstens teilweise wieder zurückgenommen werden sollte.

(3) Systematik

Auch die systematische Zusammenschau mit weiteren nötigungsähnlichen Tatbeständen führt zu keinem anderen Ergebnis. Das StGB kennt an mehreren Stellen das Mittel der „Drohung mit einem empfindlichen Übel", etwa bei den §§ 106, 181, 234, 240, 253 StGB, nirgends aber wird diese Drohung beispielhaft konkretisiert.[518] Vom systematischen Gesichtspunkt her spielt es im Übrigen keine Rolle, dass die konkreten „Beispiele" des § 108 StGB nicht bei allen anderen genannten Tatbeständen passend gewesen wären, entscheidend ist allein die Tatsache, dass dort keinerlei Konkretisierungsversuch unternommen bzw. für nötig befunden worden ist. Warum sollte dann gerade bei der Wählernötigung eine Verdeutlichung erfolgen? Insbesondere bei § 181 StGB etwa hätte eine Konkretisierung im Sinne eines persönlichen Abhängigkeitsverhältnisses durchaus nahe gelegen.

Noch klarer wird die systematische Schlussfolgerung bei einer näheren Betrachtung der sich im selben Abschnitt befindenden Norm des § 106 StGB. Zwischen diesen beiden Tatbeständen besteht insofern eine Beziehung, als § 108 StGB eine von Nötigung unberührte Willensbildung im Bereich der unmittelbaren Demokratie gewährleisten will und § 106 StGB das identische Ziel für den Bereich der mittelbaren Demokratie hat. Auch hier wird auf eine beispielhafte Verdeutlichung der Nötigungsmittel verzichtet.

Weiter bleibt aus systematischer Sicht zu bedenken, dass der Missbrauch bestimmter Abhängigkeitsverhältnisse in anderen Tatbeständen ebenfalls auftaucht, beispielsweise in den §§ 174 I Nr. 2, 174 b, 180 III StGB, dort aber nie eine Situation beschreibt, die die Schwelle zur Drohung erreichen muss.[519] Anders gewendet: Sollte der Missbrauch des Abhängigkeitsverhältnisses bei § 108 StGB lediglich ein Spezialfall der Drohung sein, müsste dieser bei der Wählernötigung anders ausgelegt werden als bei allen anderen Tatbeständen, in denen dieser zum Tatbestand gehört.

(4) Sinn und Zweck

Dieser besteht auch darin, dem einzelnen Wähler eine möglichst unbeeinflusste Entscheidung über das Ob und Wie seiner Wahl bzw. Abstimmung zu garantieren. Insofern wird mit Strafrechtsschutz versehen, was der Wahlrechtsgrundsatz der freien Wahl aus Art. 38 GG verlangt.

---

[518] Junck, S. 28.
[519] Siehe unten, S. 105 f.

Insofern ist sicher richtig, dass je mehr Nötigungsmittel von § 108 StGB erfasst werden desto besser die Freiheit der Wahl geschützt wäre. Dabei ist von vorne herein aber festzuhalten, dass es kritisch wäre, strafrechtlich etwas zu untersagen, was Art. 38 GG (noch) erlaubt. Weiterhin ist auch plausibel, dass die Kategorisierung des wirtschaftlichen Drucks als eigenständigem Nötigungsmittel geeignet ist, besonders subtile, unterschwellige Einwirkungen auf den Wähler zu erfassen, also den womöglich perfider und demnach mit höherer krimineller Energie vorgehenden Täter zu bestrafen.[520] Das bloße „Argument der Macht"[521] wird dann aus der politischen Willensbildung des Wählers herausgehalten. Geht man schließlich davon aus, dass das Recht auf eine freie Wahl einen besonders sensiblen, für das demokratische Staatswesen letztlich definitionsnotwendigen Bereich[522] betrifft, kann diese im Vergleich zu anderen nötigungsähnlichen Tatbeständen gegebene Erweiterung des Schutzes auch diesen gegenüber gerechtfertigt erscheinen. Ob diese Erweiterung inhaltlich und gesetzestechnisch gelungen ist, wird hingegen noch zu untersuchen sein.

Für den Moment ist festzuhalten, dass das Ziel, eine Wahl vor nötigenden Einflüssen auf den Wähler, insbesondere auch den gefährlicheren subtilen zu schützen, mit der Auslegung, die dem wirtschaftlichen Druck eigenständige Bedeutung zumisst, besser erreicht werden kann als mit der Auslegung, die darin nur ein Beispiel für eine Drohung mit einem empfindlichen Übel sieht.

Sowohl der Wortlaut als auch der historische Gesetzgeberwille sowie Systematik und Telos des Gesetzes sprechen dafür, dass mit der Wendung „durch Missbrauch eines beruflichen oder wirtschaftlichen Abhängigkeitsverhältnisses oder durch sonstigen wirtschaftlichen Druck" ein zusätzliches, die Nötigungsmittel des § 240 StGB erweiterndes Merkmal in den Tatbestand der Wählernötigung eingefügt worden ist.
Mit diesem Ergebnis ist jedoch zunächst nicht viel gewonnen, da eine Definition des „wirtschaftlichen Drucks" noch aussteht.

bb) Bestimmung der zusätzlichen Nötigungsmittel

Allein *Junck*[523] hat eine nähere Bestimmung der Begriffe vorgenommen. Methodisch geht er von der Feststellung aus,[524] ein Nötigungsmittel sei nur dann wirtschaftlicher Druck, wenn es sich weder als Gewalt noch als Drohung mit

---

[520] Junck, S. 35 ff.
[521] Breitbach, DuR 1984, 432, 437.
[522] V. Münch/Kunig-Trute, Art. 38 Rn. 35.
[523] Junck, S. 45 ff.; alle anderen Autoren belassen es bei Allgemeinplätzen, etwa Kirschner, S. 95 ff.
[524] Junck, S. 46 f.

einem empfindlichen Übel darstelle. Sodann stellt er eine Art Stufenfolge auf, wonach Nötigungsmittel zunächst unter dem Gesichtspunkt der Gewalt in Abgrenzung zur (schwächeren) Drohung mit einem empfindlichen Übel zu beurteilen seien. Erst wenn letztere nicht vorliege, käme gleichsam unterhalb dieser Schwelle der wirtschaftliche Druck in Betracht. Dessen Definition müsse folglich in Abgrenzung zur Drohung mit einem empfindlichen Übel erfolgen. Hiervon ausgehend unterfielen bloße Warnungen in keiner Konstellation dem „sonstigen wirtschaftlichen Druck".[525] Erfasst seien hingegen nicht konkretisierte, also unbestimmte Drohungen[526] sowie Drohungen, ein rechtlich nicht gebotenes Handeln zu unterlassen.[527] Stets müsse das angedrohte Übel empfindlich sein.[528]

Juncks Vorgehensweise überrascht unter zweierlei Gesichtpunkten: Zum einen ist die Frage der Abgrenzung zwischen Gewalt und Drohung mit einem empfindlichen Übel nicht primär eine der Intensität des Nötigungsmittels, sondern sie erfolgt danach, dass die Zwangswirkung beide Male gegenwärtig, das Übel aber nur bei der Gewalt ebenfalls gegenwärtig, bei der Drohung hingegen zukünftig ist.[529] Zum anderen tritt durch die starke Fokussierung auf die Drohung[530] zu sehr in den Hintergrund, dass schon der historische Gesetzgeber in diesem Zusammenhang von der (faktischen) wirtschaftlichen Benachteiligung oder ihrer Androhung gesprochen hat.[531]

Folglich kann man sich bei der Bestimmung dessen, was als wirtschaftlicher Druck gelten soll, weil dieser neben und nicht „unterhalb" der anderen Nötigungsmittel steht, an diesen beiden orientieren. Zusätzliche Anhaltspunkte bieten die §§ 174 I Nr. 2, 174 b, 180 III StGB, in denen auch vom Missbrauch eines Abhängigkeitsverhältnisses die Rede ist, sowie § 20 II BetrVG, der die Beeinflussung von Betriebsratswahlen untersagt, und § 21 II GWB, der das Verbot wettbewerbsbeschränkenden Verhaltens statuiert.

(1) Ausgangspunkt: Missbrauch eines beruflichen oder wirtschaftlichen Abhängigkeitsverhältnisses

Ausgangspunkt ist der besondere Fall des wirtschaftlichen Drucks, der Missbrauch eines beruflichen oder wirtschaftlichen Abhängigkeitsverhältnisses. Dies deshalb, weil dieses Merkmal auch in anderen Tatbeständen vorkommt und somit sehr klar umrissen ist. Zudem verfügt ein Spezialfall über alle Merkmale des

---

[525] Junck, S. 54.
[526] Junck, S. 61.
[527] Junck, S. 68.
[528] Junck, S. 60, 68 f.
[529] Vgl. nur Sch/Sch-Eser, vor §§ 234 ff. Rn. 37.
[530] Von allen erwähnten Beispielen beinhaltet nur eines auf S. 61 keine Drohung.
[531] BT-Drs. 1/1307, S. 40.

allgemeinen Falls, so dass insofern diesen betreffende Schlussfolgerungen gezogen werden können.

Die §§ 174 I Nr. 2 und 180 III StGB sprechen vom „Missbrauch einer mit dem [...] Ausbildungs-, [...] Dienst- oder Arbeitsverhältnis verbundenen Abhängigkeit", § 174 b I StGB vom „Missbrauch der durch das Verfahren begründeten Abhängigkeit". § 108 StGB nennt den „Missbrauch eines beruflichen oder wirtschaftlichen Abhängigkeitsverhältnisses". Zwar divergieren die Formulierungen leicht, doch bedeuten in der Sache der Missbrauch einer beruflich begründeten Abhängigkeit und der Missbrauch eines beruflichen Abhängigkeitsverhältnisses nichts anderes.[532] Gegen die Übertragbarkeit der Auslegungsergebnisse könnte die unterschiedliche Einfügung des Missbrauchsmerkmals in den jeweiligen Tatbestand sprechen. Bei § 108 StGB erfolgt diese mittels eines „durch", bei den §§ 174 I Nr. 2, 174 b, 180 III StGB mittels eines „unter". Gewöhnlicherweise wird der Einsatz eines Nötigungsmittels mit der Präposition „mit" oder „durch" beschrieben, nicht mit „unter".[533] Der Missbrauch des Abhängigkeitsverhältnisses stellt in den relevanten Tatbeständen des Sexualstrafrechts aber keine Nötigungsmittel dar, weil es sich nicht um Nötigungstatbestände handelt. Es geht dort vielmehr um eine unrechtscharakterisierende besondere Begehungsweise; es ist eben nicht die Vornahme jeder sexuellen Handlung an einem Schutzbefohlenen strafbar, sondern gerade nur die unter Ausnutzung des Abhängigkeitsverhältnisses.

Der Missbrauch eines Abhängigkeitsverhältnisses hat demnach in den verschiedenen Tatbeständen verschiedene Funktionen. Die unterschiedliche Präposition erklärt sich aus der unterschiedlichen Struktur der Tatbestände. Gleichwohl zeigt die Auslegung in Literatur und Rechtsprechung, dass die Tatsituation bei den §§ 174 I Nr. 2, 174 b, 180 III StGB jedenfalls eine nötigungsähnliche ist.[534] Es ist mithin nichts ersichtlich, warum der Missbrauch an sich, auch wenn er in den verschiedenen Tatbeständen verschieden eingesetzt werden muss, auch von Grund auf verschieden ausgelegt werden müsste.

In den Normen des Sexualstrafrechts wird von einem Missbrauch des Abhängigkeitsverhältnisses dann ausgegangen, wenn der Täter offen oder versteckt seine Macht und Überlegenheit in einer für den Jugendlichen erkennbar werdenden Weise als Mittel einsetzt, um sich diesen gefügig zu machen, was insbesondere gegeben ist, wenn eine Drucksituation für den Schutzbefohlenen geschaffen

---

[532] So auch Maurach/Schroeder/Maiwald, BT 2, § 86 III Rn. 24, die ausdrücklich auf §§ 174 I Nr. 2 und 174 b StGB verweisen.
[533] Fischer, NStZ 2000, 142.
[534] Vgl. nur Sch/Sch-Lenckner/Perron, § 174 Rn. 14: „unter Druck setzen".

wird.[535] Ein Missbrauch liegt auch dann vor, wenn der Täter seine Macht gegenüber dem Schutzbefohlenen erkennt und die auf ihr beruhende Abhängigkeit zu sexuellen Handlungen ausnutzt; beiden Teilen muss dabei der Zusammenhang des Abhängigkeitsverhältnisses mit den sexuellen Handlungen bewusst sein.[536] Allgemeiner gesprochen muss zum einen das Abhängigkeitsverhältnis für die sexuellen Handlungen kausal werden und zum anderen muss der Zusammenhang zwischen Abhängigkeit und Sexualkontakt Täter und Opfer bewusst sein.[537]

Übertragen auf die Situation des § 108 StGB ist folgendes Verhalten gemeint: Jemand, der kraft Abhängigkeitsverhältnis über eine überlegene Machtstellung im beruflichen oder wirtschaftlichen Bereich verfügt, nutzt diese Position in dem Sinne aus, dass er die Abhängigkeit als Mittel einsetzt, um die Willensentschließung des Abhängigen in eine bestimmte Richtung zu lenken, um diesen also zu einem Wahlverhalten in seinem Sinne zu bringen. Dieser Zusammenhang ist auch dem Beeinflussten klar.

Im Rahmen der Sexualstraftaten kann das geschilderte „unter Druck-Setzen" auch im Zusammenhang mit dem Androhen etwaiger Übel stehen. Ist das der Fall, muss dieses aber nach allgemeiner Meinung nicht den Voraussetzungen der „Drohung mit einem empfindlichen Übel" im Sinne des § 240 oder auch § 108 StGB entsprechen.[538]
An diese werden in ihren zwei Bestandteilen bekanntermaßen unterschiedliche Anforderungen bezüglich der jeweils erforderlichen Konkretheit gestellt. Die Drohung selbst kann in versteckter Form oder schlüssigen Handlungen erfolgen, gleichzeitig muss das angedrohte Übel aber genügend erkennbar sein.[539] Der Täter muss also nicht etwa eine ausdrückliche und eindeutige Wenn-Dann-Formulierung gebrauchen („Wenn du nicht X wählst, dann kündige ich dir"), sondern dies kann auch subtiler erfolgen, solange das Übel erkennbar bleibt und nicht nur pauschal Verschlechterungen in Aussicht gestellt werden („In unserem Betrieb hat es sich bewährt, Mitarbeiter frei zu setzen, die nicht X wählen"). Nicht ausreichen würde für die „Drohung mit einem empfindlichen Übel" etwa der Hinweis, wer nicht X wähle, für den „werde man sich schon etwas Passendes einfallen lassen". Dass es sich bei „dem Passenden" um eine Verschlechte-

---

[535] BGHSt 28, 365 (367); BGH, NStZ 1982, 329; BGH, NStZ 1991, 81 mit den Beispielen, dass der Schutzbefohlene im Weigerungsfall beschimpft oder er mit übertriebenen Verboten und kleinlichen Kontrollen schikaniert wird und der Täter ihm das Leben erst bei willfährigem Verhalten wieder erträglich macht.
[536] BGHSt 28, 365 (367); BGH, NStZ 1982, 329.
[537] SK-Horn/Wolters, § 174 Rn. 17; Laubenthal Rn. 424.
[538] Sch/Sch-Lenckner/Perron, § 174 Rn. 14.
[539] BGH, MDR 1987, 281; BGH, NJW 1989, 1289.

rung des status quo handeln dürfte, ist zwar nahe liegend, gleichwohl weiß man derzeit nicht, wie sich diese Verschlechterung genau darstellen wird. Die bloße Schaffung einer diffusen Atmosphäre der Einschüchterung ist aber nach allgemeiner Meinung noch keine Drohung mit einem empfindlichen Übel.[540] Für den Missbrauch eines Abhängigkeitsverhältnisses genügt sie jedoch. Insbesondere auch deshalb, weil bei den §§ 174 I Nr. 2, 174 b, 180 II StGB nach der genannten Definition des Missbrauchs des Abhängigkeitsverhältnisses auch tatbestandsmäßige Situationen denkbar sind, in denen überhaupt keine Drohung erfolgt, sondern allein das Argument der Macht ausgespielt wird.[541] Übertragen auf § 108 StGB bedeutet das, dass der Missbrauch des Abhängigkeitsverhältnisses nicht zwingend einhergehen muss mit (dem Tatbestand aber ebenso unterfallenden) unbestimmten Drohungen. Es ist vielmehr auch denkbar, dass der Täter in Ausnutzung seiner Machtposition eine gegenwärtige nachteilige Situation für das Opfer schafft, um ein von ihm gewolltes Stimmverhalten herbeizuführen.

Hier wird deutlich eine Parallele zum Nötigungsmittel der Gewalt sichtbar: Der Täter schafft gegenwärtig eine für das Opfer nachteilige Situation, um den Abhängigen zu einem bestimmten Verhalten zu bringen.

Aus dem Vergleich mit der Handhabung des Merkmals „Missbrauch eines Abhängigkeitsverhältnisses" bei den §§ 174 I Nr. 2, 174 b, 180 II StGB ergibt sich, dass unter das Nötigungsmittel des „wirtschaftlichen Drucks" in § 108 StGB einerseits Drohungen, durch die eine allgemeine Atmosphäre der Einschüchterung geschaffen wird, andererseits die Herbeiführung einer beruflich bzw. wirtschaftlich nachteiligen Situation, um die Wahl zu beeinflussen, fallen.

(2) Vergleich mit § 20 II BetrVG und § 21 II GWB

Ähnliches ergibt der Vergleich mit § 20 II BetrVG und § 21 II GWB.
§ 20 II BetrVG, dessen Verletzung nach § 119 I Nr. 1 BetrVG unter Strafe gestellt ist, verbietet die Beeinflussung der Wahl des Betriebsrats „durch Zufügung oder Androhung von Nachteilen oder durch Gewährung oder Versprechen von Vorteilen". Die beiden letzten Alternativen spielen für die Betrachtungen zu § 108 StGB keine Rolle, weil dieser – anders als die §§ 20 II, 119 I Nr. 1 BetrVG – kein allgemeines Wahlbeeinflussungsverbot beinhaltet, sondern, gerade auch in Abgrenzung zu § 108 b StGB, Drucksituationen kraft (angekündigter) Verschlechterung der Situation erfasst.[542]

---

[540] BGH, MDR 1987, 281.

[541] Vgl. die Konstellation bei BGH, NStZ 1991, 81 (82).

[542] Sax, S. 169 ff., 179 ff. teilt aus betriebsverfassungsrechtlicher Sicht die von § 119 I Nr. 1 StGB erfassten Konstellationen in genau diese beiden Kategorien, Wählernötigung einerseits, Wählerbestechung andererseits, ein.

Erkenntnisse zu den beiden ersten Alternativen könnten jedoch übertragbar sein, da auch hier eine unbeeinflusste, also ordnungsgemäße Wahl sowie eine unbeeinflusste Stimmabgabe gewährleistet werden sollen.[543]

Die Anforderungen an die Androhung von Nachteilen werden im arbeitsrechtlichen Schrifttum nicht völlig einheitlich gesehen.[544] Teilweise wird aufgrund des Wortlauts „Nachteil" ein konkretes Übelsereignis verlangt,[545] teilweise lässt man eine allgemeine Druckausübung genügen.[546] Das kann insofern dahinstehen, als man aus der Auslegung des Begriffs Nachteile allenfalls Schlüsse auf den Begriff des empfindlichen Übels ziehen könnte, das hier nicht in Rede steht.

Abgesehen davon fällt ins Auge, dass der Gesetzgeber hier explizit sowohl die Zufügung als auch die Androhung von Nachteilen für strafbar erklärt hat. Das entspricht dem Willen des historischen Gesetzgebers bei § 108 StGB, der davon ausging, wirtschaftlicher Druck könne „durch andere Maßnahmen wirtschaftlicher Benachteiligung oder ihrer Androhung ausgeübt werden".[547] Berücksichtigt man, dass der Strafrechtsschutz nach vorne verlagert wird, wenn man eine Drohung genügen lässt, weil der Nachteil (noch) nicht eingetreten zu sein braucht, und dass die mit den Wahlstraftaten geschützten Wahlen und Abstimmungen aufgrund ihrer verfassungsrechtlichen Verankerung einen höheren Stellenwert als die Betriebsratswahlen haben, so bestünde ein enormer Wertungswiderspruch, wenn § 108 StGB die faktische wirtschaftliche Benachteiligung als Nötigungsmittel nicht miteinbeziehen würde. Zumal, wenn der Wortlaut „wirtschaftlicher Druck" nicht auf die Auslegung im Sinne einer Drohung festgelegt ist, sondern im Gegenteil ein eigenständiges Nötigungsmittel beschreibt. Schließlich erfasst auch der Beispielsfall des Missbrauchs eines Abhängigkeitsverhältnisses wie gesehen derartige faktische Nachteile.

Auch in einem anderen rechtlichen und tatsächlichen Kontext kann wirtschaftlicher Druck auftreten, der das Maß des Zulässigen überschreitet und deshalb – wenn auch nicht bei Strafe – untersagt ist. So wird die unternehmerische Entscheidungsfreiheit vor unerlaubter Einflussnahme in § 21 II GWB geschützt,[548]

---

[543] H/S/W/G-Schlochauer, § 20 Rn. 22.
[544] Anders offenbar Junck, S. 59.
[545] Sax, S. 170 f.; meist wird nicht ausdrücklich Stellung genommen, aber es werden Beispiele genannt, die für die Voraussetzung eines konkreten Übels sprechen, so etwa bei F/E/S/T/L, § 20 Rn. 21 ff.; H/S/W/G-Schlochauer, § 20 Rn. 23; Stege, § 20 Rn. 6; Bolt/Gosch, AiB 1997, 560.
[546] Däubler/Kittner/Klebe-Schneider, § 20 Rn. 12; Däubler/Kittner/Klebe-Trümmer, § 119 Rn. 7; Vogt, BB 1987, 191, dessen Verweise jedoch nur teilweise seine Meinung stützen.
[547] BT-Drs. 1/1307, S. 40.
[548] Langen/Bunte-Schultz, § 21 Rn. 49.

wonach Unternehmen anderen Unternehmen „keine Nachteile androhen oder zufügen und keine Vorteile versprechen oder gewähren" dürfen, um ein Verhalten herbeizuführen, das „nicht zum Gegenstand einer vertraglichen Bindung gemacht werden darf". Auch diese (nötigungsähnliche[549]) Situation des wirtschaftlichen Drucks umschreibt das Gesetz mit der Androhung bzw. Zufügung von Nachteilen, wobei auch hier nicht abschließend geklärt ist, wie konkret das angedrohte Übel sein muss.[550] Klar ist aber, dass auch die Situation der Zufügung von Nachteilen verboten ist. Die Inhalte des § 21 II GWB können freilich nicht unmittelbar auf § 108 StGB übertragen werden, weil diese Norm in einem völlig anderen Wirklichkeitszusammenhang steht. Sie kann aber zur Untermauerung des bereits gewonnenen Ergebnisses dienen, weil auch hier, in einer ganz typischen Situation wirtschaftlichen Drucks, dieser als Androhung oder Zufügung von Nachteilen umschrieben wird.

Aus der Zusammenschau der genannten Normen ergibt sich, dass für das Merkmal „wirtschaftlicher Druck" einerseits Drohungen mit einem im Einzelnen noch unbestimmten Übel[551] sowie andererseits das Zufügen von wirtschaftlichen Nachteilen in Betracht kommt. Der Struktur nach fallen unter den Begriff des wirtschaftlichen Drucks demnach Mittel ähnlich der Gewalt und Mittel ähnlich der Drohung mit einem empfindlichen Übel.

Mit diesem Zwischenergebnis ist allerdings noch keine Lösung gefunden, die die Befürchtungen, das Tatbestandsmerkmal sei „etwas unbestimmt"[552] und begründe die Gefahr, die Strafbarkeit auch auf nicht strafwürdiges Verhalten auszudehnen,[553] zerstreut.

(3) Nähere Bestimmung des Abhängigkeitsverhältnisses

§ 108 StGB verlangt ein berufliches oder wirtschaftliches Abhängigkeitsverhältnis. Insofern werden weitere Begriffe als in § 174 I Nr. 2 StGB gebraucht.
Zur Konkretisierung des beruflichen Abhängigkeitsverhältnisses kann dennoch insofern auf § 174 I Nr. 2 StGB zurückgegriffen werden, als die dort aufgeführten Dienst- und Arbeitsverhältnisse sicher darunter fallen. Zweifeln könnte man beim dort genannten Ausbildungsverhältnis, weil dieses erst eine Berufstätigkeit vorbereitet. Auch Art. 12 GG spricht für diese Abgrenzung, weil er Beruf und Ausbildung nebeneinander stellt. Eine Übertragung dieser Kategorien auf das

[549] KG vom 28. 05.1976, Az Kart. 165/75, auszugsweise veröffentlicht in WuW/E OLG 1775.
[550] Widersprüchlich Langen/Bunte-Schultz, § 21 Rn. 55 und Rn. 58; vgl. auch Immenga/Mestmäcker-Markert, § 21 Rn. 57 ff.; eher für eine weitere Auslegung KG, WuW/E OLG 1775.
[551] Ähnlich schon Kohlrausch/Lange, § 108 Anm. III: „allgemeine Einschüchterung genügt"; vgl. auch Harnischmacher, S. 79.
[552] So die Anmerkung des Bundesrats, BT-Drs. 1/1307, Anlage 2, S. 65.
[553] Begründung § 402 E 1962, BT-Drs. 4/650, S. 588; vgl. auch SK-Rudolphi, § 108 Rn. 3 a.

StGB ist jedoch nicht zwingend (Relativität der Rechtsbegriffe).[554] Ganz abgesehen von der praktischen Erkenntnis, dass sich die meisten Ausbildungsverhältnisse in Zeiträumen abspielen, in denen ohnehin kein Wahlrecht des Auszubildenden besteht, wird man diese gleichwohl zu den beruflichen Abhängigkeitsverhältnissen zählen können. Sinn der Regelung ist es, auch nach dem Willen des historischen Gesetzgebers, Über-/Unterordnungsverhältnisse im beruflichen Kontext, wo erfahrungsgemäß und nicht erst in Zeiten hoher Arbeitslosigkeit eine besonders große wirtschaftliche Abhängigkeit besteht, von den geschilderten Drucksituationen frei zu halten. Letztlich kann diese Frage aber dahinstehen, weil das Ausbildungsverhältnis (auch) unter das wirtschaftliche Abhängigkeitsverhältnis subsumierbar ist.

Dessen nähere Bestimmung ist nicht unproblematisch, weil diese Begrifflichkeit an keiner anderen Stelle im StGB auftaucht. Zwei Aspekte kommen nach dem natürlichen Wortsinn für die Auslegung in Betracht: Mit der Konkretisierung des Abhängigkeitsverhältnisses als wirtschaftlichem könnte einmal der Lebensbereich Wirtschaft, also das Geschäfts- und Wirtschaftsleben im Gegensatz zum Privat- und Familienleben gemeint sein. In Betracht kommt aber auch eine nähere Beschreibung dessen, worauf die Abhängigkeit beruht, so dass es sich um ein Synonym für eine finanzielle Abhängigkeit handeln würde. Legt man letzteres zugrunde, könnte eine Taschengeldkürzung im Eltern-Kind-Verhältnis oder die Rückforderung eines privaten Darlehens den Missbrauch eines wirtschaftlichen Abhängigkeitsverhältnisses darstellen. Zwar lässt der Wortlaut beide Deutungen zu, doch spricht das systematische Nebeneinander mit dem beruflichen Abhängigkeitsverhältnis für eine Auslegung im erstgenannten Sinn. Auch der Beruf beschreibt einen „Lebensbereich", worauf in diesem Zusammenhang die Abhängigkeit in concreto basiert, bleibt vom Wortlaut her offen, wenngleich es sich freilich faktisch zumeist um eine finanzielle Abhängigkeit handeln wird. Dann liegt zugleich ein wirtschaftliches Abhängigkeitsverhältnis vor. Aus teleologischen Erwägungen heraus ist die weitere Auslegung ebenso gut vertretbar, wenn man jegliche Verknüpfung eines finanziellen Angewiesenseins mit einer Wahlentscheidung verbieten möchte. Aufgrund des Bedürfnisses, dem dritten Nötigungsmittel möglichst klare, bestimmte Konturen zu verleihen und dessen uferlose Ausdehnung zu verhindern, wird die enge Auslegung jedoch zu favorisieren sein. Beispiel hierfür wäre dann etwa das Abhängigkeitsverhältnis zwischen Hauptauftraggeber und Auftragnehmer und das Ausbildungsverhältnis, wenn man es nicht in den beruflichen Kontext stellen will.

---

[554] Larenz/Canaris, Methodenlehre, S. 142 f.

Das Adjektiv „wirtschaftlich" ist mithin nicht gleichbedeutend mit „finanziell", sondern beschreibt Vorgänge aus dem Wirtschafts-, Berufs- und Geschäftsleben.[555]

(4) Konkretisierung des Nötigungsmittels „wirtschaftlicher Druck"

(a) Inhaltlich

Legt man dieses Ergebnis zugrunde und geht man weiter davon aus, dass der Unterschied zwischen dem Missbrauch eines Abhängigkeitsverhältnisses und dem wirtschaftlichen Druck nur darin liegt, dass letzterer auch zwischen gleichstehenden Personen angewendet werden kann,[556] so ist hier der relevante Wirklichkeitsausschnitt derselbe.

Davon ist gedanklich die Frage zu trennen, welchen Inhalts das Übel, mit dem (wenn auch unbestimmt) gedroht sowie der Nachteil bzw. das Übel, das zugefügt wird, sein muss. Beim Missbrauch des Abhängigkeitsverhältnisses ergibt sich die Antwort daraus, dass die Drucksituation gerade aus den kraft Autoritätsverhältnis bestehenden Einwirkungsmöglichkeiten erzeugt wird.[557] Wenn das Autoritätsverhältnis demnach auf beruflicher und/oder wirtschaftlicher Abhängigkeit gründet, muss das Übel folglich auch in diesem Bereich liegen. Wenn weiter der wirtschaftliche Druck diese Situation nur auf die Ebene der Gleichordnung überträgt, ist diese Erkenntnis übertragbar. Auch vom Wortlaut her wäre eine andere Auslegung höchst fraglich: Von wirtschaftlichem Druck könnte man nicht sprechen, wenn unbestimmte private Nachteile angedroht werden. Insofern muss es sich innerhalb des wirtschaftlichen Bereichs aber nicht zwingend um materielle Nachteile handeln, vielmehr ist auch eine immaterielle Verschlechterung denkbar. Berufliche Versetzungen können damit sowohl unter dem Gesichtspunkt der Verschlechterung des Einkommens als auch der Verschlechterung des Ansehens relevant sein. Nimmt der Vorgesetzte hingegen eine Einladung eines Angestellten nicht wahr, liegt ein Missbrauch des beruflichen Abhängigkeitsverhältnisses deshalb nicht vor, weil diese Einwirkung nicht spezifisch auf der beruflichen Über-/Unterordnung basiert. Bei unbestimmten Drohungen kann gerade aufgrund der mangelnden Bestimmtheit fraglich sein, wie das Übel inhaltlich einzuordnen ist. Abzustellen ist auf den Sinnzusammenhang der Äußerung und gegebenenfalls deren Schwerpunkt. Wenn der Vorgesetzte zum Angestellten sagt, sollte dieser nicht die X-Partei wählen, werde man sich schon etwas Passendes einfallen lassen, so liegt schon aufgrund der Personenkonstellation nahe, dass die denkbaren Druckmittel solche wirtschaftlicher Natur

---

[555] Das setzt offensichtlich auch Junck, S. 46, 60 stillschweigend voraus; vgl. auch Trinkaus, S. 93 „jeder im Wirtschaftsleben ausgeübte Druck".
[556] Junck, S. 61; Kirschner, S. 97.
[557] LK-Laufhütte, § 174 Rn. 16.

sind. Anders kann der Fall dann zu beurteilen sein, wenn Chef und Mitarbeiter gemeinsam im Gartenbauverein tätig sind und der Sinnzusammenhang eher auf diesen Freizeitbereich ausgerichtet ist.

(b) Geeignetheit

Darüber hinaus muss die Übelsandrohung bzw. -zufügung überhaupt geeignet sein, den Willen des Betroffenen in die gewünschte Richtung zu lenken, um die Nötigungsmittel vom Bereich der bloßen Unannehmlichkeit nach unten hin abzugrenzen. Diese Einschränkung ist auch im Rahmen von § 20 II BetrVG[558] und § 21 II GWB[559] allgemein anerkannt. Im Rahmen der Drohung mit einem empfindlichen Übel ist es die Empfindlichkeit, die nur solche Übel tatbestandsmäßig erscheinen lässt, die geeignet sind, einen besonnenen Menschen in der Lage des Bedrohten zum mit der Drohung erstrebten Verhalten zu bewegen.[560] Auch Gewalt ist nur dann relevant, wenn sie nach ihrer Intensität geeignet ist, einen normal empfindlichen Menschen in der gewollten Richtung zu beeinflussen.[561] Insofern ist auch die objektive Eignung bzw. Tauglichkeit des als wirtschaftlichen Drucks eingesetzten Mittels in der konkreten Situation zu verlangen. Das lässt sich neben den genannten allgemeinen und systematischen Erwägungen auch aus dem Wortlaut „Druck", der eine gewisse Intensität der Einwirkung voraussetzt, herleiten.[562] Das rein subjektive Zwangsempfinden genügt demnach – wie auch sonst bei der Nötigung – nicht.[563]

(c) Verknüpfung Nötigungsmittel – Nötigungserfolg

Schließlich bedarf auch das Element des Zufügens eines wirtschaftlichen Nachteils noch einer Konkretisierung. Eine bloß kausale Verknüpfung des Nötigungsmittels mit dem Nötigungserfolg, getragen vom Eventualvorsatz, zu verlangen, würde tatsächlich die Gefahr einer uferlosen Ausdehnung des Gesetzes begründen. Fraglich ist insbesondere das Erfordernis einer besonderen subjektiven Komponente.

Auszugehen ist vom Nötigungsmittel der Gewalt, das als subjektive Komponente die Absicht zur Willensbeugung voraussetzt, indem Gewalt als körperliche Tätigkeit, durch die körperlich wirkender Zwang ausgeübt wird, um geleisteten

---

[558] Däubler/Kittner/Klebe-Schneider, § 20 Rn. 3; GK BetrVG-Kreutz, § 20 Rn. 25.
[559] Berchtold, § 21 Rn. 11; Langen/Bunte-Schultz, § 21 Rn. 50; KG, WuW/E OLG 1775.
[560] Vgl. nur BGH, NStZ 1982, 287; Sch/Sch-Eser, § 240 Rn. 9.
[561] BGH, NJW 1995, 2862; Sch/Sch-Eser, vor §§ 234 ff. Rn. 24; Wessels/Hettinger, BT 1, Rn. 383.
[562] Junck, S. 69.
[563] MünchKomm-Müller, § 108 Rn. 8; Fischer, NStZ 2000, 142.

oder erwarteten Widerstand zu überwinden, definiert wird.[564] Damit wird hinsichtlich des abgenötigten Verhaltens Absicht im technischen Sinne vorausgesetzt.[565] Im Rahmen der Drohung wird eine Verknüpfung mit dem Nötigungserfolg schon durch deren typische „Wenn-Dann-Struktur" hergestellt.[566] Darüber hinaus wird von der mittlerweile wohl überwiegenden Meinung in der Literatur auch hier Absicht bezüglich des Nötigungserfolgs vorausgesetzt,[567] insbesondere, weil mit dem Nötigungsverhalten ein bestimmter – vergleiche insoweit den Wortlaut von § 240 II StGB – Zweck verfolgt wird.

§ 21 II GWB setzt eine „Wettbewerbsbeschränkungsabsicht"[568] voraus, wobei es sich hierbei um eine „überschießende Innentendenz" handelt, weil der erstrebte Erfolg – anders als hier – gerade nicht tatsächlich erreicht werden muss.[569] Im Betriebsverfassungsrecht wird vom Erfordernis einer finalen Tathandlung im Sinne einer „Wahlbeeinflussungsabsicht" abgesehen,[570] wohl deshalb, weil dort der Tatbestand nur ein „beeinflussen", kein „nötigen" voraussetzt, das sich vom Wortsinn her allein aufgrund seiner äußeren Wirkung ohne besondere innere Zielsetzung beschreiben lässt.[571]

Das alles spricht dafür, auch bei Anwendung des wirtschaftlichen Drucks Absicht hinsichtlich des entsprechenden Wahlverhaltens zu verlangen. Dies gilt umso mehr, als in der Umschreibung des vorangestellten beispielhaften Nötigungsmittels des Missbrauchs eines Abhängigkeitsverhältnisses dieser subjektive Bezug angedeutet wird: Die Überlegenheit muss gerade als Mittel eingesetzt werden, um sich den Schutzbefohlenen gefügig zu machen. Wenn gleichwohl in den §§ 174 I Nr. 2, 174 b, 180 II StGB generell dolus eventualis für ausreichend erachtet wird,[572] so liegt das an der unterschiedlichen Struktur der Tatbestände, von denen nur § 108 StGB als „klassische" Nötigung ausgestaltet ist.[573] Nicht zuletzt würden andernfalls wirtschaftliche Entscheidungen vor Wahlen immer schon dann zur Strafbarkeit führen, wenn der Vorgesetzte im Hinblick auf eine

---

[564] Sch/Sch-Eser, vor §§ 234 ff. Rn. 25; Rengier, BT 2, § 23 Rn. 33.
[565] Rengier, BT 2, § 23 Rn. 33, 70.
[566] Ähnlich MünchKomm-Gropp/Sinn, § 240 Rn. 68.
[567] Vgl. nur MünchKomm-Gropp/Sinn, § 240 Rn. 103 m.w.N.
[568] Vgl. den Wortlaut „um sie zu einem Verhalten zu veranlassen".
[569] Bechtold, § 21 Rn. 14; Langen/Bunte-Schultz, § 21 Rn. 62 f.; vgl. auch KG vom 28. 05.1976, Az Kart. 165/75, auszugsweise veröffentlicht in WuW/E OLG 1775: „kam es darauf an [...]"; anders etwa Belke, ZHR 1974 (Bd. 138), S. 299 ff., der dolus eventualis ausreichen lässt.
[570] GK BetrVG-Kreutz, § 20 Rn. 25.
[571] Ausführlich Sax, S. 112 ff.
[572] Vgl. nur LK-Laufhütte, § 174 Rn. 18.
[573] Insofern macht die unterschiedliche Einfügung in den Tatbestand also doch einen Unterschied, jedoch erst beim subjektiven Tatbestand.

114

Wahlentscheidungsbeeinflussung eventualvorsätzlich handelte, was entsprechende Maßnahmen in das Wirtschaftsleben lähmender Weise für gewisse Zeit völlig verhindern und den Unrechtsgehalt des § 108 StGB in seiner Intensität nicht erreichen würde. Die Wählernötigung muss wie gesehen gerade in ihrem Nötigungsmittel des wirtschaftlichen Drucks eng ausgelegt werden.

§ 108 StGB setzt folglich die Zufügung wirtschaftlicher Nachteile als Erscheinungsform des wirtschaftlichen Drucks voraus, um das Opfer zu einem bestimmten Wahlverhalten zu beeinflussen; die bei § 240 StGB von der überwiegenden Literaturmeinung geforderte Absicht hinsichtlich des Nötigungserfolges ist als allgemeines Nötigungselement auch auf den besonderen Fall der Nötigung in § 108 StGB zu übertragen,[574] was auch den praktischen Bedürfnissen bei der Handhabung des Nötigungsmittels des wirtschaftlichen Drucks Rechnung trägt. Kürzt der Vorgesetzte aus allgemein-konjunkturellen Gründen das Weihnachtsgeld eines Angestellten und wählt dieser deshalb eine andere Partei, weil er sich durch die Kürzung insofern unter Druck gesetzt gefühlt hat, genügt es für eine Strafbarkeit des Vorgesetzten nicht, wenn er diese Reaktion nur für möglich hält und billigend in Kauf nimmt, weil es ihm gerade nicht auf ein bestimmtes Wahlverhalten ankommt.

(5) Abgrenzung zu Warnungen

Warnungen werden nicht vom Merkmal des wirtschaftlichen Drucks erfasst. Dies ergibt sich jedoch nicht etwa daraus, dass prinzipiell die Drohung von der Warnung abgegrenzt werden muss, weil der sonstige wirtschaftliche Druck gerade kein Unterfall der Drohung mit einem empfindlichen Übel ist, so dass auch dessen (Abgrenzungs)Kriterien nicht greifen. Ebenso wenig kann man sagen, bei Warnungen drohe die Gefahr nicht vom Warnenden selbst, sondern von einem Dritten, und diese Konstellation sei in keinem der aufgeführten Nötigungsmittel erfasst.[575] Denn zum einen kann die Übelszufügung bei der Drohung auch durch einen Dritten erfolgen, solange der Drohende auf dessen Willen Einfluss hat bzw. zu haben vorgibt[576] und zum anderen läge auch hier eine Übertragung von Argumenten eines Nötigungsmittels vor, das neben dem hier näher zu bestimmenden steht und deshalb kein zwingendes Leitbild darstellt.

Die richtige Lösung ergibt sich aber aus dem Wortlaut: Tathandlung ist es, einen anderen zu nötigen, denn auch die Hinderung ist ja die Nötigung, etwas zu unterlassen. Nötigen bedeutet, einem anderen ein von diesem nicht gewolltes Ver-

---

[574] Das unterstellt wohl auch das BVerfG (E 66, 369 (384)), wenn es von einer „Absicht der Wahlbeeinflussung" spricht.
[575] So aber offensichtlich Junck, S. 49
[576] Sch/Sch-Eser, vor §§ 234 ff. Rn. 31.

halten aufzuzwingen.[577] Wer aber warnt, zwingt dem anderen nicht seinen Willen auf, sondern teilt diesem nur in der Zukunft (möglicherweise) eintretende Ereignisse mit, die dieser dann bei seiner Entscheidung mitberücksichtigen kann oder nicht. Eine tatsächliche Einwirkung auf die Entscheidungsfindung des Gegenübers zu leugnen, ist zwar realitätsfremd, gleichwohl handelt es sich nicht um strafrechtlich relevantes Verhalten, eben weil das Verhalten keinen Zwangs-, sondern reinen Informations-, allenfalls noch Empfehlungscharakter hat.[578] Aufgrund der Tathandlung des Nötigens, die begrifflich die Überwindung eines entgegenstehenden Willens voraussetzt, kommen für die Kategorie des „wirtschaftlichen Drucks" keine Warnungen in Betracht.

(6) Drohung mit einem Unterlassen

Drohungen, ein rechtlich nicht gebotenes Verhalten zu unterlassen, also Drohungen mit, nicht durch Unterlassen, werden im Rahmen der Drohung mit einem empfindlichen Übel kontrovers diskutiert. Die unterschiedlich beantwortete Frage ist, ob der Drohende im Sinne einer Garantenstellung verpflichtet sein muss, die Handlung vorzunehmen, mit deren Unterlassung er droht, oder nicht.[579] Zunächst liegt es nahe, diese Frage auch auf das Nötigungsmittel des wirtschaftlichen Drucks jedenfalls für die Fälle zu übertragen, in denen eine Drohung vorliegt. Würde man für diese Fälle eine Garantenstellung verlangen, ergäben sich diverse Folgeprobleme: Man denke nur daran, dass sich innerhalb eines (unbestimmten) Potpourris an Übeln sowohl solche durch aktives Tun als auch solche durch Unterlassen befinden. Womöglich kann man im Einzelfall diejenigen durch Unterlassen gar nicht feststellen, so dass auch die Ermittlung einer entsprechenden Handlungsverpflichtung auf Schwierigkeiten stoßen würde.

Letztlich sind alle diese Überlegungen jedoch hinfällig aufgrund des Wortlauts. Dieser spricht vom wirtschaftlichen Druck, nicht von einer Drohung, wenngleich sich der wirtschaftliche Druck häufig als Drohung darstellen mag. Es liegt, wie dargelegt, eine Erweiterung der Nötigungsmittel vor. Druck entsteht aber etwa auch durch die Vorenthaltung von Aufstiegsmöglichkeiten, unabhängig davon, ob der Täter zur Beförderung verpflichtet wäre oder nicht.[580] Dazu gelangt man auch, wenn man vom Unterfall des Missbrauchs eines Abhängigkeitsverhältnisses ausgeht, weil ein derartiges Verhalten unabhängig von einer Handlungspflicht allein aufgrund der Verfolgung eines mit dem Abhängigkeits-

---

[577] BGHSt 45, 253 (258).
[578] Vgl. zu abweichenden Ansätzen MünchKomm-Gropp/Sinn, § 240 Rn. 70 ff. m.w.N.
[579] Vgl. nur Volk, JR 1981, 274 ff.
[580] Lüttger, JR 1977, 225.

verhältnis in keinerlei Verhältnis stehendem Ziels ein Missbrauch sein kann.[581] Folglich kann sich die Drohung, ein rechtlich nicht gebotenes Verhalten zu unterlassen, unabhängig von einer Handlungspflicht als wirtschaftlicher Druck darstellen.

(7) Zusammenfassung

Das zusätzliche Nötigungsmittel des wirtschaftlichen Drucks ist wie folgt näher zu konturieren:

- Wirtschaftlicher Druck kann in Drohungen mit einem im Einzelnen noch unbestimmten Übel bestehen.
- Ebenso denkbar ist das reale Zufügen von wirtschaftlichen Nachteilen.
- Nur Drucksituationen im Bereich des Wirtschaftslebens sind erfasst und das angedrohte oder zugefügte Übel muss gerade wirtschaftlicher Natur sein.
- Der Druck muss objektiv geeignet sein, den Willen des Betroffenen in die gewünschte Richtung zu lenken.
- Auch der wirtschaftliche Druck setzt Absicht bezüglich des Nötigungserfolges voraus.
- Warnungen unterfallen nicht dem wirtschaftlichen Druck.
- In Betracht kommen aber Drohungen mit einem Unterlassen.

cc) Die Sicht des BVerfG

Das BVerfG beschäftigte sich – soweit ersichtlich erstmals und letztmals – mit § 108 StGB im Rahmen einer Wahlprüfung.[582] Das ist umso interessanter, als sich das BVerfG in der Regel mit dem Vorliegen des Wahlfehlers nicht näher beschäftigt, sondern sich gleich auf die (meist fehlende) Mandatsrelevanz beruft.[583] Hier aber wurden Ausführungen zum Straftatbestand des § 108 StGB gemacht. Zur Beurteilung stand die rechtliche Relevanz der Ankündigung einiger Unternehmer, bei einem Wahlsieg der SPD bereits – unter Vorbehalt – getroffene Investitionsentscheidungen zu widerrufen, die Beschäftigtenzahlen nicht halten sowie Bewerber eventuell nicht einstellen zu können.

---

[581] Junck, S. 63, der im Folgenden dieses Ergebnis noch mit dem Argument stützt, dass das von § 108 StGB geschützte Rechtsgut eine spezielle, besonders schützenswerte Ausprägung der allgemeinen Willensfreiheit darstellt, die demnach auch stärkeren Schutz verdient. Zweifelhaft erscheint jedoch das Wertungsargument, § 108 b StGB erfasse schon viel geringere Einflussmittel auf die Wahlwillensbildung, so dass die jedenfalls intensivere Drohung mit einem Unterlassen unabhängig von einer Handlungspflicht erfasst sein müsse (S. 67 f.). Das erscheint insofern nicht zwingend, als der Gesetzgeber für den „Normalfall" ein identisches Strafmaß vorgesehen hat, so dass man nicht per se sagen kann, der Eingriff des § 108 b StGB sei weniger stark.

[582] BVerfGE 66, 369.

[583] Zum Wahlprüfungsrecht siehe unten, S. 267 ff.

Das BVerfG verneinte in allen drei Konstellationen das Vorliegen einer Wählernötigung. Die Begründung hierzu ist fast ausschließlich auf Kritik gestoßen. Sie setzt für eine Wählernötigung den Einsatz eines Mittels voraus, das objektiv tauglich ist, den Wähler zu einem bestimmten Verhalten zu nötigen.[584] Das konkret in Rede stehende Mittel des wirtschaftlichen Drucks wird definiert als für den Wähler „unausweichliche Handlungsanweisung"[585]. Beides wurde in allen Konstellationen verneint, insbesondere weil eine breite öffentliche Diskussion die Tauglichkeit des Mittels im Sinne einer unausweichlichen Handlungsanweisung beseitigt habe.

Die diese Begründung ablehnenden Stimmen stützen ihre Haltung letztlich auf eine enge Auslegung des Tatbestandes des § 108 StGB, die das BVerfG gerade nicht zugrunde legt. Ganz zu Beginn formuliert es: „Außer der Anwendung von Gewalt und der Drohung mit einem empfindlichen Übel kommen der Missbrauch eines beruflichen oder wirtschaftlichen Abhängigkeitsverhältnisses oder sonstiger wirtschaftlicher Druck in Betracht."[586] Das deutet darauf hin, dass von einer eigenständigen Bedeutung des Merkmals „wirtschaftlicher Druck" ausgegangen wird, auf das auch im Folgenden immer wieder ohne Bezug zur Drohung mit einem empfindlichen Übel verwiesen wird.[587]

Wenn also gesagt wird, auch die Verwendung eines objektiv untauglichen, weil unausführbaren Mittels könne, solange das Opfer an die Ausführbarkeit glaube, genügen,[588] wird auf Strukturen der Drohung mit einem empfindlichen Übel rekurriert, abgesehen davon, dass das BVerfG die Tauglichkeit eher im Sinne von Geeignetheit versteht. Gleiches gilt für die Voraussetzung der unausweichlichen Handlungsanweisung, die als inkonsequent und zu eng[589] erscheinen muss, wenn man den wirtschaftlichen Druck als Unterfall der Drohung mit einem empfindlichen Übel sieht, für die es unbestrittenermaßen genügt, wenn es nicht ausgeschlossen erscheint, dass ein besonnener Genötigter, hier Wähler, dem Willen des Täters Folge leistet.

---

[584] BVerfGE 66, 369 (380).
[585] BVerfGE 66, 369 (384).
[586] BVerfGE 66, 369 (380).
[587] BVerfGE 66, 369 (381, 384).
[588] AK-Wolter, § 108 Rn. 1; allgemein Sch/Sch-Eser, vor §§ 234 ff. Rn. 33.
[589] So die Kritik bei LK-Laufhütte, § 108 Rn. 3 und Oppermann, JuS 1985, 521; kritisch auch MünchKomm-Müller, § 108 Rn. 10 f.

Diese Kritik geht dann fehl, wenn man richtigerweise von einer eigenständigen Bedeutung des wirtschaftlichen Drucks ausgeht. Doch ist der Begründung in anderen Punkten zu widersprechen:[590]

Der Hinweis, dass Investitionen bei einem Wahlsieg der SPD rückgängig gemacht würden, erfolgte gegenüber der Öffentlichkeit. Man kann aus guten Gründen bereits bezweifeln, ob bei derartigen Kollektivdrohungen die Nötigung „eines anderen" vorliegt, weil der Adressatenkreis weder bestimmt noch bestimmbar ist und die angekündigten Konsequenzen deshalb „individuell entrinnbar" erscheinen.[591] Dem widerspricht auch nicht, dass der historische Gesetzgeber davon ausging, dass bei einer Mehrzahl von Personen diese nicht im Einzelnen individuell bestimmt sein müssten, sondern es ausreiche, wenn erkennbar sei, auf wen eingewirkt werden solle.[592] Wenigstens der Kreis von Personen an sich muss bestimmbar sein, so dass eine Ankündigung gegenüber der Öffentlichkeit nicht genügt, wohl aber eine solche gegenüber allen Arbeitnehmern des Betriebs X. Darüber hinaus könnte man bei derart pauschalen Äußerungen sogar vom Vorliegen einer Warnung ausgehen, weil der Investitionsstopp als Ergebnis der zukünftigen Politik und nicht als vom Willen des Drohenden abhängig erscheint.[593]

Im Brief an die Mitarbeiter (also einen konkreten Adressatenkreis) stellte der Unternehmer fest: „Ich selbst sehe dann [bei einem Wahlsieg der SPD] für unsere Betriebe keine Möglichkeit die Beschäftigungszahl zu halten, wenn aufgrund verfehlter Wirtschaftspolitik der Sozialisten [...] Investitionen nicht mehr getätigt werden können und die Bauwirtschaft noch weiter konjunkturmäßig zurückgeht." Die Aussage lautet verkürzt formuliert „bei schlechten wirtschaftlichen Rahmenbedingungen werde ich Beschäftige entlassen", nicht „wenn Sie SPD wählen, werde ich Sie entlassen", wenngleich die schlechten Rahmenbedingungen natürlich mit einer SPD-Regierung in Verbindung gebracht werden. Auch hier handelt es sich um ein Übel (Kündigungen), das jedoch vom Vorliegen eines Umstandes abhängig gemacht wird, der vom Willen des Drohenden unabhängig erscheint (schlechte wirtschaftliche Rahmenbedingungen), so dass insgesamt eine Warnung, verbunden mit einer (konkludenten) Prognose (schlechte

---

[590] Auch Oppermann, JuS 1985, 519 ff., der jedoch nicht von der Selbständigkeit des „wirtschaftliche Drucks" ausgeht; Breitbach, DuR 1984, 432 ff., mit methodischen und rechtspolitischen Bedenken.

[591] Oppermann, JuS 1985, 521 f.

[592] BT-Drs. 1/1307, S. 40; dem folgend Trinkaus, S. 89 f.; Kirschner, S. 91 f.

[593] LK-Laufhütte, § 108 Rn. 3.

wirtschaftliche Rahmenbedingungen bei SPD-Sieg), vorliegt,[594] die für § 108 StGB nicht relevant ist.[595]

Schwieriger stellt sich die Situation bei den Schreiben an die Bewerber dar, in denen eine Entscheidung über die Einstellung erst für die Zeit nach der Wahl in Aussicht gestellt wurde, da das Unternehmen bei einem Sieg der SPD aufgrund deren für den Fall eines Wahlerfolgs angekündigter Maßnahmen zur Verhinderung eines privaten Unternehmertums die betriebliche Tätigkeit eingestellt werden müsse.

Würde man das Schreiben dergestalt auslegen, dass eine Entscheidung dann nicht mehr erfolge, wenn aufgrund einer sich verschlechternden Wirtschaftslage der Betrieb geschlossen werden müsse, läge wiederum eine bloße Warnung vor. Aus der – hier relevanten – Sicht eines Durchschnittsempfängers stellt der Unternehmer jedoch eine Entscheidung nur für den Fall eines Wahlsiegs der Opposition in Aussicht. Genauer gesagt geht es nicht einmal um den Wahlsieg der Opposition an sich, sondern um den Beitrag des Bewerbers zu deren Sieg. Wenn er diesen nicht erbringe, werde über seine Bewerbung nicht entschieden. Es liegt also eine Drohung mit einem empfindlichen Übel[596] in der Form der Drohung mit einem Unterlassen vor, was für die Erfüllung des Tatbestandes genügt. Solange diese Drohung den Eindruck der Ernstlichkeit erweckt, spielt es auch keine Rolle, dass das Übel insofern nicht realisierbar ist, als das tatsächliche Wahlverhalten der Bewerber aufgrund der Geheimheit der Wahl (jedenfalls auf legale Weise) nicht überprüfbar ist.[597]

Zwei weitere Kritikpunkte sind abschließend zu nennen. Zum einen ist auch unter der hier vertretenen und offensichtlich vom BVerfG zugrunde gelegten Auffassung von der Struktur des § 108 StGB die Voraussetzung einer „unausweichlichen Handlungsanweisung" für die Intensität des wirtschaftlichen Drucks zu verwerfen, wie sich aus den erarbeiteten Kriterien für dieses Tatbestandsmerk-

---

[594] So auch Oppermann, JuS 1985, 522.

[595] Die Kritik von Junck, S. 52, das BVerfG unterscheide nicht zwischen Warnung und Drohung ist an dieser Stelle nicht ganz gerechtfertigt. Es wird sogar ausdrücklich festgestellt, dass der Unternehmer nicht gedroht habe (BVerfGE 66, 369 (381)). Fehl geht aber der Hinweis des BVerfG, eine derartige Warnung sei jedenfalls solange nicht relevant, als sie „nicht aus rein politischen Gründen" erfolge. Abgesehen davon, dass dieses Kriterium nicht näher beschrieben wird – was auch kaum möglich sein dürfte – bleibt eine Warnung unabhängig von der Motivation des Warnenden stets eine Warnung.

[596] Präzise formuliert geht es im vorliegenden Fall nicht, wie Oppermann, JuS 1986, S. 522 meint, um die Einstellung, wenn der Bewerber für die Opposition stimmt, sondern um die Entscheidung über die Bewerbung überhaupt. Das Übel besteht also in der verlorenen Chance, die Stelle zu erhalten, nicht in der Nichteinstellung selbst.

[597] Vgl. nur Sch/Sch-Eser, vor §§ 234 ff. Rn. 33; noch weiter MünchKomm-Gropp/Sinn, § 240 Rn. 67.

mal ergibt. Zum anderen ergibt sich aus diesen auch, dass das BVerfG die objektive Tauglichkeit des Nötigungsmittels zu eng bestimmt. Die Annahme, eine ernstliche Beeinträchtigung der Entscheidungsfreiheit von Wählern sei nicht gegeben, wenn der Betrieb klein und die öffentliche Auseinandersetzung mit den jeweiligen Äußerungen groß gewesen sei,[598] geht fehl. Eine öffentliche Diskussion beeinflusst die Geeignetheit eines Nötigungsmittels allenfalls dann, wenn innerhalb dieser öffentlichen Kontroverse den Betroffenen klar gemacht werden würde, dass der Eintritt des Übels absolut unwahrscheinlich ist, weil nur dann der entsprechende Handlungsdruck beseitigt wäre.[599]

c) Kausalität

Die Nötigungsmittel müssen mit dem Nötigungserfolg kausal verknüpft sein. Die Kausalität ist nur dann ausgeschlossen, wenn die Nötigungsmittel nicht einmal mitveranlassend für das entsprechende Wahlverhalten waren.[600]

d) Vorsatz

Der subjektive Tatbestand setzt mindestens dolus eventualis voraus. Bezüglich des Nötigungserfolgs muss Absicht bestehen.[601]

3) Rechtswidrigkeit

Hier ist fraglich, ob § 240 II StGB auf § 108 StGB als Spezialfall der Nötigung analog anwendbar ist.

Zwei Grundpositionen werden vertreten, die das Heranziehen von § 240 II StGB analog entweder pauschal verlangen[602] oder kategorisch ablehnen.[603] Erstere nimmt für sich den Charakter des § 108 StGB als Spezialfall des § 240 StGB in Anspruch, letztere rekurriert insbesondere darauf, dass § 108 StGB im Gegensatz zu § 240 StGB kein offener Tatbestand sei, sondern bereits typisches Un-

---

[598] BVerfGE 66, 369 (382).

[599] So völlig zu Recht Oppermann, JuS 1986, 521; ebenso Breitbach, DuR 437 f. mit der Feststellung „§ 108 StGB erscheint nach dieser Lesart regelmäßig unanwendbar. Solange nämlich eine demokratische Öffentlichkeit existiert, bleibt für § 108 Abs. 1 StGB in seiner Variante Nötigung mittels verbaler Androhung kein Raum".

[600] Vgl. zur Kausalität ausführlich Junck, S. 69 ff.

[601] Siehe oben, S. 112 f.; anders Junck, S. 73 f., der (wie auch die komplette Kommentarliteratur, vgl. nur MünchKomm-Müller, § 108 Rn. 13) generell dolus eventualis für ausreichend erachtet.

[602] So die wohl hM; vgl. D/F/S-Schäfer, § 108 Anm. 2; Lackner/Kühl, § 108 Rn. 3; MünchKomm-Müller, § 108 Rn. 14; SK-Rudolphi, § 108 Rn. 5; Sch/Sch-Eser, § 108 Rn. 6; Tröndle/Fischer, § 108 Rn. 5; Blei, BT, § 99 II 5, S. 388; Harnischmacher, S. 80; Kirschner, S. 97 ff.; Otto, BT, § 87 Rn. 16; Oppermann, JuS 1986, 522 f.

[603] AK-Wolter, § 108 Rn. 6; LK-Laufhütte, § 108 Rn. 5; NK-Wohlers, § 108 Rn. 7; Geilen, in: LdR, S. 1113; Junck, S. 77 ff.

recht beschreibe; ein innerer Zusammenhang zwischen Nötigungsverhalten und dem jeweiligen Wahlverhalten als Nötigungserfolg sei nicht denkbar, so dass bei Tatbestandsverwirklichung anders als bei § 240 StGB bereits ein Indiz für die Rechtswidrigkeit bestehe, diese also nicht über eine analoge Anwendung von § 240 II StGB erst positiv festgestellt werden müsse.[604]

Oppermann hingegen vermag Situationen zu erkennen, in denen eine Wählernötigung doch erlaubt sei, indem er, einen Abgleich von Straf- und Verfassungsrecht vornehmend und von der Blinkfüer-Entscheidung des BVerfG[605] ausgehend, eine Wählernötigung dann für rechtmäßig erklärt, wenn die geistige Wirkung im Vordergrund steht, für rechtswidrig hingegen, wenn der Druck überwiegt.[606] Nimmt man die Feststellung des BVerfG hinzu, unter welchen Voraussetzungen ein Druck von Seiten Privater zulässig sei, regle § 108 StGB in verfassungsgemäßer Weise,[607] gerät man zu einem Zirkelschluss: Verfassungsrechtlich unzulässig ist der Druck dann, wenn er nach § 108 StGB strafbar ist. Nach § 108 StGB ist er dann strafbar, wenn der Druck verfassungsrechtlich unzulässig ist. Unabhängig davon ist bei der verfassungsrechtlichen Argumentation zu beachten, dass das Recht des Einzelnen, eine freie Wahlentscheidung zu treffen, stärker ist als die allgemeine Handlungsfreiheit, weil letztere im Gegensatz zu ersterer unter einem Gesetzesvorbehalt steht,[608] so dass die Blinkfüer-Entscheidung nicht zum Maßstab gemacht werden kann. Weiterhin wäre bei der vorgeschlagenen Abwägung zu berücksichtigen, dass die Freiheit der Wahl nicht nur subjektiven, sondern auch – und von § 108 StGB sogar vorrangig geschützten – objektiven Gehalt hat. Schließlich bleibt jedenfalls im Kontext mit den Nötigungsmitteln der Gewalt und der Drohung mit einem empfindlichen Übel offen, wie bei diesen die geistige Einwirkung im Vordergrund stehen sollte. Das Argument des besonderen Gewichts des freien Wahlrechts des Einzelnen und das – anders als bei § 240 StGB – in der Regel als rechtswidrig zu bezeichnende Nötigungsziel der Beeinflussung desselben führt dazu, dass der Tatbestand bereits typisches Unrecht beschreibt.

Bedenken könnte man allenfalls – wie etwa die Gesetzesbegründung zu § 402 II E 60 bzw. 62, bei denen ausdrücklich auf die Verwerflichkeitsklausel verwiesen

---

[604] Ausführlich zur Begründung Junck, S. 77 ff.

[605] BVerfGE 25, 256.

[606] Oppermann, JuS 1986, 522 f.; zustimmend Weber, JuS 1989, 982.

[607] BVerfGE 66, 369 (380).

[608] Zu Recht weist Junck, S. 78 f. darauf hin, dass auch der Strafgesetzgeber dies erkannt und nachvollzogen habe, z.B. indem er § 108 StGB eine höhere Strafdrohung beigefügt hat als § 240 StGB.

werden sollte[609] – im Hinblick auf die Erweiterung der Nötigungsmittel um den wirtschaftlichen Druck haben. Hier könnten eventuell auch nicht verwerfliche Handlungen für strafbar erklärt werden.[610] Diese Bedenken dürften weitestgehend darauf zurückzuführen sein, dass man den wirtschaftlichen Druck für allzu vielgestaltig hielt und § 240 II StGB deshalb als „Rettungsanker" auf der Ebene der Rechtswidrigkeit dienen sollte. Da für dieses Nötigungsmittel jedoch nun klare Kriterien vorliegen, die insbesondere auch nach unten hin über das Kriterium der Geeignetheit abgesichert sind,[611] der „Missbrauch" an sich schon ein Verwerflichkeitselement beinhaltet und das Nötigungsziel ja auch hier in der Beeinflussung eines besonders stark geschützten Individual- und Allgemeinrechtsguts besteht, kann die Handhabung des wirtschaftlichen Drucks nicht anders ausfallen als die der anderen Nötigungsmittel.

§ 240 II StGB ist nicht auf § 108 StGB analog anzuwenden, da sozialadäquate Verhaltensweisen schon nicht dem Tatbestand unterfallen.[612]

4) Konkurrenzen

§ 108 StGB ist an sich zu § 240 StGB speziell, mit § 107 StGB kann Tateinheit bestehen.[613] Im Einzelfall kann auch Idealkonkurrenz zu § 107 a StGB bestehen, nach der hier vertretenen Auffassung stellt sich diese Frage aufgrund der tatbestandlichen Abgrenzung grundsätzlich nicht.[614]

Tröndle/Fischer[615] weisen auf einen problematischen Punkt im Konkurrenzverhältnis zu § 240 StGB hin. Kern dieses Problems ist die Strafdrohung des § 240

---

[609] Das Argument von AK-Wolter, § 108 Rn. 6, § 240 II StGB sei schon deshalb nicht anzuwenden, weil der Gesetzgeber sich anders als in den genannten Entwürfen nicht auf die Verwerflichkeitsklausel berufe, geht fehl, weil gerade dieser Umstand auf eine planwidrige Regelungslücke hindeutet, die durch eine Analogie beseitigt werden kann. Abgesehen davon, dass das Analogieverbot nach hM (vgl. nur Roxin, AT I, § 5 Rn. 42) auf Rechtfertigungsgründe keine Anwendung findet, läge hier ohnehin eine Analogie zu Gunsten des Täters vor.
[610] BT-Drs. 3/2150, S. 547; BT-Drs. 4/650, S. 588, wobei man in beiden Entwürfen vom wirtschaftlichen Druck absah und stattdessen die Drohung mit wirtschaftlichen und beruflichen Nachteilen aufnahm, was tatbestandlich enger ist und insofern die Bedenken bei der heutigen Gesetzesfassung auf den ersten Blick noch verstärkt.
[611] Ähnlich für die Drohungsalternative NK-Wohlers, § 108 Rn. 7.
[612] Insofern unterfallen auch die von Kirschner, S. 99 f. und in den Beratungen der GrStrK, Band 13, S. 280 ff. genannten Fälle der Androhung einer Kündigung in Tendenzbetrieben für den Fall, dass nicht die der Tendenz entsprechende Partei gewählt wird, klar § 108 StGB. Es handelt sich um Drohungen mit einem empfindlichen Übel.
[613] Allgemeine Meinung, vgl. nur LK-Laufhütte, § 108 Rn. 7.
[614] Siehe oben, S. 58 ff.; anders die hM, vgl. nur LK-Laufhütte, § 108 Rn. 7.
[615] Tröndle/Fischer, § 108 Rn. 2.

IV 1 StGB, die von sechs Monaten bis fünf Jahre reicht, und dessen Koordination mit § 108 StGB:
Wie die Regelbeispiele des § 240 IV 2 StGB zeigen, ist von einem besonders schweren Fall der Nötigung unter anderem dann auszugehen, wenn ein besonders verwerflicher Nötigungserfolg vorliegt. Als solchen wird man aber nach dem eben Geschilderten auch das erzwungene Wahlverhalten ansehen müssen, so dass § 108 StGB stets einen derartigen besonders schweren Fall der Nötigung darstellt. In diesen Konstellationen laufen jedoch die Strafdrohungen nicht parallel, weil § 108 StGB kein Mindestmaß, § 240 IV StGB hingegen eines von sechs Monaten vorsieht. Der besonders schwere Fall der Nötigung, § 108 StGB, wäre zugleich eine Privilegierung.

Die Schwierigkeiten setzen sich nach dieser Betrachtung bei § 108 I HS 2 StGB fort, der eine eigene Regelung des besonders schweren Falles mit einer Strafdrohung zwischen einem und zehn Jahren vorsieht. Konstruktiv handelt es sich de facto um einen besonders schweren Fall des besonders schweren Falles der Nötigung, der im Vergleich zu § 240 IV StGB einen unverhältnismäßigen Strafrahmensprung vollzieht. Will man den (Mindeststrafrahmen)Willen des Gesetzgebers bei § 240 IV StGB nicht missachten, darf man § 240 StGB nicht als verdrängt ansehen.[616]

Misst man dem wirtschaftlichen Druck jedoch eigenständige Bedeutung zu, der auch Druckmittel unterhalb der Schwelle des § 240 StGB erfassen kann, hat der fehlende Mindeststrafrahmen seinen guten Sinn und § 240 StGB ist dann zu Recht verdrängt. Berücksichtigt man weiter, dass der wirtschaftliche Druck aber genauso besonders massiv ausfallen kann, ist auch § 108 I HS 2 StGB zu rechtfertigen.

VII) Wählertäuschung, § 108 a StGB[617]

Eine Wählertäuschung begeht, wer durch Täuschung bewirkt, dass jemand bei der Stimmabgabe über den Inhalt seiner Erklärung irrt oder gegen seinen Willen nicht oder ungültig wählt.

1) Geschütztes Rechtsgut

Ausgehend von der Gesamtsystematik ist auch hier das Interesse der Allgemeinheit an einem unbeeinträchtigten unmittelbar(en) demokratischen Willensbildungs- und -betätigungsprozess geschützt, der zu einem richtigen Ergebnis führt, wobei es hier konkret um den Willensbetätigungsprozess, die Freiheit der Wahl als Institution geht. „Die Wahl soll auf jeden Fall dem wirklichen Willen

---

[616] So Tröndle/Fischer, § 108 Rn. 2.
[617] Zur (reform)geschichtlichen Entwicklung vgl. Wolf, S. 253 f.; Junck, S. 83 ff.

der Wähler entsprechen".[618] Ebenfalls gewährleistet werden soll das individuelle Recht auf eine freie Wahlentscheidung, genauer gesagt die Möglichkeit des einzelnen Wählers, das Ergebnis in seinem Sinne beeinflussen zu können. Der BGH[619] und ihm folgend die ganz überwiegende Literatur[620] sehen den Schutz des Einzelnen unter Berufung auf die Gesetzesbegründung im Vordergrund und billigen dem Allgemeininteresse nur mittelbaren Schutz zu. Man mag dieses Rangverhältnis der Rechtsgüter in der Formulierung der Gesetzesbegründung angelegt sehen, durch die von § 108 a StGB umschriebenen Handlungen werde „nicht nur der Einzelne um sein Wahl- oder Stimmrecht betrogen, sondern es wird auch der in der Wahl [...] zum Ausdruck kommende Volkswille verfälscht".[621] Zwingend ist das freilich nicht, was sich schon daran zeigt, dass in vorhergehenden Entwürfen der Bedarf für eine entsprechende Regelung darin gesehen wurde, dass durch solche Täuschungen der Wähler um sein Wahlrecht betrogen und die Reinheit des Ergebnisses beeinträchtigt werde.[622] Weder durch ein „und" noch durch ein „nicht nur, sondern auch" wird aber grammatikalisch ein eindeutiges Rangverhältnis, eine Stufenfolge zum Ausdruck gebracht. Individual- und Allgemeinrechtsschutz sollen beide gewährleistet werden. Und von der Wertigkeit her steht eben gerade letzterer im Vordergrund, weil es im Staatsschutzrecht in erster Linie um den Schutz der Institutionen des Staates, hier der Wahl, der einwandfreien Bildung des Volkswillens geht. Rechtstechnisch erreicht man diesen Schutz bei § 108 a StGB damit, dass bereits eine Täuschung gegenüber einem Wähler ausreicht. Schon dadurch ist nämlich die Wahlfreiheit insgesamt obsolet. Diese Betonung des Einzelnen ist aber, wie dargelegt, Mittel zum Zweck des Schutzes der Allgemeinheit.[623]

Mithin steht der Schutz der unbeeinträchtigten Volkswillensbildung, die Freiheit der Wahl als Institution im Vordergrund, daneben wird aber auch das Recht des Einzelnen, eine freie Wahlentscheidung zu treffen, also das Ergebnis in seinem Sinne beeinflussen zu können, geschützt.

---

[618] Trinkaus, S. 96.

[619] BGHSt 9, 338 (340).

[620] AK-Wolter, § 108 a Rn. 1; LK-Laufhütte, § 108 a Rn. 1; Preisendanz, § 108 a Anm. II; Sch/Sch-Eser, § 108 a Rn. 1; SK-Rudolphi, § 108 a Rn. 1; Geilen, in: LdR, S. 1113 f.; Junck, S. 91; Maurach/Schroeder/Maiwald, BT 2, § 86 III Rn. 27; Wolf, S. 171; anders NK-Wohlers, § 108 a Rn. 1, der vom Schutz des Einzelnen ausgeht und für das Allgemeinrechtsgut nur einen Schutzreflex sieht; wohl wieder anders MünchKomm-Müller, § 108 a Rn. 1, der nach seiner Formulierung die Schutzgüter nebeneinander stellt, gleichzeitig aber auf LK-Laufhütte und Sch/Sch-Eser verweist.

[621] BT-Drs. 1/1307, S. 40.

[622] Vgl. nur die Begründungen E 1919, S. 132; E 1927, S. 68.

[623] Siehe oben, S. 44 f.

2) Aufbau des Tatbestands

Der Tatbestand setzt dreierlei voraus:
- Täuschung
- „Erklärungsirrtum" bei Stimmabgabe/ungewolltes Nichtwählen/ungewolltes Ungültigwählen
- bewirken

a) Täuschung

Die Tathandlung der Täuschung ist von § 263 StGB her bekannt und wird hier wie dort als bewusst irreführendes Einwirken auf das Vorstellungsbild eines anderen beschrieben, das ausdrücklich, konkludent oder durch Unterlassen – Garantenstellung vorausgesetzt – erfolgen kann.[624] Auch wenn es der Wortlaut nicht ausdrücklich vorschreibt, kann bei § 108 a StGB nur eine Täuschung über Tatsachen Bedeutung erlangen, da eine falsche Vorstellung von der Realität, die ja bewirkt werden soll, eine Einteilungsmöglichkeit in die Kategorien von „richtig" und „falsch" voraussetzt, was bei Meinungen nicht möglich ist.[625]

Diese allgemeine Definition der Täuschung wirft im Kontext mit der speziellen Wählertäuschung noch zwei Fragen auf: Muss „der andere", der getäuscht wird, über bestimmte Eigenschaften verfügen? Und: Wer verfügt über Garantenstellungen im Umfeld von Wahlen und Abstimmungen?

Die erste Frage zielt darauf ab, ob der Getäuschte Wahlberechtigter sein muss oder nicht. Anders als bei § 108 StGB, wo von „seinem Wahlrecht" die Rede ist, beantwortet der Wortlaut hier die Frage nicht eindeutig. Das Opfer ist nur als „jemand" umschrieben, was dessen Wahlrecht angeht, ist nichts gesagt. Aber richtigerweise wird man dem „Wählen" durchaus die Bedeutung beimessen können, dass es sich dabei nicht nur um die Beschreibung eines äußeren Verhaltens handelt, sondern eben um ein Wählen mit Wahlberechtigung; beim Wählen ohne Wahlberechtigung spricht das Gesetz in § 107 a StGB gerade vom „unbefugten Wählen".[626] Das Wortlautargument trägt jedoch nur für Var. 2 und 3, weil Var. 1 nicht vom „Wählen", sondern von der „Stimmabgabe" spricht. Es ist jedoch nicht wertlos, weil Var. 3 ein Unterfall der Var. 1 ist und insofern eine unterschiedliche Behandlung innerhalb des „Irrtums bei der Stimmabgabe" widersprüchlich wäre. Vernachlässigt man hingegen mit *Trinkaus*[627] dieses Wortlautargument, wären auch bei der Täuschung eines Nichtwahlberechtigten die Buchstaben des Gesetzes erfüllt. Gleichwohl widerspricht dieser Weg den

---

[624] Vgl. nur SK-Hoyer, § 263 Rn. 23 ff.
[625] Junck, S. 98.
[626] Junck, S. 96 f.
[627] Trinkaus, S. 110 ff.

126

grundlegenden Wertungen des Tatbestandes und ist deshalb abzulehnen:[628] Die
Bejahung einer Strafbarkeit in diesen Fällen würde in der Tat garantieren, dass
die Stimmabgabe insgesamt „unbeeinflusst von täuschenden Machenschaften"[629]
abläuft, allein das ist nicht der Schutzzweck der Wählertäuschung. Geschützt ist
nicht pauschal „die" Freiheit der Willensbetätigung, sondern die Freiheit der
Willensbetätigung bei der Wahlentscheidung und zwar individuell wie instituti-
onell. Es geht um das Wahlrecht,[630] um das man nicht betrogen werden darf, es
soll gewährleistet werden, dass man sich seines politischen Mitbestimmungs-
rechts nicht begibt.[631] Das alles setzt freilich das Bestehen dieses Rechts voraus.
Das gibt *Trinkaus* selbst zu, beschränkt sich dabei aber auf Var. 2, weil der
Nichtwahlberechtigte kein Stimmrecht habe, dessen er beraubt werden könne.
Var. 1 hingegen schütze die Erklärung des Wählers in der Form, wie sie abgegeben werden sollte, nicht das (nicht bestehende) Stimmrecht selbst.[632] Aber
richtigerweise ist diese Erklärung des Nichtwahlberechtigten gerade nicht
schutzwürdig, weil sie gar nicht Bestandteil der demokratischen Willensbildung
des Volkes ist. Warum sollte das Strafrecht die politische Willensbetätigung von
jemandem schützen, der hierzu gar nicht befugt ist? Vielmehr wird dieser selbst
bestraft, wenn er unbefugt wählt und damit auf den ordnungsgemäßen Wahlablauf einwirkt. Schließlich schlägt auch das Wertungsargument fehl, der einen
Nichtwahlberechtigten Täuschende sei hierzu ebenso wenig befugt wie derjenige, der die Stimme eines unbefugt Wählenden aus der Urne entferne und dadurch das Wahlergebnis wieder „richtig" mache. Dieser sei nach § 107 a StGB,
jener eben nach § 108 a StGB zu bestrafen.[633] Der gemeinsame Wertungsge-
sichtspunkt scheint darin zu bestehen, dass es sich beide Male um Beeinträchtigungen handelt, die zu keiner „Verschlechterung" des Wahlablaufs führen, weil
sie letztlich ins Leere gehen, einmal weil das Ergebnis „korrigiert", einmal weil
ein gar nicht Wahlberechtigter getäuscht wird. Abgesehen davon, dass reine
Wertungsargumentationen im Strafrecht immer kritisch beäugt werden müssen,
trifft die hiesige auch inhaltlich nicht zu: § 107 a StGB ist im genannten Beispiel
erfüllt, weil der ein korrektes Ergebnis garantierende Wahlablauf gestört worden
und dadurch das geschützte Rechtsgut beeinträchtigt ist. Das Rechtsgut des
§ 108 a StGB ist hingegen schlicht nicht betroffen. Hinzu kommt, dass bei einer
generellen Einbeziehung des Nichtwahlberechtigten der Fall strafbar wäre, dass

---

[628] So auch Junck, S. 96 f.; Kirschner, S. 112 f.
[629] Trinkaus, S. 111.
[630] Ausdrücklich Begründung E 1950, BT-Drs. 1/1307, S. 40; vgl. auch NK-Wohlers, § 108 a
StGB Rn. 1.
[631] Wolf, S. 171.
[632] Trinkaus, S. 112.
[633] Trinkaus, S. 111.

jemand einen Nichtwahlberechtigten durch Täuschung von der Wahl abhält, also letztlich eine Straftat nach § 107 a StGB verhindert.[634]

Opfer des § 108 a StGB kann demnach nur derjenige sein, der seine Stimme abgibt, also wahlberechtigt ist. Wird ein Nichtwahlberechtigter getäuscht, liegt gegebenenfalls ein untauglicher Versuch vor.

Die zweite Frage beschäftigt sich mit den Voraussetzungen der Täuschung durch Unterlassen, also der Nichtbeseitigung eines be- oder entstehenden Irrtums. Gemäß § 13 StGB ist das nur strafbar, wenn eine Garantenstellung mit daraus resultierender Garantenpflicht besteht. Diese Pflicht müsste im hiesigen Zusammenhang darin bestehen, Irrtümer zu beseitigen bzw. nicht entstehen zu lassen, um dem Wähler zu ermöglichen, eine seinem Willen entsprechende Wahlentscheidung (zum Beispiel gültig zu wählen) treffen zu können.[635] In dieser Pflicht stehen einmal die Mitglieder des Wahlvorstands, die für den ordnungsgemäßen Ablauf einer Wahl mitverantwortlich sind und denen kraft ihrer besonderen Bedeutung für den Wahlablauf vom Wähler auch besonders großes Vertrauen entgegengebracht wird. Das gilt freilich nur für Wahlvorstände innerhalb ihres Tätigkeitszeitraums, also am Wahltag. Hinzu kommen die Vertrauenspersonen im Sinne der §§ 33 II BWG, 57 BWO, die schon kraft Gesetzes verpflichtet sind, ihre Handlungen „auf die Erfüllung der Wünsche des Wählers zu beschränken". Neben dieser Beschränkung ihrer Tätigkeit bedeutet dies aber auch, dass sie gerade den Wünschen der Wähler zur Geltung verhelfen und damit eventuelle Fehlvorstellungen beseitigen müssen. Schließlich ist noch derjenige zu nennen, der sich rein tatsächlich bereit erklärt hat, einen anderen hinsichtlich des Vorgehens bei der Wahl zu beraten. Hat er diese Aufgabe faktisch übernommen, muss er sie auch sorgfältig wahrnehmen und mit der Beratung dafür sorgen, dass der Wille des zu Beratenden bei dessen Wahl richtig zum Ausdruck kommen kann.

Schließlich setzt der Tatbestand ebenso wenig wie etwa § 263 StGB voraus, dass die Täuschung „face to face" erfolgen muss, sondern auch Tatmittel neben der direkten Ansprache sind denkbar, etwa in schriftlicher Form.

b) Die Irrtümer

Das Gesetz zählt drei Irrtumsvarianten auf:
- Irrtum bei der Stimmabgabe über den Inhalt der eigenen Erklärung
- Irrtum bezüglich Wahlgang an sich
- Irrtum bezüglich Gültigkeit der eigenen Wahl

---

[634] Kirschner, S. 113.
[635] Dazu insgesamt LK-Laufhütte, § 108 a Rn. 3; Junck, S. 93 ff.; Wolf, S. 254.

Zählt man richtigerweise zum Inhalt der Wahlentscheidung auch die Gültigkeit oder Ungültigkeit der Stimme,[636] stellt sich die 3. Var. als Unterfall der 1. Var. dar, weil der, der glaubt, er habe gültig gewählt, tatsächlich aber ungültig gewählt hat, sich eben über den Inhalt seiner Erklärung irrt (Vorstellung: gültig, Realität: ungültig).

Allen drei Irrtümern ist gemeinsam, dass reine Motivirrtümer, also Irrtümer in der Willensbildung, nicht erfasst sind.[637] Vielmehr ist stets ein bestimmter Wille bereits gebildet, der dann aufgrund der Täuschung nicht realisiert werden kann. Das ergibt sich bereits eindeutig aus dem Wortlaut, der bei Var. 1 gerade einen Irrtum „bei der Stimmabgabe", also der Willensäußerung – parallel zu § 119 I Alt. 1 BGB, so genannter Erklärungsirrtum – und zwar „über den Inhalt seiner Erklärung", nicht etwa „bei der Willensbildung" und nicht „über für die Willensbildung relevante Umstände" fordert. Var. 2 und 3 setzen ein Verhalten „gegen seinen Willen" voraus, so dass auch hier die Willensbildung bereits abgeschlossen sein muss.[638] Irrtümer aufgrund lügnerischer Wahlpropaganda unterfallen demnach nicht dem Tatbestand.[639] Wer vor der Wahl verspricht, Steuern zu senken und damit Leute zur Wahl der eigenen Person bewegt, die Steuern aber nach der Wahl erhöht, täuscht zwar und bewirkt einen Irrtum, aber keinen Irrtum, der für § 108 a StGB Bedeutung hätte, weil in diesen Fällen der (irrig gebildete) Wille der Erklärung entspricht.[640]

In der 1. Var. weiß der Wähler bereits, welche Erklärung er abgeben will, er wählt dafür aber die falschen Erklärungsmittel:
Ein sehbehinderter Wähler hat vor, die SPD zu wählen. Ein Bekannter, der bereits briefgewählt hat, sagt ihm bewusst wahrheitswidrig, dazu müsse er sein Kreuz ganz links oben machen., was der Wähler auch tut und damit die CSU wählt.

Neben diesem eindeutigen Fall ist Var. 1 sogar dann erfüllt, wenn der Getäuschte infolge der Täuschung nicht einmal erkennt, dass er wählt.[641] Auch hier wird

---

[636] So Kirschner, S. 114; Trinkaus, S. 98, mit dem richtigen Hinweis, man würde auch bei § 108 StGB das Ungültigwählen unter das „Wählen in einem bestimmten Sinn" subsumieren.
[637] Vgl. nur BT-Drs. 1/1307, S. 40.
[638] Bei Var. 2 ist die Bezeichnung „Erklärungsirrtum" mindestens ungenau, weil gar keine Erklärung vorliegt, denn der Betroffene geht gerade nicht zum Wählen. Spricht man, wie etwa LK-Laufhütte, § 108 a Rn. 2, aber von einem Motivirrtum, gelangt man zu Abgrenzungsschwierigkeiten im Hinblick auf gerade unbeachtliche Motivirrtümer.
[639] Allgemeine Meinung, vgl. nur LK-Laufhütte, § 108 a Rn. 2; ausdrücklich auch die Begründung zum E 1950, BT-Drs. 1/1307, S. 40.
[640] BGHSt 9, 339 (339 f.); AK-Wolter, § 108 a Rn. 3; SK-Rudolphi, § 108 a Rn. 2; Junck, S. 165; Wolf, S. 172.
[641] BGHSt 9, 338 und statt aller LK-Laufhütte, § 108 a Rn. 2.

der bereits gebildete Wille nicht so in die Wirklichkeit umgesetzt, wie es sich der Wähler vorstellt. Aufgrund der Täuschung glaubt er zum Beispiel, ein Leumundszeugnis zu unterzeichnen, tatsächlich unterschreibt er einen Wahlvorschlag. Er irrt bei der Stimmabgabe über den Inhalt seiner Erklärung.[642] Es kommt nicht darauf an, dass der Wähler subjektiv keine Stimmabgabe vornehmen wollte, weil die Stimmabgabe nur objektiv vorliegen muss und lediglich der Täuschende diesbezüglichen Vorsatz haben muss, nicht hingegen das Opfer. Teilweise wird behauptet, der Getäuschte wähle nicht anders, als er wolle, weil Nichtwählen kein Wählen sei.[643] Letzteres ist sicher richtig, doch ist der Wortlaut offener als hier Glauben gemacht werden soll: Nicht nur das „anders Wählen als gewollt" ist genannt, sondern neutraler der „Erklärungsirrtum bei der Stimmabgabe", so dass es nicht auf das „wie hat er gewählt?" sondern auf das „welchen Inhalt hat seine Erklärung?" ankommt. Wenn der Inhalt „Leumundszeugnis" gewollt, der Inhalt „Wahlvorschlag" aber tatsächlich erfolgt ist, liegt ein Irrtum bei der Stimmabgabe vor.

Bei der 2. Var. hat sich der Wähler entschieden, zur Wahl zu gehen („gegen seinen Willen"), aufgrund der Täuschung tut er es nicht:
Ein Bekannter sagt dem Wähler bewusst wahrheitswidrig am Sonntagnachmittag, die Wahllokale hätten bereits geschlossen, woraufhin der Wähler nicht zur Wahl geht.[644]

Die 3. Var. betrifft den Fall, dass der Wähler gültig wählen möchte („gegen seinen Willen"), aufgrund der Täuschung wählt er jedoch ungültig:
Ein Bekannter sagt dem Wähler auf dessen Frage hin, dass man natürlich eigene Kommentare („Politiker sind Gauner") auf den Stimmzettel dazu schreiben dürfe, was der Wähler schließlich auch tut.
Nicht erfasst ist die Situation, dass jemand gegen seinen Willen wählt. Diese Situation wird aber zu Recht als nicht strafwürdig angesehen,[645] wobei das nur bei der Täuschung der Fall ist. Sobald die Beeinträchtigung die Schwelle des § 108 StGB überschreitet, besteht eine Strafbarkeit.

Da es sich um ein Erfolgsdelikt handelt, ist der Tatbestand vollendet, sobald die entsprechende Wahl abgeschlossen ist bzw. der Getäuschte endgültig nicht wählt.

---

[642] Vgl. BGHSt 9, 338 (339 f.) mit weiteren Argumenten, insbesondere auch dem, dass bei einem Nichtwählen kraft Täuschung dem Opfer auch nicht bewusst ist, dass sein Verhalten wahlrechtlich erheblich ist.
[643] Trinkaus, S. 99.
[644] Hierhin gehören z.B. auch bei der Briefwahl zurückgewiesene Stimmen, weil diese als gar nicht abgegeben gelten; siehe oben, S. 64 f.
[645] Trinkaus, S. 99

c) Bewirken

Der Täuschende muss gerade durch Täuschung einen der drei genannten Irrtümer bewirken. Mit anderen Worten muss die Täuschung den Irrtum mindestens mitverursachen.

Dabei ist der Wortlaut im Hinblick auf die genauen Anforderungen an das Bewirken sehr offen. Unzweifelhaft fällt der direkte Kontakt zwischen Täuschendem und seinem Opfer darunter. Mit dem Wortlaut zu vereinbaren ist in Anlehnung an den Tatbestand des § 271 StGB auch die Situation einer „Dreieckstäuschung", wenn also eine Zwischenperson getäuscht wird („Die Bundestagswahl ist heuer ausnahmsweise am Montag") und diese die Fehlinformation schließlich an einen Wähler weiterleitet, der daraufhin gegen seinen Willen zum Beispiel nicht zur Wahl geht.[646] Getäuschter und (Nicht)Wähler müssen nicht identisch sein. Schon der Tatbestand erfasst demnach die Situation der mittelbaren Täterschaft. Im Gegensatz zu § 271 StGB ist das hier jedoch wenig sinnvoll, weil die Wählertäuschung weder ein eigenhändiges noch ein Sonderdelikt ist, bei dem die mittelbare Täterschaft konstruktiv nicht möglich wäre. Eine Erweiterung auf bösgläubige Zwischenpersonen, wie sie bei § 271 StGB überwiegend durchgeführt wird, muss hier aus den gleichen Gründen wie bei § 107 b I Nr. 1 StGB ausscheiden.[647] Nimmt man hinzu, dass nach dem Wortlaut der Bewirkende auch immer der Täuschende sein muss, mithin § 108 a StGB nicht etwa bereits tatbestandlich eine Anstiftungssituation erfasst, bleibt der Sinn des weiten Wortlauts im Dunkeln. Ob der Gesetzgeber mit seiner Formulierung tatsächlich eine derart weite Auslegung beabsichtigt hat, ist ohnehin zweifelhaft, aber nicht eindeutig festzustellen.[648]

In der Sache macht es mithin keinen Unterschied, den Tatbestand eng zu verstehen und die mittelbare Täterschaft nach allgemeinen Regeln anzuwenden, wie es etwa auch bei § 263 StGB als vergleichbarem Täuschungstatbestand getan wird,[649] wenngleich der Wortlaut dort von vorne herein enger ist.

Unterschiedlich beantwortet wird die Frage, ob das Aufrechterhalten eines Irrtums dieser Tathandlung genügt. Das wird teilweise explizit abgelehnt.[650] Ein aktives Tun kann darin bestehen, den Irrenden, etwa wenn dieser zweifelt, in seiner Meinung zu bestärken oder eine Aufklärung durch einen anderen zu ver-

---

[646] Junck, S. 92 f.

[647] Siehe oben, S. 76 f.

[648] Nur die Begründung zu § 284 E 1936, S. 187, geht wohl von einer reinen Zweierkonstellation aus, alle anderen Begründungen schweigen hierzu.

[649] Sch/Sch-Cramer, § 263 Rn. 180.

[650] AK-Wolter, § 108 a Rn. 2; Kohlrausch/Lange, § 108 a Anm. III; Kirschner, S. 112.

hindern. Ein Unterlassen ist denkbar, indem einer den Zweifelnden in seiner Fehlvorstellung bestärkenden Handlung eines Dritten nicht begegnet wird. „Bewirken" ist jedoch nicht zu verstehen als erstmaliges Herbeiführen eines bestimmten Zustands (hier: der Fehlvorstellung), sondern als bloßes Verursachen, sprich „(mit)ursächlich Werden". Anderenfalls müsste der Wortlaut die engere Verknüpfung von Täuschung und Irrtum deutlicher machen.[651] Nicht zuletzt handelt es sich auch hier um Maßnahmen, die (mit) dafür verantwortlich sind, dass der wahre politische Wille nicht zum Ausdruck kommt; das geschützte Rechtsgut ist also verletzt.

Ein Bewirken ist demnach auch beim Aufrechterhalten eines Irrtums gegeben.

d) Subjektiver Tatbestand

Dolus eventualis genügt.[652]

3) Konkurrenzen

Die allgemeine Meinung sieht auch § 108 a StGB als lex specialis zu § 107 a StGB an.[653] Richtigerweise ist auch hier eine tatbestandliche Abgrenzung vorzunehmen.[654] Wenn im Einzelfall die Einwirkung auf den Wahlvorgang mit der Einwirkung auf den Wähler zusammenfällt, ist Idealkonkurrenz anzunehmen, etwa wenn dem Wähler ein ungültiger Wahlzettel ausgegeben wird[655] und er dabei konkludent über dessen „Gültigkeit" getäuscht wird, so dass er gegen seinen Willen ungültig wählt.

VIII) Wählerbestechung, § 108 b StGB[656]

Hinter der Überschrift der Wählerbestechung verbergen sich zwei Tatbestände, nämlich die (aktive) Wählerbestechung in Abs. 1 und die (passive) Wählerbestechlichkeit in Abs. 2.

Danach macht sich strafbar, wer einem anderen dafür, dass er nicht oder in einem bestimmten Sinne wählt, Geschenke oder andere Vorteile anbietet, ver-

---

[651] Nach Junck, S. 95, könnte dann der Tatbestand lauten: „Wer durch Täuschung einen Irrtum dahingehend bewirkt, dass [...]"; noch deutlicher wäre eine Formulierung wie „Wer durch Täuschung einen Irrtum dahingehend hervorruft, dass [...]".

[652] Vgl. nur LK-Laufhütte, § 108 a Rn. 4.

[653] AK-Wolter, § 108 a Rn. 5; Lackner/Kühl, § 108 a Rn. 2; LK-Laufhütte, § 108 a Rn. 5; MünchKomm-Müller, § 108 a Rn. 9; Preisendanz, § 108 a; Sch/Sch-Eser, § 108 a Rn. 4; SK-Rudolphi, § 108 a Rn. 5; Tröndle/Fischer, § 108 a Rn. 2 (anders noch bis zur 50. Auflage: § 108 a StGB trete zurück); Harnischmacher, S. 80; aA Tateinheit Kohlrausch/Lange, § 108 a Anm. IV; NK-Wohlers, § 108 a Rn. 4; Wolf, S. 255.

[654] Siehe oben, S. 58 ff.

[655] Beispiel nach Begründung E 1950, BT-Drs. 1/1307, S. 40.

[656] Zur (reform)geschichtlichen Entwicklung vgl. Wolf, S. 235 ff.; Junck, S. 105 ff.

spricht oder gewährt. Gleiches gilt für den, der für eine entsprechende Wahlentscheidung Vorteile fordert, sich versprechen lässt oder annimmt.

1) Rechtswirklichkeit

Im Umfeld von Wahlen tauchen immer wieder Berichte über Sachverhalte auf,
die in den Kontext mit der Wahlbestechung, einem „Stimmenkauf" gehören. Ob
es sich in allen Konstellationen um strafbares Verhalten handelt, sei an dieser
Stelle noch dahingestellt.
- Vor der Bundestagswahl 2002 bot ein Wähler in der Frankfurter Rundschau
seine Stimme gegen einen Arbeitsplatz an.
- Im Internet-Auktionshaus ebay wird regelmäßig vor Wahlen der Versuch unternommen, Stimmen zum Kauf anzubieten („für 990 Euro sofort kaufbar").
- Auch unter www.cashvote.com konnten Stimmen ver- und gekauft werden.[657]

Die (äußerst niedrigen) Zahlen der Strafverfolgungsstatistik als Anhaltspunkt für
die Rechtswirklichkeit sind schon deshalb wenig tauglich, weil sie nur die
Wahlstraftaten insgesamt betreffen und nicht nach einzelnen Delikten unterteilt
sind. Empirische Untersuchungen über den realen Umfang des „Stimmenkaufs"
sind nicht vorhanden, es werden allenfalls Vermutungen geäußert,[658] unter anderem die, dass die Strafbarkeit der Wahlbestechung selbst unter Juristen weitgehend unbekannt sei[659] und schon insofern viel für ein großes Dunkelfeld spreche.
Eine für diese Veröffentlichung durchgeführte Umfrage der Gesellschaft für Sozialforschung und statistische Analysen forsa bringt etwas Licht ins Dunkel,
wenngleich zu berücksichtigen ist, dass durch eine nur schlaglichtartige Betrachtung allenfalls gewisse Tendenzen festgestellt werden können. Hinzu kommt,
dass bei derartigen Fragebereichen stets mit einer gewissen Anzahl sozial er-
wünschter Antworten gerechnet werden muss, die das tatsächliche Verhalten
also mit gewissen Unschärfen prognostizieren.

Im Juni 2004 wurden von forsa 1002 Deutsche per Telefoninterview vor folgende Situation gestellt:
*In zwei Wochen findet ja die Europawahl statt. Stellen Sie sich einmal vor, ein
Politiker würde Ihnen 100 Euro dafür bieten, dass Sie eine bestimmte Partei
wählen. Würden Sie auf ein solches Angebot eingehen (1), würden Sie nur darauf eingehen, wenn es sich um die Partei handeln würde, die Sie ohnehin wählen wollen (2) oder würden Sie auf keinen Fall auf das Angebot eingehen (3)?*

---

[657] Alle Beispiele nach Schreiber, NVwZ 2003, 407, Heinemann/Brendlin/Wissbar, „Deutsche
Wähler verkaufen ihre Stimme!" in Bild am Sonntag vom 15.09.2002, S. 2 und
http://www.spiegel.de/netzwelt/politik/0,1518,374218,00.html
[658] Junck, S. 138 ff.; Olderog, S. 8 ff.
[659] Olderog, S. 9 Fn. 57.

3 % aller Befragten würden auf das Angebot auf jeden Fall eingehen, 11 % nur, wenn es um die von ihnen selbst favorisierte Partei geht, 85 % würden das Angebot rundweg ablehnen.[660] Zwischen dem Verhalten von ost- und westdeutschen Wählern sind dabei kaum Unterschiede feststellbar. Eine deutliche Abweichung nach oben ergibt sich jedoch in der Altersgruppe der 18- bis 29-Jährigen, von denen 4 % das Angebot stets und 25 % unter der genannten Einschränkung wahrnehmen würden. Nahezu ein Drittel der „Jungwähler" wäre demnach grundsätzlich zu einem Stimmenverkauf bereit. Diese Bereitschaft nimmt mit zunehmendem Alter ab.

Darüber hinaus würden die Interviewpartner nach ihrer strafrechtlichen Beurteilung der Situation gefragt:
Was glauben Sie: Würde man sich selbst strafbar machen, wenn man seine Stimme verkauft oder glauben Sie das nicht?
Insgesamt glauben das 66 % der Befragten, 25 % glauben es nicht, 9 % sind unschlüssig. Von den „Jungwählern" glauben sogar 76 % an eine Strafbarkeit.

Lässt man die Ergebnisse zusammenlaufen, stellt sich heraus, dass einerseits von denen, die das Verhalten für strafbar erachten, gleichwohl 12 % (unter Umständen) auf das Angebot eingehen würden. Andererseits würden sich selbst unter denen, die das Verhalten nicht für strafbar halten, 80 % nicht auf ein solches Geschäft einlassen.

Als Schlussfolgerung lässt sich festhalten, dass § 108 b StGB entgegen der Hypothese *Olderogs* keine vollkommen unbekannte Norm darstellt. Weiter wäre etwa jeder 7. Bürger jedenfalls unter Umständen bereit, seine Stimme zu verkaufen, was gerade im Hinblick auf die stetig steigende Zahl der Briefwähler, bei denen die Gefahr besonders groß sein dürfte, jedenfalls bedenklich ist. Schließlich hängt die Bereitschaft, ein derartiges Geschäft einzugehen, offensichtlich nicht wesentlich davon ab, ob man das Verhalten für strafbar hält oder nicht. Das könnte bei den genannten 12 % auf die vermutete geringe Wahrscheinlichkeit einer tatsächlichen Bestrafung zurückzuführen sein. Doch selbst bei denen, die keine Strafbarkeit annehmen, würden 80 % ein derartiges Angebot ablehnen, was für eine Wertschätzung bezüglich eines fundamentalen demokratischen Rechts sprechen könnte.

Offen bleibt freilich, inwiefern das Ergebnis bei einer anderen Wahl oder einer höheren angebotenen Geldsumme anders ausfallen würde.

---

[660] Vgl. sämtliche Ergebnisse im Anhang; an 100 Prozent fehlende Angaben = „weiß nicht".

2) Geschütztes Rechtsgut

Die bisher bei den §§ 108, 108 a StGB hergeleitete Schutzwirkung zugunsten der Allgemeinheit und des Einzelnen versagt schon bei einem flüchtigen Blick auf § 108 b StGB – andernfalls müsste man Abs. 2 die Intention beimessen, den Wähler gegen sich selbst zu schützen.[661] Insofern bedarf es einer differenzierteren Betrachtung.

Sicher ist zunächst der Schutz der authentischen, also ordnungsgemäßen, unbeeinflussten Willensbildung des Volkes, was hier insbesondere deren Unkäuflichkeit, die Unveräußerlichkeit des Wahlrechts bedeutet. Anders gewendet: Die Willensbildung als Gesamtprozess soll sachlich sein und muss deshalb vor der Beeinflussung durch persönliche Vorteile, vor Korruption geschützt werden.[662] Nur wenn dies gelingt, kann im Ergebnis der wahre Wille der Wählerschaft zum Ausdruck kommen. Dabei bestraft § 108 b StGB, wie sich zum Beispiel aus den Handlungsmodalitäten des Anbietens und Forderns ergibt, bereits die (abstrakte) Gefahr eines derart beeinflussten Wahlergebnisses.

Daneben könnte jedenfalls in Abs. 1 ein Individualrechtsgut, und zwar das Recht des Einzelnen auf eine unbeeinflusste, also freie Wahl(willensbildung), geschützt sein.[663] Der Wähler soll nach seiner freien Überzeugung wählen können und deshalb vor besonders massiven Beeinflussungsversuchen geschützt werden. Dagegen lässt sich nicht mit Erfolg anführen, beim „Konstruktionsvorbild" des § 333 StGB sei auch nicht etwa die Willensfreiheit des Einzelnen geschützt, da es bei § 108 b StGB nicht um die allgemeine, aus Art. 2 GG folgende (Jedermann)Freiheit, sondern um die sich aus Art. 38 GG ergebende spezielle Freiheit des Wählers geht. Gleichwohl fällt auf, dass bei § 108 e StGB, dessen Funktion im Wesentlichen darin besteht, § 108 b StGB auf innerparlamentarische Wahlen und Abstimmungen zu erstrecken, ausschließlich Allgemeinrechtsgüter als geschützt angesehen werden[664] – und das, obwohl der Abgeordnete

---

[661] Kirschner, S. 42 Fn. 6.

[662] Den Schutz der Sachlichkeit der Stimmabgabe bejahend etwa BGHSt 33, 336 (338); BayObLGSt 58, 67 (68); AK-Wolter, § 108 b Rn. 1; Lackner/Kühl, § 108 b Rn. 1; LK-Laufhütte, § 108 b Rn. 1; NK-Wohlers, § 108 b Rn. 1; Preisendanz, § 108 a Anm. II; Sch/Sch-Eser, § 108 b Rn. 1; SK-Rudolphi, § 108 b Rn. 1; Tröndle/Fischer, § 108 b Rn. 1; Dölling, NStZ 1987, 69; Geerds, JR 1986, 254; Geilen, in: LdR, S. 1114; v. Hassel, S. 53; Junck, S. 112; Maurach/Schroeder/Maiwald, BT 2, § 86 III Rn. 28; allerdings wird ohne nähere Erläuterung teilweise auf die Sachlichkeit der Stimmabgabe (wohl: an sich), teilweise auf die Sachlichkeit der Stimmabgabe des einzelnen Wahlberechtigten abgestellt, was im letzteren Fall auch die Annahme eines Individualrechtsguts nahe legen könnte.

[663] Für dieses klare Nebeneinander etwa LK[8]-Jagusch, § 108 b Anm. 1: „Lauterkeit der Willensbildung des Wählers und die des Wahlaktes" sowie Harnischmacher, S. 81; auch Wolf, S. 170, 181 f.

[664] Vgl. nur Schaller, S. 25 ff. m.w.N.

gemäß Art 38 I 2 GG ein freies Mandat hat. Zudem könnte man in systematischer Hinsicht einen Gleichlauf von Abs. 1 und Abs. 2 hinsichtlich der Rechtsgüter begrüßen,[665] was aber nicht zwingend ist, da letztlich zwei eigenständige, wenngleich korrespondierende Tatbestände in einer Norm zusammengefasst sind. Vielmehr könnte man dem Wortlaut, der sich auf „einen anderen" bezieht, sowie der systematischen Stellung nach den §§ 108, 108 a StGB gerade das gegenteilige Ergebnis abgewinnen.

In der Tat ist es auch hier so, dass schon in der Beeinflussung eines einzelnen Wählers zwingend die Beeinflussung der gesamten Wahl liegt,[666] genauer gesagt zumindest die diesbezügliche abstrakte Gefahr. Die Gefahr einer unsachlichen Wahl an sich setzt die Gefahr einer unsachlichen Wahl des Einzelnen voraus. Allgemeinrechtsguts- und Individualrechtsgutsverletzung fallen demnach auch hier zwingend zusammen.[667]

Geschützt ist in Abs. 1 mithin die Sachlichkeit der Willensbildung des Volkes generell sowie die Möglichkeit der freien, an der Sache orientierten Wahl des Einzelnen. Abs. 2 schützt nur das Allgemeinrechtsgut.

3) Aufbau des Tatbestands

Der Tatbestand setzt Folgendes voraus:

§ 108 b I StGB	§ 108 b II StGB
1) Anbieten/Versprechen/Gewähren von Geschenken oder anderen Vorteilen	1) Fordern/Versprechenlassen/Annehmen von Geschenken oder anderen Vorteilen
2) Unrechtsvereinbarung („dafür, dass er nicht/in einem bestimmten Sinne wähle")	2) Unrechtsvereinbarung („dafür, dass er nicht/in einem bestimmten Sinne wähle")

Augenfällig ist die Parallelkonstruktion zu den Bestechungstatbeständen der §§ 331 ff. StGB. § 108 b I StGB entspricht hinsichtlich der Tatmodalitäten § 333 StGB, § 108 b II StGB entspricht § 331 StGB.

---

[665] Junck, S. 110 f.

[666] So auch Junck, S. 112.

[667] Anders Junck, S. 110, der befürchtet, bei Einbezug des Individualrechtsguts seien die Konstellationen nicht mehr vom Tatbestand erfasst, in denen die Anregung zur Bestechung vom anschließend Bestochenen stammt. Abgesehen davon, dass das Allgemeinrechtsgut stets verletzt wird, was man als unrechtsprägend genügen lassen könnte, ist das Individualrechtsgut auch betroffen, weil die Gefahr einer beeinflussten, nicht sachlichen Wahl des Bestochenen hier jedenfalls erhöht wird, was Junck, S. 111, selbst für ausreichend erachtet. Eine Einwilligung kommt aufgrund des vorrangig geschützten Allgemeinrechtsguts und dessen fehlender Disponibilität nicht in Betracht.

Überwiegend ergeben sich auch in der Sache keine Unterschiede, so dass nur einige Besonderheiten näher dargestellt und erörtert werden sollen, bei denen das von den §§ 331 ff. StGB verschiedene Rechtsgut sowie die andere Tatsituation auch eine abweichende Lösung der Probleme erfordern.

a) Anbieten/versprechen/gewähren usw.

Die Tathandlungen entsprechen denen der §§ 331, 333 StGB.[668]

b) Unrechtsvereinbarung

aa) Allgemeines

Kern jedes Bestechungsdelikts ist die so genannte Unrechtsvereinbarung. Aufgrund dieser werden die tatbestandsmäßige Handlung und das Wahlverhalten dergestalt miteinander verknüpft, dass ein Verhältnis von Leistung und Gegenleistung, ein so genanntes Äquivalenzverhältnis, entsteht. Dies ergibt sich aus dem Wortlaut „dafür, dass". Erforderlich ist also, dass die Geschenke oder Vorteile Entgelt für ein bestimmtes Wahlverhalten des Bestochenen sein sollen.[669] Unterschiede zu den §§ 331 ff. StGB können hier im Hinblick auf die erforderlichen „Opfereigenschaften" sowie den konkreten Inhalt der Vereinbarung auftreten. Generell bedeutsam, aber hier besonders relevant, ist schließlich die Frage, wie die Verbindung der Parteien der Unrechtsvereinbarung zueinander gestaltet sein muss.

Zunächst einmal steht fest, dass derjenige, dessen Wahlverhalten Gegenstand der Vereinbarung ist, wahlberechtigt sein muss. Die Argumentation zum gleichen Problem bei § 108 a StGB ist übertragbar; das Rechtsgut, eine Beeinträchtigung der Wahlfreiheit des Einzelnen bzw. der demokratischen Willensbildung an sich, kann nur dann verletzt werden, wenn eine Wahlberechtigung besteht.[670]

Dieser Wahlberechtigte selbst muss nach dem klaren Wortlaut („Wer [...] dafür, dass er [...]") stets Partei der Unrechtsvereinbarung sein. Hat also B dem A „sein Wahlrecht abgekauft", begeht C, der dem B wiederum diese „Bestimmungsbefugnis" abkaufen will, keine Wählerbestechung, weil B nicht sein eigenes, sondern ein fremdes Wahlrecht „verkauft".[671]

---

[668] Vgl. nur MünchKomm-Müller, § 108 b Rn. 3, 7.

[669] Geerds, JR 1986, 255.

[670] LK-Laufhütte, § 108 b Rn. 2; Junck, S. 115 f.; Kirschner, S. 127; Olderog, S. 54 f.; Trinkaus, S. 123 f.

[671] Kirschner, S. 129; unter Geltung des § 109 StGB a.F. war diese Konstellation umstritten: bejahend Schneidler, GS 40 (1888), S. 27; verneinend M. E. Mayer, S. 287.

Ebenfalls aus dem Wortlaut ergibt sich der einzig relevante Zeitpunkt der Tat: Man muss das Geschenk dafür anbieten, dass der Wahlberechtigte „wähle", nicht aber dafür, dass er „gewählt habe". Alle Tathandlungen müssen demnach zeitlich vor der Wahl liegen.[672]

Was die Vorgaben für das Verhalten des Wählers angeht, ist von § 108 b StGB erfasst, nicht oder in einem bestimmten Sinne zu wählen. Unter letzteres fällt, wie auch bei § 108 a StGB, das ungültige Wählen.[673] Fraglich ist aber, ob darunter auch ein reiner „Negativausschluss" zu fassen ist, also die Vorgabe, „jedenfalls nicht den X zu wählen". Das wird unter Hinweis auf den Wortlaut, der eine Wahl in einem bestimmten Sinne verlange, worunter eine im Einzelnen nicht bestimmte Stimmabgabe nicht subsumierbar sei, sowie einen Vergleich zu § 108 StGB, der im Gegensatz zu § 108 b StGB den Fall, dass jemand nicht in einem bestimmten Sinne wähle, ausdrücklich enthalte, abgelehnt.[674] Die Formulierung bei § 108 StGB ist rechtstechnisch aber überflüssig, weil das Nötigen, in einem bestimmten Sinne zu wählen, das Hindern, in einem bestimmten Sinne zu wählen, einschließt – jemand wird genötigt, eine bestimmte Wahl zu unterlassen. Insofern hilft das systematische Argument nicht weiter. Vielmehr deutet die parallele Formulierung gerade auf einen Gleichlauf hin, zumal in beiden Fällen, wenngleich mit unterschiedlicher Intensität, der Wahlwillen des Betroffenen in eine bestimmte Richtung gelenkt werden soll. Auch die Bedenken bezüglich des Wortlauts sind ausräumbar, da das angestrebte Wahlverhalten durchaus bestimmt ist, aber eben nicht im positiven, sondern im negativen Sinne. Der Wortlaut lässt beides zu und auch Sinn und Zweck der Regelung, den Wähler vor Beeinträchtigungen seiner Wahlfreiheit zu bewahren, spricht dafür.
Folglich fällt auch ein „Negativausschluss" das Wahlverhalten betreffend unter den Tatbestand.

Der Tatbestand setzt nach seinem eindeutigen Wortlaut nicht voraus, dass das angestrebte Wahlverhalten gegen die Überzeugung des Wählers erfolgen muss.[675]

Noch einen Schritt weiter kann man bei Abs. 2 gehen und fragen, ob ein Fordern dafür, dass man in einem bestimmten Sinne wähle, schon dann vorliegt, wenn

---

[672] Vgl. nur Trinkaus, S. 118.

[673] Siehe oben, S. 127.

[674] Kirschner, S. 130; aA die ganz hM, vgl. AK-Wolter, § 108 b Rn. 2; LK-Laufhütte, § 108 b Rn. 2; Lackner/Kühl, § 108 b Rn. 3.; NK-Wohlers Rn. 3; Sch/Sch-Eser, § 108 b Rn. 2; Junck, S. 135.

[675] RGSt 9, 197 (198 f.); vgl. auch die eingangs erwähnte Umfrage, in der auch nach der Bereitschaft zum Stimmenverkauf für den Fall, dass man gemäß seiner eigenen Überzeugung wählen wolle, gefragt wurde.

138

man für den „bestimmten Sinn" noch keine inhaltlichen Vorgaben macht, wenn also etwa ein Wähler nach einer Podiumsdiskussion auf die beieinander stehenden Bürgermeister-Kandidaten zugeht und sagt „Ich wähle den, der mir 100 € gibt". Würde er nur auf Kandidat A zugehen und sagen „Wenn Sie mir 100 € geben, wähle ich Sie", wäre § 108 b II StGB erfüllt. Schon zu Zeiten des § 109 StGB a.f. ließ man es genügen, wenn eine Einigung dahingehend erzielt war, einen erst noch zu Bezeichnenden zu wählen.[676] § 108 b StGB verlagert die Strafbarkeit lediglich zeitlich nach vorne, so dass auch die einseitige Erklärung, eine noch nicht feststehende Person gegen Bezahlung zu wählen, ausreicht, weil ja jedenfalls, wie es der Wortlaut voraussetzt, feststeht, dass er in einem bestimmten Sinne zu wählen bereit ist, seine Wahlentscheidung also lenken lässt.

Vom Wortlaut hingegen nicht gedeckt ist der Versuch, jemanden überhaupt zum Wählen zu bewegen.[677] Zwar kann durch ein derartiges Verhalten, wenn es beispielsweise gegen Wähler gerichtet ist, die erfahrungsgemäß einer bestimmten Partei zugeneigt sind, durchaus zu Verfälschungen der demokratischen Willensbildung kommen, jedoch hat der Gesetzgeber gut daran getan, diese von den klar nicht strafwürdigen Wählermobilisierungen (die letztlich sogar positiv sein können, wenn der Volkswille dadurch besser zum Ausdruck kommt) kaum trennbaren Konstellationen nicht aufzuführen.[678]

bb) „Personale Beziehung"

Schließlich stellt sich die Frage, in welcher Beziehung die Parteien der Unrechtsvereinbarung zueinander stehen müssen. Unter anderem hatte der BGH dies in seinem soweit ersichtlich einzigen Urteil zu § 108 b StGB[679] zu entscheiden:

Vor der Bürgermeister(stich)wahl ließ Kandidat X (Amtsinhaber und zur Wiederwahl aufgestellt) auf „Anregung" des zweiten Vorsitzenden eines Sportvereins („100 tote Sportler oder 100 Stimmen mehr"), der den Abbruch des Vereinsheims mangels Baugenehmigung befürchtete, eben diese erteilen, obwohl er über deren materielle Rechtswidrigkeit im Bilde war. Er informierte darüber zwei Vorstandsmitglieder und hoffte auf entsprechende Weitergabe dieser Information an die Mitglieder. Im entsprechenden Ortsteil erzielte er schließlich einen Stimmenzugewinn.

---

[676] Ober-Tribunal, GA Bd. 21, 191; Freudenthal, S. 49.
[677] Vgl. nur Tröndle/Fischer, § 108 b Rn. 2.
[678] So auch Wolf, S. 238; ein nicht unübliches Beispiel hierfür sind Fahrdienste zum Wahllokal o.ä., wobei stets die Unrechtsvereinbarung im Einzelfall genau untersucht werden muss, da mit einem derartigen Service durchaus die Erwartung eines bestimmtes Wahlverhaltens verknüpft sein kann.
[679] BGHSt 33, 336.

Der BGH[680] geht von § 333 StGB aus, stellt fest, dass dort ein bestimmter personaler Bezug, eine Täter-Begünstigten-Beziehung bestehen muss und überträgt diese Voraussetzung auf § 108 b StGB – nicht übersehend, dass § 333 StGB im Gegensatz zu § 108 b StGB die potentiellen Begünstigten enumerativ aufführt. Diese Auslegung müsse übertragen werden, um den Tatbestand bestimmt genug zu halten und Wahlversprechungen aus dem Tatbestand auszuscheiden. Das Kriterium der Sozialadäquanz genüge dafür nicht. Dieser personale Bezug, die Unrechtsvereinbarung, setze voraus, dass es im Hinblick auf den gewährten Vorteil zu einer wenn auch nur gefühlsmäßigen Verpflichtung des Empfängers, in der vom Bestechenden gewünschten Weise abzustimmen, führe oder führen könne. Versprechen oder pauschale Zuwendungen an eine unbestimmte Personenmehrheit ohne diesen Bezug würden derartige Bindungen nicht schaffen und deshalb vom Tatbestand nicht erfasst sein. Im konkreten Fall sei die erforderliche Kontaktaufnahme nur mit den zwei Vorstandsmitgliedern erfolgt, so dass nur diese als Bestochene in Betracht kämen.

Der Ausgangspunkt des BGH ist, auch wenn man berücksichtigt, dass identische Begriffe innerhalb desselben Gesetzes nicht zwingend die gleiche Bedeutung haben müssen, richtig, weil § 108 b StGB nicht etwa nur identische Begriffe verwendet, sondern die komplette Struktur der §§ 331 ff. StGB in der Fassung vor der Reform im Jahre 1974 übernimmt.[681] Von der Tatsituation her bestehen freilich Unterschiede: Zunächst ist, was der BGH nicht übersehen hat, der Kreis der potentiellen Begünstigten in den §§ 331 ff. (Amtsträger, für den öffentlichen Dienst besonders Verpflichteter, Richter, Schiedsrichter, gegebenenfalls Soldat) wesentlich kleiner als der bei § 108 b StGB (alle Wahl- und Stimmberechtigten).[682] Allein die geringere denkbare Zahl von „Opfern" ist jedoch kein Argument gegen die Übertragung von strukturellen Erwägungen. Bedenken könnte man eher deswegen haben, weil das klassische Tatbild der Bestechungsdelikte von einer Vereinbarung gerade zweier, allenfalls weniger Personen, beruhend auf persönlichen Kontakten, besteht, um ein Öffentlichwerden des „Deals" gerade zu verhindern. Bemühungen, Stimmen zu kaufen, müssten schon aus Effektivitätsgründen jedenfalls auf Bundesebene regelmäßig eher im großen Stil ablaufen. Man wird versuchen, gleichzeitig auf möglichst viele Wähler einzuwirken. Gleichwohl ist der Gesetzgeber nicht gezwungen, gerade (nur) die am häu-

---

[680] BGHSt 33, 336 (338 f.).

[681] Insofern erscheint es zu weit gegriffen, diesem Zusammenhang, wie Junck, S. 129 Fn. 542 es tut, keinerlei Bedeutung zuzugestehen. Zu Zeiten der Geltung des § 109 StGB a.F. wurde gerade umgekehrt der strukturelle Unterschied zu den §§ 331 ff. StGB als Argument herangezogen, vgl. nur RGSt 6, 194 (196).

[682] Die Tatsache der enumerativen Aufzählung, die der BGH nennt, ist für sich genommen irrelevant, da ja auch § 108 b StGB die in Betracht kommenden Begünstigten abschließend aufführt, weil nur Wahl- und Stimmrechtsinhaber in Betracht kommen.

figsten vorkommenden Verhaltensweisen unter Strafe zu stellen, wenngleich dies hier gerade im Hinblick auf einen möglichst effektiven Schutz der Sachlichkeit der Stimmabgabe womöglich wünschenswert wäre.[683] Kritisch zu beurteilen wäre dies erst, wenn der Straftatbestand (nahezu) seiner praktischen Anwendbarkeit beraubt wäre, was hier nicht ersichtlich ist.

Dem BGH ist demnach insofern zuzustimmen, als die bekannten Strukturen der §§ 331 ff. StGB auf § 108 b StGB übertragbar sind. Richtig ist auch, dass dort aufgrund der Tatmodalitäten eine bestimmte Täter-Begünstigten-Beziehung bestehen muss. Deren konkrete inhaltliche Ausgestaltung bleibt jedoch offen, weil aus den genannten allein praktisch werdenden Tatsituationen dazu kein Anlass besteht, so dass diese Parallele in der Sache wenig weiter hilft.

Gewisse Anhaltspunkte lassen sich dennoch gewinnen. So wird bei den Bestechungstatbeständen keine „face-to-face-Situation" vorausgesetzt und es muss auch nicht etwa eine individuelle unmittelbare Kontaktaufnahme zum Beispiel per Telefon vorgenommen werden, vielmehr sind (natürlich) auch Aktivitäten über Mittelspersonen oder per Brief denkbar.[684] Schließlich erfassen die §§ 331 ff. StGB auch die Konstellation, dass der Täter mit mehreren Amtsträgern in Verbindung tritt, beispielsweise wenn eine Entscheidung von mehreren gemeinsam getroffen werden muss.

Die Frage nach dem Inhalt der „personalen Beziehung" ist letztlich die Frage danach, wie weit man den Kreis der Angesprochenen bei § 108 b StGB zieht, der wie dargelegt schon von den denkbaren Tatsituationen her tendenziell größer ist als bei den §§ 331 ff. StGB.

Dass eine bestimmte Grenze gezogen werden muss, ergibt sich schon aus dem Tatbestand selbst.
Der Wortlaut der Norm weist in diese Richtung, der davon spricht, dass der Vorteil „einem anderen" angeboten wird. Dies wurde bereits bei § 108 StGB so ausgelegt, dass sich das tatbestandsmäßige Verhalten nicht pauschal gegen die Öffentlichkeit, sondern gegen einen bestimmten Personenkreis richten muss.[685] Es ist kein Grund ersichtlich, Einwirkungen auf Wähler durch Zwangsmittel einerseits und durch Bestechungsmittel andererseits unterschiedlich zu behandeln. Dem steht aufgrund der klar spiegelbildlichen Konstruktion von Abs. 1 und 2 auch nicht entgegen, dass § 108 b II StGB nicht ausdrücklich davon spricht, dass jemand einen Vorteil „von einem anderen" fordert; dass das gemeint ist, ergibt

---

[683] Deshalb ablehnend Junck, S. 129 f.; Geilen, in: LdR, S. 1114.

[684] Vgl. nur Sch/Sch-Cramer, § 333 Rn. 9.

[685] Siehe oben, S. 96.

sich aus der systematischen Stellung und eben der Konstruktion des gesamten Tatbestands.

Dem entsprechen Binnensystematik und Entstehungsgeschichte: Die Alternativen des Versprechens/Sichversprechenlassens und des Gewährens/Annehmens beschreiben Abschluss bzw. Vollzug der Unrechtsvereinbarung,[686] also eine vertragsmäßige Übereinstimmung, ein Geschäft, für das im Grundfall zwei Personen übereinstimmende Willenserklärungen abgeben bzw. abgegeben haben. Werden mehrere Personen bestochen, existieren mehrere derartige Unrechtsvereinbarungen. Auch § 109 StGB a.f. verlangte ein vertragsmäßiges Übereinkommen der Parteien ("kaufen oder verkaufen").[687] Die Gesetzesänderung in die heutige Fassung resultiert jedoch nicht in einem Abgehen von diesem „Vertragsprinzip", sondern allein in einer Vorverlagerung der Strafbarkeit.[688] Insbesondere sollte auch der Fall strafbar sein, wo erst eine der zwei Willenserklärungen abgegeben worden war, womit schließlich die zeitliche Stufenfolge des Forderns/Versprechens/Gewährens bzw. Forderns/Sichversprechenlassens/Annehmens entstanden ist. Das nur auf den Vertragsschluss gerichtete Verhalten ist bereits strafrechtlich relevant. Davon kann aber nicht die Rede sein, wenn sich die in Betracht kommende(n) Vertragspartei(en) überhaupt noch nicht abzeichnen. Zwar gibt es im Zivilrecht die Figur des (bindenden) Antrags „ad incertas personas"; diese ist aber zum einen nicht unumstritten[689] und zum anderen keine pauschal anwendbare, sondern von den Umständen des Einzelfalls abhängige und regelmäßig nur bei Alltagsgeschäften (Beispiel Warenautomat) anwendbare.[690] Die neuere Gesetzesentwicklung stützt dieses Ergebnis, indem bei § 108 e StGB, der sich im Wortlaut an § 109 StGB a.F. anlehnt, ebenfalls eine gewisse Individualisierung der Beteiligten vorausgesetzt wird.[691]

Schließlich ist zu bedenken, dass zwar auch bei unpersönlichen Versprechungen einzelne Wähler zu einer unsachlichen Wahlentscheidung verleitet werden können,[692] gleichwohl steht fest, dass diese Gefahr weit größer ist, wenn es zu einer individuelle(re)n Kontaktaufnahme gekommen ist.[693]

---

[686] Dölling, JR 1986, 253.

[687] Vgl. nur Freudenthal, S. 47 ff.; zu den diesbezüglichen Bestimmtheitsanforderungen v. Olshausen, § 109 Anm. 2: „gewisser Kreis von Personen".

[688] BT-Drs. 1/1307, S. 41.

[689] OLG Karlsruhe, NJW-RR 1989, 19: "Ein derartiges Angebot an einen unbestimmten und unbestimmbaren Personenkreis stellt keine wirksame Willenserklärung dar". Hiergegen MünchKomm BGB-Kramer, § 145 Rn. 10.

[690] Staudinger-Bork, § 145 Rn. 19.

[691] Vgl. Schaller, S. 84 f.; Dieses Argument ist freilich ein schwaches, weil in der Begründung auf § 108 b StGB und die genannte BGH-Entscheidung rekurriert wird.

[692] So das Argument von Junck, S. 130.

[693] Dölling, NStZ 1987, 69 spricht von einem besonderen psychologischen Druck.

Es ergibt sich damit, dass das Täter-Begünstigten-Verhältnis nicht beliebig weit und locker sein darf. Der BGH hat mithin auch mit seiner weiteren Feststellung Recht, dass deshalb Versprechen oder pauschale Zuwendungen an eine unbestimmte Personenmehrheit nicht unter den Tatbestand fallen.[694]

Ihm ist jedoch zu widersprechen, wenn er, offenbar als inhaltliche Konkretisierung dieser personalen Beziehung, verlangt, dass diese zu einer wenigstens gefühlsmäßigen Verpflichtung des Empfängers, in der gewünschten Weise abzustimmen, führen können muss. Der Formulierung fehlt es unübersehbar an inhaltlicher Schärfe[695] und es bleibt fraglich, wie dieses „Verpflichtungsgefühl" im Einzelfall nachgewiesen werden soll.[696] Will man darüber hinaus den BGH so verstehen, dass Versprechen oder pauschale Zuwendungen an eine unbestimmte Personenmehrheit nur dann nicht unter den Tatbestand fallen, wenn sie nicht geeignet sind, eine derartige „gefühlsmäßige Bindung" zu begründen, andernfalls schon,[697] würde man mehr verlangen, als sich aus der Auslegung ergeben hat: Danach ist „nur" die Individualisierbarkeit der Beteiligten verlangt, über deren „Gefühlswelt" ist nichts ausgesagt. Nicht zuletzt werden schon über die Adäquanz Fälle ausgesondert, die als „Schmiergeldgeschäfte" untauglich erscheinen[698] und auch bei den §§ 331 ff. StGB – das Erfordernis des personalen Bezugs gründet ja (auch) auf der Übertragung deren Struktur – ist das „Gefühlskriterium" unbekannt. Allenfalls könnte man die – als Tatbestandsmerkmal irrelevante – Erkenntnis des BGH teilen, dass derartige Versprechen an eine unbestimmte Personenmehrheit erfahrungsgemäß, also typischerweise keine derartigen Bindungen hervorrufen und deshalb strafrechtlich nicht von Bedeutung sein sollten.

Auf das Kriterium der „wenigstens gefühlsmäßigen Verpflichtung" des Bestochenen als Tatbestandsmerkmal ist folglich zu verzichten.

Um Tatbestandslosigkeit und Tatbestandsmäßigkeit voneinander trennen zu können, bedarf es schließlich klarer Kriterien, wann Maßnahmen gegenüber einer unbestimmten und wann gegenüber einer bestimmten Personenmehrheit ergriffen werden.

---

[694] So auch i.E. Dölling, NStZ 1987, 69; Geerds, JR 1986, 253.

[695] Wagner, JZ 1987, 604.

[696] Geerds, JR 1986, 255.

[697] So offensichtlich Hassemer, JuS 1986, 589, in seiner Urteilsübersicht. Die Formulierung des BGH, BGHSt 33, 336 (339), „Versprechen [...] an eine unbestimmte Personenmehrheit ohne diesen Bezug schaffen derartige Bindungen nicht und fallen damit nicht unter den Tatbestand" schließt letztlich in der Tat nicht aus, dass es doch derartige Versprechen geben kann, die zum beschriebenen Verpflichtungsgefühl führen können.

[698] So Geerds, JR 1986, 255.

Von einem unbestimmten Personenkreis wird man dann sprechen müssen, wenn die Maßnahme an die Allgemeinheit, die Öffentlichkeit gerichtet ist. Das Merkmal der Öffentlichkeit ist im Strafrecht unter anderem von den Tatbeständen der §§ 111, 186 StGB her bekannt. Danach richten sich Erklärungen dann an die Öffentlichkeit, wenn ein größerer, nach Zahl und Individualität unbestimmter Personenkreis in Rede steht.[699] Die Öffentlichkeit ist dann nicht betroffen, wenn man sich einer unbestimmten Anzahl Personen gegenüber nacheinander äußert.[700]

Folglich fallen Ankündigungen auf Wahlplakaten, in den Medien,[701] in Wahlbroschüren oder mittels postwurfmäßig eingesetzter Gewinnspielpostkarten[702] ebenso wenig unter den Tatbestand wie öffentliche Wahlkundgebungen.[703] Anders ist es hingegen beim Gespräch mit Vertretern einer Bürgerinitiative oder bei einer Essenseinladung für „verdiente Bürger" während des Wahlkampfes. Weiter wird man es genügen lassen müssen, wenn sämtliche Wähler einer Kommune per persönlichem Brief angesprochen werden.[704]

Als Konsequenz dieser Auslegung muss man die Konstellation hinnehmen, dass derjenige, der auf den Kandidaten aufgrund einer Zeitungswerbung („Nebenverdienst gesucht? Wer mich wählt, erhält 100 € in bar!") zugeht, sich wegen eines „Forderns" strafbar macht. Geht der Kandidat nun doch nicht darauf ein, bleibt er im Hinblick auf die Anzeige straflos. Das liegt daran, dass erst der Wähler das Täter-Begünstigten-Verhältnis konkretisiert und damit die tatbestandsrelevante abstrakte Gefahr geschaffen hat. Die umgekehrte Situation, in der ein Wähler seine Stimme per Annonce anbietet, ist ebenso zu lösen.[705]

---

[699] Schroth, BT, S. 355.

[700] Vgl. insgesamt LK-v. Bubnoff, § 111 Rn. 13, Sch/Sch-Lenckner, § 186 Rn. 19.

[701] Insofern fehlt es sowohl beim eingangs erwähnten Zeitungsinserat wie bei der Versteigerung an der Bestimmbarkeit des Adressatenkreises. Anders im Zivilrecht für Vertragsschlüsse bei Internatauktionen BGHZ 149, 129 (135).

[702] Anders BayObLGSt 58, 67, wo § 108 b StGB durch das Verteilen einer Postkarte, in der eine Geldverlosung im Fall des Sieges des Kandidaten X für alle Rücksender der Postkarte ausgelobt wurde. Es fehlt aber richtigerweise an einem personalen Bezug; so auch LK-Laufhütte, § 108 b Rn. 2; Dölling, NStZ 1987, 69; anders Junck, S. 130.

[703] Ähnlich Schaller, S. 84, zu § 108 e StGB; vgl. auch Olderog, S. 67, der den individuellen Bezug allerdings als Kriterium der Sozialadäquanz ansieht.

[704] Das BVerfG hat in der Wahlprüfungsentscheidung BVerfGE 21, 196, wo ein Bundestagskandidat an alle wahlberechtigten Hausfrauen Kunststoff-Schneidebrettchen verschicken ließ, die Frage nach der Strafbarkeit gemäß § 108 b StGB offen gelassen. Diese wäre nicht am erforderlichen personalen Bezug, wohl aber am noch zu erörternden Kriterium der politischen Adäquanz gescheitert.

[705] Die Strafbarkeit würde nicht daran scheitern, dass der Annoncierende keine bestimmte Partei/keinen bestimmten Kandidaten nennt; siehe oben, S. 137 f.

Bezogen auf den vom BGH entschiedenen Fall ergibt sich damit, dass hinsichtlich der beiden Vereinsvorsitzenden eine personale Beziehung sicher vorliegt. Diese verneint der BGH bezüglich der restlichen wahlberechtigten Mitglieder, weil mit diesen keine „Kontaktaufnahme" stattgefunden habe. Das lässt vermuten, der BGH verlange eine unmittelbare Kontaktaufnahme, was wie gesehen dem Tatbestand jedoch nicht entnommen werden kann. Immerhin ging der Bürgermeisterkandidat davon aus, dass die Mitteilung über die Vorsitzenden an die Vereinsmitglieder weitergegeben und schließlich unter der Bevölkerung Verbreitung finden werde.[706] Auch bei Einschaltung von Mittelspersonen muss die Individualisierbarkeit der „Zielpersonen" aber gegeben sein, so dass es nicht genügt, wenn jemand wie hier als Verteiler für die Öffentlichkeit genutzt wird,[707] so dass in der Tat neben den Vereinsvorständen niemand als Bestochener in Betracht kommt.

Schließlich wäre auch an eine Strafbarkeit des Vereinsvorsitzenden aufgrund seines Ausspruchs „100 tote Sportler oder 100 Stimmen mehr" zu denken.[708] Man wird zwar kaum leugnen können, dass faktisch eine Zweierbeziehung, also ein konkretes Täter-Begünstigten-Verhältnis besteht, jedoch spricht der Vorsitzende in erster Linie als Vertreter einer Personenvereinigung, nicht als Einzelperson, was für eine personale Beziehung nicht reichen wird.[709]

c) Bestechungsmittel

aa) Allgemeines

Was die Bestechungsmittel angeht, scheinen sich Abweichungen zu ergeben: § 108 b StGB spricht von Geschenken oder anderen Vorteilen, die §§ 331, 333 StGB hingegen nur von einem Vorteil, der zudem hinsichtlich des Begünstigten konkretisiert ist auf „für sich oder einen Dritten".

Schon die Wortlautanalyse lässt bezüglich des Mittels jedoch den Unterschied verschwinden: Weil von Geschenken oder anderen Vorteilen die Rede ist, steht fest, dass jedes Geschenk auch ein Vorteil ist, sprich der Vorteil ist der Oberbegriff, das Geschenk nur ein Beispiels- bzw. Spezialfall.[710] Inhaltlich ergeben sich mithin keine Unterschiede.

---

[706] BGHSt 33, 336 (337).

[707] So wird etwa bei § 111 StGB der Tatbestand bejaht, wenn eine Aufforderung gegenüber einem Journalisten abgegeben wird und dieser die Aufforderung veröffentlicht; vgl. nur LK-v. Bubnoff, § 111 Rn. 13 b.

[708] Über dessen Reaktion am Telefon auf die Mitteilung der Erteilung der Baugenehmigung hin ist im Urteils nichts gesagt. Hier könnte freilich eine Unrechtsvereinbarung geschlossen worden sein.

[709] So wohl auch Geerds, JR 1986, 256; sieht man das anders, müsste man sich im Rahmen des Vorsatzes fragen, ob dem Vorsitzenden die Umstände, die den versprochenen Vorteil als nicht sozialadäquat erscheinen lassen (Genehmigung rechtswidrig) bekannt waren.

[710] Vgl. nur LK-Laufhütte, § 108 b Rn. 4.

Verwunderlich ist allein, dass § 108 b StGB nach dem Wortlaut „Vorteile" stets mehrere zu verlangen scheint, so dass ein einzelner Vorteil – anders als bei den §§ 331, 333 StGB – nicht genügen würde. Schon unter der alten Gesetzesfassung der Bestechungstatbestände wurde der Plural nicht derart formalistisch aufgefasst,[711] so dass auch ein einzelner Vorteil ausreicht.

bb) Immaterielle Vorteile

Im Rahmen der Bestechungsdelikte gilt als Vorteil jede Leistung materieller oder immaterieller Art, auf die der Empfänger keinen Anspruch hat und die seine wirtschaftliche, rechtliche oder persönliche Lage objektiv verbessert.[712] Gegen die Übertragung dieser Definition auf § 108 b StGB könnte man, insbesondere was den Einschluss immaterieller Besserstellungen angeht, Bedenken erheben, weil hier nicht nur die Vorteile, sondern auch die Geschenke, die als freiwillige, unentgeltliche Zuwendungen mit Vermögenswert beschrieben werden,[713] erfasst sind. Auch für die Vorteile könnte man deshalb einen Vermögenswert verlangen.[714] Trotz der Relativität der Rechtsbegriffe spricht hier schon der Wortlaut dafür, die bekannte Definition zu übertragen. Wie erläutert sind die Vorteile der Oberbegriff, auf die Nennung der Geschenke könnte man vollends verzichten. Weil auch von immateriellen Besserstellungen die Gefahr einer sachwidrigen Wahlentscheidung ausgeht und insofern Sinn und Zweck des § 108 b StGB betroffen sind, ist die bekannte Definition auch hier anzuwenden.[715]

Konsequenz der Übertragung der Definition und der damit verbundenen Einbeziehung immaterieller Vorteile ist freilich, dass man sich die bekannten Abgrenzungsprobleme bei den Bestechungsdelikten ebenso mit überträgt. Auch hier ist demnach zu klären, ob etwa bloße Befriedigungen des Ehrgeizes[716] oder „flüchtige Zärtlichkeiten"[717] schon zu den immateriellen Vorteilen zu zählen sind. Würde man dabei auf die subjektive Beurteilung des Leistungsempfängers als Vorteil abstellen,[718] würde man zu kaum überwindbaren Beweisschwierigkeiten („Nein, diese Zärtlichkeiten haben mir nichts bedeutet") gelangen und müsste sich den Vorwurf der mangelnden Bestimmtheit gefallen lassen.[719] Folglich wird

---

[711] Vgl. Sch/Sch[17], § 331 Rn. 7.
[712] BGH, NStZ 2002, 35; Rengier, BT 2, § 60 Rn. 8.
[713] Harnischmacher, S. 82.
[714] So etwa Geilen, in: LdR, S. 981; Kirschner, S. 121 ff.
[715] So die ganz hM, vgl. nur LK-Laufhütte, § 108 b Rn. 4.
[716] Bejahend BGHSt 14, 124 (128).
[717] Verneinend BGH, MDR 1960, 63 f.
[718] So z.B. Olderog, S. 55, der gleichzeitig zugibt, dass es sich um ein unsicheres Kriterium handelt.
[719] Zum Ganzen Junck, S. 119 ff.

allgemein ein objektiv messbarer Inhalt des immateriellen Vorteils sowie eine tatsächliche (erhebliche[720]) Besserstellung verlangt.[721]

cc) Mittelbare Vorteile

Höchst problematisch ist die Konstellation, in der nicht der Wähler selbst den Vorteil erlangt, sondern ein Dritter. Weil der Wortlaut des § 108 b StGB anders als der der §§ 331 ff. StGB (noch) nicht auf den Drittvorteil erweitert worden ist, bleibt hier das Erfordernis eines zumindest mittelbaren (wiederum: materiellen oder immateriellen) Vorteils des Wählers bestehen, das ausschließliche Eintreten des Vorteils bei einem Dritten genügt nicht. Nach dem eben Gesagten reichen für den mittelbaren Vorteil Freude oder Befriedigung der Eitelkeit nicht aus, sondern der Wähler selbst muss einen wirtschaftlichen oder objektiv messbaren immateriellen Vorteil von der Drittbegünstigung haben.[722] Eine besondere Problematik ergibt sich, wenn der Vorteil einer Personenvereinigung zukommt. Hier ist fraglich, ob etwa der Vorstand einen (mittelbaren?) Vorteil erlangt. Beispiel hierfür ist wiederum das Urteil des BGH.

Bezüglich der zwei Vorstandsmitglieder kommt nur der eben beschriebene mittelbare Vorteil in Betracht, den der BGH hier darin sieht, dass diese „gerade wegen ihrer herausgehobenen Position ein starkes persönliches Interesse an der Bestandssicherung des ungenehmigt errichteten Vereinsheims hatten".[723] Bedauerlicherweise lässt der BGH im Dunkeln, worin dieses „starke persönliche Interesse" genau bestehen soll.[724] Liegt dieses nämlich im erhöhten Ansehen im Verein oder ähnlichen „Eitelkeitsgesichtspunkten", wäre nach dem oben Gesagten ein immaterieller Vorteil nicht gegeben. Auch die Aussicht, aufgrund der Sicherung des Vereinsheims wieder in den Vorstand gewählt zu werden, zählt nicht zu den relevanten Vorteilen, weil es grundsätzlich auch hier – anders als bei beruflichen Karriereaussichten[725] – an der objektiven Messbarkeit fehlt. Gleichwohl hat der BGH im Ergebnis Recht, wenn er bezüglich der Vorstandsmitglieder einen mittelbaren Vorteil bejaht: In Konstellationen wie dieser, wo der Bestochene keine

---

[720] Ausdrücklich Tenckhoff, JR 1989, 34.

[721] BGH, NStZ 1985, 497 (499); OLG Karlsruhe, NJW 2001, 907; Junck, S. 121 f. geht noch weiter und gelangt über die Annahme, dass man die objektive Messbarkeit allein an einem Geldwert festmachen könne, dazu, dass immaterielle Vorteile überhaupt nicht existieren, weil praktisch alle Leistungen einen Geldwert haben. Inwiefern im noch zu erläuternden Fall von BGHSt 33, 336 (339 f.) die genannten Voraussetzungen erfüllt sind, wird vom Gericht nicht erörtert; dazu auch kritisch in seiner Anmerkung Geerds, JR 1986, 254 f.

[722] Sch/Sch-Cramer, § 331 Rn. 20 f.; Junck, S. 122 f.

[723] BGHSt 33, 336 (340).

[724] Kritisch auch Bauchrowitz, S. 55 ff.

[725] Bejahend Tenckhoff, JR 1989, 34 f., für einen kommunalen Wahlbeamten, der von den Rathausparteien (wieder)gewählt werden muss.

spürbare (im)materielle Besserstellung erfährt, kann der indirekte Vorteil nur in einer Verbesserung der Situation für alle Mitglieder der Personenvereinigung bestehen, zu denen auch der Bestochene zählt.[726] Hier liegt der Vorteil für alle Vereinsmitglieder darin, dass der durch sie und ihre Mitgliedsbeiträge geschaffene Wert (Vereinsheim) erhalten bleibt und keine weiteren Kosten (Abriss, Neubau) auf sie zukommen.[727] Die Abwendung von Nachteilen ist ein Vorteil.[728]

dd) Behandlung von Wahlversprechen – „politische Adäquanz"

Schließlich ist zu überlegen, ob die dem § 108 b StGB zugrunde liegende Situation des Wahlkampfs Auswirkungen auf die Reichweite des Vorteilsbegriffs hat. Konkret geht es um Wahlversprechen,[729] die, insbesondere im überschaubaren Bereich einer Kommune und des dortigen Wahlkampfs, durchaus äußerst konkrete Vorteile (zusätzliche Kindergartenplätze, Bau einer Umgehungsstraße etc.) beinhalten können. Ein Wahlkampf wäre geradezu sinnentleert, würde er nicht (zumindest auch) darüber informieren, für welche Belange sich die Kandidaten im Falle ihrer Wahl einsetzen werden. Im Sinne einer Orientierungshilfe ist dieses Vorgehen aus Sicht des Wählers geradezu gewünscht. Strafwürdig ist es hingegen grundsätzlich nicht.[730]

Ehe man sich der Frage danach zuwendet, welche Versprechen zulässig sind und welche nicht, ist ein genauerer Blick auf die Konstruktion dieser Vorteile zu werfen. Wahlversprechen können in zweierlei Gestalt vorkommen: zum einen von einem Bewerber für ein Amt, in dem er (jedenfalls auch) gewisse Entscheidungen alleine treffen kann (zum Beispiel Bürgermeister), zum anderen von Bewerbern für ein Gremium, das gemeinsam und mit Mehrheit entscheiden muss (zum Beispiel Stadtrat). Im ersten Fall könnte das Wahlversprechen etwa lauten „Wenn Sie mich wählen werde ich, falls ich die Wahl gewinne, Ihrem Antrag stattgeben", im zweiten „Wenn Sie mich wählen, werde ich mich, falls ich gewählt werde, für die Sache X einsetzen". Beide Male steht der Vorteil unter der Bedingung der tatsächlichen Wahl des Kandidaten, im letzten Beispiel wird nur das Engagement für eine Angelegenheit, nicht deren tatsächliche Umsetzung angekündigt. Allerdings bleibt auch der bedingte Vorteil ein Vorteil, andernfalls könnten die Partner einer Korruption kraft Vereinbarung absurder

---

[726] Sch/Sch-Cramer, § 331 Rn. 20 a; Tenckhoff, JR 1989, 34; in der Regel wird das nur bei nicht allzu große Vereinigungen der Fall sein, ablehnend etwa für eine Partei Kuhlen, NStZ 1988, 437.

[727] Bauchrowitz, S. 150.

[728] Sch/Sch-Cramer, § 331 Rn. 19.

[729] Die folgenden Ausführungen gelten spiegelbildlich für entsprechende Forderungen der Wähler an Kandidaten.

[730] Ggf. wäre bei „Überzeichnungen" an die Einrichtung eines Untersuchungsausschusses zu denken, siehe unten, S. 169.

Bedingungen sich straflos stellen, obwohl das geschützte Rechtsgut, weil bei Wahlversprechen die erfolgreiche Wahl denklogische Voraussetzung ist, betroffen ist. Schließlich reicht es für einen Vorteil aus, wenn dessen Realisierung noch nicht sicher ist, aber eine entsprechende Aussicht besteht, weil auch dies schon objektiv messbar zur Verbesserung der Situation beiträgt.[731] Derartige Wahlversprechen fallen demnach grundsätzlich unter § 108 b StGB.[732]

Im Bereich der Bestechungsdelikte wird für den Wahlversprechen vergleichbare Konstellationen auf das Kriterium der „Sozialadäquanz" abgestellt, dessen Grundgedanke, dass das Übliche und sozial Gebilligte nicht strafbar sein soll,[733] auf die Wählerbestechung übertragen werden kann.[734] Genauer mag man hier auch von einer „politischen Adäquanz" sprechen,[735] womit verdeutlicht wird, dass aufgrund der divergierenden Tatsituationen der Maßstab nicht unbesehen übernommen werden kann. Als politisch adäquat können Vorteile dann bezeichnet werden, wenn ihr Versprechen „den anerkannten Regeln des demokratischen Wahlkampfes entspricht".[736] Dabei müssen stets die konkreten Umstände des Einzelfalls Berücksichtigung finden, wenngleich einige gemeinsame Grundaussagen durchaus formulierbar sind:

(1) Ausgangspunkt: keine generelle politische Adäquanz von Wahlversprechen

Festzuhalten ist in einem ersten Schritt, dass Wahlversprechen nicht etwa generell adäquat, also erlaubt sind, was bereits durch die Existenz des § 108 b StGB selbst bewiesen wird, dessen Anwendungsbereich andernfalls stark eingeschränkt sein dürfte.[737]

(2) Kriterium der rechtmäßigen Amtsausübung

Hinzu kommt, dass sich die politische Adäquanz nicht, wie bei den §§ 331 ff. StGB üblich, am Prinzip der geringwertigen Aufmerksamkeit[738] orientieren

---

[731] Kuhlen, NStZ 1988, 437.

[732] Davon geht ohne nähere Begründung auch das BayObLG aus, das in BayOblGSt 58, 69 konstatiert: „Dieser [der Vorteil] bestand in der Aussicht, an einer Ziehung teilzunehmen, falls Dr. S. zum Bürgermeister gewählt würde".

[733] SK-Rudolphi/Stein, § 331 Rn. 23.

[734] Vgl. nur LK-Laufhütte, § 108 b Rn. 4; dafür auch BGHSt 33, 336 (339).

[735] So Olderog, S. 59 f

[736] Dölling, NStZ 1987, 70.

[737] Hassemer, JuS 1986, 568; dieser Gedanke liegt auch der Begründung E 1960, BT-Drs. 3/2150, S. 548 f. und E 1962, BT-Drs. 4/650, S. 589 f., zu Grunde, wo davon die Rede ist, dass Wahlversprechen notwendiger Bestandteil des politischen Lebens in einer Demokratie sein können.

[738] Rengier, BT 2, § 60 Rn. 13.

kann.[739] Aufgabe von Politikern ist es, Entscheidungen im öffentlichen Interesse zu treffen, was gerade auch Maßnahmen beinhalten kann, die für eine bestimmte Personengruppe einen erheblichen finanziellen Wert darstellen (zum Beispiel Senkung der Hundesteuer). Die Politiker verschiedener Parteien werden dabei verschiedene Schwerpunkte setzen, was, solange es sich im rechtmäßigen politischen Gestaltungsspielraum bewegt, auch keinerlei Bedenken ausgesetzt ist. Daraus folgt aber, dass auch Wahlversprechen, die einen nicht nur geringwertigen Vorteil zum Inhalt haben, politisch adäquat sein können, solange nur eine rechtmäßige Amtsausübung in Aussicht gestellt wird.[740]

(3) Ausschluss individueller Sondervorteile

Damit ist aber nicht gesagt, dass alles, was sich im Rahmen des angestrebten Amtes als rechtmäßig darstellt, auch politisch adäquat ist. Die anerkannten Regeln des demokratischen Wahlkampfes werden da überschritten, wo es nicht mehr um allgemeine programmatische Aussagen geht, sondern individuelle Sondervorteile für den „Geschäftspartner" in Rede stehen.[741] Die Abgrenzung kann hier wie beim Mitwirkungsverbot des Art. 49 GO erfolgen, wonach ein Gemeinderatsmitglied an einer Abstimmung dann nicht teilnehmen darf, wenn der Beschluss einen unmittelbaren Vorteil (oder Nachteil) bringen kann. Relevant sind hier wie dort nur individuelle Sondervorteile, die den Einzelnen nicht bloß als Mitglied einer Gruppe, die „bevorteilt" wird, treffen.[742] Zulässig wäre demnach die Aussage „Ich werde mich für einen Bebauungsplan im Gebiet X einsetzen", unzulässig hingegen die Ankündigung „Sie werden eine Baugenehmigung erhalten", auch wenn diese rechtmäßig wäre. Hier wird der Ausgangspunkt bedeutsam, wonach Wahlversprechen grundsätzlich erlaubt sein müssen, um im freien Spiel der politischen Kräfte den Wählern eine Entscheidung für den nach seinem Dafürhalten am besten geeigneten Kandidaten überhaupt erst zu ermöglichen. Es soll den Wählern ermöglicht werden, herauszufinden, wo der Kandidat bzw. die Partei in der Sache steht. Programmatische Stellungnah-

---

[739] So auch Hassemer, JuS 1986, 568 f.; Olderog, S. 66.

[740] Für das Kriterium der Rechtmäßigkeit der Amtsausübung auch LK-Laufhütte, § 108 b Rn. 4; Dölling, NStZ 1987, 70; ähnlich schon Schneidler, GS 40 (1888), 25, Freudenthal, S. 55 f.

[741] So ohne Begründung schon Kirschner, S. 125; ähnlich Trinkaus, S. 139; in den Worten von Freudenthal, S. 54 f.: „Das pretium darf nicht in erster Linie dem öffentlichen Wohle und nur mittelbar dem Einzelnen als Glied der Gesamtheit zu dienen bestimmt sein, [...]. Das pretium muss zuvörderst Privatinteressen dienen". Anders Stieber, S. 24, der ohne Begründung auch das Inaussichtstellen eines rechtmäßigen Verhaltens für verboten hält.

[742] Becker, in: Becker/Heckmann/Kempen/Manssen, 2. Teil Rn. 247 ff.

men sind zulässig. Eine „Verschacherung" der Stimme soll aber ausgeschlossen werden.[743]

Dieser Einschränkung könnte man die Wahlkampfsituation gerade in kleineren Kommunen entgegenstellen, in denen durchaus ganz konkrete Einzelprojekte, die einen Sondervorteil beinhalten, wahlentscheidend sein können, so dass diesbezügliche Aussagen durchaus politisch adäquat sind und vom Wähler sogar erwartet werden (zum Beispiel Streit um die Baugenehmigung zur Errichtung eines großen Supermarktes am Stadtrand, gegen den sich die örtliche Geschäftswelt wehrt, für den aber ein Großteil der Bevölkerung ist). Eine unzulässige „Verschacherung" der Stimme liegt aber nur vor, wenn der individuelle Vorteil gerade dem Begünstigten in Aussicht gestellt wird, nicht schon, wenn zu Projekten Aussagen getroffen werden, die insbesondere auch einen Sondervorteil beinhalten.[744] In allen anderen Konstellationen ist die Adäquanz zu bejahen bzw. wird es häufig, etwa bei allgemeinen Kundgebungen, schon am erforderlichen personalen Bezug fehlen.[745]

Es müssen letztlich alle Umstände des Einzelfalles beachtet werden, da pauschale Ansätze, wie etwa die Abgrenzung danach, ob das „Entgelt für die Stimme" vorrangig dem öffentlichen oder dem privaten Interesse dient,[746] im hiesigen Beispiel schwer durchzuführen wären.

(4) Kriterium der Mittelherkunft

Der letzte Gesichtspunkt der „politischen Adäquanz" besteht darin, dass das Ausüben der politischen Gestaltungsmacht in eine bestimmte Richtung dann nicht mehr betroffen ist, wenn es um Vorteile geht, die aus dem Privatvermögen des Täters stammen.[747] Erlaubt sind nur Stellungnahmen, wie man das angestrebte Amt ausfüllen wird, wie man öffentliche Mittel verwenden will, da andernfalls nicht mehr der politisch-programmatische Bereich betroffen ist.

---

[743] In dieser Richtung auch Dölling, NStZ 1987, 70; Olderog, S. 66 f. mit dem weiteren Gesichtspunkt, dass sich legitime politische Maßnahmen am Gemeinwohl orientieren müssen.
[744] Andernfalls wäre der Wahlkampf in den Kommunen, wo es i.d.R. um sehr konkrete Probleme geht, quasi lahm gelegt.
[745] Ganz auf dieser Linie jüngst BGHSt 49, 275 (294 ff.), der bei der Wahlkampfspenden-Einwerbung durch einen Amtsträger („Fall Kremendahl") die Unrechtsvereinbarung nur bejaht, wenn der in Aussicht gestellte konkrete Vorteil allein dem Zuwendenden nutzt oder nur bestimmten Individualinteressen förderlich ist, wobei gerade für den kommunalen Bereich Abgrenzungsschwierigkeiten festgestellt werden. Zustimmend Saliger/Sinner, NJW 2005, 1073 ff.; kritisch Kargl, JZ 2005, 503 ff.
[746] So Freudenthal, S. 54 f.
[747] LK-Laufhütte, § 108 b Rn. 4; Dölling, NStZ 1987, 70; Olderog, S. 65 f.

(5) Zusammenfassung

Zusammenfassend lässt sich das Kriterium der „politischen Adäquanz" dahinge-hend konkretisieren, dass Wahlversprechen, also Versprechen im Wahlkampf, die nicht auf die Schaffung eines individuellen Sondervorteils gerichtet sind und gegenüber dem Begünstigten geäußert werden, sondern eine programmatische Aussage zur Wahrnehmung der politischen Gestaltungsmacht in einer bestimm-ten Richtung beinhalten, zulässig sind, wenn die angekündigte Amtsausübung rechtmäßig ist. Der angekündigte Vorteil darf hingegen nicht aus dem Privat-vermögen des Kandidaten stammen.

ee) Behandlung von Wahl(werbe)geschenken

Die bekannte Beschreibung der Sozialadäquanz kann hingegen im Zusammen-hang mit den Wahl(werbe)geschenken verwendet werden. Übliche, geringwerti-ge Aufmerksamkeiten wie Kugelschreiber, Blumen oder Gummibärchen stellen von vornherein keine Gefahr für das geschützte Rechtsgut dar und sind deshalb zulässig.[748] Bei anderweitigen „Wahlgeschenken" durch die Regierungspartei, etwa in Form von Steuersenkungen vor Wahlen, fehlt es in der Regel am perso-nalen Bezug, der Unrechtsvereinbarung, weil mit den Betroffenen keinerlei Kontakt aufgenommen wird.

d) Resumée

So Recht der BGH also mit seiner grundsätzlichen Forderung nach einem perso-nalen Bezug hat, so Unrecht hat er mit dem diesbezüglichen Bedürfnis, „nur so"[749] die straflosen Wahlversprechen herausfiltern zu können. Er selbst weist wenige Sätze später zu Recht auf die Eingrenzungsfunktion der Sozialadäquanz beim Vorteilsbegriff hin.[750] Richtigerweise müssen die Maßnahmen des Wahl-kampfes aber beide „Filter", den der politischen Adäquanz und den der Un-rechtsvereinbarung durchlaufen, um die Tatbestandsmäßig- oder Tatbestandslo-sigkeit feststellen zu können.[751] Das verdeutlicht die Graphik auf der nächsten Seite.

---

[748] Sch/Sch-Eser, § 108 b Rn. 2; Olderog, S. 60 ff.; Junck, S. 131 ff. stellt, was ebenfalls mög-lich ist, vorrangig auf die fehlende Unrechtsvereinbarung ab; letzteres kann insbesondere bei der Frage relevant werden, ob z.B. Fahrdienste zum Wahllokal strafbar sind oder nicht; vgl. hierzu RGSt 11, 218 f.

[749] BGHSt 33, 336 (338).

[750] BGHSt 33, 336 (339).

[751] Damit sind auch die Bedenken von Junck, S. 130, widerlegt, der im Fall einer kleinen Kommune bei Versprechen gegenüber einem bestimmten Personenkreis das Merkmal der personalen Beziehung zu Recht als erfüllt ansieht, aber aufgrund von Sozialadäquanz zur Straflosigkeit kommen würde. Da der BGH beide Kriterien für relevant erachtet, käme er zum gleichen Ergebnis.

152

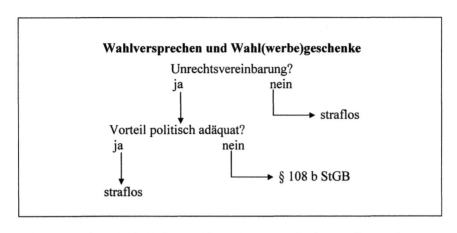

Zusammengefasst ergibt sich, dass der BGH zu Recht das Vorliegen einer personalen Beziehung der Beteiligten an der Wählerbestechung verlangt und Versprechen an eine unbestimmte Personenmehrheit nicht genügen lässt. Diese Beziehung muss jedoch nicht von einer „gefühlsmäßigen Verpflichtung", in einer bestimmten Richtung zu wählen, geprägt sein, sondern den allgemeinen Voraussetzungen einer Unrechtsvereinbarung genügen. Um weitere straflose Fälle aus dem Tatbestand auszuscheiden, ist zusätzlich auf das Kriterium der sozialen bzw. politischen Adäquanz zurückzugreifen.[752]

Vollendung liegt vor, wenn das Angebot zur Kenntnis mindestens eines anderen Wahlberechtigten bzw. die Forderung zur Kenntnis eines Kandidaten gelangt ist.[753]

e) Subjektiver Tatbestand

Zunächst ist Vorsatz bezüglich aller subjektiven Tatumstände erforderlich, zu den §§ 331 ff. StGB ergeben sich hier keine Unterschiede.[754] Weiter muss das

---

[752] Was etwa Wahl(werbe)geschenke angeht, so kann man diese einerseits über die fehlenden Unrechtsvereinbarung „aussortieren", wenn man davon ausgeht, dass diese, weil sie an jeden Interessierten und als Massenware verteilt werden, letztlich nur aus „äußerem Anlass" der Wahl und nicht „für" ein bestimmtes Wahlverhalten angeboten werden (so Junck, S. 132 f.). Ebenso kann man die Unrechtsvereinbarung an der Weggabe an eine unbestimmte Vielzahl von Personen scheitern lassen (so LK-Laufhütte, § 108 b Rn. 2), wobei dies aufgrund der doch persönlichen Einzelkontakte eher fragwürdig erscheint und wie oben dargelegt auch bei § 111 StGB die „Öffentlichkeit" beim Ansprechen mehrerer Personen nacheinander verneint wird. Anderseits fehlt es in aller Regel ohnehin an der politischen Inadäquanz.
[753] BayObLGSt 58, 67 (70).
[754] Genauer zu § 108 b StGB Junck, S. 136 f.

Anbieten etc. des Vorteils aufgrund des Äquivalenzverhältnisses in der Absicht geschehen, den anderen zu einem bestimmten Wahlverhalten zu veranlassen.[755]

4) Konkurrenzen

Die hM sieht § 108 b StGB als Spezialdelikt gegenüber § 107 a StGB.[756] Richtigerweise ist von einer tatbestandlichen Abgrenzung auszugehen, so dass es nur in Einzelfällen zu Idealkonkurrenz kommen kann.[757] Idealkonkurrenz ist auch zu § 263 StGB möglich.[758]

IX) Wahlstraftaten und Urkundendelikte

Im Rahmen der Konkurrenzen wurde das Verhältnis der Wahlstraftaten zu den Urkundendelikten bisher ausgespart. Dies deshalb, weil schon die Urkundenqualität von Stimmzetteln und anderen Unterlagen im Rahmen der Wahl höchst fraglich ist.

1) Ausgangspunkt: der Urkundenbegriff

Die ganz überwiegende Meinung geht heute von einem dreigliedrigen Begriff der Urkunde aus: Es muss sich um eine verkörperte Gedankenerklärung handeln (Perpetuierungsfunktion), die zum Beweis im Rechtsverkehr geeignet und bestimmt ist (Beweisfunktion), sowie ihren Aussteller erkennen lässt (Garantiefunktion).[759]

2) Die Urkundenqualität der verschiedenen Wahlunterlagen

a) Stimmzettel

Das Reichsgericht hat in einigen Entscheidungen dem Stimmzettel, sobald er sich in der Urne befindet, Urkundenqualität zugebilligt.[760] Nach obiger Definition ist diese Einschätzung – unabhängig davon, wo sich der Stimmzettel befindet – nicht richtig, weil sich aus einem Blatt Papier mit einem Kreuz in der Regel kein Aussteller erkennen lässt. Die Schlussfolgerung des Reichsgerichts wird nur dann nachvollziehbar, wenn man sieht, dass es – zumindest im konkreten

---

[755] Vgl. nur BayObLGSt 58, 67 (69); Sch/Sch-Eser, § 108 b Rn. 2.

[756] Vgl. nur LK-Laufhütte, § 108 b Rn. 7; Olderog, S. 69.

[757] Generell für Idealkonkurrenz NK-Wohlers, § 108 b Rn. 7.

[758] Harnischmacher, S. 81.

[759] Vgl. nur Kienapfel, S. 340 ff.; Rengier, BT 2, § 32 Rn. 1; Wessels/Hettinger, BT 1, Rn. 790.

[760] RGSt 22, 182; 34, 435.

Fall – von einem zweigliedrigen Urkundenbegriff ausgeht, der die Garantiefunktion unberücksichtigt lässt.[761]

Eine leicht veränderte Begründung liefert Jahrzehnte später das OLG Stuttgart:[762] Es geht von der dreigliedrigen Definition für den Regelfall aus, sieht beim Stimmzettel jedoch aus zwei Gesichtspunkten eine Ausnahme für geboten. Zum einen sei nach dem Sinn und Zweck das geschützte Rechtsgut der Urkundenstraftaten hier tatsächlich berührt, zum anderen sei es ja aufgrund des Prinzips der geheimen Wahl vorgeschrieben, dass der Stimmzettel anonym bleibt. Auch hier wird die Urkundeneigenschaft wieder zeitlich begrenzt, sie beginnt mit der Abgabe der Stimme und endet, wenn der Stimmzettel nicht mehr zur Ergebnisermittlung relevant sein kann.

Diese Linie der Rechtsprechung wurde heftig kritisiert und im Ergebnis auch vom BGH[763] zu Recht abgelehnt.
Die Zwei-Elemente-Lehre versagt bei der Prüfung des § 267 StGB, wo es gerade auf die Echtheit der Urkunde ankommt. Bei Manipulationen an und mit Stimmzetteln könnte es also gleichzeitig zur Verurteilung nach § 274 Nr. 1 StGB (Vernichtung von Stimmzetteln) und zum Freispruch nach § 267 StGB (Einführen selbst ausgefüllter Stimmzettel) kommen.[764] Ein merkwürdiges Ergebnis. Das Reichsgericht mag diesen Widerspruch gesehen haben, ist aber darauf (gerade deshalb?) nicht eingegangen. Obwohl es noch in der Überschrift sowohl § 267 StGB als auch § 274 StGB aufführt, finden sich im Urteil selbst zu § 267 StGB keinerlei Ausführungen.[765] Auch fehlt ein Grund, weshalb von der Drei-Elemente-Lehre im Fall des Stimmzettels eine Ausnahme gemacht werden sollte. Natürlich verbietet der Grundsatz der geheimen Wahl gerade die namentliche Kennzeichnung, doch dieser sagt nicht zugleich, dass es sich dennoch um eine Urkunde handelt. Anders gewendet: Wenn ein Definitionsmerkmal fehlt,

---

[761] RGSt 22, 182 (183); auf S. 184 wird lediglich – ohne Begründung – festgestellt „Gleichgültig ist, dass aus ihm der Name des Ausstellers nicht erkennbar wird. Dem Zwecke der geheimen Wahl entsprechend sollen die Namen und Personen der Aussteller der einzelnen Wahlzettel verborgen bleiben". Diese Entscheidung wird z.B. von Alsberg, GA Bd. 61, 209 f. befürwortet, wobei er offensichtlich von einem dreigliedrigen Urkundenbegriff ausgeht, es für die Garantiefunktion aber genügen lässt, wenn die Zugehörigkeit der abgegebenen Stimmzettel zu einem bestimmten Personenkreis feststeht, weil das Recht an der Ermittlung der Individualität der Wähler kein Interesse habe, ja es sogar verbiete. Zu dieser Argumentation noch im Text. Alsberg will die Entscheidung aber – anders als Galli, DJZ 1913, S. 782 f. – als Ausnahme verstehen.
[762] OLG Stuttgart, NJW 1954, 486; zustimmend Wolf, S. 233.
[763] BGHSt 12, 108 (112).
[764] Kienapfel, S. 243; das muss auch Richter, NJW 1954, 665, zugeben.
[765] RGSt 22, 182.

spielt es keine Rolle, warum es fehlt.[766] Die Definition der Urkunde ist schlicht nicht erfüllt. Und schließlich setzt sich jede rein am kriminalpolitischen Bedürfnis orientierte und allgemeine Definitionen (partiell) negierende Lösung[767] dem Vorwurf der Willkür und der Missachtung des Analogieverbots aus.[768] Außerdem ist für einen besonders wichtigen Bereich an Wahlen auch das kriminalpolitische Bedürfnis nicht ersichtlich, wenn man die Existenz der Wahlstraftaten bedenkt.

Erkennt man die übliche Urkunden-Definition an, könnte man allenfalls argumentieren, die Aussteller der Stimmzettel seien jedenfalls insgesamt über die Wählerliste bekannt. Die Zuordnung einer Menge an Gedankenerklärungen zu einer identischen Menge an Erklärenden genügt jedoch nicht, solange die individuelle Zuordnung nicht gelingen kann. Insofern ist die Erklärung einer juristischen Person oder Behörde auch kein Gegenbeispiel,[769] da zwar womöglich der konkrete Sachbearbeiter aus der Urkunde nicht ersichtlich ist, was aber auch nicht vorausgesetzt ist: Aussteller nach der Geistigkeitstheorie ist die juristische Person oder Behörde selbst, nur diese muss bestimmbar sein und ist es auch.

Mithin ist die Frage nach dem zeitlichen Rahmen der Urkundeneigenschaft nicht bedeutsam, weil schlechthin unter keinen denkbaren Gesichtspunkten der Stimmzettel eine Urkunde darstellt.

b) Abgegebene Stimmzettel zusammen mit der Wählerliste

Zwar hat der BGH die Urkundenqualität der Stimmzettel in der Urne abgelehnt, diese in Verbindung mit der Wählerliste aber als Gesamturkunde angesehen.[770] Das verwundert, denn diese setzt in jedem Fall die Existenz mehrerer Einzelurkunden voraus.[771] Mag die Wählerliste eine Urkunde sein, die Stimmzettel sind es, wie der BGH wenige Zeilen zuvor selbst festhält, gerade nicht. Es ist auch nicht etwa eine neue Rechtsprechung zur Gesamturkunde mit dieser Entscheidung eingeleitet worden.[772] Demnach ergibt sich aus dem oben Gesagten zwingend, dass hier auch keine Gesamturkunde vorliegt.

---

[766] So der Sache nach BGHSt 12, 108 (112); Bruns, NJW 1954, 458.

[767] Richter, NJW 1954, 664 f., unterstützt diese Linie des OLG Stuttgart und generalisiert sie sogar.

[768] Zu Recht Bruns gegen Richter in NJW 1954, 948.

[769] Hierzu auch Bruns, NJW 1954, 457 f.

[770] BGHSt 12, 108 (112); ihm folgend OLG Koblenz, NStZ 1992, 134.

[771] Vgl. nur Rengier, BT 2, § 32 Rn. 19.

[772] Vgl. nur BGHSt 19, 19 (21), wo die Voraussetzungen einer Gesamturkunde „klassisch" geprüft werden.

Was der BGH eigentlich meint, ist die zusammengesetzte Urkunde.[773] Davon spricht man, wenn eine verkörperte Gedankenerklärung mit einem Bezugsobjekt räumlich fest zu einer Beweiseinheit verbunden ist.[774] In der Wählerliste ist die Erklärung (des Wahlvorstands) verkörpert, wer alles seine Stimme abgegeben hat, diese Erklärung bezieht sich auf den Inhalt der Urne, da eben gerade alle, deren Stimmzettel in der Urne liegt, die sind, die in der Wählerliste verzeichnet sind. Virulent wird aber die Frage nach der Verbindung von Erklärung und Bezugsobjekt, die erforderlich ist, um die Perpetuierungsfunktion und damit die Urkundeneigenschaft für das Gesamtobjekt bejahen zu können. Ein bloßes Bezogensein aufeinander, hier etwa in Form einer räumlichen Zusammengehörigkeit oder gemeinsamen Aufbewahrung, genügt nicht. Fehlt aber eine feste und dauerhafte Verbindung, liegt keine zusammengesetze Urkunde vor.[775] Mithin handelt es sich bei den genannten Wahlunterlagen weder um Gesamt- noch um zusammengesetzte Urkunden.

c) Briefwahlunterlagen

Die Briefwahlunterlagen bestehen aus Stimmzettel und amtlichem Wahlumschlag, Wahlschein mit Versicherung an Eides Statt und Wahlbriefumschlag.[776] Für Manipulationen am Stimmzettel selbst gilt das oben Gesagte. Der Wahlschein ist hingegen eine (öffentliche) Urkunde.[777] Umstritten ist, ob der Stimmzettel in Verbindung mit dem Wahlschein eine zusammengesetzte Urkunde darstellt.[778] Gemeinsamer Erklärungsinhalt ist, dass die Kreuze auf dem Stimmzettel von der den Wahlschein unterschrieben habenden Person stammen. Wiederum gilt aber das oben Gesagte, dass zwischen Stimmzettel und Wahlschein überhaupt keine Verbindung vorliegt, beide befinden sich (und auch das nicht stets) lediglich zusammen im Wahlbriefumschlag. Nach den hergebrachten und auch in ständiger Rechtsprechung wiederholten Grundsätzen liegt folglich keine zusammengesetzte Urkunde vor. Auch hier ist das immer wieder beschworene

---

[773] So auch Kienapfel, S. 357.
[774] Vgl. nur Rengier, BT 2, § 32 Rn. 17; Schroth, BT, S. 246.
[775] Allgemein LK-Gribbohm, § 267 Rn. 101; kritisch für hier auch Puppe, NStZ 1997, 490. Man mag, quasi im Gefolge der Argumentation des OLG Stuttgart, an eine Lockerung der Voraussetzungen für die zusammengesetze Urkunde denken und den räumlichen (Wahllokal) und inhaltlichen Bezug von abgegebenen Stimmzetteln und Wählerliste hierfür genügen lassen. Das ist jedoch wie oben abzulehnen, insbesondere, weil in Anbetracht der Existenz der Wahlstraftaten schon kein Bedürfnis für eine derartige „Aufweichung" besteht.
[776] § 66 I BWO.
[777] Seifert, § 17 BWG Rn. 6.
[778] Auch hier kommt richtigerweise eine Gesamturkunde von vorne herein nicht in Betracht, weil der Stimmzettel keine Urkunde ist, siehe oben; in konsequenter Fortführung von BGH a.a.O. bejaht Greiser, NJW 1978, 927, hier jedoch eine Gesamturkunde.

kriminalpolitische Bedürfnis fraglich: Wer den Stimmzettel verändert, macht sich einer Wahlfälschung strafbar.

Bei Briefwahlunterlagen sind außer hinsichtlich des Wahlscheins selbst keine Ansatzpunkte für Urkundenstraftaten gegeben.

d) Wahlgeräte

Wahlgeräte werden zwar selten eingesetzt, sind aber in § 35 BWG i.V.m. der entsprechenden Verordnung vom Wahlrecht ausdrücklich vorgesehen. Da auf die unterschiedlichen Bauarten von Wahlgeräten nicht im Detail eingegangen werden kann, können nur Grundlinien der strafrechtlichen Würdigung aufgestellt werden.

Zu unterscheiden sind zunächst mechanische und elektrische Wahlgeräte. Letztere sind am Computerstrafrecht und an § 269 StGB zu messen, wobei die Ablehnung der Urkundeneigenschaft von Stimmzetteln freilich auch hier durchschlägt. Bei den mechanischen Geräten kann hingegen die Frage auftauchen, ob diese technische Aufzeichnungen im Sinne des § 268 II StGB herstellen. Beispielhaft sei ein einfaches Gerät genannt, das die Stimmen für die einzelnen Kandidaten in einer Anzeige (für den Wähler nicht sichtbar) aufaddiert. Es handelt sich dabei um eine Situation wie bei den Strom- oder Wasserzählern, deren Eigenschaft als technische Aufzeichnung von der überwiegenden Meinung abgelehnt wird, weil es an einer selbständigen Verkörperung der erzeugten Information fehlt.[779] Damit liegt keine technische Aufzeichnung vor. Sobald aber durch das Gerät bei jedem Wahlgang irgendeine Art Stimmzettel automatisch produziert wird (ähnlich einem Kassenzettel), lägen die Dinge schon wieder anders. Die fehlende Identifizierbarkeit des einzelnen Wählers wäre dann ohne Bedeutung, weil es sich ja um eine Erklärung „der Maschine" handelt.

Bei Wahlgeräten kann eine Strafbarkeit nach den Urkundendelikten in Betracht kommen, wobei insbesondere an die §§ 268, 269 StGB zu denken ist.

e) Wählerverzeichnis

Das Wählerverzeichnis ist in den meisten Konstellationen des § 107 b StGB Angriffsobjekt; die denkbare Strafbarkeit nach den §§ 267 ff. StGB wurde bereits in diesem Zusammenhang dargestellt.[780]

---

[779] BGHSt 29, 204; Lackner/Kühl, § 268 Rn. 3.
[780] Siehe oben, S. 75 ff.

f) Wählerliste

Auch die Wählerliste im jeweiligen Wahllokal ist als Auszug aus dem Gesamt-wählerverzeichnis eine Urkunde, die sich durch die Kennzeichnung, wer ge-wählt hat, in ihrem Inhalt ständig verändert. Aussteller ist die jeweilige Gemein-de, für die die Mitglieder der Wahlvorstände tätig sind.

g) Wahlniederschrift

Die Wahlniederschrift gemäß § 72 BWO ist eine Urkunde.[781] Fraglich ist in die-sem Kontext nur, ob es sich um eine öffentliche Urkunde handelt und ob die Mitglieder des Wahlvorstands Amtsträger sind, so dass die §§ 271, 348 StGB Bedeutung gewinnen können.

Eine öffentliche Urkunde erfordert insbesondere, dass sie Beweis für und gegen jedermann erbringen kann.[782] Die Wahlniederschrift ist so ausgestaltet: Sie ist die Grundlage für die Berechnung der endgültigen Ergebnisse.[783] Beim Wahl-vorstand handelt es sich auch um mit öffentlichem Glauben versehene Perso-nen.[784] Die Beamteneigenschaft der Mitglieder des Wahlvorstands richtet sich entweder nach § 11 I Nr. 2 b[785] oder c[786] StGB. Aufgrund der großen Bedeutung des Amtes kann man zu Recht von einem – obwohl nur vergleichsweise kurz bestehenden – beamtenähnlichen Dienst- und Treueverhältnis ausgehen und folglich Nr. 2 b bejahen. Das kann man auch damit begründen, dass dieses Eh-renamt nicht bei einer Stelle sondern als Wahlorgan wahrgenommen wird.[787] Im Ergebnis abgelehnt wurde die Amtsträgereigenschaft noch unter der Geltung der Definitionsnorm § 359 StGB a.F.: Weil die Übernahme dieses Ehrenamts staats-bürgerliche Pflicht sei[788] und nicht freiwillig erfolge, seien die Mitglieder des Wahlvorstands nicht „angestellt".[789] Zwar gibt der Wortlaut weiterhin keinen eindeutigen Anhaltspunkt, jedoch lässt sich heute argumentieren, dass der Ein-bezug der ehrenamtlichen Richter in § 11 I Nr. 3 StGB zu einem Nichteinbezug anderer aus staatsbürgerlicher Verpflichtung ehrenamtlich Tätiger in offenem Widerspruch stehen würde.

Damit ergibt sich, dass die §§ 271, 348 StGB im Zusammenhang mit der Wahl-niederschrift von Bedeutung sein können.

---

[781] RGSt 56, 387 (390).
[782] Lackner/Kühl, § 271 Rn. 2.
[783] Vgl. §§ 76 I, 77 I BWO.
[784] So i.E. schon RGSt 56, 387 (390).
[785] So die wohl hM; vgl. Lackner/Kühl, § 11 Rn. 5; LK-Gribbohm, § 11 Rn. 28.
[786] Sch/Sch-Eser, § 11 Rn. 20.
[787] So Tröndle/Fischer, § 11 Rn. 16.
[788] Vgl. auch heute noch § 11 I 2 BWG.
[789] BGHSt 12, 108 (110 ff.).

h) Wahlvorschlag/Volks- und Bürgerbegehren

Alle „Unterschriftenlisten" im weitesten Sinne sind Urkunden, weil ein bestimmter Unterzeichner eine Gedankenerklärung äußert („ich bin dafür, dass ...“), die zum Beweis einer entsprechenden Unterstützung geeignet und bestimmt ist.[790] Wer also Unterschriften hinzufügt oder bestehende entfernt, macht sich einer Urkundenfälschung bzw. -unterdrückung strafbar. Da jeweils eigenhändige Unterschrift vorgeschrieben ist, stellt eine unechte Urkunde her, wer – auch wenn der „Vertretene" es ausdrücklich so wünscht – für den anderen unterschreibt: Eine Stellvertretung ist eben gerade nicht zulässig. In diesen Fällen ist aber stets genau auf den subjektiven Tatbestand zu schauen, da womöglich die zwingende Eigenhändigkeit nicht bekannt ist und also der Vorsatz bezüglich eines die Unechtheit begründenden Umstandes fehlen kann.[791]

3) Zusammenfassung und Konkurrenzverhältnisse

Als Urkunden in Betracht kommen lediglich der Wahlschein, das Wählerverzeichnis, die Wählerliste, die Wahlniederschrift sowie die „Unterschriftenlisten" von Wahlvorschlägen und Volks- sowie Bürgerbegehren. Stimmzettel alleine oder zusammen mit der Wählerliste, innerhalb oder außerhalb der Urne sind, entgegen der höchstrichterlichen Rechtsprechung, keine Urkunden.

Die Wahldelikte stehen zu den Urkundendelikten wegen der unterschiedlichen Schutzrichtung (einmal Schutz des Rechtsverkehrs, einmal Schutz der demokratischen Wahlen und Abstimmungen) und also des verschiedenen Unrechtsgehalts in Idealkonkurrenz, allein § 107 b StGB tritt kraft gesetzlich angeordneter Subsidiarität zurück.[792]

X) Rechtfertigungsgründe

Die Erfüllung des Tatbestands allein genügt nicht für die Strafbarkeit. Die Tat muss auch rechtswidrig sein. Das ist der Fall, wenn keine Rechtfertigungsgründe vorliegen. Im Zusammenhang mit den Wahlstraftaten kommen insbesondere die Einwilligung und der Staatsnotstand in Betracht.

---

[790] RG, Das Recht 1921, Nr. 423.
[791] Zu einer derartigen Konstellation OLG Hamm, JZ 1957, 584, mit in diesem Punkt zustimmender Anmerkung Schröder, JZ 1957, 585; derartige Fälle sind in der Praxis jedoch kaum vorstellbar, weil z.B. das „Formblatt für eine Unterstützungsvorschrift (Kreiswahlvorschlag)" (Anlage 14 zur BWO) den ausdrücklichen Hinweis trägt „Eine Unterschrift ist nur gültig, wenn sie der Unterzeichner persönlich und handschriftlich geleistet hat".
[792] Vgl. nur LK-Laufhütte, § 107 a Rn. 9.

1) Einverständnis/Einwilligung

Die hM unterscheidet das tatbestandsausschließende Einverständnis von der rechtfertigenden Einwilligung.[793] Ersteres kommt in Betracht, wenn der Tatbestand gerade ein Handeln gegen oder ohne den Willen des Betroffenen verlangt, letzteres ist seiner Natur nach Verzicht auf Rechtsschutz.[794]

§ 108 StGB setzt als Nötigungstatbestand – nötigen bedeutet gerade, einem anderen ein von ihm nicht gewolltes Verhalten aufzuzwingen[795] – ein Handeln gegen den Willen des Betroffenen voraus, so dass ein Einverständnis den Tatbestand ausschließt. Dabei ist Betroffener der, dessen Wille nach dem Tatbestand überwunden werden soll, also das Angriffsobjekt,[796] im hiesigen Fall der einzelne Wähler.[797] Weil es beim Einverständnis anders als bei der Einwilligung nicht um den Verzicht auf Rechtsgüterschutz geht, muss der „Einverstandene" auch nicht etwa zur Verfügung über das (komplette) geschützte Rechtsgut befugt sein.[798] Selbst, wenn wie bei § 108 StGB der Angriff auf die (Wahl)Willensfreiheit nur Mittel zur Verletzung des Allgemeinrechtsguts des Schutzes des ordnungsgemäßen Ablaufs unmittelbar(er) demokratischer Wahlen ist, ist ein Einverständnis möglich.[799]

Schwieriger gestaltet sich die Situation bei § 107 StGB, der als Spezialfall zu § 240 StGB betrachtet wird,[800] so dass die Argumentation zur Zulässigkeit eines Einverständnisses übertragbar sein müsste. Als Angriffsobjekt sind im Tatbestand jedoch nicht die Wähler genannt, sondern die Wahl sowie die Feststellung ihres Ergebnisses.[801] Gleichwohl ergibt sich aus den Nötigungsmitteln der Ge-

---

[793] Anders z.B. Roxin, AT I, § 13 Rn. 11 ff.

[794] Vgl. nur Sch/Sch-Lenckner, vor §§ 32 ff. Rn. 30, 33.

[795] BGHSt 45, 253 (258).

[796] Geerds, S. 119.

[797] Wolf, S. 257.

[798] Anders, aber unrichtig Junck, S. 80 f.; anders wäre es nur, wenn man die Einwilligung auf Tatbestandsebene prüfen und deren Voraussetzungen auf das (dann ja gerade nicht als von grundlegend abweichender Natur erachtete) Einverständnis übertragen würde; so im Grundsatz Roxin, AT I, § 13 Rn. 30 ff.

[799] Sch/Sch-Lenckner, vor §§ 32 ff.; Rn. 31 f. auch zu dessen Voraussetzungen im Einzelnen; anders noch Geerds, S. 121 zu § 107 StGB a.F., der dem damaligen Wortlaut „Wer einen Deutschen durch Gewalt oder durch Bedrohung mit einer strafbaren Handlung verhindert, [...] zu wählen" entnimmt, dass nur ein rein objektives Hindern erforderlich ist, nicht ein Handeln gegen den Willen der angegriffenen Person. Das überrascht insofern, als auch § 107 StGB a.F. als spezieller Fall der Nötigung angesehen wurde (vgl. nur Schwarz, § 107 Anm. 3) und Geerds, S. 120 f., bei den Nötigungstatbeständen durchaus die Möglichkeit eines Einverständnisses anerkennt.

[800] Siehe oben, S. 37.

[801] Wolf, S. 218 f.

walt und der Drohung mit Gewalt, dass nur Handlungen erfasst sind, die sich (unmittelbar oder mittelbar) gegen Personen richten, die aufgrund der Fassung des Tatbestandes nur nicht im Einzelnen bestimmt sein müssen. Aufgrund dieser Nötigungsstruktur ist die Argumentation von oben tatsächlich übertragbar und mithin ein tatbestandsausschließendes Einverständnis der Betroffenen denkbar.

Bei allen anderen Wahldelikten kommt eine rechtfertigende Einwilligung in Betracht. Diese ist aber, weil der Einwilligende Inhaber des geschützten Rechtsguts sein muss, nur bei Individualrechtsgütern möglich.[802] Bei allen Wahlstraftaten ist entweder ausschließlich ein Allgemeinrechtsgut geschützt oder dieses steht im Vordergrund.[803] Das genügt, um eine Einwilligung auszuschließen[804] und deckt sich mit der öffentlich-rechtlichen Erkenntnis, dass auf die Garantie der freien und geheimen Wahl die Wähler grundsätzlich nicht verzichten können.[805]

2) Staatsnotwehr/-notstand

In einer gefestigten Demokratie wie der deutschen dürften hier relevant werdende Situationen der Staatsnotwehr bzw. des Staatsnotstands (hoffentlich) nur theoretischer Natur sein. Vorstellen könnte man sich ein Szenario, in der sich der Wahlsieg einer Partei, die die nach Art. 20 I-III GG aufgestellte Ordnung beseitigen will, mit absoluter Mehrheit abzeichnet und engagierte Bürger mit verschiedenen Maßnahmen nach den §§ 107 ff. StGB versuchen, Wähler zur Wahl anderer (für die freiheitlich demokratische Grundordnung eintretender) Parteien zu „bewegen" bzw. die Wahl in bestimmten Hochburgen zu stören, zu verhindern oder zu fälschen etc.

Eine Rechtfertigung nach Art. 20 IV GG ist jedoch zweifelhaft. Das Widerstandsrecht setzt eine Widerstandslage voraus, in der es jemand „unternimmt, diese Ordnung zu beseitigen". In Anlehnung an § 11 I Nr. 6 StGB muss der Angriff auf die Verfassungsordnung zumindest ins Versuchsstadium eingetreten sein.[806] Das bloße Antreten einer Partei zur Wahl und deren programmatische Ankündigungen für die Zeit nach der (noch gar nicht sicher) gewonnenen Wahl können aber noch nicht als unmittelbares Ansetzen für das Beseitigen der geschützten Ordnung bezeichnet werden, sie bereiten diese lediglich vor. Zunächst muss die Partei als Wahlsieger hervorgehen, dann kann sie beginnen, die demo-

---

[802] Vgl. nur Sch/Sch-Lenckner, vor §§ 32 ff.; Rn. 35 a.

[803] Siehe oben, S. 11.

[804] Vgl. nur Sternberg-Lieben, S. 98 ff.; zum vergleichbaren Problem der Einwilligung bei den Amtsdelikten ausführlich Amelung, in: FS Dünnebier, S. 487 ff.; die Einwilligung bei § 107 a StGB ausdrücklich ablehnend Klee, GA 50, 379.

[805] Vgl. nur Schreiber, § 1 Rn. 4.

[806] Kühl, AT, § 9 Rn. 100; Roxin, AT I, § 16 Rn. 117.

kratische Grundordnung zu demontieren;[807] nicht einmal der Wahlsieg an sich wird den Versuchsbeginn markieren, sondern erst die Entfaltung konkreter Aktivitäten in Richtung auf Aufhebung der geschützten Einrichtungen. Das mag wenig zufrieden stellend sein, weil ein einmal begonnener Umsturzversuch kaum zu bremsen sein wird, entspricht aber den Buchstaben des Gesetzes.[808]

Abgesehen davon dürfte selbst bei Vorliegen einer Widerstandslage „andere Abhilfe nicht möglich" sein. Das Widerstandsrecht kommt also nicht in Betracht, wenn noch ein Einschreiten von staatlichen Organen möglich ist.[809] Zu denken ist dabei etwa an ein Parteiverbotsverfahren nach Art. 21 II GG i.V.m. §§ 13 Nr. 2, 43 ff. BVerfGG, das gemäß § 32 BVerfGG auch als Eilverfahren angestrengt werden kann.[810] Dabei sind folgende Vorgaben zu beachten: Die Kreis- und Landeswahlausschüsse bzw. bei einer eventuellen Beschwerde die Landeswahlausschüsse und der Bundeswahlausschuss entscheiden endgültig, welche Parteien und Kandidaten zur Wahl stehen.[811] Liegt bis zu diesen Zeitpunkten keine Entscheidung des BVerfG vor, werden die potentiell verfassungswidrigen Parteien zugelassen (so genanntes „Parteienprivileg").[812] Eine spätere Entscheidung des Bundesverfassungsgerichts ist dann erst wieder für den Verlust der Mitgliedschaft im Bundestag gemäß § 46 I Nr. 5 BWG relevant; bis dahin ist die Tätigkeit des Abgeordneten rechtmäßig.[813] Geht man demnach vom relevanten Zeitpunkt des „Widerstandleistens" per Wahl- bzw. Wählereinwirkung im Umfeld des Wahltages aus, so kann der Erwerb der Mitgliedschaft nicht anders als durch die genannten Einwirkungen verhindert werden. Hier wird aber wieder bedeutsam, dass die Mitgliedschaft im Parlament an sich noch keine verfassungsfeindliche Aktivität ist, die Art. 20 IV GG verhindern will. Dieser kann aber durch den unverzüglichen Mandatsverlust – gerade wenn man den Ausnahmecharakter des Art. 20 IV GG in Rechnung stellt – ausreichend begegnet werden. Daneben spielt es keine Rolle, dass der einzelne engagierte Bürger nicht selbst das Parteiverbotsverfahren in Gang setzen kann.[814]

Eine Rechtfertigung nach Art. 20 IV GG kann man auch dann in Frage stellen, wenn ein Widerstandsmittel angewendet wird, das keinerlei Aussicht auf Erfolg

---

[807] Es ist allgemein anerkannt, dass der formelle Gesetzgeber als „Verfassungsbrecher" in Betracht kommt; vgl. nur Blank, S. 57.

[808] Vgl. nur Roxin, AT I, § 16 Rn. 117, auch zur Ablehnung einer Vorverlagerung des relevanten Zeitpunkts.

[809] Kühl, AT, § 9 Rn. 105.

[810] Aufgrund dieser Möglichkeit lehnt Junck, S. 82 f. die Fälle des Staatsnotstands ab.

[811] Vgl. §§ 26, 28 BWG; hierzu Schreiber, § 26 Rn. 9, § 28 Rn. 8.

[812] Schreiber, § 26 Rn. 5.

[813] Schreiber, § 46 Rn. 12.

[814] Blank, S. 61.

verspricht.[815] Wer folglich (nur) seinen Nachbarn erfolgreich nötigt, eine andere, verfassungsgemäße Partei zu wählen, kann sich kraft Ungeeignetheit dieser punktuellen Maßnahme nicht auf sein Widerstandsrecht berufen. Als erfolgsversprechend in Betracht kämen wohl nur konzertierte Aktionen im großen Stil. Der Umstand, dass Wahlmanipulationen zur Ungültigerklärung der Wahl führen können, spricht hingegen nicht gegen deren grundsätzliche Eignung als Widerstandshandlung, weil (bei „erfolgreichen" Einwirkungen) die Wahl der verfassungswidrigen Kräfte zumindest verzögert wird.

Nicht zuletzt hängt es von der dogmatischen Einordnung des Art. 20 IV GG eher als Notwehr-[816] oder eher als Notstandsrecht[817] ab, ob überhaupt Widerstandshandlungen gegen andere als den Verfassungsbrecher selbst zulässig sind. Der Rechtfertigungsgrund des Art. 20 IV GG ist schon aufgrund einer fehlenden Widerstandslage in der beschriebenen Situation nicht einschlägig.

Die Behandlung von Irrtümern richtet sich nach den allgemeinen Regeln: Wer irrig einen zum Widerstand berechtigenden Sachverhalt annimmt, befindet sich im Erlaubnistatbestandsirrtum, wer Art. 20 IV GG falsch auslegt und sich deshalb irrig zum Widerstand berechtigt sieht, handelt im Verbotsirrtum.

Für den – anders als Art. 20 IV GG auf jedermann anwendbaren – § 34 StGB in Gestalt der Staatsnotstandshilfe, der durch das Widerstandsrecht nicht ausgeschlossen ist,[818] ergibt sich letztlich nichts anderes.
Zunächst müsste ein konkretes notstandsfähiges Allgemeininteresse gegenwärtig gefährdet sein. Hierfür dürfte die freiheitlich demokratische Grundordnung bestimmt genug sein.[819] Da die Gegenwärtigkeit bei § 34 StGB enger zu verstehen ist als bei § 32 StGB, die dort meist in Anlehnung an den Versuchsbeginn im Sinne des § 22 StGB bestimmt wird[820] und Art. 20 IV GG ebenfalls auf den Versuchsbeginn abstellt, ist die Gegenwärtigkeit bei § 34 StGB auch weiter als bei Art. 20 IV GG. Insofern genügt es, wenn der Schadenseintritt erst in Zukunft zu erwarten ist, aber bereits jetzt gehandelt werden muss, um ihn abwenden zu können.[821] Da der Schadenseintritt wie dargelegt nicht bereits mit der erfolgreichen Wahl an sich gegeben ist, sondern erst dann, wenn Ansätze gemacht wer-

---

[815] Blank, S. 115 ff.
[816] So z.B. Sch/Sch-Lenckner, vor §§ 32 ff Rn. 65; Blank, S. 122 ff.
[817] So z.B. Roxin, AT I, § 16 Rn. 116 i.V.m. § 15 Rn. 41.
[818] Blank, S. 137.
[819] Was jedenfalls dann zwingend ist, wenn man Art. 20 IV GG als Spezialfall des Staatsnotstands ansieht.
[820] Vgl. nur Kühl, AT, § 7 Rn. 40.
[821] Sch/Sch-Lenckner, § 34 Rn. 17; Kühl, AT, § 8 Rn. 66.

den, die programmatischen Ziele umzusetzen, wird man trotz des weiten Begriffs der Gegenwärtigkeit diese hier verneinen müssen.

Hinzu kommt, dass auch hier Zweifel an der Geeignetheit der Wahlbeeinträchtigungen sowie an der „anderweitigen Abwendbarkeit" angebracht sind.

Eine Rechtfertigung nach § 32 StGB kommt mangels gegenwärtigen Angriffs – die Gegenwärtigkeit ist hier enger als bei § 34 StGB zu sehen – ohnehin nicht in Betracht, zudem erlaubt die Notwehr ausschließlich Verteidigungshandlungen gegen den Angreifer, hier stehen aber Angriffe gegen Dritte, die Wähler, in Rede.

Mithin sind keine Konstellationen denkbar, in denen von Staatsnotstand bzw. -wehr auszugehen wäre.

C) Die Wahlstraftaten de lege ferenda

Die Wahlstraftaten stellen einen recht ausführlich geregelten Normenkomplex dar. Allerdings werden damit nicht alle Einwirkungsmöglichkeiten auf Wahlen und Abstimmungen erfasst. Zu Recht, denn nicht jedes derartige Verhalten ist strafwürdig und strafbedürftig. Wie gefährdet Wahlen und Abstimmungen insgesamt sind, zeigt ein Überblick über diese Risiken. Strafrechtsspezifisch ist die Frage nach der Notwendigkeit eines Tatbestands des „Wahlbetrugs". Schließlich kann auch die bestehende Gesetzeslage durch kleinere Veränderungen verbessert werden.

I) Einwirkungsmöglichkeiten auf den ordnungsgemäßen Ablauf von Wahlen und Abstimmungen

1) Systematisierung

Da die Einwirkungsmöglichkeiten auf Wahlen und Abstimmungen so vielgestaltig sind, erscheint eine Systematisierung, die nicht dem Vorwurf der Unvollständigkeit ausgesetzt ist, kaum möglich. In diesem Bewusstsein soll sie gleichwohl versucht werden.

Als grundlegendes Ordnungsprinzip soll von der zeitlichen Abfolge einer Wahl ausgegangen werden, mit der Aufbaustruktur der Wahlgesetze als Anhaltspunkt. Insofern kann man die Vorbereitung der Wahl, die Wahlhandlung selbst und die Feststellung des Wahlergebnisses unterscheiden.[822] Hinzu kommt die Zeit zwischen den Wahlen, also die Phase, in der die eine Wahl von staatlicher Seite abgeschlossen ist und die Vorbereitungen zur nächsten Wahl noch nicht begonnen haben. Die einzelnen Phasen sind als Orientierung zu verstehen und nicht strikt aus den Wahlgesetzen zu übertragen, da etwa der Beginn der Wahlvorbereitungen aus parteipolitischer und staatlicher Sicht nicht zwingend zusammenfallen müssen.

Innerhalb jeder Phase kommen Angriffe gegen den Wahlvorgang insgesamt sowie gegen einzelne Personen in Betracht, es ist an unterschiedliche Täterkreise sowie Tatmittel zu denken. Als Täter kommen unter anderem die im politischen Wettstreit Stehenden, untechnisch beschrieben als „Machtinhaber" und „Opposition", „die Verwaltung" sowie die Presse in Betracht. Als Tatmittel denkbar sind insbesondere Gewalt, Drohung, Druck, Täuschung, Fälschung, List, Verleumdung etc.

---

[822] Vgl. §§ 16 ff., 31 ff., 37 ff. BWG.

a) Wahlvorbereitung

Zwei Normen sind unmittelbar für die Phase der Wahlvorbereitung relevant: § 107 b StGB, der die Richtigkeit und Vollständigkeit der staatlicherseits herzustellenden Wahlunterlagen gewährleistet sowie § 108 b S. 2 StGB, der den Geltungsbereich der Wahlstraftaten auf das Unterschreiben von Wahlvorschlägen erweitert. Bereits in dieser Zeit verwirklicht werden kann § 107 c StGB, ebenso die Tathandlungen der §§ 107, 108, 108 a, 108 b StGB, deren Erfolg jedoch erst bei der Wahlhandlung eintreten kann.[823] Auch § 107 a StGB kann jedenfalls in seinen ersten beiden Varianten jetzt schon ins Versuchsstadium eintreten.

Einwirkungen, die vom StGB in der heutigen Fassung nicht erfasst sind, können von staatlicher Seite, der Exekutiven oder Legislativen, ausgehen. Zur Vorbereitung erforderliche Entscheidungen können mit dem Ziel der Wahlbeeinflussung in eine bestimmte Richtung getroffen werden. Zu denken ist etwa an eine „geschickte" Wahlkreiseinteilung, um die Chancen eines Erststimmenkandidaten zu erhöhen oder die mit der gleichen Intention vorgenommene Bestimmung von Wahllokalen. Auch der Wahltag selbst kann mit „Hintergedanken" ausgewählt sein, zum Beispiel während der Urlaubszeit.[824] Nicht zuletzt kann eine großzügige Handhabung der (unter anderem für die Briefwahl erforderliche) Erteilung von Wahlscheinen für das Wahlergebnis relevant werden.[825]

Eine entscheidende Rolle spielen in Wahlkampfzeiten, die zur Wahlvorbereitung von privater bzw. parteipolitischer Seite zählen, naturgemäß die Medien, deren Berichterstattung für das Fällen einer Wahlentscheidung von besonderer Bedeutung ist. Grundsätzlich ist deren Informationsfunktion nicht nur erwünscht, sondern sogar zur politischen Willensbildung der Bevölkerung notwendig, die erfahrungsgemäß eher wenig auf unmittelbare Informationen (Parteiprogramme, Wahlkampfveranstaltungen u.ä.) zurückgreift. Gerade bei Medien mit hohem Verbreitungsgrad kann bei tendenziöser, unvollständiger oder sogar unrichtiger Berichterstattung der Einfluss auf das Wahlverhalten beträchtlich sein.

---

[823] Mit Ausnahme von § 108 b StGB, der unabhängig vom tatsächlichen Wahlverhalten verwirklicht ist.
[824] Wirkungsvoll kann das insbesondere bei Abstimmungen mit vorgeschriebenen Quoren sein.
[825] Hierbei handelt es sich keineswegs um ein rein fiktives Beispiel, wenn man berücksichtigt, „dass zwischen der Präferenz für ein bestimmtes Wahlverfahren [...] und der Präferenz für eine Partei ein Zusammenhang besteht", wie Ellermann in einer nicht veröffentlichten Untersuchung herausgefunden hat.

Immer wieder in der Kritik steht die Demoskopie, deren veröffentlichte Erkenntnisse womöglich auf Wahlbeteiligung und inhaltliches Wahlverhalten Einfluss haben können.

Ein weiterer Berührungspunkt zwischen Parteipolitik und Medien kann sich ergeben, wenn auf die Berichterstattung in den Medien von interessierten Kreisen mit unlauteren Mitteln eingewirkt wird, also die einst von *Gerland* so genannte Situation der „Pressbestechung"[826] vorliegt. Die bei den Medien beschriebenen Verhaltensweisen sind zudem von Seiten der Parteien im Wahlkampf denkbar. Auch parteiintern können etwa bei der Aufstellung von Kandidaten Unregelmäßigkeiten auftreten, was allerdings primär eine Frage des Geltungsbereichs der Wahlstraftaten ist.[827]

Beeinflussungen sind schließlich in Formen denkbar, die denen der §§ 108, 108 a, 108 b StGB nahe stehen, aber von diesen nicht erfasst sind. So kann auch gesellschaftlicher Druck auf einen Wähler wahlbeeinflussend sein, den § 108 StGB ebenso wenig regelt wie die Drohung mit einem nicht empfindlichen Übel. § 108 a StGB zieht den Kreis der relevanten Irrtümer denkbar eng und schließt damit sämtliche Motivirrtümer aus, so dass insbesondere falsche Wahlversprechen oder falsche Behauptungen über die politischen Konkurrenten und deren Vorhaben unter dem Gesichtspunkt der Wählertäuschung irrelevant sind.

Nicht zuletzt fallen Maßnahmen gegenüber der Allgemeinheit nicht unter § 108 b StGB; schon bei Maßnahmen gegenüber einer größeren Personenzahl kann aber die (angestrebte) Unrechtsvereinbarung schwer nachweisbar sein, was man durch einen Tatbestand, der letztlich die Unrechtsvereinbarung unwiderleglich vermutet, verhindern könnte.

b) Wahlhandlung

Die Wahlhandlung wird durch die §§ 107, 107 a, 107 c, 108 und 108 a StGB geschützt.

Weitere Beeinträchtigungen sind denkbar durch Wahlangriffe mit Mitteln unterhalb der Schwelle der in § 107 StGB genannten. Dem § 107 a StGB nahe stehende, aber von ihm nicht erfasste Einwirkungen sind aufgrund der weiten Tatbestandsfassung nicht vorstellbar. Das Wahlgeheimnis kann auch über das in

---

[826] Gerland, S. 21 ff.
[827] Gerland, S. 35 f., hingegen plädiert (nur) für einen eigenen Tatbestand des (Ver)Kaufs eines Listenplatzes.

§ 107 c StGB beeinträchtigt sein, etwa bei einer „Gefährdung freier Stimmabgabe".[828] Für die §§ 108, 108 a StGB gilt das oben Gesagte.

c) Feststellung des Wahlergebnisses

Für die dritte Phase kommen die §§ 107, 107 a StGB in Betracht. Dabei gilt soeben Gesagtes entsprechend.

d) Zeit nach der Ergebnisfeststellung und vor der Vorbereitung der nächsten Wahl

Die Zeitspanne zwischen zwei Wahlen wird praktisch allenfalls bei § 107 c StGB relevant.

Denkbar sind Konstellationen, in denen Wählern aufgrund ihres Wahlverhaltens Nachteile gesellschaftlicher oder wirtschaftlicher Natur zugefügt werden; man spricht vom „Wahlverruf".[829] Dieser „Racheakt" beschränkt sich nicht nur auf diese Funktion, sondern er kann durchaus für das Wahlverhalten bei den kommenden Wahlen von Bedeutung sein. Es handelt sich um eine dem § 108 StGB eng verwandte Tat.

2) Bedeutung für das Strafrecht?

Bedeutung für das Strafrecht haben die aufgeführten Verhaltensweisen nicht und sollten es auch in Zukunft aus unterschiedlichen Gesichtspunkten nicht. Ganz allgemein, weil Schutz vor wie auch immer gearteten „unbilligen" Handlungen nicht stets durch das Strafrecht erfolgen muss, ja aus verfassungsrechtlichen Gründen gar nicht darf. Gerade wenn es um Meinungsäußerungen durch Presse oder Parteien geht, ist die in einer Demokratie besonders gewichtige Meinungs- und Pressefreiheit aus Art. 5 GG zu beachten, die im Wahlkampf nicht etwa suspendiert ist. Schutz erfährt eine Wahl zudem über das Wahlprüfungsrecht, gerade wenn es um Beeinflussungen von staatlicher Seite geht.[830] Was den Bereich der „Pressbestechung" abgeht, bleibt festzuhalten, dass der Gesetzgeber ganz bewusst nicht Korruption in jedem Lebensbereich unter Strafe gestellt hat. Mithin hat der Gesetzgeber in den Wahlstraftaten gerade nur die schwersten Eingriffe in den Ablauf von Wahlen und Abstimmungen erfasst. Eine richtige Entscheidung. Was nicht heißt, dass interne Verbesserungen ausgeschlossen erscheinen.

---

[828] Vgl. § 410 E 1959 I, § 405 E 1959 II, § 405 E 1960, § 405 E 1962.
[829] Vgl. § 156 E 1913, § 107 E 1927, § 107 E 1930.
[830] Siehe unten, S. 265 ff.

II) Neuer Tatbestand „Wahlbetrug"?

Diskussionen, ob „Wahlbetrug" oder allgemeiner die lügnerische Wahlpropaganda im Wahlstrafrecht erfasst sein sollten, gab es immer wieder. Heute sind die Argumente ausgetauscht und man ist sich einig, dass derartige Normen nicht erforderlich sind.[831]

Es geht um täuschungsähnliche Vorkommnisse, etwa wenn Wahlversprechen nicht eingehalten oder irreführende Aussagen zu Personen oder Programmen von Parteien verbreitet werden, was schließlich zu einer irrtumsbehafteten Wahl führt. Zur Erinnerung: Derartige Motivirrtümer sind von § 108 a StGB nicht erfasst.[832] Ganz abgesehen davon, ob sich die Wähler heute überhaupt noch vom üblichen „Wahlkampfgetöse" beeinflussen lassen und insofern ein Bedürfnis für einen Straftatbestand besteht, liegt dessen Risiko in der begründeten Befürchtung, die Parteien würden ihren Wahlkampf vor den Gerichten fortsetzen. Es müsste nach jeder Wahl eine Unzahl von Verfahren geführt werden. Verfahren, bei denen es zudem zu erheblichen Beweisproblemem kommen würde: Wie soll man den tatsächlichen Nachweis für eine irrtumsbehaftete Wahl führen? Was, wenn die Regierung sich darauf stützt, die Umstände hätten sich so verschlechtert, dass sie zur Erfüllung ihrer Ankündigungen schlicht nicht in der Lage sei? Richtig ist es deshalb, wie bereits geschehen, an die Einrichtung eines Untersuchungsausschusses (so genannter „Lügenausschuss") zu denken. Geht es um Beleidigungen u.ä., stehen die §§ 185 ff. StGB zur Verfügung.

Straftatbestände, die lügnerische Wahlpropaganda betreffen, sind damit überflüssig.[833]

III) Verbesserungen am bestehenden System der Wahlstraftaten

Es wird deutlich, dass die Wahlstraftaten nicht in die dargestellten Richtungen hin geändert werden sollten. Allerdings müssten an den bestehenden Tatbeständen wie beschrieben kleinere Veränderungen vorgenommen werden. Im Überblick ergäben sich, gleichsam als Zusammenfassung des bisher Entwickelten, folgende Fassungen:

---

[831] Vgl. ausführlich auch mit historischen Betrachtungen Junck, S. 160 ff.

[832] Siehe oben, S. 127.

[833] Insofern anders das Österreichische Strafrecht, das den Tatbestand der „Verbreitung falscher Nachrichten bei einer Wahl oder Volksabstimmung" (§ 264) kennt; vgl. Höpfel/Ratz-Foregger, § 264.

§ 107 StGB

(1) Wer mit Gewalt oder durch Drohung mit Gewalt eine Wahl verhindert oder stört, wird (...) bestraft.
(2) (...)

§ 107 b StGB
(1) Wer
1. *seine Eintragung in das Wählerverzeichnis zu Unrecht bewirkt,*
2. *(...)*
3. *(...)*
4. *(...)*
wird (...) bestraft, wenn die Tat nicht in anderen Vorschriften mit schwererer Strafe bedroht ist.
(2) Der Eintragung ins Wählerverzeichnis als Wähler entspricht die Ausstellung der Wahlunterlagen für die Urwahlen in der Sozialversicherung.

Auch die Schwierigkeiten im Umgang mit § 107 c StGB und seine daraus folgenden Strafbarkeitslücken, die auf seiner Fassung als Blanketttatbestand basieren, sollte man lösen. Entsprechende Überlegungen gab es bereits, sie wurden jedoch nie Gesetz. Zu Recht wurde schon in den Entwürfen 1960 und 1962 festgehalten, dass der Blanketttatbestand meist nur von Wahlorganen begangen werden könne und es diverse Möglichkeiten gebe, das Wahlgeheimnis zu beeinträchtigen, die jedoch nie alle in entsprechenden wahlrechtlichen Bestimmungen erfassbar seien.[834] § 107 c StGB sollte in Anlehnung an diese Entwürfe folgender Tatbestand als Abs. 2 hinzugefügt werden:

„Ebenso wird bestraft, wer sich oder einem anderen im Rahmen einer geheimen Wahl beim Wahlvorgang oder aus den Wahlunterlagen davon Kenntnis verschafft, wie jemand wählt oder gewählt hat.“

Auf die damals vorgeschlagenen Worte „ohne Einwilligung des Abstimmenden" sollte man verzichten. Zunächst bleibt offen, ob damit ein (tatbestandsausschließendes) Einverständnis oder eine (rechtfertigende) Einwilligung gemeint ist.[835] Da die Tätigkeit des Sichverschaffens kein Handeln gegen oder ohne den Willen des Berechtigten voraussetzt,[836] ist von einer Einwilligung auszugehen, deren Zulässigkeit sich nach allgemeinen Regeln bemisst. Abgesehen von der Unverzichtbarkeit des Wahlgeheimnisses im Rahmen des Wahlvorgangs selbst gilt auch hier das zu § 107 c StGB Gesagte entsprechend, so dass wegen des im

---

[834] Siehe oben, S. 90; BT-Drs. 3/2150, S. 550 f.; BT-Drs. 4/650, S. 592.
[835] Kritisch auch Kirschner, S. 201.
[836] Anders Geerds, ZStW 72 (1960), 78 f.

Vordergrund stehenden Allgemeinrechtsguts eine Rechtfertigung ausgeschlossen ist.[837] In Einzelfällen – man denke an eine „gemeinsame" Briefwahl unter Ehegatten – mag dies unbillig erscheinen. Jedoch steht hier das objektive Prinzip der geheimen Wahl als zentrales demokratisches Element in Frage. Ganz praktisch wird es zudem nicht zu entsprechenden Verfahren kommen. Durch das Merkmal „beim Wahlvorgang oder aus den Wahlunterlagen" wird verhindert, dass nicht strafwürdiges Verhalten, wie das geschickte Ausfragen von Verwandten o.ä. dem Tatbestand unterfällt.[838] Liest man § 108 d S. 2 StGB in den neuen Tatbestand hinein, so wird nun auch die Geheimhaltung der Unterschrift unter einen Wahlvorschlag strafrechtlich geschützt.[839]

Für einen Tatbestand der „Gefährdung freier Stimmabgabe"[840] wird kein Bedürfnis gesehen, da zum einen die einst beschworenen Gefahren „gelenkter Machenschaften" und politischen Drucks heute kaum mehr relevant sein dürften, zum anderen, weil es Schwierigkeiten bereiten dürfte, sicher die Gefahr der unbeeinflussten Stimmabgabe festzustellen. Zudem sollte man sich davor hüten, Straftatbestände etwas übereifrig mit dem Argument „Wehret den Anfängen" zu begründen.[841]

§ 108 StGB
(1) Wer rechtswidrig mit Gewalt, durch Drohung mit einem empfindlichen Übel, durch Missbrauch eines beruflichen oder wirtschaftlichen Abhängigkeitsverhältnisses oder sonstigen wirtschaftlichen Druck einen anderen nötigt oder hindert, zu wählen (...) wird (...) bestraft.
(2) (...)

IV) Erweiterung des Anwendungsbereichs der Wahlstraftaten?

Mit § 108 d StGB existiert eine Norm, die den Geltungsbereich der Wahlstraftaten klar und eindeutig festlegt. Die historische Entwicklung zeigt, dass ihr Inhalt weniger Ergebnis der Suche nach der besten Lösung, als eher pragmatischer Überlegungen ist. Insofern ist die Frage nach einer Erweiterung des Geltungsbereichs berechtigt. Dabei sind zwei Möglichkeiten der Erweiterung zu unterscheiden: einmal die auf Wahlen und Abstimmungen innerhalb bestimmter Gremien, einmal die auf Wahlen und Abstimmungen zu zusätzlichen Gremien.

---

[837] Siehe oben, S. 93 f.
[838] BT-Drs. 4/650, S. 592.
[839] Anders unter der gegenwärtigen Rechtslage, OLG Karlsruhe, GA 77, 312 f.
[840] Vgl. § 405 E 1960/1962: „Wer bei einer geheimen Stimmabgabe einen anderen 1. dazu bestimmt, daß er nicht geheim abstimmt, oder 2. daran hindert, seine Stimme geheim abzugeben, und dadurch die unbeeinflusste Stimmabgabe gefährdet, wird [...] bestraft."
[841] Vgl. insgesamt die Begründungen BT-Drs. 3/2150, S. 550; BT-Drs. 4/650, S. 591.

1) Geschichtliche Entwicklung[842]

Ausgangspunkt sind die oben bereits dargestellten drei „Ur-Tatbestände" des Wahlstrafrechts, die §§ 107-109 RStGB. Auf eine separate Regelung des Geltungsbereichs verzichtete man und löste damit eine leidenschaftliche Diskussion aus, da die Tatbestände vom ersten Eindruck her auf verschiedene Wahlen Bezug nahmen: § 107 RStGB bestrafte denjenigen, der einen anderen hinderte, „in Ausübung seiner staatsbürgerlichen Rechte" zu wählen, die §§ 108, 109 RStGB hingegen sprachen von Wahlen „in einer öffentlichen Angelegenheit". Einerseits konnte man gerade unter Hinweis auf den unterschiedlichen Wortlaut den Kreis der Wahlen in Ausübung staatsbürgerlicher Rechte enger ziehen als den der Wahlen in öffentlichen Angelegenheiten.[843] Andererseits konnte man aus teleologischen Erwägungen heraus – warum sollte bei Wahlen in öffentlichen Angelegenheiten, bei denen keine staatsbürgerlichen Rechte ausgeübt werden, die Wählernötigung gerade nicht bestraft werden? – auch von der Einheitlichkeit der Begriffe ausgehen.[844] Selbst die Rechtsprechung des Reichsgerichts ist hier von einem Wandel geprägt.[845] Hinzu kommt, dass die Streitigkeiten damit nicht etwa abgeschlossen waren, da eine inhaltliche Ausfüllung des einen oder anderen Wahlbegriffs erforderlich war, so dass es innerhalb der engen und weiten Auffassung jeweils noch einmal Differenzen im Hinblick auf die konkret geschützten Wahlen gab (zum Beispiel bezüglich Gemeinde-, berufsständischen und kirchlichen Wahlen).[846] Einigkeit bestand weitestgehend darüber, dass auch Wahlen innerhalb gewählter Gremien vom Strafrechtsschutz erfasst waren.[847]

Im VE 1909 sowie im GE 1911 versuchte man noch, diese Unklarheiten ohne gesonderte Norm durch bloße Vereinheitlichung der Begriffe zu lösen, indem

---

[842] Dabei wird auf den teilweise unterschiedlich gehandhabten Einbezug von Abstimmungen nicht näher eingegangen, da deren Schutz heute – schon aufgrund der Parallelstellung mit den Wahlen in Art. 20 GG – gänzlich unumstritten ist.

[843] Vgl. hierzu und zu weiteren Argumenten als Vertreter der engen Auslegung u.a. v. Behm, S. 2 ff.; Bühring, S. 30 ff.; Combrinck, S. 7 ff.; Frank, § 107 Anm. I, § 108 Anm. I; John, in: Holtzendorffs Handbuch, S. 84 ff.; v. Olshausen, § 107 Anm. 1; Sondermann, S. 2 ff.; Stern W., S. 11 ff.; insgesamt zusammenfassend Hesse A., S. 36 ff.

[844] Vgl. hierzu und zu weiteren Argumenten als Vertreter der weiten Auslegung u.a. Schönke[6], § 107 Anm. I; Binding, BT 2/2, § 278 II 4, S. 822 f.; v. Flemming, S. 22 ff.; Freudenthal, S. 63 ff.; v. Liszt, S. 560; M. E. Mayer, S. 272 ff.; Sello, S. 19 ff.; Drenkmann, GA 17, 12 f.; Schneidler, GS 40, 3 ff.; insgesamt zusammenfassend Hesse A., S. 36 ff.

[845] Zunächst vertrat man die weite Auffassung, vgl. etwa RGSt 7, 223 (224 f.), ehe man sich schließlich der engen Auffassung anschloss, vgl. RGSt 41, 121 (125 ff.).

[846] Combrinck, S. 13 f.; vgl. auch die Zusammenstellung der verschiedenen Meinungen bei Sello, S. 16 ff., 23 ff.

[847] RGSt 64, 299 (304); Schönke[6], § 109 Anm. I; v. Behm, S. 5; Freudenthal, S. 68; M. E. Mayer, S. 275 f.; auch Dreher, JZ 1953, 427; differenzierend Schneidler, GS 40, 7 ff.; für § 107 RStGB ablehnend John, in: Holtzendorffs Handbuch, S. 84.

man die Wahl zu einer gesetzgebenden Versammlung und anderen politischen Körperschaften (§ 119 E 1909) bzw. Versammlungen (§ 130 GE 1911) dem Strafrechtsschutz unterstellen wollte. Der Begriff der politischen Körperschaft sei aus § 197 StGB bekannt, so die Begründung.[848] Damit wäre – was die Wahlen zu bestimmten Gremien anbelangt – im Wesentlichen kein sachlicher Unterschied zu den Wahlen in öffentlichen Angelegenheiten begründet worden. Jedoch wurde der Schutz von Wahlen innerhalb der gewählten Gremien nun ausgeschieden.[849]

In diesem Sinne wurde auch § 154 E 1913 gestaltet, der erstmals den Geltungsbereich einer gesonderten Norm überließ. Explizit aufgeführt wurden auch Wahlen zu einer deutschen Behörde, interne Wahlen waren aber wiederum nicht geschützt.

Über vierzig Jahre hinaus richtungsweisend war schließlich § 153 E 1919. Er lautet: „Die Vorschriften dieses Abschnitts gelten für alle Wahlen und Abstimmungen, die auf Grund der Verfassung des Reichs oder eines deutschen Landes oder auf Grund anderer Vorschriften des Reichsrechts oder Landesrechts in öffentlichen Angelegenheiten vorgenommen werden." Diese weite Fassung des Geltungsbereichs wurde recht lapidar damit begründet, dass der ordnungsgemäße Vollzug des Wahlgeschäfts für alle Wahlen in öffentlichen Angelegenheiten gleichmäßig gesichert sein solle.[850] Interne Wahlen und Abstimmungen unterfielen dem Wortlaut und das war vom Gesetzgeber auch so gewollt.[851] Die beiden Kriterien der Grundlage der Wahlen und Abstimmungen im Verfassungsrecht oder anderen öffentlich-rechtlichen Regelungen (formaler Bezugspunkt) sowie der inhaltlichen Konkretisierung auf Wahlen und Abstimmungen gerade in öffentlichen Angelegenheiten (materieller Bezugspunkt) wurden in den nachfolgenden Entwürfen immer wieder aufgegriffen,[852] teilweise wurde der Schutz noch explizit auf Religionsgesellschaften des öffentlichen Rechts erweitert.[853] Nach einigen noch radikaleren Formulierungsvorschlägen, die ausschließlich auf das materielle Kriterium Bezug nahmen,[854] kam man schließlich in den §§ 414 E 1959 I, 409 E 1959 II, 409 E 1960, 409 E 1962 wieder auf die zweigliedrige Fassung zurück und ergänzte diese aus Anschaulichkeits- und Klarstellungsgründen um eine nähere Beschreibung der geschützten Wahlen und Abstimmungen.

---

[848] Begründung E 1909, S. 454.
[849] So auch ausdrücklich die Begründung E 1909, S. 454, jedoch ohne Erläuterung.
[850] Begründung E 1919, S. 130 f.
[851] Vgl. das Beispiel in der Begründung E 1919, S. 131.
[852] Vgl. § 102 E 1925, § 103 E 1927, § 103 E 1930, § 286 E 1936, § 306 E 1938.
[853] Vgl. § 103 E 1927, § 103 E 1930, § 286 E 1936.
[854] § 109 E 1950, BT-Drs. 1/1307, S. 12, 40; § 188 E VZ, GrStrK, Band 5, Anhang B, S. 277.

Gesetz geworden war mittlerweile jedoch die noch heute gültige Bestimmung des Geltungsbereichs.[855] Der Rechtsausschuss hatte den sehr weiten Vorschlag der Regierung arg zurückgestutzt, einmal, weil „die Strafvorschriften nur bei den im Vordergrund des öffentlichen Interesses stehenden allgemeinen Wahlen und Abstimmungen angewendet werden sollen", vor allem aber, weil „solch schwierige Fragen wie die der Abgeordnetenbestechung" – § 108 b StGB hätte nach dem Regierungsentwurf auch für Wahlen und Abstimmungen in den Parlamenten gegolten – „nicht im Rahmen dieser Vorschriften gelöst werden können".[856] Die Lösung war offenbar so schwierig, dass sie trotz mehrerer Anläufe, die allesamt eine Strafbarkeit der Abgeordnetenbestechung herbeiführen sollten,[857] gut vierzig Jahre in Anspruch nahm, ehe 1994 § 108 e ins StGB eingefügt wurde.[858]

Diese grobe Skizzierung der Entwicklungslinie zeigt, dass ein weitaus umfassenderer Schutz von Wahlen und Abstimmungen als er gegenwärtig existiert, lange Zeit geplant war und dass dessen Umsetzung letztlich vor allem an der Frage der Abgeordnetenbestechung scheiterte. Zu deren Lösung existierten zwei Modelle: auf der einen Seite die Erstreckung des kompletten Wahlstrafrechts, insbesondere also § 108 b StGB, auf Wahlen und Abstimmungen auch innerhalb bestimmter Gremien,[859] auf der anderen Seite die Schaffung eines gesonderten Tatbestands.[860] Weil die Rechtsstellung des Abgeordneten mit der des Wählers nicht vergleichbar sei,[861] entschied man sich für letzteres.

Wegen der Konzentration der Diskussion auf die Strafbarkeit der Abgeordnetenbestechung war diese mit der Schaffung des § 108 e StGB beendet. Zu Unrecht, denn die Frage, warum etwa innerparlamentarische Wahlen und Abstimmungen nicht gegen Fälschung oder Täuschung geschützt sein sollen, ist noch immer unbeantwortet. Die Betrachtung unter einem derart verengten Blickwinkel führte überdies dazu, dass der schon mehrfach vorgeschlagene Schutz von Wahlen zu zusätzlichen Gremien nicht weiter erörtert wurde.

---

[855] Exklusive der später eingefügten Europawahlen und Urwahlen in der Sozialversicherung.

[856] BT-Prot., 1. Wahlperiode, 265. Sitzung, S. 12995.

[857] Gesetzentwurf der FDP-Fraktion 1953, BT-Drs. 2/2310; Gesetzentwurf Klein/Reddemann/ Blüm u.a. 1974, BT-Drs. 7/1883; Gesetzentwurf der SPD-Fraktion 1991, BT-Drs. 12/1630; Gesetzentwurf von Bündnis 90/Die Grünen 1991, BT-Drs. 12/1739; schließlich der dem Vorschlag der SPD weitestgehehend entsprechende Gesetzentwurf von CDU/CSU und FDP 1993, BT-Drs. 12/5927, der Gesetz wurde.

[858] Kritisch zu dieser lange Zeit existierenden Strafbarkeitslücke Dreher, JZ 1953, 427; Erdsiek, NJW 1959, 25 f.; Klein, ZRP 1979, 174 (Erwiderung von MdB Dürr in ZRP 1979, 264); äußerst kritisch zum neuen § 108 e StGB Barton, NJW 1994, 1098 ff.

[859] So insbesondere der FDP- und der Bündnis 90/Die Grünen-Vorschlag.

[860] So der Klein/Reddemann/Blüm-, der SPD- und der CDU/CSU und FDP-Vorschlag.

[861] BT-Drs. 12/5927, S. 5.

2) Bedenken gegen die gegenwärtige Gesetzesfassung

Die gegenwärtige Fassung des Vierten Abschnitts wird für wenig geglückt erachtet.[862] Aktuelle Alternativvorschläge sucht man freilich vergebens.[863] Die Widersprüchlichkeit, mindestens jedoch die Diskussionswürdigkeit der jetzigen Gesetzesfassung, lässt sich anhand einiger Beispiele demonstrieren:[864]

- Zwar ist es strafbar, einen Bundestagsabgeordneten im Hinblick auf eine Wahl oder Abstimmung im Bundestag zu bestechen (§ 108 e StGB) oder zu nötigen (§ 106 I Nr. 2 a StGB), nicht aber, ihn zu täuschen.
- Beim Europaabgeordneten ist nicht einmal dessen Nötigung nach § 106 I Nr. 2 StGB strafbar.
- Ebenso wenig ist eine Fälschung bei der Wahl des Bundeskanzlers durch den Bundestag strafbar, wohl aber bei der Wahl des Bürgermeisters durch das Volk.
- Manipulationen bei den Urwahlen in der Sozialversicherung können bestraft werden, nicht aber solche bei Wahlen zu den Organen der Industrie- und Handelskammern.

Die Übersicht auf der folgenden Seite zeigt die bei den einzelnen Tatbeständen geschützten Einrichtungen.

Danach ist der gesetzgeberische Handlungsbedarf schnell zu vermuten, doch brauchbare Kriterien und Maßstäbe für eine Erweiterung des Geltungsbereichs sind nicht leicht zu finden.

---

[862] Vgl. nur AK-Wolter, vor §§ 105 ff. Rn. 2 ff. (teilweise aufgrund der Schaffung des § 108 e StGB veraltet); LK-Laufhütte, vor §§ 107 ff. Rn. 3 f. (ebenfalls teilweise veraltet); Geilen, in: LdR, S. 1109 f.

[863] Der jüngste Alternativvorschlag der Literatur, erarbeitet in Auseinandersetzung mit dem E 1960, findet sich bei Wolf, S. 37 ff., 274 (Wortlaut seines Formulierungsvorschlags).

[864] Noch einmal sei betont, dass es um eine Betrachtung allein des Vierten Abschnitts geht. Die Strafbarkeit nach allgemeinen Vorschriften, etwa § 240 StGB, besteht freilich grundsätzlich daneben.

Geschützte Wahlen		
Wahlen **zu** (§§ 107 ff.)	Wahlen **innerhalb** von (§§ 105 f.[865])	Wahlen **innerhalb** von (§ 108 e)

- Volksvertretg. (BT/LT)
- Europaparlament
- sonstige allg. Wahlen
    Bund
    Länder
    Gemeinden
    Gemeindeverbände
- Urwahlen Sozialversicherung
./.
./.
 	
./.
./.
./.
	- BT, LT (inkl. Ausschüsse)
	./.
	./.
	./.
	./.
	./.
	./.
	./.
	
	- Bundesrat
	- Bundesverslg. (inkl. Ausschüsse)
	- Bundesreg./Landesreg.
	- BVerfG
	- LVerfG
		
		- Europaparlament
		- Volksvertretung
		    Bund
		    Länder
		    Gemeinden
		    Gemeindeverbände
		./.
		./.
		./.
		
		./.
		./.
		./.

3) Ansatzpunkte zur Erweiterung des Geltungsbereichs der Wahlstraftaten

Die breiteste Diskussion über den Geltungsbereich der Wahlstraftaten fand in der Großen Strafrechtskommission statt, die folgenden, vom beschriebenen Geist des E 1919 geprägten Vorschlag zu beraten hatte:[866]

§ 187
Geltungsbereich
(1) Die §§ 178 bis 182 gelten für folgende Abstimmungen, wenn sie auf Rechtsvorschriften der Bundesrepublik Deutschland oder eines ihrer Länder beruhen und öffentliche Angelegenheiten betreffen:
1. Wahlen und andere Abstimmungen[867] des Volkes im Bund und in den Ländern, Gemeinden und Gemeindeverbänden,

---

[865] Bei den §§ 105, 106 StGB ist zu beachten, dass diese nicht nur Wahl- und Abstimmungseinwirkungen erfassen, weil allgemeiner davon die Rede ist, dass die genannten Gremien bzw. deren Mitglieder ihre Befugnisse nicht oder in einem bestimmten Sinne ausüben, was z.B. auch den Zusammentritt oder die bloße Beratung erfasst; vgl. hierzu LK-Laufhütte, § 105 Rn. 3; ebenso Schroeder F.-C., S. 451 gegen Wolf, S. 48.

[866] Umdruck J 100, Anlage Nr. 33, GrStrK, Band 13, S. 709.

[867] Man ging also von einem weiten Abstimmungsbegriff, der Wahlen und Abstimmungen im engen Sinne umfasst, aus.

2. Wahlen und andere Abstimmungen in den Volksvertretungen und in anderen Einrichtungen des Bundes, der Länder, der Gemeinden, der Gemeindeverbände und der Körperschaften, Anstalten und Stiftungen des öffentlichen Rechts sowie Wahlen zu diesen Einrichtungen.
(2) (...)[868]
(3) (...)[869]

Die Mehrheit der Teilnehmer sprach sich im Ergebnis für diesen Vorschlag aus, wollte aber Nr. 2 mit dem Zusatz „mit Ausnahme der Gerichte und Behörden" eingeschränkt wissen;[870] ein Wunsch, der seinen Weg in die späteren Entwürfe nicht finden sollte.

Die Beratungen der Experten dokumentieren eindrucksvoll, von welch unterschiedlichen Betrachtungsweisen aus man an eine Erweiterung des Geltungsbereichs der Wahlstraftaten herangehen kann. Diese Aspekte sowie von anderen Seiten vorgebrachte Anknüpfungspunkte bedürfen einer Würdigung und Stellungnahme.

a) „Inhaltsargument"

Das grundsätzliche Bedürfnis der Strafbarkeit von Wahlen innerhalb einer Einrichtung unterstellt kann man den Fokus der Betrachtung von der Art der Einrichtung weg- und zum Gegenstand der Entscheidung hinwenden. Dann ist es nicht relevant, ob Wahlen oder Abstimmungen innerhalb oder außerhalb einer Volksvertretung stattfinden, sondern, ob es sich gerade um eine Wahl oder Abstimmung in einer öffentlichen Angelegenheit handelt oder nicht.[871] Nur so könne die erforderliche Gleichbehandlung aller Wahlen in öffentlichen Angelegenheiten gewährleistet werden.[872]

In der Konsequenz führt das allerdings dazu, dass bei jeder einzelnen Wahl oder Abstimmung gesondert festgestellt werden muss, ob diese eine öffentliche Angelegenheit zum Gegenstand hat, und dass nur, wenn man das bejaht, der Strafrechtsschutz greift. Diese Folgerung wird auch tatsächlich gezogen.[873] Praktisch dürfte diese Unterscheidung jedoch kaum durchführbar sein. Zwar ist der Hinweis, dem StGB sei der Begriff der „öffentlichen Angelegenheiten" nicht fremd, mit Blick auf § 45 V StGB und einige Entscheidungen des Reichsgerichts zu

---

[868] Festlegung des Geltungsbereichs für die §§ 183-185 StGB.
[869] Entspricht inhaltlich dem heutigen § 108 d S. 2 StGB.
[870] GrStrK, Band 13, S. 295 f.
[871] In diesem Sinne Tröndle, GrStrK, Band 13, S. 261.
[872] Begründung E 1919, S. 130 f.
[873] Umdruck J 100, Anlage Nr. 33, GrStrK, Band 13, S. 712; Tröndle, GrStrK, Band 13, S. 261; auch Wolf, S. 70 bezüglich Verfahrensentscheidungen im Untersuchungsausschuss.

den §§ 108, 109 RStGB korrekt, ob er eindeutige Lösungen hervorbringt, bleibt jedoch fraglich.

Nach dem Reichsgericht sind öffentliche Angelegenheiten nämlich solche, „welche nicht ausschließlich einzelne physische oder juristische Personen und deren Privatinteressen, sondern im Gegensatz hierzu die Gesamtheit des Gemeinwesens und das gesamte öffentliche Interesse berühren".[874] Ein derartiger Abstimmungsgegenstand sei auch bei öffentlich-rechtlichen Verbänden denkbar, „die [...] geschaffen sind, um gleich dem Staate selbst für das gemeine Wohl zu wirken", allerdings nur insoweit, „als dieser öffentliche Zweck und nicht rein privatrechtliche Beziehungen der öffentlichrechtlichen Körperschaft in Frage stehen".[875] Eine öffentliche Angelegenheit wäre also immer dann gegeben, wenn der Gegenstand der Wahl oder Abstimmung im öffentlichen Interesse liegt bzw. Gemeinwohlbezug hat. Damit ist wenig gewonnen.[876] Nicht umsonst wird – andere Rechtsbereiche im Blickfeld – die Interessentheorie Ulpians, die das Öffentliche vom Privatrecht danach zu unterscheiden sucht, ob etwas im öffentlichen oder privaten Interesse liegt, schon seit langem als mindestens in Grenzfällen für abgrenzungsuntauglich erachtet.[877] Schon bei der von den Sachbearbeitern als negatives Beispiel beschriebenen Jagdgenossenschaft, bei der aufgrund ihres eng umgrenzten Aufgabenkreises keine Wahlen und Abstimmungen in öffentlichen Angelegenheiten vorliegen sollen,[878] entpuppt sich als problematisch: Kann man tatsächlich davon ausgehen, dass in einer Vereinigung, bei der aufgrund deren gewichtiger Ziele unter anderem des Naturschutzes und der Landschaftspflege (Art. 20 a GG!) eine Zwangsmitgliedschaft besteht,[879] Abstimmungen, deren Gegenstand im öffentlichen Interesse liegt, völlig ausgeschlossen sind? Haben nicht letztlich alle Entscheidungen aufgrund der Aufgaben der Genossenschaft wenigstens mittelbaren Gemeinwohlbezug? Falls nein, wie soll sinnvoll abgegrenzt werden? Auch das Ansinnen, Abstimmungsgegenstände von „ganz untergeordneter oder vorläufiger Bedeutung" auszuschließen, weil sie keine öffentliche Angelegenheit beträfen,[880] erscheint reichlich unsicher. Und warum soll ein Gegenstand von vorläufiger Bedeutung nicht im öffentlichen Interesse liegen können?

---

[874] RGSt 22, 337 (338 f.); bestätigend RGSt 64, 299 (303).
[875] RGSt 41, 121 (128 f.).
[876] Kritisch auch Kirschner, S. 190 f.
[877] Wolff/Bachof/Stober, VerwR 1, § 22 Rn. 19.
[878] Umdruck J 100, Anlage Nr. 33, GrStrK, Band 13, S. 712.
[879] Die nach Meinung des OVG Rheinland-Pfalz trotz Eigentumsrechts und Gewissensfreiheit verfassungsrechtlich gerechtfertigt ist; vgl. NuR 2004, 744 ff.
[880] Umdruck J 100, Anlage Nr. 33, GrStrK, Band 13, S. 712.

Man mag im Gegenzug auf § 45 V StGB[881] verweisen, der von „öffentlichen Angelegenheiten" spricht und für den als Rechtsfolgenbestimmung das Bestimmtheitsgebot ebenfalls gilt, an dessen Bestimmtheit aber offensichtlich niemand zweifelt. Das liegt jedoch daran, dass im Rahmen des § 45 StGB eine generelle Betrachtung angestellt wird, so dass etwa Wahlen zu und in Körperschaften des öffentlichen Rechts pauschal als solche in öffentlichen Angelegenheiten angesehen werden.[882] Dabei lässt sich weitestgehend auf die Rechtsform der betreffenden Einrichtung abstellen, so dass Unsicherheiten nicht entstehen.

Abgesehen von diesen eher die Praktikabilität betreffenden Bedenken ist auch in der Sache kein Grund ersichtlich, warum nur manche Wahlen bzw. Abstimmungen eines bestimmten Gremiums geschützt werden sollen, andere hingegen nicht. Sämtliche Wahlen und Abstimmungen etwa im Gemeinderat sind solche, die im durch die Wähler erteilten Mandat gründen; von dieser Warte aus gibt es keine „wichtigeren" und „unwichtigeren", keine „schutzwürdigen" und „nicht schutzwürdigen" Entscheidungen, vielmehr besitzen alle im Hinblick auf ihre Herleitung die gleiche Wertigkeit. Denn die Gemeinderäte erledigen das, was die Bürger aus rein praktischen Gründen nicht selbst erledigen (können). Im Falle einer Gemeindeversammlung nach Art. 28 I 4 GG aber wäre eine differenzierte Behandlung der Wahlen und Abstimmungen nicht erklärbar.

Schließlich kommt hinzu, dass der Begriff der „öffentlichen Angelegenheit" in der genannten Definition, die selbst wiederum sehr offen gehalten ist, im Laufe der Zeit Wandlungen ausgesetzt ist;[883] denn was im öffentlichen Interesse liegt bzw. Gemeinwohlbezug hat, steht nicht für alle Zeiten unverrückbar fest. Auch diese Dynamik ist im Hinblick auf die Bestimmtheitsanforderungen an eine Strafrechtsnorm nicht unproblematisch.

Mithin ist das Kriterium des Gegenstands der „öffentlichen Angelegenheit" von Wahlen und Abstimmungen kein tauglicher Maßstab zur Beschreibung des Geltungsbereichs.

b) „Bedeutungsargument"

Ein anderer Anknüpfungspunkt zur Bestimmung der zu schützenden Wahlen könnte deren Wichtigkeit bzw. Bedeutung sein. Die ursprüngliche Fassung des

---

[881] Auch § 45 I StGB könnte genannt werden, dessen Wortlaut „öffentliche Wahlen" identisch ausgelegt wird wie die Wahlen in öffentlichen Angelegenheiten aus Abs. 5; vgl. nur Münch-Komm-Radtke, § 45 Rn. 16.

[882] Vgl. nur LK-Hirsch, § 45 Rn. 23 ff.

[883] Die Sachbearbeiter des Bundesjustizministeriums erkennen dies, wollen diese Aufgabe aber der Rechtsprechung überlassen; Umdruck J 100, Anlage Nr. 33, GrStrK, Band 13, S. 711.

§ 108 d StGB[884] sowie der Schutz der Urwahlen in der Sozialversicherung[885] wurden so begründet.

Zur Konkretisierung bedürfte es freilich eines Kriteriums, das die Bedeutung von Wahlen misst. Insofern ist die Gesetzesfassung von 1953 konsequent, als sie ausschließlich auf allgemeine Volkswahlen abstellt, die als das Demokratieprinzip konstituierend im Grundgesetz genannt sind, vgl. Art. 20 II 2 GG, gerade auch i.V.m. Art. 28 I 2 GG. Gleichwohl bleibt die Frage offen, warum dann die innerparlamentarischen Wahlen und Abstimmungen, die durch dieses Prinzip der repräsentativen Demokratie förmlich „erzwungen" werden und insofern auch schon in den genannten Normen angelegt sind, „unwichtig" sein sollen. Vollends fragwürdig wird das „Bedeutungsargument" mit dem Einbezug der Urwahlen in der Sozialversicherung. Soll die Zahl der Wahlberechtigten für die Wichtigkeit der Wahl ausschlaggebend sein? Oder etwa der Aufgabenbereich des zu wählenden Organs? Wären dann in Zeiten massiver Arbeitslosigkeit nicht etwa die Wahlen bei den Industrie- und Handels- bzw. den Handwerkskammern viel bedeutsamer und wichtiger?

Die Wichtigkeit von Wahlen kann sich – von denjenigen, die im Grundgesetz ausdrücklich genannt sind einmal abgesehen – letztlich immer nur aus der Wichtigkeit des Aufgabenbereichs des zu wählenden Gremiums ergeben. Nach welchen Kriterien dies jedoch zu bestimmen sein soll, bleibt offen, so dass auch damit schwerlich ein praktikabler Anknüpfungspunkt gewonnen werden kann.

c) „Argument der Unterscheidung von Willens- und Erkenntnisakten"

Eine andere Unterscheidung könnte in der Abgrenzung von Willens- und Erkenntnisakten liegen. Man könnte nur Willensentscheidungen als schutzwürdig betrachten, nicht hingegen Erkenntnisentscheidungen, wie sie vor allem bei Behörden und Gerichten vorkommen.[886]
Dass eine eindeutige Unterteilung bei der teilweise äußerst vielfältigen Aufgabenzuweisung an bestimmte Organe kaum möglich ist,[887] zeigt etwa das Beispiel des Wahlprüfungsausschusses: Als Unterorgan des an sich Willensentscheidungen treffenden Bundestags liegt hier eher eine rechtsprechungsähnliche Tätigkeit vor und Rechtsprechung wird allgemein als Erkenntnisentscheidung angesehen.[888]

---

[884] BT-Prot., 1. Wahlperiode, 265. Sitzung, S. 12995.
[885] Sch/Sch-Eser, § 108 d Rn. 2; BT-Drs. 7/4122 S. 39.
[886] Welzel, GrStrK, Band 13, S. 291, 293 f.; ihm folgend Wolf, S. 107 ff., S. 161.
[887] Zweifel schon bei Krille und Lackner, GrStrK, Band 13, S. 294.
[888] Wolf, S. 121 ff.

Hinter der genannten Entscheidung steht aber die richtige und wichtige Überlegung, dass es bedenklich wäre, Wahlen und Abstimmungen per se als schützenswertes Rechtsgut zu begreifen, da sehr unterschiedliche Gründe für deren Vornahme bestehen.[889] Wahlen und Abstimmungen können zum einen quasi „kraft Natur der Sache" zwingend erforderlich sein, zum anderen können sie nur technische Konsequenz der Vorgabe eines Entscheidungsgremiums sein, das ebenso gut anders organisiert sein könnte. Konkret: Will man in einer Demokratie wie der des Grundgesetzes zu einer Entscheidung des Volkes gelangen, ist dies ausschließlich über eine Wahl oder Abstimmung möglich. Um zu einer Entscheidung eines mit mehreren Richtern besetzten Gerichts zu gelangen, bedarf es zwar auch einer Abstimmung, jedoch nicht, weil Gerichtsentscheidungen per se nur so getroffen werden können, sondern weil der Gesetzgeber – aus welchen Gründen auch immer – eine derartige Organisation des Entscheidungsgremiums vorgegeben hat. Er hätte auch nur einen Einzelrichter zur Entscheidung vorsehen können,[890] womit sich die Frage der Abstimmung nicht gestellt hätte.

Auf diese Überlegungen wird bei der Frage nach dem geschützten bzw. zu schützenden Rechtsgut zurückzukommen sein.

d) „Argument der Strafbarkeit nach den Amtsdelikten"

Was die Strafbarkeit von Einwirkungen auf Wahlen und Abstimmungen innerhalb bestimmter Gremien angeht, könnte man ein Strafbedürfnis mit dem Argument ablehnen, in diesen Fällen würden ohnehin meist kraft Amtsträgereigenschaft der Abstimmenden die Amtsdelikte eingreifen, allen voran Bestechung und Bestechlichkeit.[891]

Ob es sich dabei auch tatsächlich um den kriminalpolitisch und vor allem systematisch besseren Schutz handelt,[892] ist jedoch mehr als fraglich. Zunächst einmal zeigt schon die vorsichtige Formulierung „meist", dass eben nicht von vorne herein und immer eine Amtsträgereigenschaft gegeben sein muss.[893] Hinzu kommt, dass auch hier die Verengung der Diskussion auf Bestechungsfragen die volle Breite der Problematik in den Hintergrund treten lässt: Einwirkungen durch Täuschung und Fälschung sind über die Amtsdelikte kaum erfassbar.[894] Sollten tatsächlich Wahlstraftat und Amtsdelikt zugleich verwirklicht sein, greifen – wie sonst auch – die Konkurrenzregeln ein.[895] Das macht zugleich ein

---

[889] Bedenken gegen einen pauschalen Schutz auch bei Schroeder F.-C., S. 452.
[890] Und hat es in vielen Fällen ja auch so getan, vgl. etwa § 25 GVG.
[891] Gallas, GrStrK, Band 13, S. 294; sehr deutlich in diese Richtung auch Wolf, S. 61 ff., 82 f.
[892] Wolf, S. 64.
[893] Beispiele bei Schafheutle, GrStrK, Band 13, S. 294 f.
[894] Sehr zweifelhaft Wolf, S. 83; kritisch auch Kirschner, S. 180.
[895] So auch Lackner und Schafheutle, GrStrK, Band 13, S. 294 f.

zentrales Argument sichtbar: Die Frage, ob ein Verhalten strafbar sein soll oder nicht, lässt sich nicht (nur) danach ausrichten, ob es bereits unter Strafe steht oder nicht. Relevant ist insbesondere, unter welchem Gesichtspunkt, genauer gesagt unter dem Aspekt des Schutzes welchen Rechtsguts, die Strafbarkeit vorgesehen ist. Bei einem Wohnungseinbruchsdiebstahl werden typischerweise mit dem Diebstahl eine Sachbeschädigung sowie ein Hausfriedensbruch begangen. Das allein ist aber kein Grund, etwa den Tatbestand des Wohnungseinbruchsdiebstahls für überflüssig zu erachten, sondern eine Frage der Konkurrenzregeln.

Liegen demnach Gründe vor, die die Einwirkungen auf Wahlen und Abstimmungen unter anderen Gesichtspunkten als die Amtsdelikte für strafwürdig erscheinen lassen, spricht deren Existenz nicht gegen die Schaffung zusätzlicher Straftatbestände.

e) „Rechtsgutsargument"

Da sich gezeigt hat, dass die unterschiedlichen Herangehensweisen jeweils für sich genommen wenig zufrieden stellend sind, verdichtet sich alles auf die Frage des zu schützenden Rechtsguts, bei der die unterschiedlichen Ansätze durchaus wieder einfließen können.

Für die gegenwärtige Gesetzesfassung wurde als geschütztes Rechtsgut die authentische demokratische Willensbildung und Willensbetätigung des Volkes identifiziert. Schon darin spiegelt sich der auf allgemeine Volkswahlen beschränkte Geltungsbereich wider.

aa) Wahlen und Abstimmungen innerhalb gewählter Gremien

In einem ersten Schritt stellt sich demnach die Frage, ob nicht auch die Wahlen und Abstimmungen innerhalb der gewählten Gremien, also insbesondere dem Bundestag, den Landtagen sowie den Gemeindevertretungen schutzwürdig und -bedürftig sind.

Zu Recht findet sich niemand, der diese Erweiterung explizit ablehnt. Es ist schlicht nicht erklärbar, warum sich der Schutz der demokratischen Willensbildung und -betätigung im Auswahlakt des Volkes erschöpfen soll. Für einen Staat in der Größe der Bundesrepublik Deutschland lässt sich rein praktisch Demokratie (vorrangig) nur in der repräsentativen Form verwirklichen. Das unmittelbar vom Volk legitimierte Organ ist dessen Vertretung („Volksvertretung"), die dort getroffenen Entscheidungen werden „stellvertretend" für das Volk gefällt, diese werden dem Volk zugerechnet.[896] Der Begriff der Repräsentation bringt gerade zum Ausdruck, dass die jeweiligen Entscheidungen des Or-

---

[896] M/D/H/S-Maunz, Art. 38 Rn. 2.

gans als wie vom Volk selbst getroffen anzusehen sind. Die „Volksvertreter" sind per Wahl zur Beteiligung am bzw. Fortsetzung des demokratisch legitimierten Willensbildungsprozesses berufen.[897] Gerade auf dieses per Wahl legitimierte Organ „Parlament" muss sich jede Ausübung von Staatsgewalt über eine Legitimationskette zurückführen lassen können.[898] Kein anderes Organ steht in so enger Verbindung zum Träger der Staatsgewalt wie das direkt gewählte.[899] Ein Wertungsargument kommt zum systematischen noch hinzu: Wenn ein Wähler bei entsprechenden Manipulationen nach den §§ 107 ff. StGB mit strafrechtlichen Konsequenzen rechnen muss, ist nicht einzusehen, warum der von ihm Gewählte bei gleichartigem Verhalten innerhalb des Gremiums ohne dieses Risiko sein soll.[900]

Interne Wahlen und Abstimmungen verdienen mithin den gleichen Schutz wie die Wahlen zu diesen Organen.

bb) Wahlen zu weiteren und innerhalb dieser Einrichtungen

In einem zweiten Schritt muss die Frage beantwortet werden, ob nicht auch Wahlen zu weiteren Einrichtungen und Wahlen und Abstimmungen in diesen Einrichtungen zu schützen sind.

Ein Ansatzpunkt könnte sein, jegliche Ausübung von Staatsgewalt, also jedes amtliche Handeln mit Entscheidungscharakter,[901] sofern es durch Wahlen und Abstimmungen erfolgt, mit (Wahl)Strafrechtsschutz zu versehen. Das scheint der Nebeneinanderstellung in Art. 20 II 2 GG zu entsprechen, wonach die Staatsgewalt nicht nur vom Volk in Wahlen und Abstimmungen, sondern eben und gerade auch „durch besondere Organe der Gesetzgebung, der vollziehenden Gewalt und der Rechtsprechung" ausgeübt wird. Gewährleistet würde dadurch die unbeeinträchtigte Ausübung der Staatsgewalt in der Form von Wahlen und Abstimmungen. Ein derart weit gefasstes Rechtsgut führt freilich dazu, dass ganz verschiedenartige Vorgänge durch eine Art „kleinster gemeinsamer Nenner" als Rechtsgut zusammengefasst werden, obwohl es an deren materieller Vergleichbarkeit fehlt. Wie bereits dargelegt werden Wahlen und Abstimmungen aus verschiedenen Gründen durchgeführt. Dieser Hintergrund würde bei der weiten Rechtsgutsfassung nivelliert werden. Man würde letztlich eine bestimmte

[897] Deiters, NStZ 2003, 458.
[898] Dreier, Art. 20 Rn. 79 ff.; M/D/H/S-Herzog, Art. 20 Rn. 49 ff.; Sachs-Sachs, Art. 20 Rn. 35 ff.
[899] Wolf, S. 52.
[900] Ähnlicher Gedanke bei Epp, S. 231.
[901] BVerfGE 83, 60 (73).

Art des (staatlichen) Entscheidungsverfahrens schützen ohne Rücksicht auf dessen materiellen Gehalt.

Vorzugswürdig ist es daher, vom Rechtsgut des Vierten Abschnitts ausgehend zu einer Neuorientierung zu gelangen. Hier geht es um den Schutz der Authentizität der unmittelbar(en) und mittelbar(en) demokratischen Willensbildung und Willensbetätigung.[902] Von zentraler Bedeutung in einer repräsentativen Demokratie ist die Willensbildung und -betätigung innerhalb des Parlaments. Eine genauere Charakterisierung führt zu dessen Beschreibung als demokratisch legitimiertem, politischen Willensprozess. Das Merkmal der demokratischen Legitimation grenzt diese zur Bildung des allgemeinen Volkswillens ab, der unter anderem in Wahlen und Abstimmungen seinen Ausdruck findet. Hier stehen die darauf folgenden Handlungen der Gewählten in Rede. Gleichzeitig genügt nicht jeder „irgendwie" demokratisch legitimierte Willensbildungsprozess durch ein Gremium, da nach der Demokratie des Grundgesetzes die Ausübung der Staatsgewalt „durch besondere Organe" stets durch eine Legitimationskette auf das Volk zurückzuführen sein muss[903] und man damit sämtliche Organe auch der Exekutive und der Judikative erfassen würde. Mithin darf es sich nicht um reine Gesetzesanwendung, reinen Gesetzesvollzug handeln, sondern der Willensbildungsprozess muss gerade ein politischer im Sinne einer im Wesentlichen freien Entscheidungsfindung sein. Und diese Freiheit muss geschützt werden. Andernfalls würde nur ein Teil des Prozesses, der in eine Gestaltungsentscheidung mündet, geschützt, nämlich die unmittelbaren Wahlen und Abstimmungen des Volkes. Die Verlängerung bzw. Fortsetzung dieses Willensbildungsprozesses innerhalb der gewählten Gremien, die ebenfalls gefährdet sein kann, darf nicht ohne Schutz bleiben, wenn am Ende des Prozesses ein authentisches Ergebnis stehen soll. Nur ein „Zwischenergebnis" zu schützen, ist mithin zu wenig.

Das primäre Forum dieser Willensbildung ist das Parlament,[904] an ihm vorbei dürfen keine wesentlichen Entscheidungen getroffen werden.[905] Diese Feststellung darf allerdings nicht zum Schluss verleiten, bloß Wahlen und Abstimmungen von Legislativorganen kämen in Betracht. Die Zuteilung zu einer der drei Gewalten ist nicht das entscheidende Abgrenzungskriterium, vielmehr muss jeweils die Art der Entscheidungsfindung im beschriebenen Sinn einer näheren Betrachtung unterzogen werden.[906] Schon in früheren Gesetzesentwürfen war zu

---

[902] Siehe oben, S. 10.
[903] Dreier, Art. 20 Rn. 79 ff.; M/D/H/S-Herzog, Art. 20 Rn. 49 ff.; Sachs-Sachs, Art. 20 Rn. 35 ff.;
[904] Vgl. nur Degenhart, StaatsR I, Rn. 29.
[905] BVerfGE 68, 1 (109).
[906] So im Zusammenhang mit der Bestimmung des Amtsträgerbegriffs Deiters, NStZ 2003, 458.

Recht allgemein davon die Rede, dass man, wenn wichtige politische Fragen auf allen Lebensgebieten durch Wahlen oder Abstimmungen zu entscheiden seien, auf deren strafrechtlichen Schutz nicht verzichtet werden könne.[907] Anhaltspunkte für die Gremien, deren Wahlen und Abstimmungen geschützt werden sollten, können den Regelungen über die politischen Parteien entnommen werden, in denen, vgl. Art. 21 GG sowie § 2 PartG, von der politischen Willensbildung die Rede ist.

Aus dem Gesagten ergibt sich, dass jedenfalls der Schutz interner Abstimmungen der Parlamente, also des Bundestages und der Landtage, erforderlich ist. Der Schutz weiterer Einrichtungen ist genauer zu untersuchen.

(1) Bundesrat

Man mag bezweifeln, dass im Bundesrat selbst demokratische Willensbildung stattfindet, weil die Mitglieder nicht durch das Gesamtvolk legitimiert sind.[908] Immerhin liegt aber eine mittelbare demokratische Legitimation vor, weil die Mitglieder des Bundesrats als Mitglieder der Landesregierungen aus den gewählten Länderparlamenten hervorgehen. Im Bundesrat findet demnach ein (mittelbar) demokratisch legitimierter Willensbildungsprozess statt. Das genügt. Der Bundesrat ist von Verfassungswegen dazu berufen, an der Bildung des Bundeswillens mitzuwirken.[909] Er kann – in den praktisch häufigsten Fällen sogar muss[910] – sich am politischen Prozess des Bundestags beteiligen und wird damit freilich selbst politisch tätig.[911] Aus diesem Grund wird auch im Hinblick auf die Mitwirkung der Parteien an der politischen Willensbildung des Volkes auf deren Einflussmöglichkeiten über die Landesverbände auf den Bundesrat verwiesen.[912] Die daraus folgende Notwendigkeit des Einbezugs der Bundesratsabstimmungen zeigt sich schon daran, dass Einwirkungen auf Abstimmungen im Bundestag von Einfluss auf die weitere politische Willensbildung im Bundestag sein können. Man denke nur an die Ablehnung eines zustimmungspflichtigen Gesetzes durch den Bundesrat aufgrund von Fälschung, die den Willensbildungs- und -betätigungsprozess des Bundestags abbricht, so dass es zum Gesetz in der beabsichtigten Form nicht mehr kommen kann.

Diese maßgebliche Rolle des Bundesrats beim Gesetzgebungsverfahren, seine entscheidende politische Funktion – man denke nur an die regelmäßig vorkom-

---

[907] BT-Drs. 3/2150, S. 546; 4/650, S. 587.

[908] Wolf, S. 77.

[909] M/D/H/S-Maunz, Art. 38 Rn. 5.

[910] Nämlich bei Zustimmungsgesetzen, vgl. Art. 77 II a GG.

[911] Dagegen spricht auch nicht etwa die Bindung an Aufträge der Landesregierungen, da diese gerade auch politischer Natur sind.

[912] V. Münch-Kunig, Art. 21 Rn. 41.

menden „Blockaden" – erfordern einen Einbezug seiner Wahlen und Abstimmungen in das Wahlstrafrecht.[913]

Mit Blick auf Art. 50 GG, der die Aufgabe des Bundesrats in der Mitwirkung
der Länder „bei der Gesetzgebung und Verwaltung des Bundes [...]" sieht, könnte man ein strafrechtliches Schutzbedürfnis nur für die Mitwirkung an der Gesetzgebung sehen und reine Exekutiventscheidungen, ähnlich wie es teilweise
bei § 108 e StGB getan wird,[914] nicht dem Schutzbereich (de lege ferenda) unterfallen lassen. Richtigerweise kommt es aber nicht auf den konkreten Gegenstand
der Entscheidung, sondern auf die Art und Weise der Entscheidungsfindung an.
Andernfalls müsste man auch beim Parlament zu differenzieren beginnen, da
auch hier teilweise exekutivische Entscheidungen getroffen werden, etwa bei der
Aufhebung der Immunität nach Art. 46 GG.[915] Eine derartige Betrachtung ginge
aber am hier herausgearbeiteten Schutzgut vorbei, da sie zu sehr an einer Einteilung nach den drei Gewalten hängt. Die demokratisch legitimierte, politische
Willensbildung hat mit diesen Kategorien (weitestgehend) nichts zu tun.

(2) Bundesregierung

Womöglich ist es angebracht, nicht nur die Wahl des Bundeskanzlers oder Ministerpräsidenten durch den Bundestag bzw. Landtag, sondern auch die Abstimmungen des von ihm eingesetzten Kabinetts dem Schutz des Wahlstrafrechts zu unterstellen. Dessen demokratische Legitimation – der Bundeskanzler
wird durch den Bundestag gewählt (Art. 63 GG), die Bundesminister auf seinen
Vorschlag hin vom Bundespräsidenten ernannt (Art. 64 GG) – steht außer Zweifel. Ob im Kabinett jedoch eine schützenswerte Willensbildung und -betätigung
stattfindet, kann durchaus unterschiedlich betrachtet werden.

Unter dem Blickwinkel der zwingend kollegialen Zusammensetzung der Bundesregierung (Art. 62 GG)[916] sowie dem in Art. 65 S. 1 GG verankerten Kanzlerprinzip, wonach die Richtlinien der Politik vom Bundeskanzler ausgehen,
kann man zum Ergebnis gelangen, dass sich in der Schaffung des Kollegialor-
gans Regierung „lediglich eine zweckhafte „Verbreiterung" (Vervielfältigung)
des jeweiligen Organwalters [...] manifestiert",[917] dass, überspitzt formuliert, der
Bundeskanzler letztlich gleich selbst entscheiden könnte und die Abstimmungen

---

[913] Im Ergebnis für einen Einbezug des Bundesrats auch Wolf, S. 77 ff.

[914] Vgl. nur Sch/Sch-Eser, § 108 e Rn. 6.

[915] M/D/H/S-Maunz, Art. 38 Rn. 4; Deiters, NStZ 2003, 457.

[916] Vgl. nur Sachs-Oldiges, Art. 62 Rn. 30.

[917] Wolf, S. 81 f.

eher Akte der gegenseitigen Meinungsbildung sind.[918] Es lägen in Art und Bedeutung keine dem Parlament vergleichbaren Willensfindungsprozesse vor.[919]

Hinter dieser Betrachtung steht ganz deutlich die Einordnung der Regierung als „Spitze der Exekutive".[920] Ausgehend von der allgemeinen Umschreibung der Gegenstände der Beratung und Beschlussfassung in § 15 GeschO BReg gewinnt jedoch ein anderer Aspekt an Bedeutung. Zu unterbreiten sind der Regierung danach „alle Angelegenheiten von allgemeiner innen- oder außenpolitischer, wirtschaftlicher, sozialer, finanzieller oder kultureller Bedeutung". Mit der Einordnung in die Exekutive allein wird man dem Wesen der Regierung mithin nicht gerecht,[921] sie ist vielmehr für die politische Führung des Staates verantwortlich,[922] bei ihr „laufen die Fäden des politischen Geschehens im Staate zusammen".[923] Hier werden die zentralen Ziele des Staates definiert und Konzepte zu deren Realisierung ersonnen. Hier wird (Regierungs)Politik gemacht. Besonders wichtig ist dabei das Initiativrecht der Bundesregierung nach Art. 76 I GG, durch das sie mit dem Willensbildungsprozess im Parlament verknüpft ist. Dadurch kann sie einen ganz wesentlichen Einfluss auf das Gesetzgebungsverfahren ausüben.[924] Nicht umsonst spricht man davon, dass die politische Staatsleitung von Parlament und Regierung gemeinsam „zur gesamten Hand" ausgeübt wird[925] und dass Bundesregierung und Bundestag einander ergänzende Verfassungsorgane sind, die wesentliche Staatsaufgaben gerade gemeinsam zu erfüllen haben.[926] Auch die Richtlinienkompetenz des Bundeskanzlers führt nicht zu einer abweichenden Beurteilung. Zwar ist das Kabinett an dessen Richtlinien gebunden, gleichwohl sind die regierungsinternen Abstimmungen deshalb keine „pro-forma-Veranstaltungen". Verhält sich ein Minister nicht „leitliniengetreu" kann der Bundeskanzler – und muss es aber auch – diesen im Extremfall entlassen.[927] Das Kanzlerprinzip hat nicht zur Folge, dass im Kabinett keine politische Willensbildung stattfindet, diese findet allenfalls unter bestimmten Vorzeichen statt, ohne völlig unfrei zu sein. Man stelle sich nur vor, der Kanzler fälscht, was bei Umlaufbeschlüssen jedenfalls denkbar ist, eine Abstimmung, so dass ein Gesetzesvorhaben gegen den Willen der Mehrheit der Minister beim Bundestag eingebracht wird. Damit wird ein verfälschender Impuls auf die weitere politi

---

[918] Wolf, S. 82.
[919] Epp, S. 409 f.
[920] Zur Bundesregierung als Exekutivorgan vgl. Sachs-Oldiges, Art. 62 Rn. 19 ff.
[921] Schneider/Zeh, § 52 Rn. 48.
[922] V. Münch/Kunig-Meyn, Art 62 Rn. 10; Zippelius/Würtenberger, StaatsR, § 34 I 1, S. 362.
[923] Zippelius/Würtenberger, StaatsR, § 34 I, S. 362.
[924] Degenhart, StaatsR I, Rn. 698.
[925] Degenhart, StaatsR I, Rn. 674.
[926] Schneider/Zeh, § 52 Rn. 48.
[927] Genauer: die Entlassung dem Bundespräsidenten vorschlagen; vgl. Zippelius/Würtenberger, StaatsR, § 34 IV 1 a, S. 370 f.

sche Willensbildung im Bundestag ausgeübt. Das gilt, obwohl das Vorhaben tatsächlich dem Willen des die Richtlinien festlegenden Kanzlers entspricht, weil immer noch eine Entscheidung des Kabinetts für die Gesetzesinitiative vorgeschrieben ist.

Das so gefundene Ergebnis gilt umso mehr, als die nötigende Einwirkung auf die Bundesregierung insgesamt bzw. deren Mitglieder nicht nur, aber eben gerade auch bei Abstimmungen über die §§ 105, 106 StGB geschützt ist. Dass andere Einwirkungen straflos bleiben, stellt einen Wertungswiderspruch dar. Allerdings handelt es sich hier nur um ein zusätzliches, nicht um ein tragendes Argument, denn die vollständige Übertragung der in den §§ 105, 106 StGB geschützten Gremien auf die Wahlstraftaten wäre allzu voreilig. Bezöge man etwa das Bundes- oder die Landesverfassungsgerichte in den Schutz der Wahlstraftaten ein, würde man sich wieder bedenklich dem als zu weit und undifferenziert beurteilten Rechtsgut der unbeeinträchtigten Ausübung der Staatsgewalt in der Form von Wahlen und Abstimmungen nähern. Verfassungsgerichtsentscheidungen mögen zwar politische Konsequenzen haben, sie entstehen aber nicht durch politische Willensbildung der Verfassungsrichter, sondern durch Anwendung der Verfassung, insbesondere deren Auslegung.

Auch Regierungsentscheidungen sollten durch die Wahlstraftaten geschützt werden.

(3) Vermittlungsausschuss

Der Vermittlungsausschuss besteht aus je 16 Mitgliedern des Bundestags und des Bundesrats.[928] Wenn sowohl Wahlen und Abstimmung im Bundestag als auch solche im Bundesrat schutzwürdig sind und der Vermittlungsausschuss gerade eine Mittlerrolle zwischen beiden Gremien einnimmt, wäre es geradezu absurd, dessen Wahlen und Abstimmungen nicht zu schützen.[929]

(4) Ausschüsse allgemein

Es sind verfassungsmäßig noch weitere Ausschüsse vorgesehen bzw. möglich. Eine besondere Rolle spielt dabei der Gemeinsame Ausschuss nach Art. 53 a GG, der eine Art „Notparlament" darstellt und aus Mitgliedern des Bundestags und des Bundesrats besteht. Diese Funktion und Zusammensetzung ergeben wie beim Vermittlungsausschuss ein Schutzbedürfnis.

---

[928] § 1 GO VermAussch.
[929] Im Ergebnis für dessen Schutz auch Wolf, S. 65; mit anderen Gründen im Hinblick auf die Abgeordnetenbestechung Epp, S. 415; Heisz, S. 132 f.

Gesondert zu betrachten sind die Richterwahlausschüsse. Nach Art. 94 I 2 GG werden die Richter des Bundesverfassungsgerichts je zur Hälfte von Bundestag und Bundesrat gewählt, wobei nach § 6 BVerfGG im Bundestag eine mittelbare Wahl stattfindet. Dieser Wahlausschuss ist verkleinertes Abbild des Bundestages – wenn also die Wahl durch das Plenum geschützt wäre, muss es auch die des Wahlausschusses sein. Die (unmittelbare) Wahl im Bundesrat ist nach hier vertretener Meinung ebenfalls geschützt, weil generell Wahlen und Abstimmungen des Bundesrats zu schützen sind.

Die obersten Bundesrichter werden anders gewählt. In diesem Richterwahlausschuss, der mit dem zuständigen Bundesminister zusammenkommt, sitzen die zuständigen Landesminister sowie die gleiche Zahl von durch den Bundestag gewählten Fachleuten.[930] Insofern ist das Gremium wenigstens mittelbar demokratisch legitimiert. Zweifel könnte man nun daran haben, ob hier eine politische Gestaltungsentscheidung getroffen wird, berücksichtigt man, dass der Ausschuss zum Beispiel die „sachlichen und persönlichen Voraussetzungen" der Kandidaten zu prüfen hat.[931] Man könnte eher von einem administrativen Vorgang ausgehen und unter dem hiesigen Rechtsgut den Schutz für verfehlt halten.[932] In Wirklichkeit ist die Besetzung der obersten Bundesrichter freilich kein streng an ausschließlich fachliche Aspekte angelehntes Verfahren, sondern durchaus ein „Politikum". Wem diese „Macht des Faktischen" als Argument nicht genügt, dem mag neben der erheblichen Bedeutung dieser Richterwahlen insbesondere der Aspekt der Gleichbehandlung an die Seite gestellt werden. Es wäre kaum nachvollziehbar, die Wahl der Bundesverfassungsrichter und die der obersten Bundesrichter – eben: bei gleicher Bedeutung – strafrechtlich anders zu behandeln, nur weil die verfassungsrechtliche Konstruktion eine andere ist.[933]

Die sonstigen allgemeinen Ausschüsse „bereiten Verhandlungen und Beschlüsse des Plenums vor [...], arbeiten also stets auf die endgültige Beschlussfassung durch das Plenum hin und nehmen damit zugleich einen Teil des Entscheidungsprozesses entlastend vorweg".[934] Sie sind „in die Repräsentation des Volkes durch das Parlament einbezogen".[935] Vor allem in den Ausschüssen eröffnet sich den Abgeordneten die Chance, ihre eigenen politischen Vorstellungen in die parlamentarische Willensbildung einzubringen.[936] Schon aus diesen Worten des Bundesverfassungsgerichts ergibt sich das Stattfinden demokratisch legiti-

---

[930] Vgl. Art. 95 II GG i.V.m. §§ 1 ff. RichterwahlG.
[931] § 11 RichterwahlG.
[932] So Wolf, S. 57 f., 61.
[933] So auch Heisz, S. 135, im Zusammenhang mit der Abgeordnetenbestechung.
[934] BVerfGE 80, 188 (211).
[935] BVerfGE 80, 188 (211).
[936] BVerfGE 44, 308 (316 ff.).

mierter, politischer Willensbildung in den Ausschüssen. Diese pauschal anmutende Aussage ist aber nicht nur aus Gründen der Praktikabilität, sondern auch und gerade deswegen richtig, weil die Aufgaben eines Ausschusses als „verkleinertem Abbild" des Parlaments solche sind, die eigentlich das Plenum wahrnehmen müsste, aus verschiedensten Gründen jedoch einem Unterorgan zugewiesen wurden. Innerparlamentarische Wahlen und Abstimmungen sind jedoch durchgängig schutzwürdig. Eine Wahl oder Abstimmung, die im Plenum Schutz verdienen würde, kann aber durch Übertragung an einen Ausschuss nicht „plötzlich" schutzunwürdig werden.[937] Nicht zuletzt ließen sich andernfalls bizarre Beispiele bilden: Abstimmungen in einem Untersuchungsausschuss, der sich mit potentiellen[938] Wahlmanipulationen im Plenum beschäftigt, könnten in strafloser Weise manipuliert werden.

Bei Ausschüssen, denen Aufgaben gerade an Stelle des Plenums zugewiesen werden,[939] wird deren Schutzwürdigkeit besonders deutlich. Und nicht zuletzt stellt Art. 46 GG klar, der die Indemnität auf Äußerungen im Bundestag oder in einem seiner Ausschüsse erstreckt, dass Plenums- und Ausschussarbeit gleichbedeutend sind.

Der Schutz der genannten Ausschüsse ist folglich angebracht.

(5) Bundesversammlung

Problematisch stellt sich die Frage danach dar, ob die Wahl des Bundespräsidenten durch die Bundesversammlung gemäß Art. 54 GG nach den oben entwickelten Grundsätzen Schutz durch das Wahlstrafrecht erhalten sollte oder nicht. Anders als etwa die Regierung tritt der Bundespräsident erst dann in Erscheinung, wenn der Willensbildungs- und betätigungsprozess des Parlaments bereits abgeschlossen ist, indem er gemäß Art. 82 GG die Gesetze ausfertigt, so dass diese Herleitung nicht zu einem Schutzbedürfnis führen kann.

Bezugspunkt ist aber nicht der Aufgabenbereich des Bundespräsidenten,[940] sondern die Art und Weise der Entscheidungsfindung des ihn wählenden Organs, hier der Bundesversammlung. Deren Mitglieder sind teils unmittelbar (Mitglieder des Bundestags), teils mittelbar (von den Länderparlamenten gewählte Mitglieder) demokratisch legitimiert.[941] Diese besondere Zusammensetzung rührt

---

[937] Anders Wolf, S. 70, der bei verfahrensrechtlichen Entscheidungen das öffentliche Interesse am strafrechtlichen Schutz verneint.
[938] Nach hier vertretener Meinung de lege ferenda strafbaren.
[939] Z.B. der Petitionsausschuss, Art. 45 c GG.
[940] Anders wohl teilweise Heisz, S. 131 f.
[941] Art. 54 III GG.

daher, dass man wegen der im Vergleich zur Weimarer Reichsverfassung regel-
rechten Entmachtung des Präsidenten keine Volkswahl wollte, eine Wahl durch
den Bundestag ausschied, um eine zu enge Bindung an dessen Mehrheitsver-
hältnisse zu verhindern, und eine Hinzuziehung der Mitglieder des Bundesrats
diesen rein zahlenmäßig zu wenig Bedeutung beigemessen hätte. Man entschied
sich für die Einrichtung der Bundesversammlung, um gerade auch die föderale
Aufgliederung Deutschlands bei der Wahl des Staatsoberhauptes zu berücksichtigen.[942] Hinter all diesen Erwägungen steht der Gedanke, eine Wahlregelung zu
finden, die dem Staatsoberhaupt ohne vollständige unmittelbare Legitimation
eine möglichst breite Basis in der Bevölkerung bietet. Aufgrund ihrer Konstruktion ist die Bundesversammlung in der Sache eine Art „Volksvertretung" und
damit schutzwürdig.[943]

Diese besondere Stellung der Bundesversammlung lässt sich auch an ihrer Erfassung – neben dem Bundestag – durch § 36 StGB dokumentieren.[944] Ebenso
lässt sich wieder vorsichtig das Argument, dass die Wahl der Bundesversammlung gegen nötigende Einwirkungen über die §§ 105, 106 StGB geschützt ist
und andere Einwirkungen ebenso strafwürdig sein können, anbringen.

Deshalb ist auch der Bundesversammlung Schutz durch das Wahlstrafrecht zuzuerkennen.

(6) Öffentlich-rechtliche Körperschaften, Anstalten und Stiftungen

Ein weiterer Streitpunkt kann sich bei der Überlegung ergeben, öffentlich-
rechtliche Körperschaften, Anstalten und Stiftungen dem Anwendungsbereich
des Wahlstrafrechts zu unterstellen. So geht *Wolf* zwar davon aus, dass sich in
diesen Einrichtungen jedenfalls auch Wollensentscheidungen vollziehen, die
grundsätzlich schutzwürdig seien;[945] jedoch finde gerade bei den berufsständischen Vereinigungen keine Willensbildung eines Gemeinwesens statt, was
Grundvoraussetzung für den Schutz sei.[946] Zudem seien die dortigen Entscheidungen bezüglich des betroffenen Personenkreises und der zugrunde liegenden
Aufgaben von begrenzter Bedeutung.[947] Allenfalls im Nebenstrafrecht könne
man demnach diesbezügliche Straftatbestände vorsehen.[948]

---

[942] M/D/H/S-Herzog, Art. 54 Rn. 28; Burkiczak, JuS 2004, 278 ff.
[943] Im Ergebnis auch Heisz, S, 132; Kühne, S. 103 Fn. 42; Wolf, S. 80.
[944] Epp, S. 419.
[945] Wolf, S. 160 f.
[946] In diesem Sinne auch Schneider, GrStrK, Band 13, S. 294.
[947] Wolf, S. 98.
[948] Wolf, S. 95 f., 161.

Der Gesetzgeber teilte diese Bedenken im Ergebnis nicht und fügte die Urwahlen in der Sozialversicherung in § 108 d StGB ein.[949] Die Träger der Sozialversicherung sind nach § 29 I SGB IV rechtsfähige Körperschaften des öffentlichen Rechts mit Selbstverwaltung.

Nun wäre es ein Leichtes, dem Gesetzgeber Inkonsequenz und Wertungswidersprüchlichkeit vorzuwerfen, weil er Wahlen zu Organen anderer öffentlicher Körperschaften nicht in den Geltungsbereich nach § 108 d StGB aufgenommen hat. Das wäre allerdings zu kurz gegriffen, da nach dem gegenwärtigen Anwendungsbereich der Einbezug der Urwahlen in der Sozialversicherung selbst schon einen Fremdkörper darstellt, handelt es sich doch dabei nicht um eine allgemeine Wahl, da weder das Gesamt- noch ein Teilvolk zur Wahl berechtigt ist, sondern nur die entsprechenden Mitglieder.[950]

Beachtenswert ist zunächst ist die Tatsache, dass bereits de lege lata die Gemeinden und Gemeindeverbände als Selbstverwaltungskörperschaften des öffentlichen Rechts in den Geltungsbereich der Wahlstraftaten einbezogen sind. Es fehlen aber andere Einrichtungen der funktionalen Selbstverwaltung, nämlich insbesondere die des wirtschaftlichen Bereichs (Industrie- und Handelskammern, Handwerkskammern, Landwirtschaftskammern etc.), der freien Berufe (Rechtsanwaltskammern, Ärztekammern, Architektenkammern etc.) sowie des kulturellen Bereichs (Hochschulen, Rundfunk).

Wiederum könnte man geneigt sein, einen Wertungswiderspruch darin zu erblicken, dass Wahlen zu Vertretungsorganen einiger Selbstverwaltungseinrichtungen geschützt sind, zu anderen hingegen nicht.[951] Mit dieser Argumentation läuft man allerdings Gefahr, Unterschiede, etwa zwischen den kommunalen und sonstigen Selbstverwaltungskörperschaften zu verwischen:[952] Erstere sind – verfas-

---

[949] Ursprünglich sollte innerhalb des SGB auf die Wahlstraftaten verwiesen werden. Man war (zunächst) der Meinung, diese Lösung trage „der Besonderheit Rechnung, die das Wahlrecht der Sozialversicherung gegenüber dem für die Urwahlen zu den Volksvertretungen geltenden Wahlrecht aufweist" (BT-Drs. 7/4122, S. 39). Der zuständige Ausschuss schlug dann jedoch ohne nähere Begründung die heutige Gesetzesfassung vor, vgl. BT-Drs. 7/5457, S. 6, 50, 61.
[950] AA M/D/H/S-Herzog, Art. 20 Rn. 56 (Mindermeinung); weniger kritisch Überhofen, S. 212 f., der zwar feststellt, dass hier kein direkter Bezug zu staatspolitischen Willensbildungen vorliege, wobei aber die Abschnittsüberschrift eine Erstreckung auf diese Wahlen noch zulasse.
[951] Schroeder F.-C., S. 452 f., geht noch weiter und wirft die Frage auf, ob nicht sogar die Wahlen zu den Gemeinderäten aus § 108 d StGB ausgeschieden werden müssten, weil es mangels politischer Willensbildung des Volkes auf dieser staatlichen Ebene dabei nicht um den Schutz der Betätigungsfreiheit von Verfassungsorganen gehe, der Kriterium für die Schutzwürdigkeit sei. Zur Erfassung der Gemeinderäte siehe unten, S. 211 ff.
[952] Papenfuss, S. 32 f.; Wolff/Bachof/Stober, VerwR 3, § 97 Rn. 2.

sungsrechtlich garantiert – für ihren Bereich allzuständig, letztere sind nur für einen ihnen einfachgesetzlich zugewiesenen, fest umrissenen Aufgabenbereich zuständig. Schließlich ist die Existenz der Kommunen von der Verfassung in Art. 28 GG ausdrücklich garantiert, ebenso werden klare Vorgaben für Organe und Wahlverfahren gemacht – dies alles ist bei den anderen öffentlichen Körperschaften grundsätzlich nicht der Fall.[953] Der gegenwärtige Ausschluss von anderen Einrichtungen funktionaler Selbstverwaltung als den Gemeinden aus dem Anwendungsbereich der Wahlstraftaten entspricht der herrschenden Meinung, wonach zwar Landes- und Verbandsvölker demokratische Legitimation vermitteln können, nicht aber die Träger funktionaler Selbstverwaltung.[954]

Im Hinblick auf die Erweiterung des Anwendungsbereichs der Wahlstraftaten sollte hier jedoch der Blick auf die Eigenart der funktionalen Selbstverwaltung gerichtet werden, müssen deren Aufgaben, Art und Weise sowie Hintergrund der Entscheidungsfindung im Zentrum stehen.

Funktionale Selbstverwaltung wird auch als „demokratische Betroffenheits-Selbstverwaltung"[955] näher konkretisiert. Das Bundesverfassungsgericht sieht deren Sinn darin, „gesellschaftlichen Gruppen die Regelung solcher Angelegenheiten, die sie selbst betreffen und die sie in überschaubaren Bereichen am sachkundigsten beurteilen können, eigenverantwortlich zu überlassen",[956] was auch zu einer Entlastung des Gesetzgebers führe. Anders gewendet wird ein bestimmter Kreis von Bürgern ermächtigt, durch demokratisch gebildete Organe seine eigenen Angelegenheiten zu regeln.[957] Es werden nicht staatliche Regelungsbefugnisse weitergegeben, sondern es wird eine eigenständige Rechtsetzungsgewalt zugelassen.[958] Es geht also insbesondere um Staats- und Politikentlastung sowie die Demokratisierung von Lebensbereichen.[959] Gerade der Aspekt der Politikentlastung ist im hiesigen Kontext besonders wichtig. Hierdurch soll die Entscheidungsverantwortlichkeit pluralisiert werden, die parlamentarische Parteipolitik soll durchbrochen werden, indem an Sachprogrammen orientierte Re-

---

[953] Für die Hochschulen kann man eine Selbstverwaltungsgarantie aus Art. 5 III GG herauslesen; so M/D/H/S-Maunz, Art. 28 Rn. 55; die Unterschiede zwischen Parlament und Gemeinderäten sowohl hinsichtlich Struktur als auch Status der Mitglieder stark relativierend Spiegel, S. 135 ff., 239 ff., 289 ff. (Zusammenfassungen).

[954] Wiederum mit der inkonsequenten Ausnahme der Urwahlen in der Sozialversicherung; vgl. Dreier-Fielitz, Art. 20 Rn. 86 m.w.N.; Kluth, S. 369 ff.; anders M/D/H/S-Herzog, Art. 20 Rn. 56, die auch hier von zur demokratischen Legitimation fähigen „Teilvölkern" sprechen.

[955] Wolff/Bachof/Stober, VerwR 3, § 97 Rn. 1.

[956] BVerfGE 33, 125 (156 f.).

[957] BVerfGE 33, 125 (157).

[958] Schneider H., Rn. 277.

[959] Allgemein hierzu Wolff/Bachof/Stober, VerwR 3, § 97 Rn. 8 ff.

präsentanten Entscheidungen treffen.[960] Demokratie und Selbstverwaltung gehören zusammen – beide sind auf politische Beteiligung gerichtet.[961] Selbstverwaltung eröffnet dem Bürger neben den demokratischen Urwahlen eine zusätzliche institutionalisierte Mitwirkungsmöglichkeit am öffentlichen Geschehen.[962] Abgesehen vom „groben Rahmen", den das Parlament aus Rechtsstaatsgründen für die Erfüllung der zur eigenverantwortlichen Erledigung übertragenen Aufgaben vorgeben muss, findet die politische (Fein)Willensbildung also innerhalb besagter Einrichtung statt.[963] Dann ist diese aber auch schutzwürdig, zumal die Selbstverwaltung demokratisch legitimiert sein muss.[964] Man könnte auch sagen, wenn der Staat diesen Einrichtungen schon Befugnisse überträgt, muss er auch deren Wahlen (strafrechtlich) schützen[965].

Dabei ist zu berücksichtigen, dass die Körperschaft zwar der „organisatorische Prototyp" der funktionalen Selbstverwaltung ist, aber auch die Formen der Anstalt oder Stiftung grundsätzlich denkbar, wenngleich aufgrund der regelmäßig fehlenden eigenen Willensbildung selten sind.[966]

Als Konsequenz – Gleichlauf von Wahlen zu und innerhalb von Einrichtungen – müssen auch die Wahlen zu den entsprechenden Organen geschützt werden. Zu schützen sind demnach die Wahlen zu[967] und in den Organen der Einrichtungen der funktionalen Selbstverwaltung.

(7) Fraktionen und Parteien

Schließlich bleibt zu untersuchen, inwiefern Fraktionen und Parteien in den Geltungsbereich der Wahlstraftaten einzubeziehen sind.
Dass beide für die politische Willensbildung eminent wichtig sind, liegt auf der Hand: In den Fraktionen werden Themen des Plenums vorbereitet und abgestimmt. Hier stellen sich vor allem Fragen der Fraktionsdisziplin bzw. des Frak-

---

[960] Kluth, S. 228 f.
[961] Hendler, in: HdbStR 4, § 106 Rn. 48.
[962] Hendler, in: HdbStR 4, § 106 Rn. 67.
[963] Kritisch im Hinblick auf das Demokratieprinzip Hendler, S. 317 ff., der aber den gleichen Ansatzpunkt wie hier hat, wenn er Selbstverwaltung als „eine Ergänzung, als eine Art Regulativ des zentralen politischen Willensbildungs- und Entscheidungsprozesses" bezeichnet und dem nach Art. 38 GG zentralen Prozess (Urwahlen und sich daran anschließende Entscheidungen) damit einen in der Sache vergleichbaren Prozess im Rahmen der Selbstverwaltung zur Seite stellt.
[964] Im Detail vieles str.; vgl. nur Zacharias, Jura 2001, 448 ff.
[965] Hesse A., 51 f.
[966] Hendler, in: HdbStR 4, § 106 Rn. 28; Kluth, S. 235; Schneider H., Rn. 279 f.
[967] Eine vergleichbare Regelung trifft § 261 I des Österreichischen StGB, der „Wahlen zu den satzungsgebenden Organen (Vertretungskörpern) der gesetzlichen beruflichen Vertretung" in den Geltungsbereich einbezieht.

tionszwangs. Die Parteien insgesamt nehmen Einfluss durch Aufstellung der Wahllisten; sie können durch entsprechende Vergabe von „sicheren Listenplätzen" mitunter das Wahlergebnis wenigstens teilweise vorwegnehmen.[968] Unlautere Einwirkungen führen in beiden Fällen zu einer Beeinträchtigung der politischen Willensbildung.

Die Mitglieder der Fraktionen sind unmittelbar demokratisch legitimiert. Was sie angeht, wird jedoch häufig ein Schutz der innerparlamentarischen (Plenums- bzw. Ausschuss-)Abstimmungen genügen.[969] Die Fraktionsdisziplin beschreibt ein Phänomen, das dann eintritt, wenn ein Fraktionsmitglied deutlich gemacht hat, nicht im Sinne der Fraktionslinie zu stimmen; erreicht der Druck die Schwelle der Wählernötigung und stimmt der Abgeordnete entsprechend im Plenum ab, besteht – innerparlamentarischer Schutz vorausgesetzt – eine Strafbarkeit nach § 108 StGB. In Rede stehen demnach insbesondere Einwirkungen innerhalb der Fraktion, die nicht auf Ausschuss- bzw. Plenumswahlen und -abstimmungen durchwirken, wie etwa eine innerfraktionelle Abstimmungsfälschung. Bedeutsam ist hier § 47 I AbgG, der festlegt: „Die Fraktionen wirken an der Erfüllung der Aufgaben des Deutschen Bundestags mit". Daraus ergibt sich auch die in § 48 AbgG beschriebene Verpflichtung zu einer den Grundsätzen der parlamentarischen Demokratie gemäßen Organisation. Betrachtet man weiterhin die Rechtswirklichkeit, nach der die Umsetzung des § 47 I AbgG so aussieht, dass sich vor allem durch die Fraktionen die politische Willensbildung des Parlaments vollzieht,[970] kommt man nicht umhin, ausgehend vom Schutz eben dieser Willensbildung, diesen auch den Fraktionen zuzuerkennen.[971] Nicht zuletzt wird deren Bedeutung in der Fähigkeit, Partei eines Organstreits zu sein[972] sowie in der Erstreckung des Art. 46 I 1 GG auf Fraktionen deutlich;[973] sie besitzen einem dem Plenum vergleichbaren Rang.[974]

Gerade die im Grundgesetz als so stark angelegte Rolle der Parteien (Art. 21 GG) scheint das gleiche Ergebnis auch bei diesen zu fordern. Im Unterschied zur Fraktion, die man mit guten Gründen als Organteil betrachten kann,[975] entfernt sich die Partei noch weiter vom parlamentarischen Betrieb. Andererseits

---

[968] So Kirschner, S. 182 ff., der deshalb für eine Erweiterung des Strafrechtsschutzes plädiert; die besondere Bedeutung betonend auch Wolfrum, ZParl 1975, 327 f.

[969] Wolf, S. 73 ff., der deshalb deren Schutz ablehnt.

[970] Vgl. nur Degenhart, StaatsR I, Rn. 604.

[971] Für den Einbezug der Fraktionen im Rahmen der Abgeordnetenbestechung auch Epp, S. 396 ff.; Heisz, S. 110; Kühne, S. 103 ff.; Schaller, S. 31 f.

[972] §§ 13 Nr. 5, 63 BVerfGG;

[973] M/D/H/S-Maunz, Art. 46 Rn. 16.

[974] Epp, S. 396 f.

[975] Sehr str.; vgl. zur Diskussion nur M/D/H/S-Klein, Art. 40 Rn. 83.

kann man sie aufgrund der ihr verfassungsrechtlich zuerkannten Bedeutung nicht als bloße gesellschaftliche Erscheinung (ab)qualifizieren. Sie steht genau zwischen staatlichem und gesellschaftlichem Bereich.[976] Diese besondere Stellung der Parteien in Zusammenhang mit den oben angestellten Erwägungen zu deren Einflussmöglichkeiten, die von größerer Bedeutung sein können als Manipulationen von und an einzelnen Wählern, ließ *Bockelmann* zum Ergebnis gelangen, ein Schutz der Parteiabstimmungen sei erforderlich.[977] Dass eine derartige Gesetzeslage gleich den demokratischen Staatsaufbau gefährden würde,[978] darf als reichlich übertrieben gelten. Denn die Befürchtung, dass die Strafverfolgungsbehörden – mitunter sogar auf entsprechende Weisung eines Justizministers[979] – in die Interna der (Oppositions)Parteien eindringen,[980] gründet nicht auf einer Erweiterung des Geltungsbereichs der Wahlstraftaten: Bereits de lege lata kann bei der Listenaufstellung eine Nötigung nach § 240 StGB vorkommen und natürlich kann diesbezüglich auch heute schon ermittelt werden.[981]

Die praktischen Erwägungen dürfen jedoch nicht dazu führen, dass der hier zugrunde liegende Ausgangspunkt aus den Augen verloren wird. Geschützt werden soll die demokratisch legitimierte politische Willensbildung. Abstimmungen in einer Mitgliederversammlung sind aber keine demokratisch legitimierten. Das wären allenfalls die des Vorstands, die aber nicht in Rede stehen.[982] Auch von einer anderen Betrachtung ausgehend sind besagte Parteiabstimmungen nicht schutzwürdig. Die Listenaufstellung bedeutet nicht automatisch eine (teilweise) Vorwegnahme der Wahl; man denke nur an bayerische Kommunalwahlen, bei denen es durch das so genannte Panaschieren relativ häufig zu Veränderungen der Liste kommt.[983] Auch in anderen Fällen hat der Wähler schließlich die Möglichkeit, eine ihm nicht genehme Liste nicht zu wählen, die Liste in der innerparteilichen Abstimmung zu verändern oder gar eine eigene Liste auf-

---

[976] Degenhart, StaatsR I, Rn. 78.

[977] Bockelmann, GrStrK, Band 13, S. 292.

[978] So die Entgegnung von Schneider, GrStrK, Band 13, S. 292.

[979] Zu Organisation und Rechtsstellung der Staatsanwaltschaft vgl. Volk, StPO, § 6.

[980] Deshalb ablehnend Wolf, S. 102; ebenso Schafheutle, GrStrK, Band 13, S. 289 f.

[981] Bockelmann, GrStrK, Band 13, S. 292.

[982] Wenn man nicht noch einen Schritt weiter zurückgehen möchte und auch Vorstandsbeschlüsse über Vorschläge für die Versammlung der Mitglieder erfassen möchte. Gegen den Einbezug dieser immer stärker mittelbaren Einwirkungen sind obige Argumente übertragbar: Die Versammlung kann diese Vorschläge ablehnen. Ganz abgesehen davon müsste man im Ergebnis doch wieder auf den konkreten Inhalt der Abstimmung abstellen, da Beschlüsse etwa über die Durchführung eines Grillfestes o.ä., wie sie bei Parteien jedenfalls auf kommunaler Ebene aufgrund der auch-gesellschaftlichen Funktion ebenfalls vorkommen, mit politischer Willensbildung nichts zu tun haben.

[983] Becker, in: Becker/Heckmann/Kempen/Manssen, 2. Teil Rn. 288 f.

zustellen. Einer etwaigen Zwangsläufigkeit ist der Wähler demnach nicht ausgeliefert.

Unter keinem der genannten Gesichtspunkte sollten Parteiabstimmungen in den Schutz der Wahlstraftaten einbezogen werden.[984]

(8) Europäisches Parlament

Schließlich ist fraglich, inwiefern Wahlen und Abstimmungen innerhalb des Europaparlaments durch das StGB geschützt werden sollen und können.

§ 108 e StGB als bereits bestehende Norm, die den innerparlamentarischen Strafschutz betrifft, führt Wahlen und Abstimmungen im Europäischen Parlament mit auf. Von ihrem Schutzbereich her erfasst sie, anders als die §§ 107 ff. StGB,[985] nicht nur den deutschen Teilausschnitt des Europäischen Parlaments, sondern alle Europaparlamentarier.[986] Das Argument, jedes Land sei für den Strafrechtsschutz der Wahlen zum Europäischen Parlament selbst verantwortlich, weil auch das Wahlsystem selbst Sache jedes einzelnen Mitgliedsstaats ist, trägt hier nicht mehr. Bei Wahlen und Abstimmungen innerhalb des Europäischen Parlaments kann es keinen Unterschied machen, ob ein deutscher oder italienischer Europaparlamentarier getäuscht, genötigt oder bestochen wird.[987] Entscheidungen egal welches Abgeordneten können Auswirkungen auf die Bundesrepublik haben.[988] § 108 e StGB erfasst demnach Mitglieder des Europäischen Parlaments ohne Unterscheidung nach deren „Herkunft". Allerdings sind bei der Frage nach der Reichweite der deutschen Strafgewalt die §§ 3 ff. StGB zu beachten, so dass es eines internationalen Anknüpfungspunktes bedarf. Entscheidend sind bei dieser Frage das Territorialitätsprinzip nach § 3 StGB sowie die Sonderbestimmung des § 5 Nr. 14 a StGB. Schließlich kann es auch auf § 7 StGB ankommen. Es erscheint nahe liegend, für den zukünftigen Schutz inner(europa)parlamentarischer Wahlen und Abstimmungen den bereits bestehenden Schutz derselben gegen unlautere Beeinträchtigungen im Sinne des § 108 e StGB als Ausgangspunkt zu nehmen.

---

[984] Gegen den Einbezug der Parteien von anderen Ausgangspunkten her auch Wolf, S. 101 ff., Epp, S. 401.

[985] Siehe oben, S. 23 f.

[986] Ausführlich Überhofen, S. 202 ff.

[987] Vgl. nur Sch/Sch-Eser, § 108 e Rn. 5.

[988] Schaller, S. 40; dabei muss bedacht werden, dass die EU nicht über eine eigene Kriminalstrafgewalt verfügt (Satzger, Internationales StrafR, § 7 Rn. 23 ff.) und deshalb die Mitgliedsstaaten Rechtsgüter der EU schützen dürfen, vgl. nur Jescheck/Weigend, AT, § 18 VII 3 a, S. 184; zur gemeinschaftsrechtskonformen Auslegung des nationalen Strafrechts vgl. Satzger, Internationales StrafR, § 8 Rn. 80 ff.

Im Überblick gestaltet sich dieser Schutz wie folgt:[989]

Fall-gruppe	Herkunft des Europaabge-ordneten	Herkunft des „Stimmen-käufers"	Ort der Un-rechts- verein-barung	Deutsche Straf-gewalt gemäß
1	D	D	D	§ 3 StGB
2	A	D	D	§ 3 StGB
3	D	A	D	§ 3 StGB
4	D	D	A	§ 5 Nr. 14 a StGB
5	A	A	D	§ 3 StGB
6	D	A	A	§ 5 Nr. 14 a StGB
7	A	D	A	siehe unten
8	A	A	A	§ 7 II Nr. 2 StGB

D: Deutschland   A: (europäisches) Ausland

Wo die Unrechtsvereinbarung bzw. die darauf gerichteten Erklärungen in Deutschland erfolgen, ergibt sich aus den §§ 3, 9 StGB die deutsche Strafgewalt. Im völligen Gegensatz hierzu steht Konstellation 8, bei der überhaupt kein Bezugspunkt zu Deutschland gegeben ist, so dass allenfalls nach § 7 II Nr. 2 StGB[990] ein deutsches Gericht eine Strafe verhängen darf. Sobald „der Täter zur Zeit der Tat Deutscher ist oder die Tat gegenüber einem Deutschen begangen wird", greift § 5 Nr. 14 a StGB ein. Der Gesetzgeber setzt hiermit ausweislich der Gesetzesbegründung[991] die Vorgaben aus dem Protokoll zum Übereinkommen über den Schutz der finanziellen Interessen der Europäischen Gemeinschaften[992] um. Täter kann sowohl der Stimmenkäufer als auch der Stimmenverkäufer sein, da § 108 e StGB beide „Taten" aufführt. Wer von diesen Deutscher ist, kann bestraft werden. Sind beide Deutsche, können beide bestraft werden. Ist der Täter – wiederum: Käufer oder Verkäufer – nicht Deutscher, richtet sich sein Kauf- bzw. Verkaufsangebot aber gegen einen Deutschen, greift § 5 Nr. 14 a Var. 2 StGB.[993] Konkret: Wenn ein Italiener im Ausland die Stimme eines deutschen Europaabgeordneten kaufen will, kann er über § 5 Nr. 14 a StGB in Deutschland bestraft werden (Fallgruppe 6).[994] Der Wortlaut erfasst auch die Konstellation, dass ein italienischer Europaabgeordneter einem Deutschen im Ausland seine Stimme zum Kauf anbietet (Fallgruppe 7).[995] In der Gesetzesbe-

---

[989] Vgl. zur Rechtslage vor Einführung des § 5 Nr. 14 a StGB Epp, S. 365 ff.

[990] Weder liegt nach § 7 I StGB eine Tat „gegen einen Deutschen" vor noch war hier nach § 7 II Nr. 1 StGB der Täter „zur Zeit der Tat Deutscher".

[991] BT-Drs. 13/10424, S. 6 f.

[992] ABlEG Nr. C 313 vom 23.10.1996, S. 1 ff.

[993] Sind beide „Parteien" Deutsche, sind beide Varianten des § 5 Nr. 14 a StGB erfüllt.

[994] Bietet ein deutscher Europaabgeordneter einem Italiener seine Stimme zum Kauf an, ist „der Täter zur Zeit der Tat Deutscher", es greift § 5 Nr. 14 a Var. 1 StGB.

[995] Bietet ein Deutscher einem italienischen Europaabgeordneten den Kauf seiner Stimme an, ist „der Täter zur Zeit der Tat Deutscher", es greift § 5 Nr. 14 a Var. 1 StGB.

gründung ist jedoch von dieser Situation nicht die Rede, vielmehr werden nur Fälle erwähnt, in die ein deutscher Europaabgeordneter involviert ist.[996] Das zugrunde liegende Protokoll verlangt von den Mitgliedsstaaten in Art. 6 I lit. b und c, die erforderlichen Maßnahmen für eine Strafbarkeit nach nationalem Recht zu treffen in Bezug auf einen Täter, der Angehöriger des Mitgliedsstaats ist sowie für die Fälle, in denen sich eine Straftat gegen die Europaabgeordneten des jeweiligen Mitgliedsstaats richtet. Mithin ist obige Fallgruppe 7 hier nicht genannt. Aufgrund der gesetzgeberischen Intention, die Vorgaben des Protokolls umzusetzen, wird man sich bei der Auslegung des § 5 Nr. 14 a hierauf besinnen müssen. Bedenkliche Lücken entstehen dadurch nicht: Sobald im Beispiel das Verhalten des Deutschen dem § 108 e StGB unterfällt, ist dieser Täter nach § 5 Nr. 14 a StGB. Nicht nach § 5 StGB erfasst werden demnach lediglich die Handlungen des ausländischen Europaabgeordneten im Ausland, auch wenn er mit einem Deutschen „ins Geschäft" kommt. Das ist unbedenklich, weil nach den Vorgaben des Protokolls der Mitgliedsstaat für seinen Abgeordneten eine entsprechende Strafbarkeit begründen muss. Gegebenenfalls greift sogar § 7 II Nr. 2 StGB ein.

§ 5 Nr. 14 a StGB erfasst deutsche Stimmenkäufer und Stimmenverkäufer sowie Fälle, in denen die Stimme eines deutschen Europaabgeordneten gekauft werden soll.

Für den Anwendungsbereich der Wahlstraftaten de lege ferenda ergibt sich daraus Folgendes:
Bei Wahlen zum Europäischen Parlament wird wegen der bekannten Gründe weiterhin nur deren deutscher Teilausschnitt von den Wahlstraftaten erfasst. Innereuropaparlamentarische Wahlen und Abstimmungen hingegen sind, wie § 108e StGB schon heute zeigt, vom Schutzbereich der Wahlstraftaten in ihrer hier vorgeschlagenen Gestalt erfasst. Für den Geltungsbereich gilt zunächst das oben zum Geltungsbereich der Wahlstraftaten de lege lata Gesagte. Zu prüfen ist, ob das Territorialitätsprinzip hier – § 5 Nr. 14 a StGB vergleichbar – um andere Anknüpfungspunkte erweitert werden sollte. Man denke etwa an die Wahlfälschung im Europäischen Parlament durch deutsche Europaabgeordnete, die nach gegenwärtiger Rechtslage nicht in Deutschland bestraft werden könnte.

In Fortführung der durch § 5 Nr. 14 a StGB eingeläuteten Tradition sollte für innerparlamentarische Wahlen und Abstimmungen auch in Zukunft an das aktive Personalitätsprinzip[997] angeknüpft werden und ein deutscher Staatsangehöriger auch bei einem Vorgehen im Ausland nach den §§ 107 ff. StGB bestraft

---

[996] BT-Drs. 13/10424, S. 6 f.: Stimmenverkauf durch deutschen Abgeordneten im Ausland, Kauf einer Stimme eines deutschen Europaabgeordneten im Ausland, wobei darauf hingewiesen wird, dass für deutsche Täter zusätzlich auch Var. 1 einschlägig ist.
[997] Hierzu Jescheck/Weigend, AT, § 18 II 3, S. 169; Sch/Sch-Eser, § 5 Rn. 1, 5.

werden können. Dabei sind freilich – wie schon bisher – nicht nur die Wahlen zum und – neu – innerhalb des Europaparlaments erfasst. Aufgrund des beschriebenen Gleichlaufs von Wahlen zu und in Einrichtungen ist auch die generelle Erweiterung auf Wahlen zu bestimmten Einrichtungen legitim. Schließlich erschiene es unter dem Eindruck des Schutzprinzips[998] wertungswidersprüchlich, wenn § 5 Nr. 14 a StGB nur Einwirkungen auf Parlamentarier durch Bestechung, nicht aber zum Beispiel durch Täuschung erfassen würde. Insgesamt sollte folglich § 5 Nr. 14 a StGB auf die §§ 107-108 d StGB (n.F.) erweitert werden.

(9) Gemeinden und Gemeindeverbände

Der Klarstellung halber sei festgehalten, dass die als Folge der hier vorgeschlagenen Regelung eintretende vollständige Erfassung der Wahlen und Abstimmungen innerhalb der Gemeinden und Gemeindeverbände mit dem Rechtsgut der demokratisch legitimierten politischen Willensbildung völlig konform geht.[999]

4) Formulierungsvorschlag

Berücksichtigt man obige Erwägungen, scheint eine Neufassung des Geltungsbereichs kraft allgemeiner Formulierungen unter dem Eindruck des Bestimmtheitsgebots nicht möglich. Besser ist es, den bereits jetzt praktizierten Weg der enumerativen Aufzählung fortzusetzen, so dass § 108 d de lege ferenda folgende Fassung haben könnte:

§ 108 d E
Die §§ 107 bis 108 c gelten für
1. Wahlen zu den Volksvertretungen, für die Wahl der Abgeordneten des Europäischen Parlaments, für sonstige Wahlen und Abstimmungen des Volkes im Bund, in den Ländern, Gemeinden und Gemeindeverbänden,
2. Wahlen zu den Organen der Einrichtungen der funktionalen Selbstverwaltung,
3. Wahlen und Abstimmungen in
a) Bundesregierung, Bundesrat, Bundesversammlung sowie den Fraktionen
b) den aus den Wahlen nach Nr. 1 und 2 hervorgegangenen Organen
c) deren Ausschüssen.

---

[998] Hierzu Jescheck/Weigend, AT, § 18 II 4, S. 169 f.; Sch/Sch-Eser, § 5 Rn. 4.
[999] Siehe unten, S. 208 ff.

a) Geltungsbereich für welche Normen?

Zu klären ist noch, ob § 108 d E für sämtliche Wahlen und Abstimmungen auf die §§ 107-108 c StGB verweisen sollte, oder ob hier Einschränkungen angebracht sind.

Die früheren Gesetzesentwürfe, die eine dem hier vorgeschlagenen Geltungsbereich ähnliche Regelung kennen, neigen mehrheitlich dazu, alle Wahlstraftaten auf alle geschützten Wahlen und Abstimmungen anzuwenden.[1000] Ausnahmen gab es allenfalls für die – heute nicht mehr relevanten – Wahlen und Abstimmungen bei Religionsgemeinschaften. Die jüngsten Entwürfe aus den Jahren 1960/1962 hingegen erstrecken die komplette Palette der Wahlstraftaten nur auf die demokratischen Urwahlen; Verstöße gegen die geheime Wahl und Manipulationen am Wählerverzeichnis (heute § 107 b StGB) hingegen sollten für die Wahlen und Abstimmungen zu und in sonstigen Einrichtungen nicht gelten. Das wurde für ersteres damit begründet, dass die Tatbestände nur dann berechtigt seien, wenn die freie und geheime Wahl Verfassungsrang habe, für letzteres damit, dass nur hier ein praktisches Bedürfnis bestehe.[1001]

aa) § 107 b StGB

Sollte dieses „praktische Bedürfnis" in der Annahme begründet sein, nur bei den demokratischen Urwahlen gebe es Wählerlisten bzw. Wählerverzeichnisse, so ist dem zu widersprechen, denn diese sind zum Beispiel auch in den Wahlordnungen der Industrie- und Handelskammern vorgesehen.[1002] Richtig ist jedoch, dass aufgrund der geschichtlichen Herkunft der Norm aus dem BWahlG zunächst nur die Bundestagswahlen als Anwendungsbereich ins Auge fallen; schon durch die Einfügung ins StGB zusammen mit der Geltung des § 108 d StGB in seiner ursprünglichen Form kamen aber auch entsprechende Verzeichnisse etwa bei Landtags- und Gemeindewahlen zum Anwendungsbereich hinzu. Es war bereits die Rede von der Wahlrechtsakzessorietät.[1003] Nimmt man diese auch im Zuge der Neuausrichtung von § 108 d StGB ernst, ergeben sich keine Bedenken, bei allen Wahlen und Abstimmungen, die Wählerlisten bzw. Wählerverzeichnisse kennen, § 107 b StGB gelten zu lassen. Innerhalb der – ohnehin niedrigen – Strafdrohung lassen sich ausreichende Differenzierungen vornehmen.

[1000] Vgl. etwa § 102 E 1925, § 103 E 1927, § 103 E 190, § 286 E 1936, § 109 E 1950.
[1001] BT-Drs. 4/650, S. 595; so auch schon Tröndle, GrStrK, Band 13, S. 289.
[1002] Vgl. § 9 MusterwahlO.
[1003] Siehe insbesondere S. 18 ff.

bb) § 107 c StGB

Für § 107 c StGB – unabhängig davon, ob in der jetzigen oder in der vorge-schlagenen neuen Fassung – gilt im Ergebnis nichts anderes. Freilich kann man sich, gerade unter dem Aspekt des Strafrechts als „ultima ratio", auf den Stand-punkt stellen, die Geheimheit der Wahlen bzw. Abstimmungen müsse nur da durch das Strafrecht geschützt werden, wo sie auch zwingend von der Verfas-sung vorgegeben wird.[1004] Bedenkt man aber, dass das Prinzip der geheimen Wahl gerade die Freiheit der Wahl sichert und schützt[1005] und das Bundesverfas-sungsgericht auch für andere als die in Art. 28 I 3, 38 I 1 GG genannten Wahlen aus der Verfassung das Prinzip der freien Wahl herleitet,[1006] erscheint es zwei-fellos zulässig, diesen „Schutzgaranten", wenn er schon vom Gesetz- bzw. Ver-ordnungsgeber vorgesehen ist, ebenfalls zu schützen. Da die geheime Wahl folg-lich auch ohne entsprechende Verfassungsvorgabe von großer Bedeutung ist, bleibt der Einbezug des § 107 c StGB, wie auch bereits in den früheren Entwür-fen überwiegend vorgesehen, wünschenswert.[1007]

cc) § 108 e StGB

Eine letzte Schwierigkeit ist das Verhältnis von § 108 d StGB E zu § 108 e StGB. Mit der vorgeschlagenen Erweiterung des Geltungsbereichs insbesondere auf innerparlamentarische Wahlen und Abstimmungen und seiner Erstreckung auf die §§ 107-108 c StGB wäre die Abgeordnetenbestechung über § 108 b StGB mitgeregelt, § 108 e StGB wäre womöglich überflüssig.

§ 108 e StGB deshalb zu streichen wäre zunächst eine glatte Lösung. Zu berück-sichtigen ist aber, dass damit eine Gesetzeslage entstünde, wie sie sich bereits im E 1950 findet; diese Fassung wurde damals aber nicht Gesetz, weil man mehr-heitlich der Meinung war, man könne die Frage der Abgeordnetenbestechung gerade nicht über den Geltungsbereich der Wahlstraftaten lösen, sondern es be-dürfe einer besonderen ausdrücklichen Regelung.[1008] Zwar ging man später noch öfter mit einer ähnlichen Systematik in die Diskussion,[1009] wobei teilweise der Tatbestand der Stimmbestechung um eine dem § 240 II StGB vergleichbare

---

[1004] Tröndle, GrStrK, Band 13, S. 289
[1005] Seifert, Art. 38 GG Rn. 33; Erichsen, Jura 1983, 645.
[1006] BVerfGE 30, 227 (246); vgl. auch Groß, S. 42 f. für die Industrie- und Handelskammern.
[1007] Praktisch geringe Bedeutung wird dieser Verweis für Wahlen und Abstimmung innerhalb der erfassten Einrichtungen haben, weil diese zumeist nicht geheim erfolgen; vgl. hierzu Pie-roth, JuS 1991, 89 ff.; geheime Wahlen und Abstimmungen in Parlamenten generell ableh-nend Linck, DVBl 2005, 793 ff.
[1008] BT-Prot., 1. Wahlperiode, 265. Sitzung, S. 12995.
[1009] Vgl. 1956 den Vorschlag der FDP, BT-Drs. 2/2310 sowie 1974 den Vorschlag Klein/ Reddemann/Blüm u.a., BT-Drs. 7/1883.

Rechtswidrigkeitsklausel ergänzt wurde;[1010] dieser Vorschlag wurde von der Großen Strafrechtskommission aber einhellig abgelehnt[1011] und auch die anderen Initiativen fanden – allerdings mehr aus zeitlichen Engpässen denn aus artikulierter Kritik an der jeweiligen Formulierung – nicht ihren Weg ins geltende Recht.

Die grundlegende Problematik bestehe darin, einen die besondere Stellung des Abgeordneten berücksichtigenden Normtext zu formulieren, der aber gleichzeitig so bestimmt ist, dass man die (das Politische berücksichtigende) Entscheidung über Zulässigkeit und Unzulässigkeit von Vorteilsannahmen bzw. -gewährungen nicht allzu weit in die Hände des (im Bereich des Politischen wenig erfahrenen) Richters lege.[1012] Dies könne man mit einer Angleichung an § 108 b StGB nicht erreichen.[1013]

Vor diesem geschichtlichen Hintergrund müssten gute Gründe für eine Streichung des § 108 e StGB und dessen Aufgehen in § 108 b StGB gefunden werden. Wenn man § 108 e StGB nicht generell streichen möchte,[1014] sind aber auch andere Lösungsmöglichkeiten zu berücksichtigen. Denkbar sind:
- Streichung des § 108 e StGB, Erweiterung des Geltungsbereichs wie vorgeschlagen
- Streichung des § 108 e, Angleichung des Wortlauts des § 108 b StGB an § 108 e StGB[1015]
- Erweiterung des Geltungsbereichs wie vorgeschlagen, Beibehaltung des § 108 e StGB für Abgeordnete[1016]

Die beiden letzten Lösungen sind nur dann zu favorisieren, wenn zwischen § 108 b und § 108 e StGB wesentliche Unterschiede bestehen bzw. eine der beiden Formulierungen der anderen überlegen ist.

[1010] § 182 SachbearbeiterE, Umdruck J 100, Anhang Nr. 33, GrStrK, Band 13; hierzu Tröndle, GrStrK, Band 13, S. 263.

[1011] GrStrK, Band 13, S. 262 ff. mit dem Ergebnis verschiedener Fassungsalternativen auf S. 279 f.; zur Kritik am daraus folgenden E 1962 vgl. Hartmann, DVBl 1964, 615 ff.

[1012] BT-Drs. 4/650, S. 589 ff., insbesondere S. 591.

[1013] Vgl. die Begründung des schließlich Gesetz gewordenen Entwurfs BT-Drs. 12/5927, S. 5.

[1014] So z.B. Ransiek, StV 1996, 453.

[1015] Der Sache nach Wolf, S. 249 ff. in Zustimmung zu § 404 E 1960; § 108 e StGB existierte damals freilich noch nicht.

[1016] Der Sache nach Kirschner, S. 188, 240; § 108 e StGB existierte damals freilich noch nicht.

(1) Gründe für die besondere Formulierung des § 108 e StGB

Wie berichtet war die Schaffung des Sondertatbestands § 108 e StGB vor allem in der besonderen (politischen) Stellung des Abgeordneten begründet, bei der nicht jede Annahme eines Vorteils, anders als etwa bei einem Amtsträger, der seine Entscheidungen stets im Rahmen der vorgegebenen Vorschriften und frei von unsachlichen Einflüssen zu treffen hat,[1017] strafwürdig sei. Der Sondertatbestand sollte diese strafwürdigen Verhaltensweisen kraft besonderer Formulierung des Tatbestands herausfiltern.

Ob man mit § 108 e StGB eine diesen Ansprüchen genügende Norm geschaffen hat, ist jedoch – von anderen Kritikpunkten, die in die Richtung zielen, dass besonders häufig vorkommende Einwirkungen gerade nicht erfasst werden, ganz abgesehen[1018] – höchst fraglich.

Das normative Tatbestandsmerkmal des Kaufens bzw. Verkaufens soll als zentrales Kriterium die (strafwürdige) Käuflichkeit des Abgeordneten zum Ausdruck bringen.[1019] Damit soll zugleich das strafwürdige Unrecht des § 108 e StGB näher beschrieben werden und jedes politisch adäquate und damit nicht strafwürdige Verhalten aus dem Tatbestand ausgeschieden werden. Bezeichnend ist es jedoch, wenn sich schon die Gesetzesbegründung zu konkreten Beispielen kaum äußern mag und, wenn sie dies doch tut, fast kapitulierend auf „Abgrenzungsprobleme" hinweist.[1020] Allzu überzeugend scheint die Wahl der besonderen Formulierung mithin nicht zu sein, findet doch der Richter keine Hilfe im Wortlaut, welches Verhalten denn als „Käuflichkeit" erscheint oder nicht, welches Verhalten adäquat oder nicht adäquat ist. Das zentrale Kriterium der Käuflichkeit kann nicht nur mit einer grammatikalisch daran angelehnten Tathandlung zum Ausdruck gebracht werden. Faktisch bleibt es weitestgehend der Entwicklung der Rechtsprechung überlassen, wann 108 e StGB eingreift und wann nicht. Die Erwartungen an den gewählten Wortlaut dürfen damit als nicht erfüllt, womöglich sogar als nicht erfüllbar angesehen werden.

Die Schaffung eines Sondertatbestands wurde, neben dem Erfordernis einer besonderen Formulierung, die man auch durch eine Angleichung des § 108 b erreichen hätte können, pauschal mit der Nichtvergleichbarkeit von Abgeordneten und Wählern begründet.[1021]

[1017] BT-Drs. 12/5927, S. 5; Wabnitz/Janovsky-Schubert, 10. Kap Rn. 125.
[1018] Vgl. nur Barton, NJW 1994, 1098 ff.
[1019] BT-Drs. 12/5927, S. 5 ff.
[1020] BT-Drs. 12/5927, S. 5 ff.
[1021] BT-Drs. 12/5927, S. 5.

Auch diese Annahme erscheint fraglich. Richtig ist zunächst sicher, dass die Tätigkeit eines Abgeordneten im Gegensatz zu einem Richter oder Beamten wesentlich weniger Unabhängigkeit voraussetzt.[1022] Es ist ein Wesenszug des politischen Entscheidungsprozesses, dass verhandelt und abgewogen wird, dass Kompromisse und Zugeständnisse gemacht werden, dass zur „Unterstützung" der Meinungsbildung eben auch persönliche Vorteile – man denke nur an das Inaussichtstellen eines bestimmten Postens u.ä. – gewährt werden.[1023] Anders als bei Richtern und Beamten, die an klare Vorgaben gebunden sind, gibt es für Abgeordnete keine fest umgrenzte Pflichtenbindung, sie sind ihrem Gewissen unterworfen und dürfen bei ihren Entscheidungen eben gerade auch politische Gesichtspunkte berücksichtigen. Es gibt kein generelles do-ut-des-Verbot in der Politik.[1024]

Ebenso wenig wie der Abgeordnete ist aber der Wähler in einen konkreten Pflichtenkreis eingebunden. Auch seine Entscheidung kann nicht „richtig" oder „falsch" sein. Seine Stimmabgabe bei Wahlen und auch bei Abstimmungen ist Ausdruck seiner politischen (!) Willensbildung.[1025] Auch der Wähler ist letztlich nur seinem Gewissen unterworfen. Er darf eine unsachliche Entscheidung treffen. Auch hier sind Versprechungen u.ä. damit nicht per se verwerflich und unzulässig. Sie können vielmehr notwendiger Bestandteil des politischen Lebens in einer Demokratie sein.[1026]

Hier wie dort existieren allerdings Grenzen, und zwar, wo eine „verwerfliche Verknüpfung zwischen der Ausübung des Stimmrechts und dem persönlichen Nutzen"[1027] entsteht, wo die Stimmberechtigung missbraucht wird. Mithin ist die Stellung von Abgeordneten und Wählern durchaus vergleichbar.

Einen Unterschied zwischen beiden gibt es – unbestritten – in der Bedeutung von Wähler und Abgeordneten insofern, als die Stimme des Abgeordneten als Vertreter des ganzen Volkes von größerem Gewicht ist als die eines einzelnen Wählers.[1028] Das mag man in der Strafdrohung zum Ausdruck bringen, spricht aber nicht gegen eine Erfassung beider innerhalb eines Straftatbestands. Rechtspolitisch mag man argumentieren, eine eigene Norm verfüge über eine besondere Symbolwirkung.[1029] Dem lässt sich freilich entgegenhalten, eine Erfassung

---

[1022] Schulze, JR 1973, 486.
[1023] Becker, S. 15; Heisz, S. 29 ff.
[1024] Barton, NJW 1994, 1098.
[1025] E 1960, BT-Drs. 3/2150, S. 548; E 1962, BT-Drs. 4/650, S. 589.
[1026] E 1960, BT-Drs. 3/2150, S. 549; E 1962, BT-Drs. 4/650, S. 590.
[1027] E 1960, BT-Drs. 3/2150, S. 549; E 1962, BT-Drs. 4/650, S. 590.
[1028] Epp, S. 231.
[1029] Epp, S. 233.

beider in einer Norm bringe besonders deutlich die Gleichbehandlung von Wählern und Abgeordneten zum Ausdruck. Letztere verfügen gerade nicht über etwaige Privilegien.

Dabei wird nicht verkannt, dass Art und womöglich auch Häufigkeit der Einflussnahme auf Abgeordnete gerade wegen der unterschiedlichen Bedeutung der jeweiligen Stimme sich von der auf Wähler unterscheidet. Dies ist aber kein Spezifikum des hier in Rede stehenden Bereichs, sondern das ergibt sich auch bei den §§ 331 ff. StGB, die alle Arten von Amtsträgern erfassen. Auch dort führt dies nicht zu Schwierigkeiten. Konkrete Unterschiede können im Rahmen der Adäquanz berücksichtigt werden.[1030]

Weder die Gründe für die besondere Formulierung des Tatbestands noch die Gründe für die Schaffung eines derartigen Spezialtatbestands haben sich als zwingend herausgestellt. Von dieser Warte her ist es vielmehr nahe liegend, einen gemeinsamen Tatbestand zu schaffen.
Allerdings könnten Unterschiede in der Auslegung der Tatbestände gegen diese Lösung sprechen.

(2) Unterschiede in der Auslegung der Tatbestände

(a) Tathandlungen

Die Ausgestaltung des § 108 e StGB als Unternehmensdelikt führt nicht zu in der Sache von den in § 108 b StGB aufgeführten Handlungsweisen abweichenden Tathandlungen.[1031] In der Gesetzesbegründung heißt es zu dieser Gestaltung des Tatbestands lapidar, es erübrige sich damit, die verschiedenen Stadien aufzuzählen.[1032] Wenn als Unterschied zwischen § 108 b und § 108 e StGB genannt wird, bei § 108 b StGB sei der Versuch straflos, bei § 108 e StGB sei er strafbar und werde als Vollendung bestraft,[1033] so liegt darin kein echter Unterschied. Denn wenn mit dem „Unternehmen", das nach § 11 I Nr. 6 StGB Versuch und Vollendung gleichstellt, exakt die Verhaltensweisen erfasst werden, die auch § 108 b StGB beschreibt, liegt für den Bereich des Strafbaren Deckungsgleichheit vor. Mit anderen Worten: Das „versuchte Anbieten" ist bei § 108 b StGB

[1030] Anders Becker, S. 17, die die gegenwärtige Lösung für die richtige hält.
[1031] Vgl. die sich an die Modalitäten der §§ 331 ff. StGB anlehnenden Umschreibungen bei Lackner/Kühl, § 108 e Rn. 5; MünchKomm-Müller, § 108 e Rn. 2; SK-Rudolphi, § 108 e Rn. 13; Tröndle/Fischer, § 108 e Rn. 10; offener Überhofen, S. 196: „nicht wesentlich andere Grenze des strafbaren Bereichs"; der Sache nach auch Römer, S. 81 f.
[1032] BT-Drs. 12/5927, S. 7; auch Becker, S. 29.
[1033] Epp, S. 253.

straflos, ist aber auch noch kein „Unternehmen, eine Stimme zu kaufen", weil man darin noch keinen Versuch eines Stimmenkaufs sehen kann.[1034] Folglich decken sich, getreu dem Willen des historischen Gesetzgebers,[1035] die strafbaren Verhaltensweisen von § 108 b und § 108 e StGB.

(b) Vorteile

Nach allgemeiner Meinung lässt das Kriterium der Käuflichkeit – anders als bei § 108 b StGB – immaterielle Vorteile nicht genügen.[1036] Zwingend ist das freilich nicht, da man „Kauf" auch als „entgeltlichen Erwerb" verstehen kann und ein Entgelt nicht stets eines mit Vermögenswert sein muss.[1037] Die übliche Beschränkung auf materielle Vorteile rührt wohl daher, dass man neben praktischen Beweisschwierigkeiten vor allem befürchtet, Abgeordnete würden ständig Ermittlungsverfahren ausgesetzt, weil immaterielle Vorteile im politischen Geschäft besonders häufig seien (besondere persönliche Beziehungen, Vergabe politischer Ämter etc.).[1038]

Nach ganz herrschender Meinung fallen immaterielle Vorteile unter § 108 b StGB, nicht aber unter § 108 e StGB.

[1034] Insofern verwundert es, wenn bei Schaller, S. 42, dargelegt wird, man habe bei Art. 2 § 2 IntBestG, der sich an die Tatmodalitäten der §§ 331 ff. StGB anlehnt, die Strafbarkeit des Versuchs eingeführt, weil man mit dem „Anbieten" nicht alle Fälle des versuchten Stimmenkaufs erfasse. Die Einfügung der Versuchsstrafbarkeit durch den Rechtsausschuss wird von diesem nicht näher begründet, vgl. BT-Drs. 13/10973. Die Erklärung von Schaller ist aber insofern nahe liegend, als in Art. 1 II 2 des OECD-Übereinkommens (dazu siehe unten, S. 216 ff.) eine Angleichung der Versuchsstrafbarkeit der Bestechung ausländischer mit der inländischer Amtsträger vorgeschrieben ist. Geht man also davon aus, § 108 e StGB umfasse schon das „versuchte Anbieten oder Fordern", ist die Einfügung der Versuchsstrafbarkeit nachvollziehbar. Diese Meinung steht jedoch im Widerspruch zur Gesetzesbegründung zu § 108 e StGB, wo festgestellt wird, eine Vorverlagerung der Strafbarkeit durch Formulierung eines Unternehmenstatbestands erscheine angebracht, „weil bereits durch das Anbieten bzw. Fordern eines Vorteils eine erhebliche Gefährdung des geschützten Rechtsguts eintritt" (BT-Drs. 12/5927, S. 7). Eine noch stärkere Vorverlagerung sollte der Unternehmenstatbestand offensichtlich nicht bewirken.
[1035] Vgl. schon früher BT-Drs. 4/650, S. 590: keine Vorverlegung im Vergleich zu § 108 b StGB; vgl. auch Schafheutle, GrStrK, Band 13 S. 279.
[1036] LK-Laufhütte/Kuschel, Nachtrag § 108 e Rn. 5 ; MünchKomm-Müller, § 108 e Rn. 17; Schaller, S. 73 f.; Heisz, S. 15; anders Epp, S. 299.
[1037] Heisz, S. 16 f., 40 f. unter Hinweis auf entsprechende Meinungen zum nahezu wortgleichen § 109 StGB a.F., insbesondere RGSt 17, 296 (297); Gurwitsch, S. 29; Freudenthal, S. 60 f.; Stern W., S. 42 f.; Schlüchter in: FS Geerds, S. 729, sieht hingegen aufgrund des Kontextes der Norm von vorne herein keine Möglichkeit, immaterielle Vorteile einzubeziehen.
[1038] Becker, S. 41; Schaller, S. 73 f.

(c) Stimmverhalten

Bei § 108 b StGB kann das erkaufte Verhalten in einem Nichtwählen oder „in einem bestimmten Sinne Wählen" bestehen, § 108 e StGB spricht allgemeiner vom Kauf/Verkauf einer Stimme. § 108 b StGB erfasst dabei sowohl das ungültige Wählen wie auch einen reinen „Negativausschluss" und die generelle Bereitschaft „in einem bestimmten Sinne", der noch nicht feststeht, zu wählen.[1039] Bei § 108 e StGB wird festgehalten, dass die Konstellationen erfasst sind, in denen sich der Abgeordnete der freien Dispositionsmöglichkeit über die Ausübung seines Stimmrechts begibt, was auch bei einer Stimmenthaltung[1040] sowie einem reinen Negativausschluss[1041] der Fall ist. Die freie Dispositionsmöglichkeit ist aber auch dann (wenigstens teilweise) beseitigt, wenn sich ein Abgeordneter bereit zeigt, in einem gewissen (noch zu bestimmenden) Sinne zu stimmen. Auch die ungültig abgegebene Stimme ist eine Stimme, die ge- bzw. verkauft werden kann.

Mithin erfassen § 108 e und § 108 b StGB die gleichen Stimmverhaltensweisen.[1042]

(d) Drittkonstellationen

Zu unterschiedlichen Ergebnissen könnte man auch bei Konstellationen gelangen, in denen der Vorteil Dritten zukommt.

Bei § 108 b StGB verbleibt es aufgrund des Wortlauts, der anders als die §§ 331 ff. StGB, Vorteile für Dritte nicht erfasst, beim Erfordernis eines zumindest mittelbaren Vorteils des Wählers, das ausschließliche Eintreten des Vorteils bei einem Dritten genügt nicht.[1043]

Im Rahmen der Abgeordnetenbestechung wird diese Frage häufig gar nicht näher erörtert. Teilweise wird vertreten, dass § 108 e StGB stets einen unmittelbaren Vorteil voraussetze.[1044] Gelegentlich wird auch die Frage, an wen das „Entgelt" gehen muss, mit der Frage, worin selbiges bestehen kann und darf, vermischt.[1045] Ausgehend davon, dass die Formulierung des § 108 e StGB dem § 109 StGB a.F. entnommen worden ist, kann auf dessen Auslegung zurückgegriffen werden. Schon damals ging man meist davon aus, dass der „Kaufpreis" auch an einen Dritten gehen könne, wenn er nur wenigstens mittelbar dem

---

[1039] Siehe oben, S. 136.

[1040] Epp, S. 338 ff.; Schaller, S. 52.

[1041] Epp, S. 340 f.

[1042] So auch im Hinblick auf den E 1960 Wolf, S. 250.

[1043] Siehe oben, S. 145 f.

[1044] Heisz, S. 22.

[1045] Unklar Schaller, S. 75 ff.; Freudenthal, S. 54 f.; im Anschluss daran auch Schlüchter, in: FS Geerds, S. 730; missverständlich RGSt 6, 194 (196); 17, 196 (298).

„Verkäufer" zugute kommt.[1046] Das ist aber auch erforderlich, um den wesentlichen Grund für die Strafbarkeit, das eigennützige Verhalten des „Verkäufers", nicht ins Leere laufen zu lassen.[1047] Folglich ist § 108 e StGB ebenso auszulegen wie die §§ 331 ff. StGB a.f. vor dem ausdrücklichen Einbezug der Drittvorteile,[1048] mithin genau so wie § 108 b StGB.

Auch im Hinblick auf Drittkonstellationen ergeben sich zwischen § 108 b und § 108 e StGB keine Unterschiede.

(e) Unrechtsvereinbarung

§ 108 b StGB erfordert eine Unrechtsvereinbarung, die in ihrer Konstruktion der aus den §§ 331 ff. StGB bekannten entspricht.[1049] Die Voraussetzungen des § 108 e StGB scheinen darüber hinaus zu gehen, wenn man auf die viel zitierte Formulierung von *Schlüchter* zurückgreift, das Äquivalenzverhältnis erstarke hier zum Kausalverhältnis, was bedeute, dass das Abstimmungsverhalten auf dem gewährten Vorteil beruhen bzw. im Falle des Versuchs dieses Beruhen geplant sein müsse.[1050] Wenn man diese Kausalkette im erstgenannten Fall wirklich voraussetzt, wäre der Fall straflos, dass ein Abgeordneter von Anfang an vorhatte, in einem bestimmten Sinne abzustimmen und dies schließlich, nachdem er für dieses Stimmverhalten ein Entgelt erhalten hat, auch tut. Der Vorteil war für das Abstimmungsverhalten nicht kausal. Gleichwohl soll dieses Verhalten aufgrund der Kommerzialisierung des Mandats zu Recht dem Tatbestand unterfallen.[1051] Zentral für § 108 e StGB ist die angestrebte, geschlossene bzw. erfüllte „Kaufvereinbarung", nicht das tatsächliche Abstimmungsverhalten. Auf dieses kann es folglich nicht entscheidend ankommen.

Zunächst ist davon auszugehen, dass § 108 e StGB eine (konkrete) Unrechtsvereinbarung voraussetzt, wie sie strukturell aus den §§ 331 ff. StGB bekannt

---

[1046] Ganz deutlich Schneidler, GS 40, 23 f.; Stern W., S. 43.

[1047] Becker, S. 42 f.; RGSt 47, 71 (73 f.) differenziert zwar – klarstellend zu RGSt 6, 194 (196); 17, 196 (298) – deutlich Inhalt und Empfänger des Entgelts, statuiert aber (zu Unrecht) nicht die Voraussetzung, dass der Vorteil dem Verkäufer (wenn auch nur mittelbar) selbst zugute kommen muss.

[1048] LK-Laufhütte/Kuschel, Nachtrag § 108 e Rn. 6; Geilen, in: LdR, S. 1117; im Grundsatz auch Epp, S. 307; anders MünchKomm-Müller, § 108 e Rn. 17, der die Leistung an einen Dritten generell genügen lassen will, weil der Wortlaut des § 108 StGB gerade nicht an den der §§ 331 ff. StGB a.F. angelehnt ist.

[1049] Siehe oben, S. 135.

[1050] Schlüchter, in: FS Geerds, S. 730; dem folgend z.B. MünchKomm-Müller, § 108 e Rn. 20; SK-Rudolphi, § 108 e Rn. 13; Becker, S. 36; Heisz, S. 13.

[1051] Allgemeine Meinung, vgl. Epp, S. 344 f.; Becker, S. 37; Schaller, S. 53 f.; Schlüchter, in: FS Geerds, S. 730.

ist.[1052] Weiter ist der Tatbestand sicher dann vollendet, wenn das Abstimmungsverhalten tatsächlich auf der Vorteilsgewährung beruht, also Kausalität zwischen beiden besteht.[1053] Da es aber wegen der Eigenschaft des § 108 e StGB als Unternehmenstatbestand nicht zum Abschluss einer Unrechtsvereinbarung geschweige denn zur Erfüllung derselben kommen muss, um Vollendung bejahen zu können, genügt es, wenn jemand unmittelbar zum Stimmenkauf ansetzt in der Vorstellung, also mit dem Vorsatz, der Vorteil möge zum gewünschten Stimmverhalten führen.[1054] Noch genauer gesagt muss das Ziel des Käufers darin bestehen, durch den (versprochenen) Vorteil eine Verpflichtungserklärung des anderen Teils[1055] und schließlich – was freilich auf der Hand liegt – ein entsprechendes Abstimmungsverhalten als Gegenleistung zu erhalten. Das ist nichts anderes, als wenn bei § 331 StGB für das „Fordern" (und damit die spiegelbildliche Gegenseite) verlangt wird, dass der Täter erkennen lässt, dass er den Vorteil für seine Handlung begehrt.[1056] Auf eine reale Kausalität zwischen Handlung und Stimmverhalten kann es insofern nicht ankommen.[1057]
Im Übrigen muss, wie bei § 108 b StGB,[1058] die (beabsichtigte) Unrechtsvereinbarung zeitlich vor der Wahl bzw. Abstimmung liegen.[1059]

Demnach unterscheidet sich die Unrechtsvereinbarung bei § 108 e StGB nicht von der des § 108 b StGB. Das ist schlüssig, wenn sich, wie gesehen, auch die Tatmodalitäten entsprechen.

(f) Anwendungsbereich

Bis dato stimmt der Anwendungsbereich der Wählerbestechung mit dem der Abgeordnetenbestechung – einzige Ausnahme: die Organe der Sozialversicherung – überein. Unter Geltung des § 108 d StGB in seiner jetzigen Form ergäben sich vom Anwendungsbereich her mithin nur sehr geringe Unterschiede. Was die Organe der Sozialversicherung angeht, ist die gegenwärtige Gesetzeslage ohnehin in Frage zu stellen: Es ist nicht erklärbar, warum die Wahlen zu diesen Organen besonders bedeutend und also schützenswert sein sollen, nicht aber die Wahlen und Abstimmungen innerhalb derselben. Dieser Widerspruch würde durch die Erstreckung der §§ 107 ff. StGB auf „innerparlamentarische" Wahlen und Abstimmungen ohnehin aufgelöst.

[1052] Völlig richtig Barton, NJW 1994, 1099; Tröndle/Fischer, § 108 e Rn. 6; Maurach/Schroeder/Maiwald, BT 2, § 86 III Rn. 35.

[1053] Tröndle/Fischer, § 108 e Rn. 9.

[1054] Ähnlich Sch/Sch-Eser, § 108 e Rn. 9; SK-Rudolphi, § 108 e Rn. 13.

[1055] Ähnlich Heisz, S. 14; Schaller, S. 93.

[1056] Vgl. nur LK-Jescheck, § 331 Rn. 4.

[1057] Tröndle/Fischer, § 108 e Rn. 10.

[1058] Siehe oben, S. 136.

[1059] BT-Drs. 12/5927, S. 6.

Zu klären ist noch, wie bei der vorgeschlagenen Erweiterung des Geltungsbereichs die Wahlen und Abstimmungen innerhalb der kommunalen Gremien zu behandeln wären. Nach der gegenwärtigen überwiegenden Meinung kommt § 108 e StGB nur dann in Betracht, wenn es sich bei der konkreten Entscheidung um ein legislatives Tätigwerden, zum Beispiel den Erlass einer Satzung handelt. Die Lösungswege sind im Einzelnen sehr verschieden: Teilweise wird der Tatbestand des § 108 e StGB teleologisch reduziert und bei Kommunalvertretern nur für anwendbar gehalten, wenn besagtes legislatives Tun gegeben ist (Tatbestandslösung).[1060] Teilweise wird aber auch auf eine Konkurrenzlösung zurückgegriffen, wobei die §§ 331 ff. StGB entweder als vorrangig bei exekutivischem Handeln angesehen werden[1061] oder doch Tateinheit bejaht wird.[1062] Wieder andere wenden § 108 e StGB voll auf Kommunalvertreter an, weil diese im Regelfall keine Amtsträger seien, so dass die §§ 331 ff. StGB von vornherein nicht in Betracht kämen.[1063] Im Gegensatz dazu wird teilweise auch ausschließlich auf die §§ 331. ff. StGB zurückgegriffen.[1064]

Mögen für § 108 e StGB verschiedene Lösungen diskutabel sein, so steht jedenfalls für die vorgeschlagene Gesetzesänderung die Erfassung sämtlicher Wahlen und Abstimmungen der kommunalen Vertreter fest. Dabei ist vom (de lege ferenda) geschützten Rechtsgut der demokratisch legitimierten politischen Willensbildung auszugehen. Wenn diese also auf kommunaler Ebene stattfindet, ist der umfassende Schutz gerechtfertigt. Dies wird unter Berufung auf das Bundesverfassungsgericht und dem diesem folgenden § 2 I PartG, wonach so genannte „Rathausparteien" nicht als Parteien anzusehen sind, weil diese mangels Stattfindens von politischer Willensbildung auf kommunaler Ebene auch nicht an dieser mitwirken können, abgelehnt.[1065] Wenn aber gleichzeitig anerkannt wird, dass auf Landesebene organisierte Parteien an der politischen Willensbildung des Volkes mitwirken, wenn sie an Kommunalwahlen teilnehmen,[1066] steht

---

[1060] MünchKomm-Müller, § 108 e Rn. 14; Sch/Sch-Eser, § 108 e Rn. 6; SK-Rudolphi, § 108 e Rn. 9; Tröndle/Fischer, § 108 e Rn. 5, 14; Becker, S. 32; Heisz, S. 11, 41 ff.

[1061] Geilen, in: LdR, S. 1119; Schaller, S. 150 f.; wohl auch Epp, S. 391.

[1062] Lackner/Kühl, § 108 e Rn. 8; NK-Wohlers, § 108 e Rn. 3, 10; Überhofen, S. 201 f.

[1063] Deiters, NStZ 2003, 458; Nolte, DVBl 2005, 879 f.; womöglich auch LK-Laufhütte/Kuschel, Nachtrag § 108 e Rn. 3, die lediglich feststellen, dass die nach Art der konkreten Entscheidung differenzierende Meinung für den Wortlaut zu eng sei, der sämtliche Wahlen und Abstimmungen erfasse, für die eine Zuständigkeit bestehe, sich zu den Konkurrenzen jedoch nicht weiter äußern.

[1064] LG Köln, StraFo 2003, 278 ff.; LG Krefeld, NJW 1994, 2036 (2037); kritisch Heinrich, NStZ 2005, 201 f. im Hinblick auf die unterschiedlichen Strafrahmen von § 108 e und den §§ 331 ff. StGB.

[1065] BVerfGE 6, 367 (372 f.); Schroeder F.-C., S. 453.

[1066] So BVerfGE 6, 367 (372 f.).

dies dazu im offenen Widerspruch.[1067] Unabhängig von der Lösung der Frage zur Eigenschaft als Partei bedeutet dies, dass eben doch politische Willensbildung in den Kommunen erfolgt. Dort wird nicht nur verwaltet, sondern auch politisch gehandelt.[1068] Kommunalpolitik ist Politik, den im Rahmen der Selbstverwaltung basieren die sachlichen Entscheidung regelmäßig auch auf politischen Erwägungen, die Grundpositionen der Parteien machen sich hier immer wieder bemerkbar.[1069] Anders gewendet: Gebundene Entscheidungen werden auch im Bundestag oder in den Landtagen getroffen, wenn etwa europäische Richtlinien umzusetzen oder Rahmengesetzgebung auszufüllen ist, so dass sich daraus nicht das fehlende politische Element herleiten lässt.[1070] Man denke zudem nur an Stadtstaaten im Vergleich zu Gemeindevertretungen großer Städte! Schließlich liegt die Besonderheit in der konzeptionell engen Anlehnung der „Gemeindeparlamente" an das Bundes- und die Länderparlamente: Art. 28 I 2 GG legt die identischen Wahlgrundsätze für die kommunale Ebene fest wie sie für die Bundestagswahlen nach Art. 38 I 1 GG gelten. Und innerhalb des Gremiums gilt auch auf kommunaler Ebene das Mehrheitsprinzip, vgl. etwa Art. 51 I GO. Das führt zwar nicht etwa zur Zuordnung der Gemeinderäte zur Legislativen,[1071] macht aber deutlich, dass diese nicht reine Vollzugsorgane sind, sondern auch und gerade politische Entscheidungen treffen. Andernfalls wäre die Installation eines unmittelbar (!) demokratisch legitimierten Organs auch wenig sinnvoll.

Weil innerhalb ihres Spielraums die Gemeinderäte eigenständige Entscheidungen treffen, die der demokratischen Qualität von Parlamentsentscheidungen in nichts nachstehen,[1072] ist deren Schutz durch das Wahlstrafrecht angebracht und vom beschriebenen Rechtsgut umfasst.

Die vorgeschlagene Erweiterung des Geltungsbereichs führt dazu, dass Wahlen und Abstimmungen in kommunalen Organen vollumfänglich als „Abgeordnetenbestechung" zu bewerten sind. Die §§ 331 ff. StGB verlieren hingegen grundsätzlich ihre Bedeutung in diesem Zusammenhang, weil Gemeinderäte aufgrund ihrer beschriebenen besonderen Funktion keine Amtsträger im Sinne

---

[1067] Hesse K., VerfassungsR, Rn. 168, zieht daraus die weitere Konsequenz, dass die „Rathausparteien" eben doch unter den Schutz des Art. 21 GG fallen.

[1068] Böhret-Frey, in: HdbKommWiss 2, § 26 S. 20 f.; Degenhart, StaatsR I, Rn. 79; Wurzel, S. 25.

[1069] Püttner, in: HdbKommWiss 2, § 25 S. 7.

[1070] Nolte, DVBl 2005, 873 ff., auch näher zur vergleichbaren Stellung von Gemeinderäten und Abgeordneten.

[1071] BVerfGE 65, 283 (289); 78, 344 (348).

[1072] Püttner, in: HdbKommWiss 2, § 25 S. 10.

des § 11 I Nr. 2 StGB sind;[1073] diese nehmen keine Aufgaben der öffentlichen Verwaltung vor, sondern wirken an der demokratischen bzw. politischen Willensbildung innerhalb der Gemeinde mit.[1074]

(3) Resumée

In der Sache werden § 108 b bzw. § 108 e StGB nur bei den immateriellen Vorteilen unterschiedlich ausgelegt, § 108 e StGB soll diese im Gegensatz zu § 108 b StGB nicht erfassen. Diese Einschränkung ist jedoch bei § 108 e StGB (jedenfalls de lege ferenda) durchaus nicht unumstritten.

Für die Beschränkung wird vorgebracht, dass andernfalls eine große Gefahr der Strafverfolgung bestünde,[1075] zumal im politischen Geschäft besonders schnell „leichtfertige Verdächtigungen"[1076] erhoben werden könnten, aufgrund deren dann durch ein Ermittlungsverfahren politische Betätigung – womöglich völlig zu Unrecht – praktisch unmöglich gemacht werden könnte. Hinzu komme, dass andernfalls zahlreiche adäquate Verhaltensweisen dem Tatbestand unterfallen würden.[1077]

Gerade die Missbrauchsgefahr bezüglich der Ermittlungsverfahren darf jedoch nicht überschätzt werden, immerhin setzt § 152 II StPO hierfür das Vorliegen eines Anfangsverdachts voraus.[1078] Schließlich ist zu berücksichtigen, dass das geschützte Rechtsgut eben auch beim Vorliegen immaterieller Vorteile verletzt sein kann.[1079] Freilich können auf diese Weise sozial bzw. politisch adäquate Verhaltensweisen dem Tatbestand unterfallen, aber ebenso ist es denkbar, dass beim generellen Ausschluss immaterieller Vorteile sozial inadäquate Vorteile dem Tatbestand zu Unrecht nicht unterfallen. Diese Entscheidung ist richtig(er) beim Kriterium der Sozialadäquanz zu verorten. Ganz abgesehen davon dürften aus praktischer Sicht auch im Bereich der Abgeordnetenbestechung die immate-

---

[1073] Ausführlich Deiters, NStZ 2003, 453 ff.: durch das Abstellen auf die beschriebene Art der Entscheidungsfindung kommt er dazu, dass Gemeinderäte grundsätzlich keine Amtsträger sind, für sie deshalb vollumfänglich § 108 e StGB gilt und nicht die §§ 331 ff. StGB greifen; anders die hM vgl. nur Heinrich, S. 675 ff.; in diesem Sinne auch die Bundesregierung, BT-Drs. 15/3849, S. 2 in ihrer Antwort auf die Kleine Anfrage der FDP-Fraktion (BT-Drs. 14/3698); kritisch zu den Konsequenzen des E 1962 für die Strafbarkeit von Gemeinderatsmitgliedern Hartmann, DVBl 1966, 810 ff.

[1074] So im Ergebnis auch Marel, StraFo 2003, 259 ff. gegen LG Köln, StraFo 2003, 278 ff.

[1075] Becker, S. 41.

[1076] Schaller, S. 74.

[1077] Becker, S. 41.

[1078] So auch in einem ähnlichen Kontext Schlüchter, in: FS Geerds, S. 723.

[1079] MünchKomm-Müller, § 108 e Rn. 17; Heisz, S. 137 f.; Epp, S. 299 sieht immaterielle Vorteile grundsätzlich bereits de lege lata erfasst.

riellen Vorteile keine wesentlich größere Bedeutung haben als bei § 108 b bzw. den §§ 331 ff. StGB.

Die Auslegung des Vorteilsbegriffs ist jedenfalls kein durchschlagendes Argument gegen die vorgeschlagene Gesetzesänderung.

Damit bleiben nur noch die spezifische Formulierung und die besondere systematische Stellung des § 108 e StGB als abgrenzende Gesichtspunkte übrig. Berücksichtigt man aber noch einmal den erzielten Gewinn der speziellen Formulierung des Tatbestands darin, dass der Rechtsanwender bei seiner Beurteilung eines bestimmten Verhaltens besonders darauf aufmerksam gemacht wird, die politische Adäquanz zu berücksichtigen, erweist sich dieser als recht mager. Denn wie diese sich inhaltlich gestaltet, welche Kriterien anzulegen sind, sagt § 108 e StGB nicht. Und das ist nicht weniger als das Kernproblem des § 108 e StGB. Dann wäre es aber wenig sinnvoll, § 108 b StGB an dessen Wortlaut anzugleichen[1080] oder die Sonderregelung wenigstens teilweise aufrecht zu erhalten. Dies auch, weil das weitere Ziel des besonderen Wortlauts, das spezifische Unrecht, das in der Erniedrigung der Stimme zur Handelsware besteht, zum Ausdruck zu bringen, auch mit der Formulierung aus § 108 b StGB erreicht wird. Schließlich bedeutet „unternehmen, zu kaufen" wie gesehen nichts anderes als „anbieten, versprechen oder gewähren". Nicht zuletzt führte der Gesetzgeber den vermeintlich zentralen Gedanken des Sondertatbestands nicht konsequent zu Ende, indem er in der amtlichen Überschrift des § 108 e StGB doch wieder auf die von den §§ 331 ff., 108 b StGB her bekannte Terminologie zurückfiel und von der „Abgeordnetenbestechung" spricht, mithin selbst den Bezug zu den genannten Normen herstellte.

Insgesamt haben sich keine durchgreifenden Argumente gegen eine Integration des § 108 e StGB in den § 108 b StGB ergeben.[1081]

Zwei Bedenken gegen diese Lösung bleiben gleichwohl: Wer § 108 e StGB für zu unbestimmt und deshalb mit Art. 103 II GG für unvereinbar hält,[1082] wird diese Kritik jedenfalls bezüglich der in § 108 b StGB dann mitgeregelten Abgeordnetenbestechung aufrechterhalten (müssen). Wer § 108 e StGB insgesamt für eine ungenügende Regelung hält, wird dies auch nach der hier vorgeschlagenen Gesetzesänderung tun. Allerdings ist hier nicht der Ort, eine Neuformulierung

---

[1080] Ganz abgesehen davon, dass dies zu einem Wiedererstehen alter Streitigkeiten führen könnte, wie Kirschner, S. 223 ff. befürchtet; anders Schaller, S. 95.

[1081] Eine Anhebung der Mindeststrafe, wie sie Heisz, S. 128 ff. in Anlehnung an die §§ 332, 334 StGB fordert, wäre denkbar, aber nicht zwingend, wie Epp, S. 455 ff. darlegt.

[1082] Bedenken bei MünchKomm-Müller, § 108 e Rn. 19; NK-Wohlers, § 108 e Rn. 7; SK-Rudolphi, § 108 e Rn. 4; anders Grüll, ZRP 1992, 372; allgemein Schroth, in: Präzision im Strafrecht, S. 102 ff.

des § 108 e StGB zu entwickeln.[1083] Maßgeblich ist an dieser Stelle nur die Frage, ob die Streichung des § 108 e StGB im Gefolge einer Erweiterung des Geltungsbereichs zu einer Veränderung bzw. Verschlechterung der gegenwärtigen Rechtslage führen würde.

Das kann nach dem Gesagten verneint werden, so dass von den oben vorgeschlagenen Lösungswegen der erste heranzuziehen und mithin § 108 e StGB zu streichen ist.[1084]

(4) Aktuelle Entwicklungen und deren Konsequenzen

Mit dieser Lösung wird der status quo beibehalten. Aufgrund der zunehmenden Bedeutung und Diskussion des Themas Korruption allgemein, gerade auf europäischer und internationaler Ebene, wird man es beim gegenwärtigen Rechtsstand jedoch nicht belassen können.[1085]
Europäische und internationale Vereinbarungen sind teilweise bereits in nationales Recht umgesetzt, teilweise steht dies noch bevor.[1086]

[1083] Vgl. hierzu Becker, S. 192; Heisz, S. 145; Kühne, S. 129 f.; Olderog, S. 106; Ein wirklicher „Durchbruch" in der Formulierung scheint jedoch nicht geglückt. In der Regel wird der Versuch unternommen, die politische Adäquanz im Tatbestand näher zu konkretisieren, was zumindest Bedenken gegen die Bestimmtheit des Tatbestands reduzieren hilft.

[1084] Nicht zuletzt erfüllt diese Lösung gleichsam „nebenher" auch die (allerdings nicht unumstritten gebliebene, vgl. etwa kritisch Geerds, JR 1996, 312; Ransiek, StV 1996, 452 f.) Forderung nach einer Erweiterung des Anwendungsbereichs der Abgeordnetenbestechung insbesondere auf die Ausschüsse (wobei deren Schutz durch § 108 e StGB ganz überwiegend angenommen wird, vgl. nur Sch/Sch-Eser, § 108 e Rn. 4; SK-Rudolphi, § 108 3 Rn. 9; anders etwa Geerds, JR 1996, 312; Schaupensteiner, Kriminalistik 1994, 523; Becker, S. 33 ff.) und Fraktionen (Dölling, Gutachten, S. 83; Becker, S. 35, 185 f., 188; Heisz, S. 109 ff., 131; Kühne, S. 103 f.; Schaller, S. 31 f.; Vahlenkamp/Knauß, S. 269). Ganz allgemein wird schon von Ransiek, StV 1996, 452, eine gleichlaufende Formulierung des § 108 e StGB mit den §§ 331 ff. StGB angedacht.

[1085] Vgl. nur Schaupensteiner, NStZ 1996, 415: „Auf die Tagesordnung gehört auch die Erweiterung des Tatbestandes der Abgeordnetenbestechung".

[1086] Überblick über diese Entwicklungen bei Möhrenschlager, in: FS U. Weber, S. 227 ff.; Gänßle, NStZ 1999, 543 ff.; Zieschang, NJW 1999, 105 ff.; kritisch Volk, in: GS Zipf, S. 428 ff.

(a) Erstes Protokoll (vom 27. September 1996)[1087] zum Übereinkommen über den Schutz der finanziellen Interessen der Europäischen Gemeinschaften vom 26. Juli 1995[1088] sowie Übereinkommen vom 26. Mai 1997 über die Bekämpfung der Bestechung, an der Beamte der EG oder der Mitgliedstaaten der EU beteiligt sind[1089]

Den Mitgliedstaaten wird in Art. 4 jeweils auferlegt, Bestechung und Bestechlichkeit von oder gegenüber Abgeordneten des Europäischen Parlaments ebenso zu bestrafen wie die von oder gegenüber Abgeordneten der nationalen Parlamente. Mit dem Einbezug des Europäischen Parlaments in § 108 e StGB bei dessen Schaffung 1994 war diese Forderung schon erfüllt. Neu geschaffen werden musste im Hinblick auf die Abgeordnetenbestechung lediglich § 5 Nr. 14 a StGB.[1090] Die Übereinkommen verlangen zwar Regelungen für Bestechung und Bestechlichkeit von und gegenüber „Beamten", die inhaltlich über § 108 e StGB hinausgehen, jedoch ist der „Beamten"- i.S.v. Amtsträgerbegriff dem jeweiligen nationalen Recht zu entnehmen,[1091] dem Abgeordnete in Deutschland gerade nicht unterfallen.[1092] Veränderungsbedarf für § 108 e StGB selbst bestand demnach nicht.

(b) Übereinkommen über die Bekämpfung der Bestechung ausländischer Amtsträger im internationalen Geschäftsverkehr vom 17. Dezember 1997 („OECD-Übereinkommen")[1093]

Art. 1 sieht die Verpflichtung vor, einen Straftatbestand der Bestechung ausländischer Amtsträger zu schaffen. Entscheidend ist, dass Art. 1 IV unter den Begriff des ausländischen Amtsträgers auch eine „Person, die in einem anderen Staat durch [...] Wahl ein Amt im Bereich der Gesetzgebung [...] innehat", also einen Abgeordneten fasst. In deutsches Recht umgesetzt wurde das OECD-Übereinkommen durch Schaffung des IntBestG, des Gesetzes zur Bekämpfung internationaler Bestechung.[1094] Die Bestechung ausländischer Abgeordneter regelt Art. 2 § 2 folgendermaßen:[1095]

[1087] ABlEG Nr. C 313 v. 23.10.1996, S. 1 ff.

[1088] ABlEG Nr. C 316 v. 27.11.1995, S. 49 ff.

[1089] ABlEG Nr. C 195 v. 25.06.1997, S. 1 ff.

[1090] Vgl. Art. 6 des Ersten Protokolls bzw. Art. 7 des Übereinkommens vom 26. Mai 1997; zur Umsetzung vgl. BT-Drs. 13/10424, S. 6 f.

[1091] Vgl. jeweils Art. 1.

[1092] Vgl. nur Sch/Sch-Eser, § 11 Rn. 23; Heinrich, S. 669 ff.

[1093] Text unter http://www.admin.ch/ch/d/ff/1999/5560.pdf

[1094] Vgl. BT-Drs. 13/10428.

[1095] Zu den Tatbestandsmerkmalen, die mit Art. 2 § 1 IntBestG übereinstimmen, vgl. Pelz, WM 2000, 1568 ff., 1571 konkret zu Art. 2 § 2 IntBestG.

„(1) Wer in der Absicht, sich oder einem Dritten einen Auftrag oder einen
unbilligen Vorteil im internationalen geschäftlichen Verkehr zu verschaffen
oder zu sichern, einem Mitglied eines Gesetzgebungsorgans eines ausländi-
schen Staates oder einem Mitglied einer parlamentarischen Versammlung
einer internationalen Organisation einen Vorteil für dieses oder einen Drit-
ten als Gegenleistung dafür anbietet, verspricht oder gewährt, dass es eine
mit seinem Mandat oder seinen Aufgaben zusammenhängende Handlung o-
der Unterlassung künftig vornimmt, wird mit Freiheitsstrafe bis zu fünf Jah-
ren oder mit Geldstrafe bestraft.
(2) Der Versuch ist strafbar. "

Damit werden inländische Abgeordnete (die allerdings Art. 2 § 2 IntBestG unterfallen, wenn sie für eine internationale Organisation zum Beispiel als Mitglied des Europäischen Parlaments tätig werden[1096]) und ausländische Abgeordnete in mehrfacher Hinsicht unterschiedlich behandelt:

- Art. 2 § 2 IntBestG bestraft nur die aktive Bestechung, nicht hingegen wie
  § 108 e StGB auch die passive Bestechlichkeit.
- Das erkaufte Verhalten ist nicht wie bei § 108 e StGB auf eine bestimmte
  Stimmausübung beschränkt.
- Durch die Erfassung des Versuchs wird der Bereich des strafbaren Verhaltens
  in Art. 2 § 2 IntBestG weiter nach vorne verlagert, da das unmittelbare Ansetzen zum Anbieten noch vor dem Unternehmen des Kaufens im Sinne des
  § 108 e StGB liegt.[1097]
- Art. 2 § 2 IntBestG setzt einschränkend die Absicht, einen Vorteil im internationalen Geschäftsverkehr zu erlangen, voraus – was allerdings bei der Bestechung ausländischer Abgeordneter häufig der Fall sein dürfte.

Mag man auch Bedenken gegen die Bestimmtheit des Art. 2 § 2 IntBestG haben,[1098] zu kritisieren sind jedenfalls die genannten Unstimmigkeiten in der Behandlung von inländischen und ausländischen Abgeordneten. Entsprechende
Harmonisierungen sind unumgänglich,[1099] zumal es im Hinblick auf Art. 3 GG
schwierig sein dürfte, diese Ungleichbehandlung mit einem sachlichen Grund zu
rechtfertigen. Im Raum steht eine Überführung des Tatbestands in das StGB –

[1096] Erläuterungen zum OECD-Übereinkommen, BT-Drs. 13/10428, S. 24; auch Möhrenschlager, in: FS U. Weber, S. 228. Insofern ist ein Zusammentreffen von § 108 e StGB und
Art. 2 § 2 IntBestG denkbar. Aufgrund der speziellen internationalen Ausrichtung des Int-
BestG – der Wettbewerb zwischen den Hauptwettbewerberstaaten im Weltmarkt soll geschützt werden (Korte, wistra 1999, 82; Pelz, WM 2000, 1568) – ist von Idealkonkurrenz auszugehen.
[1097] Siehe oben, S. 204 f.
[1098] Zieschang, NJW 1999, 107.
[1099] Allgemeine Meinung, vgl. nur Dölling, ZStW 112 (2000), 354; Korte, wistra 1999, 87;
Zieschang, NJW 1999, 107.

218

womit die bereits bestehenden Bedenken gegen Art. 2 § 2 IntBestG allerdings nicht ausgeräumt werden können.[1100]

(c) Strafrechtsübereinkommen des Europarates über Bestechung (Criminal Law Convention on Corruption) vom 27. Januar 1999[1101]

Wie schon bei den EU-Dokumenten wird auch hier der Amtsträgerbegriff nach nationalem Recht bestimmt (Art. 1). Allerdings wird in Art. 4 insbesondere die Pflicht statuiert, die „Amtsdelikte" der Art. 2 und 3, aktive und passive Bestechung, auch für Konstellationen vorzusehen, in denen ein Mitglied eines nationalen Gesetzgebungsorgans beteiligt ist. Gleiches gilt nach den Art. 6 und 10 für Mitglieder ausländischer und internationaler gesetzgebender Versammlungen. Dabei sind die Art. 2 und 3 besonders weit gefasst. Sie lauten im englischen Original:

"Article 2 – Active bribery of domestic public officials
... when committed intentionally, the promising, offering or giving by any person, directly or indirectly, of any undue advantage to any of its public officials, for himself or herself or for anyone else, for him or her to act or refrain from acting in the exercise of his or her functions.

Article 3 – Passive bribery of domestic public officials
... when committed intentionally, the request or receipt by any of its public officials, directly or indirectly, of any undue advantage, for himself or herself or for anyone else, or the acceptance of an offer or a promise of such an advantage, to act or refrain from acting in the exercise of his or her functions."

Damit wird ein Tatbestand der Abgeordnetenbestechung mit insbesondere folgenden Eigenschaften erforderlich:[1102]
- Alle Handlungen bzw. Unterlassungen in Ausübung des Mandats sind relevant, nicht nur ein konkretes Stimmverhalten. Das „erkaufte" Verhalten kann rechtmäßig oder rechtswidrig sein.
- Es wird nicht zwischen materiellen und immateriellen Vorteilen unterschieden.
- Sowohl Vorteile für sich wie für einen Dritten sind zu erfassen.
- Dabei spielt es keine Rolle, ob der Vorteil dem Empfänger auf direktem oder indirektem Weg (über Mittelsmänner) zukommt.
- Sozialadäquate Vorteile („socially acceptable gifts") bleiben straffrei.

[1100] Vgl. Schaller, S. 42 ff.
[1101] Text unter http://conventions.coe.int/treaty/en/Treaties/Html/173.htm; von Deutschland noch nicht ratifiziert.
[1102] Vgl. die Erläuterungen zu Art. 2, 3 und 4 unter http://conventions.coe.int/Treaty/en/Reports/Html/173.htm

- Die Unrechtsvereinbarung muss zeitlich vor dem Verhalten des Abgeordneten liegen. Wann der Vorteil fließt, spielt keine Rolle. So genannte „Dankeschön-spenden" müssen also nicht unter Strafe gestellt werden.[1103]

Art. 37 gibt zwar das Recht, die beschriebenen Normen nicht ins nationale Recht umzusetzen, davon wird Deutschland aber keinen Gebrauch machen.

(d) UN-Konvention gegen Korruption (UN Convention against Corruption) vom 31. Oktober 2003[1104]

Deutschland hat hiermit einer UN-Konvention zugestimmt, die keine Vorbe-haltsmöglichkeiten wie das eben genannte Strafrechtsübereinkommen vorsieht. Deren Art. 2 fasst unter den Begriff des Amtsträgers unter anderem jede Person, die ein gesetzgeberisches Amt innehat, sei sie ernannt oder gewählt („holding a legislative [...] office [...], whether appointed or elected [...]"), also gerade auch den Abgeordneten. Im Zusammenhang mit diesen sind folgende Verhaltenswei-sen unter Strafe zu stellen:

> *"Article 15 – Bribery of national public officials*
> *(...)*
> *(a) The promise, offering or giving, to a public official, directly or indirectly, of an undue advantage, for the official himself or herself or another person or entity, in order that the official act or refrain from acting in the exercise of his or her official duties;*
> *(b) The solicitation or acceptance by a public official, directly or indirectly, of an undue advantage, for the official himself or herself or another person or entity, in order that the official act or refrain from acting in the exercise of his or her official duties. "*

In ihrer inhaltlichen Reichweite entspricht die UN-Konvention bezüglich der Abgeordnetenbestechung demnach dem Europaratsübereinkommen.[1105]

[1103] So für das EUBestG schon Dölling, ZStW 112 (2000), 353, auf dessen zugrunde liegen-des Protokoll in den Erläuterungen zum Europaratsübereinkommen (Art. 2 Nr. 32) ausdrück-lich Bezug genommen wird.

[1104] Text unter http://www.unodc.org/pdf/crime/convention_corruption/signing/Convention-e.pdf; von Deutschland noch nicht ratifiziert; zur Entstehungsgeschichte vgl. Möhrenschlager, in: FS U. Weber, S. 229 f. sowie Der Spiegel vom 23. Juni 2003, S. 36 ff; zur Konvention insgesamt Dell, Vereinte Nationen 2004, 77 ff.

[1105] Das ist schon am Wortlaut erkennbar, der sich von dem des OECD-Übereinkommens nur unwesentlich unterscheidet. Auch nach der UN-Konvention müssen Regelungen für ausländi-sche Amtsträger und Amtsträger internationaler Organisationen geschaffen werden, vgl. Art. 16.

(e) Konsequenzen

Diese Vorgaben werden durch eine bloße Integration des § 108 e StGB in § 108 b StGB freilich nicht erfüllt. Die systematische Einordnung des Tatbestands ist allerdings korrekt, so dass an eine Erweiterung des § 108 b StGB durch zusätzliche Absätze zu denken ist. Dabei kann der bereits existierende Art. 2 § 2 IntBestG durchaus Vorbildfunktion einnehmen.[1106] Die amtliche Überschrift wäre (ohnehin) zu ändern und sollte künftig „Wähler- und Abgeordnetenbestechung" lauten. Man könnte an die Einführung der Strafbarkeit des Versuchs denken, wenngleich dies nach Art. 27 Nr. 2 der UN-Konvention nicht zwingend ist. Die Bestechungstatbestände sind mit ihren Handlungsmodalitäten ohnehin bereits relativ breit angelegt.[1107] Zudem ergibt sich die Möglichkeit, den bisherigen § 108 b StGB auf Drittvorteile zu erweitern und die Erwähnung des Geschenks als Beispiel des Vorteils zu streichen, mithin die Entwicklung der §§ 331 ff. StGB nachzuvollziehen. Schließlich bietet es sich an, auf Kritik an § 108 e StGB zu reagieren und über die Vorgaben der internationalen Übereinkommen insofern hinauszugehen, als jedenfalls im Hinblick auf Abgeordnete auch so genannte „Dankeschönspenden", also Zuwendungen für bereits geleistete Dienste unter Strafe gestellt werden sollten. Zuletzt sollten aus den bereits geschilderten Gründen des Gleichlaufs von Wahlen zu und innerhalb bestimmter Gremien alle im hier entwickelten Entwurf des § 108 d StGB aufgeführten Einrichtungen in die – dann freilich etwas ungenau bezeichnete – Abgeordnetenbestechung einbezogen werden. Man könnte sich § 108 b StGB dann folgendermaßen vorstellen:

§ 108 b StGB – Wähler- und Abgeordnetenbestechung
(1) Wer einem anderen dafür, dass er nicht oder in einem Sinne wähle, einen Vorteil anbietet, verspricht oder gewährt, wird mit Freiheitsstrafe bis zu fünf Jahren oder mit Geldstrafe bestraft.
(2) Ebenso wird bestraft, wer dafür, dass er nicht oder in einem bestimmten Sinne wähle, einen Vorteil fordert, sich versprechen lässt oder annimmt.
(3) Ebenso wird bestraft, wer einem Mitglied der in § 108 d StGB genannten Einrichtungen einen unlauteren Vorteil für sich oder einen Dritten dafür anbietet, verspricht oder gewährt, dass er eine mit seinen Aufgaben zusammenhängende Handlung oder Unterlassung vornimmt oder vorgenommen hat.
(4) Ebenso wird bestraft, wer als Mitglied der in § 108 d StGB genannten Einrichtungen einen unlauteren Vorteil für sich oder einen Dritten dafür fordert, sich versprechen lässt oder annimmt, dass er eine mit seinen Aufgaben

---

[1106] Hierfür auch Möhrenschlager, in: FS U. Weber, S. 232.
[1107] Das spricht freilich nicht prinzipiell gegen eine Versuchsstrafbarkeit, vgl. nur §§ 331 II 2, 332 I, 334 II 2 StGB.

zusammenhängende Handlung oder Unterlassung vornimmt oder vorgenommen hat.
(5) Der Versuch ist strafbar.

Dass dieser neue Tatbestand kein Musterbeispiel an Bestimmtheit ist, dürfte klar sein. Allerdings wird es nicht möglich sein, die Vorgaben aus den internationalen Verträgen, die ihrerseits extrem weit gefasst sind, in eine bestimmtere Fassung umzusetzen. Und schließlich wird die besondere Eigenart der Korruptionstatbestände, der regelwidrige Austausch von Vorteilen, mit der normativen Eigenschaft des Vorteils als „unlauter" hinreichend erfasst, so dass untadeliges Verhalten nicht etwa zu Unrecht kriminalisiert wird.[1108] Hieran muss (und kann!) die Auslegung anknüpfen.[1109] Was schon bisher nicht Ausdruck von Käuflichkeit war, stellt nun keinen unlauteren Vorteil dar.

Der bestehende Art. 2 § 2 IntBestG sollte schon aus Gründen der Übersichtlichkeit hier nicht integriert werden, zumal er aufgrund der beschriebenen Übereinkommen noch auf die passive Bestechlichkeit zu erweitern sein wird. Auch systematisch passt eine Regelung im Hinblick auf ausländische, insbesondere auch außereuropäische Gesetzgebungsorgane u.ä. nicht in den Vierten Abschnitt, der, wie gesehen, nur inländische Rechtsgüter schützt.[1110] Entweder sollten hierfür die §§ 331 ff. StGB oder der Dritte Abschnitt erweitert werden.

b) Folgefragen und -probleme

Die Neufassung des Anwendungsbereichs führt zu kleineren Folgefragen und -problemen.

aa) §§ 105, 106 StGB überflüssig?

So könnte man die Frage aufwerfen, ob die §§ 105, 106 StGB bei einer Erweiterung des Geltungsbereichs im obigen Sinne nicht überflüssig würden, weil durch sie letztlich kein weitergehender Schutz gewährleistet sei.[1111] Das ist allerdings schon deshalb nicht der Fall, weil die in den §§ 105, 106 StGB beschriebenen „Befugnisse" nicht nur aus dem Wählen und Abstimmen bestehen (zumal nicht beim Einzelorgan des Bundespräsidenten), sondern auch das bloße Beraten und Zusammentreten umfassen.[1112] Richtig ist, dass die §§ 105, 106 StGB gerade mit § 108 StGB zukünftig oft tateinheitlich verwirklicht sein können.

[1108] Das entspricht den Anforderungen von Volk, in: GS Zipf, S. 430 f.
[1109] So auch Möhrenschlager, in: FS U. Weber, S. 232.
[1110] Siehe oben, S. 15 ff.
[1111] Wolf, S. 39 ff., der im Ergebnis für den Fortbestand der §§ 105, 106 kein Bedürfnis sieht.
[1112] Schroeder F.-C., S. 450 ff.

bb) Bestimmung der Rechtswidrigkeit der Wählernötigung im innerparlamentarischen Bereich

Bei der Anwendung von § 108 StGB auf innerparlamentarische Abstimmungen muss erneut die Frage aufgeworfen werden, ob der Tatbestand bereits typisches Unrecht beschreibt oder ob die Abwägungsklausel § 240 II StGB hier analoge Anwendung finden muss.[1113]

§ 402 E 1962 hatte in seinem Abs. 2 einen ausdrücklichen Verweis,[1114] wobei die Begründung eine Notwendigkeit dafür aufgrund der Erweiterung der Nötigungsmittel erkannte.[1115] Das wurde bereits als nicht tragendes Argument abgelehnt.[1116] Das gilt umso mehr, wenn man unter Berücksichtigung des Verfassungsrechts bedenkt, dass Art. 38 I 2 GG gerade für den Fall der Anwendung wirtschaftlichen Drucks als verletzt gilt.[1117] Der Verlust eines „sicheren" Listenplatzes oder sogar ein Parteiausschluss sollen hingegen im Einzelfall zulässige Druckmittel sein.[1118] Zur Kenntnis zu nehmen ist überdies die ganz überwiegende Meinung, die bei § 106 StGB, der häufig im Hinblick auf Wahlen und Abstimmungen Bedeutung erlangen wird, § 240 II StGB analog anwendet.[1119] Dem lässt sich nicht der rein pragmatische Aspekt entgegenhalten, die Gerichte sollten keine politischen Zwangsmaßnahmen beurteilen müssen.[1120] Richtig ist jedoch auch, dass wie beim Wähler auch beim Abgeordneten ein besonders starkes Recht, nämlich Art 38 GG in Rede steht, der grundsätzlich jede Einflussnahme auf den Abgeordneten, die ihn in seiner Entscheidungsfreiheit beeinträchtigen, verbietet,[1121] was eher gegen die Annahme eines „offenen Tatbestandes" spricht.

Allerdings ist zu bedenken, dass Art. 38 GG nunmehr nur (noch) einen Ausschnitt der strafrechtlich relevanten Konstellationen betrifft. Man wird zwar weiterhin davon ausgehen können, dass in den meisten Fällen der Tatbestand aufgrund des verwerflichen Ziels der Einwirkung auf ein – meist einfachgesetzlich als freies festgelegtes – Wahlrecht oder die Ausübung des Mandats bereits ein

---

[1113] Zur Diskussion bei der Wählernötigung in der heutigen Form siehe oben, S. 120 ff.; in den meisten Entwürfen, die eine Erweiterung des Geltungsbereichs beinhalten, wird das Problem weder im Gesetzestext noch in der Begründung angesprochen; vgl. BT-Drs. 1/1307, S. 40; dazu Anlage 2, S. 66; BT-Drs. 2/2310.

[1114] Wie auch schon § 407 E 1959 I und § 402 E 1959 II.

[1115] Die aber hinter der heutigen Formulierung zurückblieb; vgl. BT-Drs. 4/650, S. 588

[1116] Siehe oben, S. 120 f.

[1117] Degenhart, StaatsR I, Rn. 634.

[1118] Degenhart, StaatsR I, Rn. 634.

[1119] Vgl. nur LK-Laufhütte, § 106 Rn. 6.

[1120] AK-Wolter, § 106 Rn. 7.

[1121] V. Mangoldt/Klein/Starck, Art. 38 Rn. 40.

rechtswidriges Tun beschreibt, weil insofern anders als bei § 240 StGB nicht jedes Verhalten als Nötigungserfolg genügt; für Ausnahmekonstellationen, die in den Besonderheiten der neu einzubeziehenden Gremien liegen mögen, ist ein Rückgriff auf § 240 II StGB jedoch erforderlich, um nicht im Einzelfall strafunwürdiges Verhalten zu sanktionieren.[1122]

Auf § 108 StGB ist § 240 II StGB unter Geltung des § 108 d E analog anzuwenden.

5) Erweiterung auch in private Bereiche hinein?

Nach dem so gefundenen Ergebnis könnte man noch einen Schritt weiter gehen und eine Erweiterung der „Wahlstraftaten" in den privaten Bereich hinein fordern, denn auch bei juristischen Personen des Privatrechts, zum Beispiel in Vereinen, finden Wahlen und Abstimmungen statt. Allerdings können Abstimmungen etwa auch innerhalb einer Gruppe Jugendlicher darüber erfolgen, in welche Disco man gehen soll. Dass Manipulationen hierbei kein Problem sind, dessen Lösung dem Strafrecht zu überantworten ist, liegt auf der Hand. So verwundert es nicht, dass sich der Gesetzgeber bis dato in diesem Bereich generell sehr stark zurückgehalten hat.

Nur vereinzelt und dann meist auf einen recht engen Kreis beschränkt finden sich Regelungen zum Schutz von Wahlen und Abstimmungen im „privaten Bereich":[1123]
- § 405 III Nr. 6 AktG: Stimmenverkauf bezüglich Abstimmung in der Hauptversammlung
- § 405 III Nr. 7 AktG: Stimmenkauf bezüglich Abstimmung in der Hauptversammlung
- § 152 I Nr. 1 GenG: Stimmenverkauf bezüglich Abstimmung in der General-/Vertreterversammlung bzw. Wahl der Vertreter
- § 152 I Nr. 2 GenG: Stimmenkauf bezüglich Abstimmung in der General-/Vertreterversammlung bzw. Wahl der Vertreter
- § 119 I Nr. 1 BetrVG: Wahlbehinderung bei Betriebsratswahl u.ä.[1124]
- § 119 I Nr. 2 BetrVG: Behinderung der Amtstätigkeit des Betriebsrats u.ä.
- § 34 I Nr. 1 SprAuG: Wahlbehinderung bei Sprecherausschusswahl
- § 34 I Nr. 2 SprAuG: Behinderung der Amtstätigkeit des Sprecherausschusses
- § 44 I Nr. 2 EBRG: Wahlbehinderung/Behinderung der Amtstätigkeit bestimmter im EBRG vorgesehener Organe

---

[1122] Zustimmend auch zu § 402 II E 1962 Kirschner, S. 188 f.
[1123] Rechtshistorisch vgl. Frassati, ZStW 15 (1895), 453 ff.
[1124] Näher Müller-Gugenberger-Blessing, § 35 Rn. 8 ff.; Schlünder, S. 186 ff.

Bei den Regelungen handelt es sich teils um Straftatbestände (BetrVG, SprAuG, EBRG), teils um Ordnungswidrigkeiten (AktG, GenG). Die aktienrechtlichen Regelungen waren zunächst strafrechtlicher Natur und im HGB enthalten, bis sie 1937 ins AktG gelangten. Im Zuge allgemeiner Entpönalisierungsmaßnahmen wurden sie 1965 zu Ordnungswidrigkeiten zurückgestuft, weil der Gesetzgeber darin kein strafbedürftiges und strafwürdiges Unrecht sah.[1125] Im GenG wurde diese Entwicklung in Anlehnung an die Regelungen des AktG im Jahr 1973 nachvollzogen, indem § 152 GenG eingefügt wurde und an die Stelle des vorherigen Straftatbestands des § 151 GenG trat.[1126]

Als erste Auffälligkeit bleibt festzuhalten, dass „private" Wahlen und Abstimmungen teilweise durch Straftatbestände, teilweise durch Ordnungswidrigkeitentatbestände geschützt werden. Betrachtet man die Regelungen der betrieblichen Mitbestimmung näher, fällt weiter auf, dass im Recht der Schwerbehindertenvertretung nach den §§ 93 ff. SGB IX keine mit den Straftatbeständen in BetrVG, SprAuG und EBRG vergleichbare Regelung existiert.[1127] Hinzu kommt, dass ein Straftatbestand bezüglich der Wahl der Personalräte, der „Betriebsräte des Öffentlichen Dienstes", fehlt. Bezieht man in die Betrachtungen den Bereich der Unternehmensmitbestimmung mit ein, überrascht, dass § 20 I, II MitbestG zwar eine mit § 20 I, II BetrVG quasi wortlautidentische Wahlschutzregelung enthält, wobei das MitbestG Verstöße gegen dieselbe aber anders als § 119 I Nr. 1 BetrVG nicht zur Straftat erklärt. Was AG und eG angeht, so könnte man einerseits die Frage aufwerfen, warum gerade nur Bestechung und Bestechlichkeit, nicht aber etwaige Täuschungen oder Fälschungen, die auch nicht von allgemeinen Straftatbeständen erfasst werden, unter Strafe gestellt werden. Andererseits verfügt auch die GmbH als juristische Person über ein der Hauptversammlung vergleichbares Organ, nämlich die Gesamtheit der Gesellschafter.[1128] Hierfür finden sich überhaupt keine Straf- bzw. Ordnungswidrigkeitentatbestände.

Teilweise lassen sich die genannten Auffälligkeiten erklären: Bei der Einordnung als Straftat oder Ordnungswidrigkeit hat der Gesetzgeber – mit Ausnahme des Kernbereichs der Delinquenz – ein breites legislatorisches Ermessen,[1129] das er hier eben (zulässigerweise) im Sinne einer Entkriminalisierung ausgeübt hat. Außerdem kommen Bestechung und Bestechlichkeit praktisch wohl weitaus häufiger vor, so dass hierfür ein vordringliches Bedürfnis der Sanktionierung

---

[1125] Vgl. hierzu und zur praktischen Bedeutung Otto, AktG, § 405 Rn. 12 f.; auch G/H/E/K-Fuhrmann, vor § 399 Rn. 1 f., § 405 Rn. 1.

[1126] Vgl. Beuthien, § 152 Rn. 1; Müller, § 152 Rn. 1.

[1127] Richardi-Annuß, § 119 Rn. 3.

[1128] Kraft/Kreutz, M IV 2, S. 381.

[1129] Vgl. nur Roxin, AT I, § 2 Rn. 41.

bestehen könnte. Gerade bei der Gesellschafterversammlung der GmbH könnte man jedoch das praktische Argument anbringen, dass eine Bestechung bzw. Bestechlichkeit weit gefährlicher ist als bei der Hauptversammlung einer AG, weil es regelmäßig weit weniger Gesellschafter als Aktionäre gibt, so dass die Bestechung bzw. Bestechlichkeit eines Einzelnen hier die größere Gefahr darstellt. Die unterschiedliche Behandlung von Betriebs- und Personalrat ist nicht nachvollziehbar.[1130]

Es soll und kann hier keine Neuordnung des gesamten betroffenen Nebenstrafrechts angestrebt werden. Der knappe Blick auf die gegenwärtige Gesetzeslage aber zeigt, dass der Gesetzgeber Wahlen und Abstimmungen in verschiedenen Bereichen, wenn überhaupt, sehr unterschiedlich schützt. Diese Differenzierungen sind, wie gesehen, nicht immer nachvollziehbar. Gleichwohl ergibt sich daraus nicht die Schlussfolgerung, dass Wahlen und Abstimmungen generell und einheitlich im StGB geschützt werden sollten. Zunächst einmal unterfallen sie nicht dem gegenwärtigen – auch nicht dem de lege ferenda behutsam erweiterten – geschützten Rechtsgut. Insofern wäre auch die systematische Stellung im Staatsschutzrecht verkehrt. Wahlen und Abstimmungen per se als schützenswerten Entscheidungsprozess anzusehen würde einer schlüssigen Begründung entbehren und wäre auch praktisch nicht durchführbar: Dass die genannte Abstimmung über den Disco-Besuch nicht strafwürdig ist, bedarf keiner Diskussion. Wie aber soll man den Kreis der schützenswerten Wahlen und Abstimmungen näher konkretisieren? Das Kriterium der Bedeutung bzw. Wichtigkeit wurde schon oben bei einem wesentlich umgrenzteren Ausgangspunkt verworfen. Andere brauchbare Anhaltspunkte fehlen. Und schließlich gewinnt hier die Überlegung an Bedeutung, dass stets der allgemeine Strafrechtsschutz, etwa nach § 240 oder § 263 StGB besteht[1131] und eben kein Erfordernis eines Schutzes unter einem zusätzlichen Aspekt wie der politischen Willensbildung im Rahmen des Staatsschutzrechts vorliegt. Man mag auch daran denken, dass im privatautonomen Bereich die an einer (privaten) Organisation Beteiligten sich selbst zum Beispiel Vereinsstrafen unterwerfen können.[1132]

Ein pauschaler Schutz von Wahlen und Abstimmungen des privaten Bereichs im StGB ist mithin abzulehnen. Entsprechende Bestrebungen wurden zu Recht noch nie entfaltet. Wahlen und Abstimmungen im privaten Bereich sind dem – sachnäheren – Nebenstrafrecht vorzubehalten. Die bereits bestehenden Regelungen sind jedoch teilweise wertungswidersprüchlich und sollten in der angedeuteten Richtung (Minimum: vergleichbare Sanktionierung von Wahlbestechung

---

[1130] Lenzen, JR 1980, 134.

[1131] Wolf, S. 89.

[1132] Vgl. nur Bamberger/Roth-Schwarz, § 25 Rn. 42 ff.

und -bestechlichkeit in vergleichbaren Situationen, gegebenenfalls Einführung von Wahlfälschungstatbeständen) jedenfalls in den Grundprinzipien vereinheitlicht werden.

6) Erweiterung des Anwendungsbereichs durch Landes(straf)recht?

Angenommen, ein Bundesland findet obigen Vorschlag der Erweiterung des Geltungsbereichs des § 108 d StGB sinnvoll, scheitert aber mit einer entsprechenden Gesetzesinitiative auf Bundesebene. Könnte es dann – jedenfalls für Einrichtungen des eigenen Landes – Landesstraftatbestände erlassen? Könnte Bayern also zum Beispiel die Abstimmungen innerhalb des Landtags, dessen Ausschüssen und Fraktionen den §§ 107 ff. StGB unterstellen? Könnte man öffentliche Körperschaften, die auf Landesrecht beruhen, dem Wahlstrafrechtsschutz unterwerfen? Könnte man vielleicht sogar landesrechtlich den Geltungsbereich auf private Einrichtungen erweitern? Man kann die Fragen auch aus der anderen Perspektive stellen und überlegen, ob der Bund überhaupt den Schutz landesrechtlicher Einrichtungen fixieren darf. Es geht um Fragen der Gesetzgebungskompetenz.

Diese stellt sich im Bereich des Strafrechts folgendermaßen dar: Das Strafrecht ist gemäß Art. 74 I Nr. 1 GG Gegenstand der konkurrierenden Gesetzgebung. Nach Art. 72 I GG haben in diesem Bereich die Länder die Gesetzgebungsbefugnis, solange und soweit nicht der Bund von seiner Gesetzgebungskompetenz Gebrauch gemacht hat. Die Länder können also Bereiche, für die sie materiell regelungskompetent sind, aufgrund ihrer konkurrierenden Strafrechtskompetenz nach Art. 74 I Nr. 1 GG auch durch strafrechtliche Regelungen absichern.[1133] Dieses Recht hat seine Grenze da, wo der Bund seine konkurrierende Strafrechtskompetenz wahrgenommen hat und durch die bundesrechtliche Regelung die betreffende Materie als erschöpfend, also abschließend geregelt, anzusehen ist.[1134] Das ergibt sich in Ausführung der genannten Verfassungsvorschriften auch aus Art. 4 II EGStGB. Dabei ist zudem zu beachten, dass der Bund auch Landesrecht mit Strafe bewehren darf, weil und solange die Kompetenz der Länder zur inhaltlichen Ausgestaltung des so geschützten Landesrechts nicht beeinträchtigt oder ausgehöhlt wird.[1135]

[1133] Sch/Sch-Eser, vor § 1 Rn. 49.

[1134] LG Bad Kreuznach, NJW 1978, 1931.

[1135] BVerfGE 13, 367 (373); 23, 113 (125); 26, 246 (258); 110, 141 (174); explizit für § 107 a StGB bejahend BVerfG, NVwZ 1993, 55 (56); M/D/H/S-Maunz, Art. 74 Rn. 66; v. Coelln, NJW 2001, 2835; aA Dreher, NJW 1952, 1282 und Wolf, S. 96 f., die davon ausgehen, dass eine unselbständige strafrechtliche Ergänzung einer außerstrafrechtlichen Regelung nur durch den erfolgen dürfe, der auch die Kompetenz zum Erlass der außerstrafrechtlichen Regelung habe; Bedenken auch bei Epp, S. 422.

Ob der Bund landesrechtlich vorgesehene Wahlen und Abstimmungen pönalisieren durfte, hängt damit von der Erfüllung der Voraussetzungen des Art. 72 II GG ab. Daran muss sich auch die vorgeschlagene Neufassung messen lassen. Ob der Landesgesetzgeber gegebenenfalls eigene Wahlstraftatbestände schaffen darf, hängt davon ab, ob die gegenwärtige Regelung abschließend ist.

a) Art. 72 II GG

§ 108 d StGB wurde 1953 geschaffen, Ergänzungen gab es in den Jahren 1976 (Einbezug der Urwahlen in der Sozialversicherung) und 1978 (Einbezug der Wahlen zum Europäischen Parlament), so dass die Regelung nicht an Art. 72 II GG in der heutigen, seit 1994 geltenden (strengeren) Form zu messen ist. Die alte Gesetzesfassung setzte voraus, dass ein in drei Fällen näher umschriebenes „Bedürfnis" für eine bundesgesetzliche Regelung bestehen musste. Nach der Auslegung des Bundesverfassungsgerichts stellte die Entscheidung des Gesetzgebers über das Vorliegen dieses „Bedürfnisses" jedoch einen nicht justiziablen Spielraum dar,[1136] so dass die Norm der Sache nach leer lief und keine Hürde für den Bundesgesetzgeber aufstellte.[1137] Die gegenwärtige Gesetzesfassung ist deshalb im Hinblick auf Art. 72 II GG unbedenklich.

Fraglich ist aber, ob die empfohlene Erweiterung des Geltungsbereichs zulässig wäre. Dazu müsste die Herstellung gleichwertiger Lebensverhältnisse im Bundesgebiet oder die Wahrung der Rechts- und Wirtschaftseinheit im gesamtstaatlichen Interesse eine bundesgesetzliche Regelung erfordern. Das ist insbesondere für die landesrechtlich vorgesehenen Selbstverwaltungskörperschaften sowie die Abstimmungen innerhalb von Landeseinrichtungen fraglich, weil deren Schutz auch durch Landes(straf)recht denkbar ist.

Ein aktuelles Problem zur Frage der Rechtseinheit sei vorweggenommen: Rechtseinheit bedeutet Geltung gleichen Rechts für die gleiche Materie im gesamten Bundesgebiet.[1138] Die Wahrung der Rechtseinheit umfasst auch die Herstellung derselben.[1139] Gesamtstaatliches Interesse besteht vor allem dann, wenn Bedeutung und Auswirkungen eines Gesetzes nicht nur auf ein Land oder einzelne Länder beschränkt sind.[1140] Weil unterschiedliche Rechtslagen notwendige Folgen des bundesstaatlichen Aufbaus sind, genügt diese Unterschiedlichkeit an sich noch nicht, um die Er-

---

[1136] V. Münch/Kunig-Kunig, Art. 72 Rn. 18 ff.; Lechleitner, Jura 2004, 746 f.

[1137] Sachs-Degenhart, Art. 72 Rn. 6; v. Coelln, NJW 2001, 2835; Degenhart, StaatsR I, Rn. 176.

[1138] Dreier-Stettner, Art. 72 Rn. 21.

[1139] V. Münch/Kunig-Kunig, Art. 72 Rn. 26.

[1140] Sachs-Degenhart, Art. 72 Rn. 15.

forderlichkeit einer bundesgesetzlichen Regelung im gesamtstaatlichen Interesse bejahen zu können.[1141] Die Rechtseinheit kann insbesondere dann nicht hergestellt werden, wenn der Straftatbestand auf Landesrecht verweist und dieses höchst unterschiedlich geregelt ist, weil andernfalls diese Divergenzen gerade auf das Bundesstrafrecht übertragen werden.[1142] Bedenken könnten sich hier im Hinblick auf die Blankettnorm des § 107 c StGB ergeben. Da aber die jeweiligen Regelungen zur Geheimheit der Wahl – sowohl was die Landtage und ihre Untergliederungen als auch die Landes-Selbstverwaltungskörperschaften angeht – anders als etwa die landesrechtlichen Regelungen über Zucht von und Handel mit gefährlichen Hunden[1143] im Wesentlichen übereinstimmen, weil sie sich regelmäßig an den Bundesgesetzen orientieren, ergibt sich hier kein Problem.[1144] Die Rechtseinheit würde mit der Neufassung des § 108 d StGB demnach hergestellt.

Fraglich ist aber, ob die vorgeschlagene Neuregelung im gesamtstaatlichen Interesse erforderlich ist.
Hier wird vom Bundesverfassungsgericht mittlerweile ein recht enger Rahmen gezogen. Abgesehen davon, dass es dem Bundesgesetzgeber grundsätzlich keinen Beurteilungsspielraum mehr einräumt,[1145] betont es vor allem, dass unterschiedliche Länderregelungen Ausdruck föderaler Vielfalt sein können und diese erst dann die „Schwelle" des Art. 72 II GG überschreitet, wenn eine aufgrund entstehender Rechtsunsicherheiten und unzumutbarer Behinderungen für den länderübergreifenden Rechtsverkehr sich ergebende nicht hinnehmbare Rechtszersplitterung droht.[1146] Dabei müssen nicht nur die Ziele des Gesetzgebers, sondern auch die tatsächlichen Auswirkungen der Regelung genauer untersucht werden.[1147] Wenn also landesrechtliche Regelungen zum Schutz der Rechtseinheit ausreichen, besteht keine Bundeskompetenz.[1148]
Im Strafrecht ist jedoch stets die in den Art. 1 - 4 EGStGB (freilich: einfachgesetzlich) zum Ausdruck kommende Grundkonzeption zu beachten, wonach das Strafrecht in erster Linie Sache des Bundes ist. Das ist auch unter dem Eindruck des Art. 72 II GG nicht anders zu beurteilen, da das Kriterium der Rechtseinheit

---

[1141] BVerfGE 106, 62 (145).
[1142] BVerfGE 110, 141 (176 f.); v. Coelln, NJW 2001, 2836 f.
[1143] Darstellung bei BVerfGE 110, 141 (175 ff.).
[1144] Aus diesem Grund sind auch die §§ 324 ff. StGB mit Art. 72 II GG vereinbar, wenngleich diese Tatbestände noch unter Geltung dessen früherer Formulierung in Kraft getreten sind; vgl. v. Coelln, NJW 2001, 2837; kritisch zum Ansatz des Bundesverfassungsgerichts Pestalozza, NJW 2004, 1843.
[1145] BVerfGE 106, 62 (142); anders Sachs-Degenhart, Art. 72 Rn. 11 ff.
[1146] BVerfGE 106, 62 (145).
[1147] BVerfGE 106, 62 (148 f.); so auch v. Münch/Kunig-Kunig, Art. 72 Rn. 11.
[1148] BVerfGE 106, 62 (150).

beim extrem eingriffsintensiven Strafrecht besonderes Gewicht hat.[1149] Schließlich geht es auch um den Grundsatz der Gleichheit aller vor dem Gesetz.[1150] Nicht umsonst werden im Strafrecht, von obiger Besonderheit des Bezugs auf landesrechtliche Verbote abgesehen, die Voraussetzungen des Art. 72 II GG praktisch immer unterstellt.[1151] Zu Recht, denn auch hier wäre es mit erheblichen Unsicherheiten behaftet, wenn die Wahl zu Selbstverwaltungskörperschaften mal strafbar wäre, mal erlaubt oder gar nur für bestimmte Körperschaften verboten, für andere nicht – und das womöglich sechzehn Mal verschieden. Der Bürger hätte keine eindeutigen Handlungsanweisungen für sein Verhalten bei der Wahl zu und in Gremien, die es in allen Bundesländern gibt. Würde er Einwohner verschiedener Bundesländer etwa gleichzeitig im Sinne des § 108 a StGB täuschen, wäre sein Verhalten womöglich einmal bei Strafe verboten, einmal nicht. Die Orientierung am zu beachtenden Recht darf aber gerade im Bereich des Strafrechts nicht unzumutbar erschwert werden.[1152] Von länderübergreifenden Konsequenzen, die zum Beispiel manipulierte Entscheidungen haben können, ganz zu schweigen. Vor allem aber geht es um den Zweck des Gesetzes, die unmittelbare, in Wahlen und Abstimmungen zum Ausdruck kommende politische Willensbildung und die diese fortsetzende demokratisch legitimierte politische Willensbildung insgesamt zu schützen. Das ist landesgesetzlich nicht erreichbar, zumal gegenwärtig nicht einmal eine vage Aussicht auf entsprechende gleichlautende Ländergesetze besteht.[1153]

Eine Bundesregelung ist also zur Wahrung der Rechtseinheit im gesamtstaatlichen Interesse erforderlich. Die Voraussetzungen des Art. 72 II GG sind erfüllt.[1154]

[1149] Sachs-Degenhart, Art. 74 Rn. 12.

[1150] Jescheck/Weigend, AT, § 13 I 1, S. 113.

[1151] Z.B. BVerfGE 109, 190 (229) zur bundesrechtlich geregelten Sicherungsverwahrung: „Hierzu war er auch im Rahmen des Art. 72 II GG befugt."; unterstellt auch im Hinblick auf § 284 StGB von Horn, NJW 2004, 2054.

[1152] V. Coelln, NJW 2001, 2836.

[1153] Deren Zulässigkeit ohnehin noch zu beurteilen ist; ablehnend BVerfGE 106, 62 (150); wohl weiter v. Münch/Kunig-Kunig, Art. 72 Rn. 28.

[1154] Fraglich ist, ob auf die Prüfung der strengen Voraussetzungen des Art. 72 II GG n.F. unter dem Eindruck des Art. 125 a II GG nicht verzichtet werden kann. Die aus diesem hergeleitete Änderungskompetenz des Bundes ist, wenn für die Änderung die Voraussetzungen des Art. 72 II GG n.F. nicht vorliegen, „an die Beibehaltung der wesentlichen Elemente der im fortgeltenden Bundesgesetz enthaltenen Regelung geknüpft" (BVerfG NJW 2004, 2364; hierzu Lindner, NJW 2005, 399 ff.). Da es sich hier jedoch inhaltlich um eine erhebliche Erweiterung des Anwendungsbereichs handelt, wird man dies, ähnlich wie im Fall der völligen Neuschaffung einer Norm (so zum für verfassungswidrig erklärten § 143 StGB BVerfGE 110, 141 (175)) nicht genügen lassen können. Abgesehen davon sind die Voraussetzungen des Art. 72 II GG n.F. ohnehin erfüllt.

b) §§ 107 ff. StGB als abschließende Regelung?

Soweit die §§ 107 ff. StGB eine Materie zum Gegenstand haben, die im StGB abschließend geregelt ist, bleibt für Regelungen des Landesgesetzgebers im Rahmen dieser Materie kein Raum mehr (Art. 4 II EGStGB). Dabei kann die Ausgangsfrage, ob der Landesgesetzgeber den Geltungsbereich des Wahlstrafrechts erweitern darf, noch ergänzt werden um die Überlegung, ob er gegebenenfalls (auch) zusätzliche Wahlstraftatbestände (zum Beispiel „Wahlbetrug") bzw. -ordnungswidrigkeiten schaffen darf. In Bayern wird zum Beispiel derjenige mit Geldbuße belegt, der Abstimmende unter Verstoß gegen Art. 20 I GLkrWG „beeinflusst, behindert oder belästigt", vgl. Art. 57 I GLkrWG.[1155] Ist die Bundesregelung insofern abschließend, ist dieser Tatbestand unwirksam, weil erschöpfend geregeltes Strafrecht grundsätzlich nach Art. 4 II EGStGB auch landesrechtliche Bußgeldtatbestände ausschließt.[1156]

Die Zulässigkeit von Landeswahlstrafrecht war schon früh umstritten. Das Reichsgericht befand eine landesrechtliche Regelung, nach der ein Geistlicher bestraft werden konnte, der unter Androhung der Verweigerung der Sterbesakramente den Gläubigen zur Wahl einer bestimmten Partei zwang, für gültig,[1157] Fillié[1158] etwa sah in den Wahldelikten keine abschließende Materie, Kirschner[1159] und Stern[1160] hingegen schon.
Aufgrund der späteren Gesetzesänderungen kann jedoch nicht ohne weiteres auf diese Einschätzungen zurückgegriffen werden.

Grundlage der Beurteilung, ob eine erschöpfende Regelung besteht bzw. zumindest vom Gesetzgeber gewollt war, ist eine Gesamtwürdigung des in Rede stehenden Gesamtkomplexes.[1161] Dabei sind sowohl der historische Gesetzgeberwille als auch der objektive Gesetzeswille zu beachten.[1162] „Materie" meint eine innerlich – v.a. aufgrund des gleichartigen Angriffs auf gleichartige Schutzgüter

---

[1155] Ebenso bei der Landtagswahl: Art. 89 I Nr. 2 i.V.m. Art. 12 I LWG.

[1156] Vgl. zu einer Ausnahmekonstellation Weber U., in: FS Tröndle, S. 348 ff.

[1157] RGSt 39, 148; zustimmend LK^8-Werner 1958, § 2 EGStGB Anm. IV 2 A.

[1158] Fillié, S. 38.

[1159] Kirschner, S. 149 f.

[1160] Stern W., S. 26.

[1161] BVerfGE 7, 342 (347); LG Bad Kreuznach, NJW 1978, 1931; vgl. zur Frage des ehemals nach Art. 25 LStVG strafbaren Konkubinats und dessen Verhältnis zum StGB Blei, JZ 1957, 605.

[1162] LG Bad Kreuznach, NJW 1978, 1931.

– zusammenhängende Gruppe von Lebensvorgängen bzw. Straftatbeständen, die eine Einheit bilden.[1163]

Mit diesen „schwammigen" Vorgaben beginnt das Dilemma freilich erst: Wer von einer relativ breiten „Materie" ausgeht, wird die Regelung als eher nicht abschließend qualifizieren, wer die „Materie" enger fasst, hingegen schon. Konkret: Wer als inhaltlich zusammenhängenden Stoff den Schutz der kollektiven Willensbildung (wohl: insgesamt) identifiziert, wird unter Hinweis auf die Gesetzgebungsgeschichte und die Einführung der nebenstrafrechtlichen Regelung des § 119 I Nr. 1 BetrVG schwerlich davon ausgehen können, diese Materie sei bundesrechtlich abschließend geregelt.[1164] Das gilt umso mehr, als bei Einführung des § 108 d StGB bereits die beschriebene Strafbestimmung im HGB, den Stimmenkauf in der Hauptversammlung betreffend, existierte.

Diese Ansicht vernachlässigt allerdings die systematische Einordnung der Tatbestände ins Staatsschutzrecht. Insofern wird man als die hier (de lege lata[1165]) in Rede stehende einheitliche Materie als kollektive Willensbildung gerade in öffentlichen Angelegenheiten betrachten müssen. Das ist der aus der Gesetzgebungsgeschichte sich ergebende und im RegE 1950 mündende Weg. Formen privater kollektiver Willensbildung, die in obigem Ansatz miterfasst wären, standen, wieder mit Blick auf die damalige HGB-Regelung, nicht zur Debatte. Was den abschließenden Charakter des Normenkomplexes angeht, ist auf die Haltung des Rechtsausschusses zurückzukommen, die vom Bundestag übernommen worden ist. Man entschied sich, von allen Wahlen und Abstimmungen in öffentlichen Angelegenheiten gerade nur die im Vordergrund des öffentlichen Interesses stehenden demokratischen Urwahlen zu schützen sowie Wahlen und Abstimmungen innerhalb der Einrichtungen ungeschützt zu lassen.[1166] Dieser subjektive Wille trat in der damaligen Gesetzesfassung gerade durch die explizite, enumerative Aufführung der konkret geschützten Wahlen und Abstimmungen auch objektiv klar zu Tage. Es lag eine abschließende Regelung der Materie vor.[1167] Allerdings kann der Gesetzgeber diesen abschließenden Charakter später jederzeit wieder einschränken, wobei eine diesbezügliche Willensänderung nach außen deutlich werden muss. Das rechtsstaatliche Prinzip der Gesetzesklarheit erfordert insofern ein förmliches Gesetz.[1168]

[1163] LK[8]-Werner 1958, § 2 EGStGB Anm. IV 2 A; Kääb/Rösch, Einf. Rn. 21; Lenzen, JR 1980, 133; insofern ergeben sich zu den §§ 2, 5 EGStGB a.F. keine Unterschiede, vgl. BT-Drs. 7/550, S. 199.
[1164] Insofern konsequent Lenzen, JR 1980, 133 f.
[1165] Bezogen auf die §§ 107-108 d StGB.
[1166] BT-Prot., 1. Wahlperiode, 265. Sitzung, S. 12995.
[1167] Insofern damals i.E. richtig Kirschner, S. 150.
[1168] BVerfGE 109, 190 (235).

Spätere Änderungen des § 108 d StGB könnten folglich zu einer anderen Bewertung führen. In der Tat wurde § 108 d StGB bis heute zweimal verändert: 1976 erweiterte der Gesetzgeber den Geltungsbereich der Wahlstraftaten auf die Urwahlen in der Sozialversicherung.[1169] Er unterstellte damit Wahlen den §§ 107 ff. StGB, die zwar kollektive Willensbildung in öffentlichen Angelegenheiten betrifft, aber aus dem engen Kreis der demokratischen Urwahlen ausbricht. 1978 wurden die Wahlen zum Europaparlament einbezogen,[1170] was für die hiesige Frage aber ohne Bedeutung ist, weil es sich nur um eine weitere demokratische Urwahl handelt. Hinzu kommt, dass 1994 § 108 e StGB geschaffen wurde,[1171] eine Norm, die ebenfalls zur Materie der kollektiven Willensbildung in öffentlichen Angelegenheiten gehört, aber erstmals Wahlen und Abstimmung innerhalb bestimmter Gremien erfasst, allerdings nur unter dem Gesichtspunkt der Bestechung bzw. Bestechlichkeit.

Aus den Änderungen 1976 und 1994 wird ersichtlich, dass sich der Gesetzgeber mit dem Schutz der im Vordergrund des öffentlichen Interesses stehenden demokratischen Urwahlen nicht mehr zufrieden geben wollte. Er hat seine frühere Entscheidung mit diesen Änderungen gegenstandslos gemacht und zu erkennen gegeben, dass auch andere Wahlen und Abstimmungen Schutz verdienen.

Was den Einbezug der Sozialwahlen in den Geltungsbereich angeht, ist nicht ersichtlich, dass damit zugleich eine „stillschweigend negative Regelung"[1172] getroffen werden sollte, wonach Wahlen und Abstimmungen in anderen öffentlichen Angelegenheiten ganz bewusst auch weiterhin nicht geschützt werden sollen. Man hat sich eine Wahl herausgegriffen, der man Bedeutung und damit ein Schutzbedürfnis beimaß,[1173] ohne aber anderen vergleichbaren Wahlen diese völlig abzusprechen. Andere Wahlen standen im Gesetzgebungsverfahren überhaupt nicht zur Diskussion, da die Änderung des § 108 d StGB auf einer SGB-Neufassung gründet.[1174] Hinzu kommt, dass der Strafrechtsschutz zunächst gar nicht im StGB stehen sollte, was ohne Erläuterung später im Gesetzgebungsverfahren wieder geändert wurde.[1175] Dieses Vorgehen zeigt, dass lediglich eine

---

[1169] BT-Drs. 7/5457, S. 6, 50.
[1170] BT-Drs. 8/361, S. 20.
[1171] BT-Drs. 12/5927.
[1172] Jescheck/Weigend, AT, § 13 I 2 b (1), S. 114.
[1173] BT-Drs. 7/4122, S. 39: „Die freie Willensbildung der Wahlberechtigten und die ordnungsgemäße Zusammensetzung der von ihnen gewählten Gremien sind aber auch für die Sozialversicherung von so erheblicher Bedeutung, daß eine Anpassung an den für Urwahlen in Gebietskörperschaften geltenden Strafschutz angebracht erscheint".
[1174] Vgl. BT-Drs. 7/4122; 7/5457.
[1175] BT-Drs. 7/4122, S. 23, 39; BT-Drs. 7/5457, S. 6, 50.

reine SGB-Lösung ohne darüber hinausgehenden Aussagegehalt geschaffen werden sollte.

Folglich liegt insofern keine abschließende Regelung vor und es steht den Landesgesetzgebern offen, Wahlen zu Landeseinrichtungen auch landesstrafrechtlich zu schützen.[1176] Für gremieninterne Wahlen und Abstimmungen gilt diese Schlussfolgerung jedoch nicht. Der Gesetzgeber hat mit § 108 e StGB bewusst einen ganz außerhalb von § 108 d StGB stehenden Tatbestand geschaffen, der eine „interne Geltungsbereichsregelung" beinhaltet. Diese enumerative Aufzählung stimmt nicht mit den Einrichtungen aus § 108 d StGB überein. So fehlen gerade die Gremien der Sozialversicherung. Dem wird man entnehmen müssen, dass gerade auch nur der Schutz der aufgeführten Gremien als erforderlich angesehen wurde, nicht der sonstiger. Unter diesem Gesichtspunkt steht dem Landesgesetzgeber folglich keine Regelungsbefugnis zu, weil die Bundesregelung abschließend ist.

Insofern war die (mittlerweile aufgehobene[1177]) Regelung des § 28 a des Gesetzes über die Arbeitnehmerkammern im Lande Bremen[1178] nicht deswegen ungültig, weil der Landesgesetzgeber keine Strafbestimmung erlassen durfte. Die Regelung lautete: „Die §§ 107 bis 108 d des Strafgesetzbuchs gelten für die Wahlen zu den Arbeitnehmerkammern." Richtig ist, dass der bremische Gesetzgeber seine Kompetenzen insoweit überschritten hat, als Art. 3 EGStGB, der dem Landesstrafgesetzgeber nur eine beschränkte Sanktionsbefugnis zuerkennt, schon deshalb nicht beachtet wurde, weil § 108 c StGB in die Verweisung mit aufgenommen worden ist. Diese Nebenfolge darf der Landesgesetzgeber aber nicht androhen.[1179]

Zusammenfassend lässt sich sagen: Weil § 108 d StGB keine abschließende Regelung enthält, ist der Landesgesetzgeber nicht daran gehindert, den Geltungsbereich der Wahlstraftaten auf andere, landesrechtlich geregelte Wahlen und Abstimmungen zu erstrecken, solange er dabei die Sanktionsvorgaben des Art. 3 EGStGB beachtet. Gremieninterne Wahlen und Abstimmungen dürfen hingegen landesrechtlich nicht unter Strafe gestellt werden.

[1176] I.E. auch Lenzen, JR 1980, 134.
[1177] BremGesBl 2000, 83.
[1178] BremGesBl 1956, 79; § 28 a später eingefügt, BremGesBl 1979, 371.
[1179] BT-Drs. 7/550, S. 198; so auch Lenzen, JR1980, 134 f., mit Überlegungen zum richtigen Standort und zur geeigneten Formulierung derartiger Tatbestände. Zu Unrecht werden die Ausführungen von Lenzen teilweise als Begründung dafür angeführt, dass eine landesrechtliche Erweiterung des § 108 d StGB (auch) unter dem Eindruck des Art. 4 II EGStGB unzulässig ist, vgl. etwa unklar Lackner/Kühl, § 108 d Rn. 2; NK-Wohlers, § 108 d Rn. 2; SK-Rudolphi, § 108 d Rn. 2.

Da es stets um die Frage des erschöpfenden Charakters eines gesamten Normenkomplexes geht, muss in der Konsequenz auch die Frage nach der abschließenden Regelung von Art und Weise der relevanten Verhaltensweisen[1180] negativ beantwortet werden. Folglich durfte der bayerische Gesetzgeber mit Art. 57 I GLkrWG einen Ordnungswidrigkeitentatbestand schaffen, der ein Verhalten unterhalb der Schwelle der §§ 108 ff. StGB mit Bußgeld belegt.

Was den Schutz von Wahlen und Abstimmungen im privaten Bereich angeht, so könnte der Landesgesetzgeber dann entsprechende Straftatbestände unter Verweis auf Art. 74 I Nr. 1 GG erlassen, wenn er auch für die außerstrafrechtliche Materie regelungsbefugt ist. Beispiele dafür sind jedoch nicht ersichtlich. Sollte der Bundesgesetzgeber hingegen oben vorgeschlagene Erweiterung des Anwendungsbereichs umsetzen, wäre aufgrund deren umfassenden Charakters von einer abschließenden Regelung auszugehen.

V) Onlinewahlen und deren Schutz durch das Strafrecht

1) Internetwahlen im Spiegel der Gegenwart

Wahlen sind Rituale. Sie laufen seit Jahrzehnten nach dem immer gleichen Schema ab – lässt man Marginalien wie das Entfallen des Wahlumschlags mal unberücksichtigt.[1181] Doch gerade hier scheint eine mittlere Revolution in nicht allzu ferner Zukunft bevorzustehen: Die Rede ist von Internet- bzw. Onlinewahlen als Bestandteil der so genannten „e-democracy". Gemeint ist die Teilnahme an einer Wahl mittels eines elektronischen Eingabegeräts, bei der die Stimme und etwaige andere Daten per Internet an eine öffentliche Wahlstelle übertragen werden.[1182] Zentrales Merkmal ist die Nutzung des Internet, die bloße Vernetzung von Geräten innerhalb eines Wahllokals ohne Einbeziehung des Internet fällt also nicht darunter. Die Anbindung an das Internet ist jedoch auf verschiedene Arten denkbar, neben dem PC kommen auch das Handy oder ein PDA (Personal Digital Assistant) in Betracht. Auch sind, was die Nähe zur staatlichen Organisationsgewalt angeht, verschiedene Modelle möglich, von der Bereitstellung elektronischer Eingabegeräte im Wahllokal oder an öffentlichen Orten („kiosk voting") bis hin zur Nutzung des heimischen PCs.[1183]

Das politische und wissenschaftliche Interesse ist in den letzten Jahren enorm gewachsen, vom erfolgreichen Verlauf diverser Projekte wird berichtet.[1184] Ein

---

[1180] Für Wahlen zu bestimmten Einrichtungen.

[1181] Auch solche (vermeintlichen) Marginalien werden kritisch beäugt, vgl. nur Reimer, ZRP 2003, 8 ff.

[1182] Will, S. 17.

[1183] Hanßmann, S. 94 f.; Will, S. 68 f.

[1184] Überblick bei Bremke, LKV 2004, 102 f.

technisch ausgereiftes Verfahren sei vorhanden.[1185] Insofern scheint die Entwicklung in Deutschland besonders weit gediehen zu sein, da erst kürzlich die USA ihr geplantes Online-Wahlsystem SERVE (Secure Electronic Registration and Voting Experiment), das unter anderem den im Ausland stationierten Soldaten zugute kommen sollte, vorerst gestoppt haben – es gab erhebliche Schwachstellen im Programm.[1186]

Was die in Art. 38 (i.V.m. Art. 28 GG) genannten Wahlen angeht, ist eine Onlinewahl nach der gegenwärtigen Rechtslage unzulässig, weil sie vom Wahlrecht nicht vorgesehen ist. Zwar ist der Einsatz von Wahlgeräten nach § 35 BWO erlaubt, darunter fällt die Internetwahl aber nicht. Zum einen ergibt sich aus dem Verweis in § 35 IV BWG auf § 33 I 1 BWG, dass nur eine Stimmabgabe im Wahllokal gemeint ist.[1187] Zum anderen regelt die Bundeswahlgeräteverordnung ein ganz anderes technisches System, nämlich ausschließlich eine Offline- und keine Online-Stimmenabgabe.[1188]

Ganz abgesehen davon wird die Zulässigkeit von Internetwahlen unter dem Gesichtspunkt der in Art. 38 GG fixierten Wahlrechtsgrundsätze kontrovers diskutiert.[1189] Vor allem die Gewährleistung einer geheimen und freien Wahl bereitet bei der Onlinewahl außerhalb des Wahllokals Schwierigkeiten, wenngleich diese Bedenken auch gegen die Briefwahl sprechen, die überwiegend für (noch) verfassungsgemäß gehalten wird.[1190] Weithin wird zu Recht – von technischen Schwierigkeiten abgesehen – diese Parallele zur Briefwahl bemüht, so dass von einer Verfassungsmäßigkeit der Internetwahl auszugehen ist, wenn die dort existierenden Einschränkungen hierauf übertragen werden. Eine derartige Regelung läge innerhalb des Gestaltungsspielraums des Gesetzgebers.[1191] All das steht freilich unter dem Vorbehalt, dass das Bundesverfassungsgericht auch in Anbetracht ständig steigender Briefwählerzahlen an seinen Ausführungen zur Verfassungsmäßigkeit der Briefwahl heute noch festhalten würde. Nicht zuletzt wären

---

[1185] Vgl. hierzu Bremke, LKV 2004, 104 ff.; Otten/Küntzler, DuD 2002, 1 ff.

[1186] http://www.heise.de/newsticker/meldung/print/43896

[1187] Hanßmann, S. 97.

[1188] Bremke, LKV 2004, 106; Rüß, MMR 2000, 73; Schreiber, § 35 Rn. 1; vgl. nur die Regelungen in §§ 10 I Nr. 3, 12-14 BWahlGV.

[1189] Kritisch und i.E. ablehnend etwa Buchstein, ZParl 2000, 900 ff., der das Entstehen einer „fakultativen Geheimwahl" befürchtet; hiergegen Aden, KJ 2002, 409 f.; umfassend Hanßmann, S. 100 ff.; Will, S. 71 ff.; allgemein Feist.

[1190] BVerfGE 21, 200; 59, 119; anders die Lage in Österreich, VfGH Wien, EuGRZ 1985, 177 ff.; vgl. auch Klüber, DÖV 1958, 249 ff.; Seifert, DÖV 1958, 513 ff.; Monz, ZRP 1972, 229 ff.; von erheblichen Missständen bei der Briefwahl berichten Kroppenstedt/Würzberger, VerwA 73 (1982), 325 f.

[1191] So auch Will, S. 121 f.; vgl. auch das Fazit von Hanßmann, S. 190 ff., in dem genauer auf die technischen Voraussetzungen zur Sicherung der Wahlrechtsgrundsätze eingegangen wird.

onlinewahlspezifische Regelungen erforderlich, um die Wahlrechtsgrundsätze bestmöglich sichern und gewährleisten zu können.[1192]

2) Strafrechtlicher Schutz

Unabhängig von der verfassungsrechtlichen Beurteilung stellt sich die Frage, ob Internetwahlen durch das Strafrecht ausreichend geschützt wären, oder ob auch hier die Notwendigkeit für Veränderungen bestünde.[1193]

a) Anwendbarkeit der Wahlstraftatbestände auf Internetwahlen

In einem ersten Schritt ist festzuhalten, dass die §§ 107 ff. StGB grundsätzlich auf Internetwahlen anwendbar sind. § 108 d StGB beschreibt den Geltungsbereich für bestimmte Arten von Wahlen, legt sich aber nicht auf einen bestimmten Durchführungsmodus fest. Bereits heute ist neben der Präsenz- auch die Briefwahl geschützt. Alles andere wäre auch abwegig, da die Wahl an sich Schutz benötigt, unabhängig vom konkret in Anspruch genommenen Wahlverfahren. Also wäre auch eine Wahl via Internet durch das Wahlstrafrecht geschützt.

Damit ist jedoch noch nichts darüber gesagt, ob die einzelnen Tatbestände des Wahlstrafrechts in der Rechtswirklichkeit zum Tragen kommen würden.

aa) § 107 StGB

Auch Internetwahlen können ganz oder teilweise unmöglich gemacht – in den Worten des § 107 StGB verhindert oder gestört – werden, man denke nur an so genannte „Denial-of-Service"-Angriffe, bei denen Server massenhaft mit „Müll" überschüttet und dadurch lahm gelegt werden. Bei einer als Alternativwahl ausgestalteten Internetwahl, bei der zudem als „Rettungsanker" für genau solche Fälle eine Wahl im Wahllokal noch möglich ist, ist fraglich, ob eine erhebliche Beeinträchtigung vorliegt. Unabhängig davon verlangt § 107 StGB jedoch die Herbeiführung dieses Ergebnisses „mit Gewalt oder durch Drohung mit Gewalt", wobei reine Sachgewalt nicht genügt.[1194] Die (körperliche) Zerstörung von Hard- oder Software wäre demnach nicht ausreichend.

Es wird deutlich, dass § 107 StGB typische Situationen der Behinderung einer Wahl im Wahllokal vor Augen hat, etwa Blockaden desselben. Das kann relevant werden bei im Wahllokal oder an Wahlkiosken stattfindenden Onlinewahlen. Auf die geschilderte Art von Beeinträchtigungen, die nicht körperlicher,

---

[1192] Zu diesbezüglichen Möglichkeiten ausführlich Will, 123 ff., 154 ff.
[1193] Ein entsprechendes Bedürfnis vermutet Rüß, ZRP 2001, 519.
[1194] Siehe oben, S. 36.

sondern elektronischer Natur sind und bei allen Arten von Onlinewahlen drohen, ist der Tatbestand nicht zugeschnitten.[1195]

§ 107 StGB kann mithin bei Onlinewahlen Bedeutung erlangen, wesentliche Gefahren für den Gesamtablauf sind aber von diesem Tatbestand nicht erfasst.

bb) § 107 a StGB

Ganz anders hingegen liegt der Fall bei § 107 a I StGB. Dieser ist schon nach seinem vergleichsweise offenen Wortlaut auf keine spezielle Wahlsituation hin konstruiert. Wer ohne Wahlrecht online wählt, wählt unbefugt, mit Viren oder Trojanern können Stimmen manipuliert und damit unrichtige Wahlergebnisse herbeigeführt werden, die Auszählungssoftware kann verändert, in den Zentralrechner kann „eingebrochen" und damit das Ergebnis verfälscht werden. Mit dem Verkünden des Wahlergebnisses in § 107 a II StGB sind hingegen Handlungen eines Menschen beschrieben, für die keine besonderen Gefahren durch Onlinewahlen auftreten.

cc) § 107 b StGB

Gleiches gilt für die Fälle des § 107 b StGB, die sich allesamt im Vorfeld einer möglichen Onlinewahl abspielen. Spezielle Risiken, die sich für die Onlinewahl selbst ergeben, sind für diesen Zeitabschnitt irrelevant.

dd) § 107 c StGB

Die Flexibilität des Tatbestands liegt bereits in seiner Natur als Blankettnorm begründet. Sobald gegebenenfalls spezielle Regelungen für Internetwahlen aufgestellt sind, wird auch auf diese verwiesen und damit eine Strafbarkeit begründet. Bei der de lege ferenda zu favorisierenden Tatbestandsfassung[1196] wäre die Onlinewahl ohnehin erfasst, weil eine allgemeinere Formulierung existierte.

ee) §§ 108-108 b StGB

Die §§ 108-108 b StGB haben ebenfalls bei Internetwahlen ihren Anwendungsbereich. Das ist darauf zurückzuführen, dass sich die tatbestandsrelevanten Verhaltensweisen weniger auf den Wahlvorgang beziehen als sich vielmehr gegen

---

[1195] Anders allerdings jüngst das AG Frankfurt a.M., das eine Nötigung „per Mausklick" im Falle einer Online-Demo gegen die Lufthansa als gegeben ansah; die Blockade der Webseite sei ebenso Gewalt wie die Anwendung eines Elektro-Schockers; vgl. http://www.spiegel.de/netzwelt/politik/0,1518,363439,00.html; schon das Vorliegen einer körperlichen Zwangswirkung ist allerdings höchst zweifelhaft und bei § 107 StGB sind zudem die höheren Anforderungen an das Nötigungsmittel der Gewalt zu berücksichtigen, siehe oben, S. 35 ff.
[1196] Siehe oben, S. 169.

konkrete Wähler richten. Diese sind freilich auch bei Internetwahlen beeinfluss-
bar. Der Durchführungsmodus der Wahl ist für die Tatbestände irrelevant. Es
können allerdings bestimmte Begehungsweisen größere Bedeutung erlangen,
man denke etwa an eine Täuschung, die über eine Bildschirmanzeige erfolgt.

Mithin sind die bestehenden Regelungen weitestgehend „onlinetauglich". Ob sie
jedoch allen spezifischen Gefährdungen einer Wahl per Internet gerecht werden,
ist damit noch nicht gesagt. Zu bedenken ist dabei stets, dass das StGB auch ein
so genanntes Computerstrafrecht kennt, dessen Normen in den hier relevanten
Fällen ebenfalls zur Anwendung kommen können.

b) Gefahren für Onlinewahlen und deren strafrechtliche Erfassung

Vor dem Hintergrund der – nach heutigem Stand zu befürchtenden – Sicher-
heitsgefahren für Onlinewahlen ist deren strafrechtliche Erfassung zu überprüfen.

Internetwahlen bieten insgesamt betrachtet ein besonders großes Angriffsrisiko,
weil mit relativ geringem elektronischen Aufwand ein verhältnismäßig großer
Schaden angerichtet werden kann. Durch das Verbreiten von Viren oder das
Blockieren von Servern können „mit einem Mausklick" Manipulationen vorgenommen werden, die bei den klassischen Formen der Wahl erhebliche Ressourcen binden würden – man denke nur an Stimmenmanipulationen an einem zentralen Rechner im Vergleich zu solchen in mehreren Wahllokalen.
Im Einzelnen können verschiedene Angriffspunkte und Angriffsziele unterschieden werden:[1197]

Als Angriffspunkte kommen in Betracht:
- Eingabegerät (zum Beispiel Privat-PC des Wählers)
- Datentransportweg
- „elektronische Urne"/Wahlserver

Als Angriffsziele lassen sich denken:
- Ausspähen des Stimmeninhalts
- Modifikation des Stimmeninhalts
- Unterdrückung von Stimmen
- Neuerzeugung von Stimmen
- Herbeiführung von Systemausfällen
- unrichtige Darstellungen an Ein- und Ausgabegeräten

[1197] Zu den Risiken, die unterschiedlich kategorisiert werden, vgl. Grimm, in: Holzna-
gel/Grünwald/Hanßmann, S. 89 f.; Hanßmann, S. 67 ff.; Otten, in: Holznagel/Grünwald/
Hanßmann, S. 76; Will, S. 85 ff.

aa) Ausspähen des Stimmeninhalts

Das Ausspähen des Stimmeninhalts kann etwa mittels Trojanern erfolgen, Programmen, die an seriöse Programme angehängt sind, über verschiedene Wege (CD-ROM, E-Mail, Internetdownload) auf den PC gelangen und dort unbemerkt ihre schädliche Wirkung zeitigen können, etwa das Ausspähen von Tastatureingaben.[1198] Denkbar ist auch das Web-Spoofing, bei dem der Internetnutzer zum Beispiel über einen Link auf die nur scheinbar korrekte Website, etwa, falls technisch so organisiert, die scheinbar korrekte Wahlwebsite gelangt.[1199] Seine Eingaben dort sind dem Zugriff des entsprechenden Erstellers der Seite preisgegeben. Auch durch Angriffe von Würmern, sich in Netzwerken selbst reproduzierende Programme, können Daten ausspioniert werden.[1200] Nicht zuletzt ist an Hacker zu denken, die etwa die Daten auf dem Wahlserver ausforschen könnten. Alle diese Angriffe verletzen das Wahlgeheimnis und können, wenn entsprechende Handlungsverbote in einem zu schaffenden Internetwahlrecht vorgesehen werden, nach § 107 c StGB geahndet werden. Auch ohne entsprechende Normen wäre eine Bestrafung möglich bei Schaffung des oben[1201] vorgeschlagenen Tatbestands zum Schutz der geheimen Wahl.

Weiterhin ist an § 202 a StGB zu denken, der das Ausspähen von Daten unter Strafe stellt. Vorausgesetzt ist dabei eine besondere Zugangssicherung, die aber ohnehin bei den Onlinewahlsystemen für die Übertragung vorgesehen (Verschlüsselung) bzw. sogar aus Verfassungsgründen zwingend ist.[1202] Auch für die „elektronische Urne" sind entsprechende Sicherungen (Firewall) geplant.[1203] § 202 a StGB greift nur dann nicht, solange beim Eingabegerät des Wählers eine Zugangssicherung fehlt. Hinzuweisen ist auf die Diskussion um das Merkmal des Sichverschaffens, unter das der Gesetzgeber das bloße „Hacking" gerade nicht fallen lassen wollte.[1204] Aus dem Wortlaut ergibt sich das jedoch nicht, danach genügt jede tatsächliche Kenntnisnahme.[1205] Teilweise wird deshalb eine teleologische Reduktion propagiert.[1206]

[1198] Hanßmann, S. 74 f.; Will, S. 90 f.
[1199] Will, S. 88 f.
[1200] Hanßmann, S. 75 f.
[1201] Siehe oben, S. 169.
[1202] Rüß, MMR 2000, 75.
[1203] Otten, in: Holznagel/Grünwald/Hanßmann, S. 77 f.
[1204] BT-Drs. 10/5058, S. 28.
[1205] Sch/Sch-Lenckner, § 202 a Rn. 10.
[1206] So z.B. Hilgendorf, JuS 1996, 704 f.

Sind sowohl § 107 c StGB als auch § 202 a StGB einschlägig, besteht wegen der unterschiedlichen Rechtsgüter Idealkonkurrenz.[1207]

bb) Inhaltliche Veränderung und Unterdrückung von Stimmen

Mittels Trojanern und Web-Spoofing können Stimmen auch inhaltlich verändert und unterdrückt werden. Gleiches kann für Hackerangriffe etwa auf den Wahlserver gelten.[1208] Damit wird entweder ein unrichtiges Ergebnis herbeigeführt oder das Ergebnis verfälscht, so dass eine Wahlfälschung nach § 107 a I StGB vorliegt.
Gleichzeitig wird darin regelmäßig eine Datenveränderung im Sinne des § 303 a StGB liegen, der auf die Datendefinition in § 202 a II StGB verweist.
Auch hier besteht gegebenenfalls Idealkonkurrenz.

cc) Neuerzeugung von Stimmen

Technisch denkbar ist es weiterhin, völlig neue, zusätzliche Stimmen zu erzeugen und in die Übermittlungswege „einzuschleusen".[1209]
Da kein Wahlrecht besteht, liegt ein unbefugtes Wählen, mithin eine Wahlfälschung nach § 107 a I StGB vor.
Gleichzeitig liegt hierin ein Unbrauchbarmachen von Daten nach § 303 a StGB: Das ist immer dann der Fall, wenn Daten in ihrer Gebrauchsfähigkeit so beeinträchtigt werden, dass sie nicht mehr ordnungsgemäß verwendet werden und damit ihren bestimmungsgemäßen Zweck nicht mehr erfüllen können.[1210] Sobald der „elektronischen Urne" Daten hinzugefügt werden, kann sie ihrem Zweck, ein authentisches Wahlergebnis abzubilden, nicht mehr gerecht werden. Es ist allgemein anerkannt, dass das Hinzufügen von Daten dem Tatbestand unterfallen kann.[1211]

dd) Herbeiführung von Systemausfällen

Schwieriger wird es bei der Herbeiführung von Systemausfällen. Man denke an Viren, die die „elektronische Urne" oder private PCs ganz bewusst am Wahltag ausfallen lassen oder so genannte „Denial of Service"-Angriffe gegen den Wahlserver oder bestimmte Internetprovider, bei denen absichtlich Ressourcen in An-

[1207] Beim Web-Spoofing ist auch an § 108 a StGB zu denken, denn der über die Echtheit der Website getäuschte Wähler, dessen Stimme tatsächlich nicht in die offizielle Urne gelangt, wählt gegen seinen Willen nicht.
[1208] Vgl. insgesamt Hanßmann, S. 74 f.; Will, S. 89 f., 96.
[1209] Hanßmann, S. 67.
[1210] BT-Drs. 10/5058, S. 35; Sch/Sch-Stree, § 303 a Rn. 4; auch ein Verändern könnte man annehmen, allerdings sollte auf diese Modalität nur zurückgegriffen werden, wenn keine anderen in Betracht kommt, vgl. nur Hilgendorf, JuS 1996, 891.
[1211] Sch/Sch-Stree, § 303 a Rn. 4.

spruch genommen und blockiert werden, indem diese „zugemüllt" werden. Das kann im Ergebnis dazu führen, dass Stimmen gar nicht oder zu spät ankommen.[1212] § 107 StGB greift hier nicht ein, weil keines der Tatmittel einschlägig ist.[1213]

Aus der Sicht des Computerstrafrechts existiert für Systemblockaden bzw. -ausfälle der Tatbestand der Computersabotage, § 303 b StGB. Hierfür muss eine Datenverarbeitung (1), die für eine Behörde (etc.) von wesentlicher Bedeutung ist (2) gestört werden (3); und zwar durch eine Tat nach § 303 a I StGB oder ein Zerstören der Datenverarbeitungsanlage oder eines Datenträgers (4). Datenverarbeitung ist über den einzelnen Datenverarbeitungsvorgang hinaus auch der weitere Umgang mit Daten, etwa ihre Verwertung.[1214] Die Sammlung von Stimmen in der „elektronischen Urne" und deren Auswertung zählt damit ebenso zur Datenverarbeitung wie der Datenverarbeitungsvorgang bei der Wahl am heimischen PC.

Weil der Tatbestand aber nur das Interesse von Wirtschaft und Verwaltung am störungsfreien Ablauf ihrer Datenverarbeitung schützt,[1215] kann gegen einen Privat-PC keine Computersabotage begangen werden.[1216] Sehr wohl ist die Datenverarbeitung hinsichtlich der Wahl für die Behörde hingegen von wesentlicher Bedeutung, da sie entscheidend ist für die Funktionsfähigkeit der Wahlabwicklung. Gleiches gilt für Internet-Provider als Unternehmen, da sie auf die Datenverarbeitung angewiesen sind und andernfalls ihrem bestimmungsgemäßen Zweck nicht nachgehen können.

Störung setzt eine nicht unerhebliche Beeinträchtigung voraus,[1217] was bei den genannten Angriffen, die – wenn überhaupt – regelmäßig nur mit großem Aufwand zu beseitigen sind, der Fall ist.

Diese Störung muss aber gerade durch eine Tat nach § 303 a I StGB erfolgen (Nr. 1) oder in der Zerstörung, Beschädigung, Unbrauchbarmachung, Beseitigung oder Veränderung einer Datenverarbeitungsanlage oder eines Datenträgers bestehen (Nr. 2).

Was Angriffe durch Viren angeht, so ist § 303 a StGB regelmäßig einschlägig, etwa wenn Viren andere Dateien vernichten oder überschreiben.[1218] Bei den „Denial of Service"-Angriffen wird es hingegen an einer Erfüllung des § 303 a StGB in den meisten Fällen fehlen. Da hierbei die technischen Systeme

---

[1212] Hanßmann, S. 72 f.; Will, S. 85 ff.

[1213] Siehe oben, S. 233.

[1214] Sch/Sch-Stree, § 303 b Rn. 3; Hilgendorf, JuS 1996, 1082.

[1215] Sch/Sch-Stree, § 303 b Rn. 1.

[1216] Faßbender, S. 69.

[1217] Sch/Sch-Stree, § 303 b Rn. 10.

[1218] Vgl. genauer LK-Tolksdorf, § 303 a Rn. 33 ff.

allein durch Überbelastung zum Erliegen gebracht, die Daten selbst aber unverändert bleiben, werden diese weder gelöscht noch verändert. Auch ein Unterdrücken liegt nicht vor, da der Berechtigte – und nur um dessen Schutz geht es in § 303 a StGB – jederzeit auf die Daten zugreifen kann.[1219] Fraglich ist nur, ob die Daten nicht unbrauchbar gemacht werden, weil zeitweilig keine uneingeschränkte Nutzungsmöglichkeit mehr gewährleistet ist.[1220] § 303 a StGB will das Interesse des Verfügungsberechtigten an der unversehrten Verwendbarkeit der gespeicherten Daten schützen.[1221] Es soll also eine Art „Substanzschutz" der Daten gewährleistet werden, was auch in der Beschreibung der tatbestandsmäßigen Handlungen als Löschen oder Unterdrücken von Daten sowie Einwirkungen auf den Datenträger zum Ausdruck kommt.[1222] Denkbar sind auch zusätzliche Einfügungen.[1223] Es geht mithin stets um Veränderungen im Bestand der Daten, nicht um Einwirkungen auf sonstige Interessen des Berechtigten, wie zum Beispiel die Verwendbarkeit der Daten. Da der Datenbestand hier aber völlig unberührt bleibt, liegt auch kein Unbrauchbarmachen vor.[1224]

Da bei § 303 a I Nr. 2 StGB anders als bei § 107 StGB kein Mittel der Einwirkung genannt wird, fällt die physische Zerstörung der entsprechenden technischen Geräte zwar unter § 303 b, nicht aber unter § 107 StGB, weil bloße Sachgewalt dort nicht genügt.[1225] Bei § 303 b I Nr. 2 StGB geht es stets um Hardwareeinwirkungen, die bei den hier in Rede stehenden Angriffen aber regelmäßig nicht in Betracht kommen.[1226]

Daraus ergibt sich zweierlei: § 303 b StGB erfasst nicht alle Arten der Computersabotage, nämlich insbesondere nicht die privater Datenverarbeitung und nicht die durch Ressourcenblockade ohne Dateneinwirkung. Gleichzeitig werden diese Eingriffe auch vom Wahlstrafrecht nicht erfasst, weil die dort aufgeführten Nötigungsmittel nicht einschlägig sind. Diese sind auf den unmittelbaren Kontakt zum Wähler bzw. am Wahlgeschehen Beteiligten zugeschnitten. Eine mögliche Lückenhaftigkeit des § 303 b StGB zu beurteilen ist hier nicht der Ort,[1227] wohl aber, Sicherungsmöglichkeiten des Wahlablaufs gegen die genannten Vorgehensweisen im Rahmen des Wahlstrafrechts zu entwickeln. Wie könnte deshalb § 107 StGB in Zukunft aussehen?

[1219] Faßbender, S. 63; anders Vetter, S. 67 ff.
[1220] Mit dieser Begründung § 303 a StGB bejahend Vetter, S. 69 f.
[1221] BT-Drs. 10/5058, S. 34; LK-Tolksdorf, § 303 a Rn. 2.
[1222] LK-Tolksdorf, § 303 a Rn. 28.
[1223] BT-Drs. 10/5058, S. 35.
[1224] Faßbender, S. 63 ff.
[1225] Siehe oben, S. 36.
[1226] Ausführlich Faßbender, S. 79 ff.
[1227] Vgl. Faßbender, S. 97 ff.

Die Schwierigkeit liegt darin, einerseits keine allzu spezifisch auf die genannten Angriffe bedachte Formulierung zu wählen – schließlich sollen auch in Zukunft erst auftretende neue Gefahren bereits erfasst sein –, andererseits nicht in allzu ungenaue Formulierungen abzugleiten. Gleichzeitig empfiehlt es sich, eine drohende Ungleichbehandlung von vorne herein abzuwenden: Wenn die Blockade der „elektronischen Urne" erfasst ist, ist kein Grund ersichtlich, warum nicht auch der Entzug der realen Urne strafbar sein soll. Im Zuge einer Änderung sollte demnach auch die Sachgewalt eingearbeitet werden. Eine denkbare Formulierung wäre dann:

„Wer mit Gewalt gegen Personen oder Sachen, durch Drohung mit Gewalt gegen Personen oder Sachen oder durch andere Eingriffe in ihren Ablauf eine Wahl oder die Feststellung des Ergebnisses verhindert oder stört, (...) "

Man mag daran denken, eine Einschränkung des verhältnismäßig offenen Tatmittels des „anderen Eingriffs" durch die Forderung nach einem „erheblichen Eingriff" zu erzielen. Das könnte jedoch fatal sein, da womöglich durch einen minimalen elektronischen Eingriff ein maximaler Störungserfolg eintreten kann, so dass die Gewichtigkeit des Tatmittels selbst nicht von Bedeutung sein darf, vielmehr aus dieser Perspektive der Taterfolg von einigem Gewicht sein muss. Durch die Formulierung „Eingriff" wird deutlich, dass nicht jegliche tatsächliche Einwirkung genügt, sondern, ebenso wie bei den anderen Tatmitteln, ein willensgetragenes Verhalten erforderlich ist. Weiterhin muss ein Eingriff gerade in den Wahlablauf gegeben sein. Zudem ist für den Eingriff, ähnlich wie bei den Straßenverkehrsdelikten,[1228] die innere Einstellung des Täters relevant. Es ist ein „Wahlstörungsbewusstsein" zu verlangen. Da gerade im Computerumfeld häufig der Hauptansporn des Täters allein im Erreichen des technischen Erfolgs als solchem liegt (zum Beispiel das bloße Eindringen in ein gesichertes System), kann es auf eine entsprechende Absicht nicht ankommen. Ob es sich um einen Eingriff „von innen" oder „von außen" handelt, kann aufgrund des geschützten Rechtsguts keine Rolle spielen. Der vorgeschlagene Tatbestand schränkt die Sabotage zudem nicht auf behördliche oder betriebliche Datenverarbeitungen ein.

Dieses gefundene Ergebnis sollte man auch auf die – wahrscheinlich eher seltener vorkommenden – Konstellationen übertragen, in denen durch die geschilderten Maßnahmen gezielt einzelne Wähler an der Wahl gehindert werden. § 108 StGB könnte um einen neuen Abs. 2 mit folgendem Wortlaut ergänzt werden:[1229]

[1228] Sch/Sch-Cramer/Sternberg-Lieben, § 315 b Rn. 9.
[1229] Abs. 2 a.F. würde dann zu Abs. 3 n.F.

Ebenso wird bestraft, wer durch einen gegen einen Wahlberechtigten gerichteten Eingriff in den Wahlablauf dessen Stimmabgabe verhindert oder erheblich stört.

Der Eingriff ist freilich auch dann (wenigstens mittelbar) gegen den Wahlberechtigten gerichtet, wenn dessen Computer durch einen Virus am Wahltag lahm gelegt wird. Erheblich gestört ist die Stimmabgabe, wenn sie nur noch unter nicht unerheblichen Anstrengungen seitens des Wahlberechtigten ausgeübt werden kann. Dafür dürfte es im hiesigen Kontext nicht ausreichen, wenn dem Wähler noch eine unproblematisch mögliche Stimmabgabe im Wahllokal zur Verfügung steht.

ee) Unrichtige Darstellung an Ein- und Ausgabegeräten

Schließlich ist auf die Gefahren durch unrichtige Darstellungen an Ein- und Ausgabegeräten hinzuweisen. Die Schwierigkeit besteht darin, dass die Internetkommunikation der unmittelbaren menschlichen Wahrnehmung nicht zugänglich ist, so dass diese gegebenenfalls zwar völlig fehlerfrei ablaufen kann, gleichwohl durch die technischen Interpretationsgeräte wie Bildschirme und Drucker fehlerhafte Informationen zur Anschauung gebracht werden können.[1230] Entsprechende Softwaremanipulationen können unter § 303 a StGB fallen. Hardwaremanipulationen (nicht solche im privaten Bereich!) können nach § 303 b I Nr. 2 StGB bestraft werden.

Im hier zu untersuchenden Wahlstrafrecht ist § 107 a I StGB in der Form der Ergebnisverfälschung erfüllt, wenn das am Schluss sichtbar gemachte Ergebnis nicht das real richtige ist, weil es sich letztlich um einen (vorsätzlichen) „Auszählungsfehler" handelt. Falsche Bildschirmanzeigen können Täuschungen darstellen und zu einer Strafbarkeit nach § 108 a StGB führen.

3) Ergebnis

Es hat sich gezeigt, dass das Wahlstrafrecht nach dem heutigen Erkenntnisstand über mögliche Gefährdungen von Internetwahlen weitestgehend „fit" für zukünftige Entwicklungen des Wahlverfahrens ist. Empfehlenswerte Änderungen wurden formuliert. Abschließend ist diese Beurteilung freilich nicht, da Feinde der Demokratie gerade bei neuen elektronischen Verfahren, die letztlich nie absolut sicher zu konstruieren sind, immer wieder Wege zur Schädigung finden werden, mit denen zuvor keiner gerechnet hat. Derartige Entwicklungen werden genau zu beobachten und das Wahlstrafrecht gegebenenfalls nachzubessern sein.

[1230] Hanßmann, S. 69.

Zum Schluss bleibt zu berücksichtigen, dass die elektronischen Kommunikationswege anders als eine Präsenzwahl im Wahllokal die Chance für Kriminelle auf der ganzen Welt bieten, Wahlen in ihrem Sinne zu beeinflussen. Was ergibt sich nach dem Geltungsbereich des deutschen Strafrechts für deren Strafbarkeit? Dieser Frage wurde bereits unabhängig von Fragen der Onlinewahl nachgegangen.[1231]

VI) Familienwahlrecht und dessen Schutz durch das Strafrecht

Was für Technikbegeisterte das Onlinewahlrecht, ist für sozialpolitisch Engagierte das Familienwahlrecht. Auch dieses könnte, eine Grundgesetzänderung vorausgesetzt, ins Haus stehen. Was hat man hier vor?[1232] Befürworter eines Familienwahlrechts wollen die Stellung der Familien stärken, indem ein Wahlrecht von Geburt an eingeführt wird, das bis zu einem bestimmten Alter der Kinder stellvertretend durch die Personensorgeberechtigten ausgeübt wird. Man erhofft sich von dieser Erweiterung des Kreises der Wahlberechtigten um immerhin etwa 13,8 Millionen Wähler[1233] eine veränderte, verbesserte Familienpolitik, weil die Parteien auf dieses neue Wählerpotential eingehen müssten.[1234] Ob es nicht doch nur zu veränderter Wahlkampfrhetorik führt, soll hier ebenso dahinstehen wie die verfassungsrechtliche Zulässigkeit dieses Vorhabens,[1235] vielmehr soll die Bedeutung der Wahlstraftaten für das Familienwahlrecht näher beleuchtet werden.

1) Rechtstechnisches und dabei auftretende Schwierigkeiten

Konstruktiv müsste das Wahlalter bezüglich des aktiven Wahlrechts per Grundgesetzänderung (Art. 38 II GG) auf 0 Jahre abgesenkt werden. Dann müsste ein Alter festgelegt werden, ab dem das Wahlrecht vom Kind selbst ausgeübt werden darf. Schließlich wäre für die Zwischenzeit eine Regelung zur Ausgestaltung des Vertretungsrechts durch die Personensorgeberechtigten erforderlich.

[1231] Siehe oben, S. 26 ff.; speziell zu Fragen der Internetkriminalität Satzger, Internationales StrafR, § 5 Rn. 39 ff.

[1232] Vgl. den fraktionsübergreifenden Antrag in BT-Drs. 15/1544, der am 02.06.2005 im Bundestag gemäß der Beschlussempfehlung des Innenausschusses (BT-Drs. 15/4788) abgelehnt wurde.

[1233] BT-Drs. 15/1544, S. 3.

[1234] Ein Wahlrecht für alle wird teilweise auch mit der Argumentation vertreten, jeder, auch der unter 18 Jahre alte Staatsbürger, sei von Entscheidungen des Staates betroffen und auf seine Leistungen angewiesen, so dass er deshalb auch wählen dürfen müsse; vgl. zu diesem Ansatz Löw, ZRP 2002, 449; Peschel-Gutzeit, NJW 1997, 1861; kritisch Wernsmann, Der Staat 2005, 61 ff.; BT-Drs. 15/1544, S. 1, 3.

[1235] Kritisch v. Münch, NJW 1995, 3165 f.; Schroeder W., JZ 2003, 920 ff.; positiv hingegen Knödler, ZParl 1996, 553 ff.; Oebbecke, JZ 2004, 988 ff.

Hierbei ergeben sich vielerlei Schwierigkeiten, von denen einige angedeutet seien:[1236]

- Die Wählerverzeichnisse müssten um Angaben zur gesetzlichen Vertretung erweitert werden, um eine entsprechende Überprüfung der Berechtigung des Wahlwilligen zu ermöglichen.
- Sind zwei Personensorgeberechtigte vorhanden, muss eine Lösung gefunden werden, wie die Wahl technisch ablaufen soll. Das Prinzip der geheimen Wahl spricht jedenfalls gegen eine gemeinsame Stimmabgabe.
- In dieser Konstellation müsste auch danach gefragt werden, wie zu verfahren ist, wenn die gesetzlichen Vertreter über Ob und Wie der Stimmabgabe uneins sind. Man könnte jedem Elternteil eine „halbe Stimme" geben.[1237]
- Die Entscheidung der Vertreter wird sich am Kindeswohl orientieren müssen.[1238] Was geschieht aber, wenn sich abzeichnet, dass die Eltern für das Kind CDU wählen wollen, das Kind seine Stimme aber gerne bei den Grünen sehen würde? Sollte diesbezüglich eine Klagemöglichkeit bestehen?
- Was soll geschehen, wenn der gesetzliche Vertreter selbst kein Wahlrecht hat? Seine Befähigung, als Vertreter zu wählen, wäre dann jedenfalls recht zweifelhaft.
- Schließlich wäre die Frage legitim, ob nicht auch Alte und Behinderte – man denke an Betreuungsfälle – in die Vertretungsregelung einbezogen werden müssten.

2) Konsequenzen des Familienwahlrechts für das Wahlstrafrecht

Diese Zweifelsfragen, die von einer übereinstimmenden Klärung noch weit entfernt sind, werden teilweise auch für das Wahlstrafrecht relevant.

a) §§ 107 a, b StGB[1239]

Wird das Vertretungsrecht ins Wählerverzeichnis eingetragen, müsste § 107 b I Nr. 1-3 StGB auf diese Konstellation erweitert werden, da in einer fälschlichen Eintragung eine im Vorfeld zur Wahlfälschung liegende Handlung zu sehen ist. Wer nicht gesetzlicher Vertreter ist, wählt – von seiner eigenen Stimmabgabe abgesehen – unbefugt. Das Merkmal „unbefugt" in § 107 a StGB muss insofern weiter verstanden werden als bisher: „Unbefugt" wählt, wer kein Wahlrecht hat

---

[1236] Vgl. auch Oebbecke, JZ 2004, 990 ff.

[1237] Anders z.B. Peschel-Gutzeit, NJW 1997, 2862 mit der wohl kaum praktikablen Idee, auf die §§ 1626 II, 1628 BGB zurückzugreifen und ggf. eine Gerichtsentscheidung herbeizuführen – womöglich am Wahltag selbst?

[1238] Bejahend Peschel-Gutzeit, NJW 1997, 2862, „verfassungsrechtliche Treuhänderstellung" – vgl. auch § 1626 II BGB.

[1239] Für § 107 StGB ergeben sich bei einem Familienwahlrecht keine Besonderheiten.

oder kein Recht, den Wahlberechtigten bei seiner Wahl zu vertreten.[1240] Ob bei
§ 107 b StGB der Wortlaut ebenfalls beibehalten werden kann, ist fraglich, da
aus Nr. 2 und 3 ersichtlich wird, dass es um die Eintragung „als Wähler", also
als Wahlberechtigter geht. Beim Familienwahlrecht ist Wahlberechtigter aber
das Kind bzw. der Jugendliche, das Wahlrecht wird bis zur Erreichung des
Wahlalters nur durch die gesetzlichen Vertreter ausgeübt. Deutlich könnte man
dies durch die Formulierung „als Wähler oder gesetzlicher Vertreter" machen,
die der Klarheit halber auch in Nr. 1 eingefügt werden sollte.
Insgesamt könnte § 107 b StGB dann folgendermaßen aussehen:

(1) Wer

1. *seine Eintragung in das Wählerverzeichnis als Wähler oder gesetzlicher*
   Vertreter durch falsche Angaben erwirkt,
2. *einen anderen als Wähler oder gesetzlichen Vertreter einträgt, von dem er*
   weiß, dass er keinen Anspruch auf Eintragung hat,
3. *die Eintragung eines Wahlberechtigten als Wähler oder eines gesetzlichen*
   Vertreters verhindert, obwohl er dessen Wahlberechtigung oder Vertre-
   tungsmacht kennt,

(...)

Aus dem systematischen Kontext wird klar, dass es stets um die Vertretungsmacht im Hinblick auf die Wahlentscheidung geht. Angenommen, der Jugendliche dürfte bereits mit 16 Jahren selbst wählen und jemand verhindert im Sinne
der Nr. 3 die Eintragung dessen Eltern, so macht er sich freilich nicht strafbar,
da die Eltern insofern gerade keine Vertretungsmacht (mehr) haben und das Ergebnis seines Handelns – Nichteintragung der Eltern ins Wählerverzeichnis –
gerade das formell und materiell richtige ist. Wem die Systematik als Hinweis
nicht genügt, der mag den Wortlaut noch konkretisieren auf „die Eintragung [...]
eines für die Wahl Vertretungsberechtigten verhindert, [...]".

[1240] Träfe man eine Regelung, wonach das fehlende Wahlrecht eines Elternteils auch zum
Fehlen der Vertretungsbefugnis führt, würde der gleichwohl wählende Elternteil, auch wenn
seine Vertretungsbefugnis im Wählerverzeichnis eingetragen sein sollte, unbefugt wählen und
sich nach § 107 a StGB strafbar machen. Geht man davon aus, dass beide Elternteile je eine
„halbe Stimme" bekämen, wäre es, nebenbei bemerkt, familienrechtlich schwer einzusehen, warum die „halbe Stimme" nicht auf den anderen Elternteil übergeht, da die Teilung der
Stimme rein technisch begründet ist. Auch wenn es nur (noch) einen gesetzlichen Vertreter
gibt, wäre es schließlich nahe liegend, diesem eine ganze Stimme zu geben, da ja auch dem
Kind, für das der Vertreter handelt, eine ganze Stimme besitzt; so auch Peschel-Gutzeit, NJW
1997, 2862.

Da noch völlig offen ist, wie eine Regelung zur Abgabe von „halben Stimmen" aussehen könnte,[1241] kann hier nur Grundsätzliches über einen etwaigen Missbrauch gesagt werden. Da die gesetzliche Vertretungsmacht sich nur auf eine „halbe Stimme" bezieht, ließe sich vertreten, im Hinblick auf die andere Hälfte bestehe keine Berechtigung, man wähle demnach unbefugt, wenn man etwa den Stimmzettel des Ehegatten ausfülle. Wem das zu feinsinnig erscheint, fällt jedenfalls auf die allgemeine Tatbestandsvariante des sonstigen Herbeiführens eines unrichtigen Ergebnisses zurück, weil sich „eine halbe Stimme zuviel" im Wahlergebnis befindet. Unrichtige Wertungen beim Auszählen werden als Ergebnisverfälschungen erfasst.

b) § 107 c StGB

Wie bereits angedeutet verstößt, wie auch sonst, eine gemeinsame Wahl gegen den Grundsatz der geheimen Wahl. Nach der gegenwärtigen Gesetzeslage ergibt sich mangels entsprechender blankettausfüllender Regelung aber keine Strafbarkeit des „Zuschauers".[1242] Nach der hier vorgeschlagenen Regelung zur Verletzung des Wahlgeheimnisses[1243] wäre eine Strafbarkeit hingegen zu bejahen. Das ist auch konsequent, wenn man die Stimme des Kindes in zwei selbständige, voneinander unabhängige „halbe Stimmen" aufteilt, die dann wie die originäre Stimme geheim abzugeben sind.

c) §§ 108 ff. StGB

Die Anwendung der §§ 108 ff. StGB könnte zu auf den ersten Blick merkwürdigen Ergebnissen führen. In Fortführung der Auslegung zu den §§ 108 ff. StGB, deren Opfer jeweils Wahlrechtsinhaber sein muss,[1244] müsste unter Geltung eines Familienwahlrechts eine Nötigung, Täuschung oder Bestechung eines für die Wahl Vertretungsberechtigten genügen, weil dieser die Stimmabgabe als Befugter ausführt. Folglich würde sich der Vertretene, der etwa seine Eltern zwingt, gegen deren Willen „seine" Partei zu wählen, nach § 108 StGB strafbar machen. Wenn er durch Täuschung die Eltern zu einer Stimmabgabe bringt, die in seinem, nicht aber im Sinne der Vertreter ist, wäre § 108 a StGB gegeben. Das mag verwundern, weil in der Wahlentscheidung letztlich der Wille des Kindes, das ja Inhaber des Wahlrechts ist, zum Ausdruck kommt. Sowohl vor dem zivilrechtlichen Hintergrund als auch dem geschützten Rechtsgut ist dieses Ergebnis jedoch völlig korrekt. Nach § 1626 II BGB besprechen die Eltern „mit dem Kind, soweit es nach dessen Entwicklungsstand angezeigt ist, Fragen der

---

[1241] Zu denken wäre an gesonderte Stimmzettel – im Hinblick auf das Wahlgeheimnis nicht unproblematisch bei Wahllokalen in Gebieten mit besonders wenigen Kindern.
[1242] Siehe oben, S. 91 ff.
[1243] Siehe oben, S. 169.
[1244] Siehe oben, S. 96, 124 f., 135.

elterlichen Sorge und streben Einvernehmen an". In diesem gesetzlichen Leitbild geht es um den Ausschluss eines auf Unterwerfung und Gehorsam gerichteten Erziehungsstils, nicht um ein stetiges dem Kindeswillen Nachgeben. Das Kind soll an Entscheidungen beteiligt werden, aber letztlich behält der Wille der Eltern den Vorrang.[1245] § 1626 II BGB gibt dem Kind mithin keinen klagbaren Anspruch auf Erfüllung seines Willens.[1246] Wenn die „Letztentscheidungskompetenz" aber den Eltern zusteht, ist deren Willensbildungs- und -betätigungsprozess zweifelsohne durch die Tathandlungen der §§ 108 ff. StGB beeinträchtigt und ein ordnungsgemäßes Ergebnis, das eben gegebenenfalls nur dem Willen der Eltern und nicht dem des Kindes entsprechen muss, nicht mehr möglich.

Die §§ 108 ff. StGB sind mithin auf Konfliktkonstellationen zwischen Inhaber des Wahlrechts und gesetzlichem Vertreter voll anwendbar.

3) Ergebnis

Bis auf kleinere Ergänzungen und modifizierte Auslegungen besteht auf der Grundlage der gegenwärtigen Vorschläge kein Veränderungsbedarf für das Wahlstrafrecht bei Einführung eines Familienwahlrechts, zumal spezifische Gefahren, anders als bei Onlinewahlen, nicht ersichtlich sind. Sobald eine konkrete gesetzliche Ausgestaltung bekannt ist, muss dieses Ergebnis freilich erneut überprüft werden.

VII) Reformvorschläge im Überblick

Nach den hier entwickelten Reformvorschlägen könnte sich das Wahlstrafrecht – unter Berücksichtigung von Onlinewahlen sowie der Einführung eines Familienwahlrechts in der beschriebenen Form – folgendermaßen darstellen:[1247]

§ 107 StGB

(1) Wer mit Gewalt gegen Personen oder Sachen, durch Drohung mit Gewalt gegen Personen oder Sachen oder durch andere Eingriffe in ihren Ablauf eine Wahl verhindert oder stört, wird mit Freiheitsstrafe bis zu fünf Jahren oder mit Geldstrafe, in besonders schweren Fällen mit Freiheitsstrafe nicht

---

[1245] MünchKomm BGB-Huber, § 1626 Rn. 66; Palandt-Diederichsen, § 1626 Rn. 23.

[1246] Es ergibt sich nicht einmal ein klagbarer Anspruch auf Einhaltung des Leitbilds, vielmehr muss dieses Berücksichtigung bei Entscheidungen, die nach dem Kindeswohl zu treffen sind, finden; ggf. kann ein dauerhafter Verstoß zu Maßnahmen nach § 1666 BGB führen, vgl. MünchKomm BGB-Huber, § 1626 Rn. 62; explizit zum Familienwahlrecht Wernsmann, Der Staat 2005, 65: „unkontrolliert und unkontrollierbar" sei der Umgang der Sorgeberechtigten mit den Wählerstimmen der Kinder.

[1247] Zum internationalen Anwendungsbereich siehe oben, S. 27 ff.

unter einem Jahr bestraft.
(2) Der Versuch ist strafbar.

§ 107 a StGB
bleibt in der bisherigen Form bestehen

§ 107 b StGB
(1) Wer
1. *seine Eintragung in das Wählerverzeichnis als Wähler oder gesetzlicher Vertreter zu Unrecht bewirkt,*
2. *einen anderen als Wähler oder gesetzlichen Vertreter einträgt, von dem er weiß, dass er keinen Anspruch auf Eintragung hat,*
3. *die Eintragung eines Wahlberechtigten als Wähler oder eines gesetzlichen Vertreters verhindert, obwohl er dessen Wahlberechtigung oder Vertretungsmacht kennt,*
4. *sich als Bewerber für eine Wahl aufstellen lässt, obwohl er nicht wählbar ist,*

wird mit Freiheitsstrafe bis zu sechs Monaten oder mit Geldstrafe bis zu einhundertachtzig Tagessätzen bestraft, wenn die Tat nicht in anderen Vorschriften mit schwererer Strafe bedroht ist.
(2) Der Eintragung ins Wählerverzeichnis als Wähler entspricht die Ausstellung der Wahlunterlagen für die Wahlen zu den Organen der Einrichtungen der funktionalen Selbstverwaltung.

§ 107 c StGB
(1) Wer einer dem Schutz des Wahlgeheimnisses dienenden Vorschrift in der Absicht zuwiderhandelt, sich oder einem anderen Kenntnis davon zu verschaffen, wie jemand gewählt hat, wird mit Freiheitsstrafe bis zu zwei Jahren oder mit Geldstrafe bestraft.
(2) Ebenso wird bestraft, wer sich oder einem anderen im Rahmen einer geheimen Wahl beim Wahlvorgang oder aus den Wahlunterlagen davon Kenntnis verschafft, wie jemand wählt oder gewählt hat.

§ 108 StGB
(1) Wer rechtswidrig mit Gewalt, durch Drohung mit einem empfindlichen Übel, durch Missbrauch eines beruflichen oder wirtschaftlichen Abhängigkeitsverhältnisses oder durch sonstigen wirtschaftlichen Druck einen anderen nötigt oder hindert, zu wählen oder sein Wahlrecht in einem bestimmten Sinne auszuüben, wird mit Freiheitsstrafe bis zu fünf Jahren oder mit Geldstrafe, in besonders schweren Fällen mit Freiheitsstrafe von einem Jahr bis zu zehn Jahren bestraft.

(2) Ebenso wird bestraft, wer durch einen gegen einen Wahlberechtigten gerichteten Eingriff in den Wahlablauf dessen Stimmabgabe verhindert oder erheblich stört.
(3) Der Versuch ist strafbar.

§ 108 a StGB
bleibt in der bisherigen Form bestehen

§ 108 b StGB
(1) Wer einem anderen dafür, dass er nicht oder in einem bestimmten Sinne wähle, Geschenke oder andere Vorteile anbietet, verspricht oder gewährt, wird mit Freiheitsstrafe bis zu zwei Jahren oder mit Geldstrafe bestraft.
(2) Ebenso wird bestraft, wer dafür, dass er nicht oder in einem bestimmten Sinne wähle, Geschenke oder andere Vorteile fordert, sich versprechen lässt oder annimmt.
(3) Ebenso wird bestraft, wer einem Mitglied der in § 108 d StGB genannten Einrichtungen einen unlauteren Vorteil für sich oder einen Dritten dafür anbietet, verspricht oder gewährt, dass er eine mit seinen Aufgaben zusammenhängende Handlung oder Unterlassung vornimmt oder vorgenommen hat.
(4) Ebenso wird bestraft, wer als Mitglied der in § 108 d StGB genannten Einrichtungen einen unlauteren Vorteil für sich oder einen Dritten dafür fordert, sich versprechen lässt oder annimmt, dass er eine mit seinen Aufgaben zusammenhängende Handlung oder Unterlassung vornimmt oder vorgenommen hat.
(5) Der Versuch ist strafbar.

§ 108 c StGB
bleibt in der bisherigen Form bestehen

§ 108 d StGB
Die §§ 107 bis 108 c gelten für
1. Wahlen zu den Volksvertretungen, für die Wahl der Abgeordneten des Europäischen Parlaments, für sonstige Wahlen und Abstimmungen des Volkes im Bund, in den Ländern, Gemeinden und Gemeindeverbänden,
2. Wahlen zu den Organen der Einrichtungen der funktionalen Selbstverwaltung,
3. Wahlen und Abstimmungen in
   a) Bundesregierung, Bundesrat, Bundesversammlung sowie den Fraktionen
   b) den aus den Wahlen nach Nr. 1 und 2 hervorgegangenen Organen
   c) deren Ausschüssen.

D) Folgen der Wahlstraftaten[1248]

I) Prozessrechtliche Konsequenzen

Gerade bei der Aufklärung von Wahlstraftaten, aber auch im Wahlprüfungsverfahren ergibt sich ein besonderes Spannungsfeld, wenn es auf die konkrete Wahlentscheidung eines Wählers ankommt. Meist ist diese nicht anhand der Wahlunterlagen rekonstruierbar, so dass die Ermittlungsbehörden vor allem auf die (Zeugen)Aussage des Wählers angewiesen sind. Ob dieser in Anbetracht von Art. 38 GG, der das Wahlgeheimnis festschreibt, überhaupt vernommen werden darf, wird uneinheitlich beantwortet und muss auch für das Wahlprüfungsverfahren untersucht werden. Fraglich ist zudem, ob es von Bedeutung ist, ob das Wahlgeheimnis verfassungsrechtlich oder einfachgesetzlich verankert ist.

1) Der Strafprozess

Dem Wahlgeheimnis wird in seiner Relevanz für den Strafprozess unterschiedliches Gewicht beigemessen.

Manche sehen hierin ein Beweiserhebungsverbot in Form eines Beweisthemaverbots[1249] und ziehen damit die weitreichendsten Konsequenzen.[1250] Andere gehen nicht so weit und erlauben eine Beweisaufnahme über das Wahlverhalten, gestehen dem Wähler aber gleichzeitig ein Zeugnisverweigerungsrecht zu.[1251] Schließlich wird auch eine Aussagepflicht ohne Verweigerungsrecht angenommen.[1252]

[1248] Für die besondere „Rechtsfolge" des § 108 c StGB, sei auf die Monographie von Schwarz O. sowie Nelles, JZ 1991, 17 ff. und Stein, GA 2004, 22 ff. verwiesen.

[1249] Zu den Begriffen vgl. Volk, StPO, § 28 Rn. 1 ff.

[1250] Böckenförde, NJW 1967, 239 (hierzu Helms, NJW 1967, 920); Frank, DJZ 1919, 141; Perels, JW 1930, 1222 f.; Gottschalk, in: FS v. Liszt, S. 101; Peters, Gutachten, S. 111 f.; Rosenthal, S. 24 ff.; Rüping², Kap. 7 III 4 a, S. 135; Schneider G., S. 76; Solbach/Vedder, JA 1980, 161; auch BVerwGE 49, 75 zur Anfechtung einer Personalratswahl; OVG Münster, DÖV 1959, 457 (458) zur Anfechtung einer Kommunalwahl; RAGE 9, 142 (148 ff.) zur Anfechtung einer Betriebsratswahl; BAGE 3, 80 (82) zum gleichen Thema; AK GG-Schneider, Art. 38 Rn. 71; v. Münch/Kunig-Trute, Art. 38 Rn. 68; Sachs-Magiera, Art. 38 Rn. 99.

[1251] So die wohl überwiegende Meinung in der Literatur; KMR-Neubeck, vor § 48 Rn. 13; LR-Dahs, vor § 48 Rn. 9; MG, vor § 48 Rn. 9; Schmidt, Nachtragsband 1, vor §§ 52 ff. Rn. 18; SK StPO-Rogall, vor § 48 Rn. 151; Alsberg/Nüse, S. 451 f.; Gerland, Strafprozess, S. 206; Junck, S. 72 f.; vgl. für die strafrechtliche Kommentarliteratur nur LK-Laufhütte, § 107 c Rn. 4; Becker, DÖV 1959, 706; Tiedemann, NJW 1967, 1014; Seifert, Art. 38 GG Rn. 39; Seifert/Hömig, Art. 38 Rn. 10; offen gelassen in BGHSt 29, 380 (385); ein entsprechender Gesetzentwurf findet sich in Art. 70 Nr. 26 E EGStGB 1930.

[1252] RGSt 63, 382 (388); RGZ 89, 13 (16) zu geheimen Beratungen eines Richterkollegiums; KMR⁶-Müller, vor § 48 Anm. 4; Beling, Beweisverbote, S. 27; Beling, ReichsstrafprozessR, S. 306 f. Fn. 3; Schmidt, StPO 2, vor §§ 52 ff. Rn. 12; Schwarz/Kleinknecht²⁶, § 52 Anm. 1; Galli, DJZ 1910, 1226; Härtel, DJZ 1930, 1580; v. Hippel, S. 400 Fn. 8; Reichel, DJZ 1910, 986 ff.

a) Auslegung des Art. 38 GG[1253]

Ausgangspunkt muss die Auslegung des Art. 38 GG sein. Diese könnte zur Annahme eines Beweiserhebungsverbots oder eines Zeugnisverweigerungsrechts zwingen.

Wie alle Wahlrechtsgrundsätze stellt das Prinzip der geheimen Wahl nicht nur ein objektives Prinzip dar, sondern gewährt auch ein subjektives, grundrechtsgleiches Recht.[1254] Es gilt nicht nur während, sondern auch vor und nach der Stimmabgabe.[1255] Das Wahlgeheimnis verfügt zudem über unmittelbare Drittwirkung.[1256] Es fungiert insbesondere als institutionelle Absicherung der Wahlfreiheit, weil diese nur dann garantiert ist, wenn der Wähler sich sicher sein kann, dass an seine Wahlentscheidung keine negativen Konsequenzen geknüpft werden können, weil niemand von dieser Wahlentscheidung erfährt.[1257]

In der Sache wird mithin die Möglichkeit des Wählers gewährleistet, seine Wahlentscheidung ganz für sich zu behalten.[1258] Das scheint auf eine Dispositionsmöglichkeit des Wählers über das Wahlgeheimnis hinzudeuten. Für den Akt der Stimmabgabe selbst wird dies jedoch abgelehnt.[1259] Zu Recht, denn die objektiv-rechtliche Dimension des Wahlgeheimnisses und verbunden damit die beschriebene Absicherung der freien Wahl verlangen dies: Würden Wähler, zumal in größeren Gruppen, offen abstimmen, würden sich die geheim Abstimmenden verdächtig machen, anders abzustimmen. Daraus kann massiver psychischer Druck entstehen und das Institut der freien Wahl wäre obsolet.[1260] Diese Gefahr ist vor und nach dem Wahlakt wesentlich geringer, weil diese – womöglich gar nicht wahren – Bekundungen eben mit ihrer Realisierung nicht zeitlich zusammenfallen. Und bei der Realisierung selbst ist man wiederum zur Geheimhaltung verpflichtet, so dass diese massive Drucksituation erst gar nicht entstehen kann.

Weil demnach das öffentliche Interesse eine Geheimhaltung der Wahlentscheidung vor und nach der Stimmabgabe nicht erfordert, darf der Wähler in dieser

[1253] Zur historischen Entwicklung des geheimen Stimmrechts vgl. Jacobi, in: FS Jellinek, S. 141 ff.
[1254] Vgl. nur v. Münch/Kunig, Art. 38 Rn. 16, 66; siehe auch Art. 93 I Nr. 4 a GG wonach deren Verletzung mit einer Verfassungsbeschwerde gerügt werden kann.
[1255] Schreiber, § 1 Rn. 25; Seifert, Art. 38 GG Rn. 35.
[1256] Nowak, EuGRZ 1983, 98 f.; Nowak, S. 368; Pieroth, JuS 1991, 91.
[1257] Vgl. nur M/D/H/S-Maunz, Art. 38 Rn. 54.
[1258] V. Münch/Kunig-Trute, Art. 38 Rn. 65; Burmeister/Huba, Jura 1988, 599.
[1259] Allgemeine Meinung, vgl. etwa M/D/H/S-Maunz, Art. 38 Rn. 54; Erichsen, Jura 1983, 645; Seifert H., S. 46 f.
[1260] Ähnlich Schreiber, § 1 Rn. 26; Erichsen, Jura 1983, 645.

Zeit von sich aus offenbaren, wie er wählen will bzw. gewählt hat.[1261] Der Wahlakt selbst hingegen muss geheim erfolgen.

b) Auswirkungen auf das Strafprozessrecht

aa) Ablehnung einer Aussagepflicht ohne Zeugnisverweigerungsrecht

Damit ist klar, dass eine generelle Aussagepflicht dem Gehalt des Art. 38 GG widerspricht, weil der Wähler auch dann aussagen müsste, wenn er gar nicht wollte. Das öffentliche Interesse an der Wahrheitserforschung[1262] mag zwar insbesondere in Strafverfahren bestehen, es kann aber nicht dazu führen, dass vom Wahlgeheimnis nichts mehr übrig bleibt. Wenn jeder Wähler damit rechnen müsste, in einem Verfahren zur Bekanntgabe seiner Wahlentscheidung gezwungen zu sein, dann wäre in der Tat das Institut der freien Wahl erheblich beeinträchtigt.[1263] Auch der Hinweis, ein Zeugnisverweigerungsrecht könne schon deshalb nicht bestehen, weil eine ausdrückliche Bestimmung fehle,[1264] trifft nicht zu. Aus dem Gedanken der Einheit der Rechtsordnung heraus kann nicht davon ausgegangen werden, die Weigerungsrechte der StPO seien abschließend.[1265] Andernfalls könnte die bizarre Situation eintreten, dass Personen außerhalb der StPO zum Schweigen verpflichtet werden, im Strafverfahren dann aber reden müssten. Man denke nur an das Beratungsgeheimnis in § 43 DRiG, das völlig zu Recht von allen Seiten auch als Zeugnisverweigerungsrecht herangezogen wird.[1266] Hier wie dort könnte der beabsichtigte Schutz andernfalls nicht erreicht werden. Bei Art. 38 GG kommt hinzu, dass diesem auch ein Recht des Wählers gegenüber dem Staat auf Schaffung von Rahmenbedingungen zur Gewährleistung des Wahlgeheimnisses innewohnt: Nach der anerkannten Auslegung des Art. 38 GG dürfte sich hieraus gegebenenfalls sogar ein Recht auf Anerkennung eines Zeugnisverweigerungsrechts herleiten lassen.

bb) Beweiserhebungsverbot oder Zeugnisverweigerungsrecht?

Fragen des Zeugnisverweigerungsrechts werden aber ohnehin nur dann relevant, wenn nicht ein generelles Beweiserhebungsverbot bezüglich der Stimmabgabe des Wählers besteht.

[1261] AK GG-Schneider, Art. 38 Rn. 70; v. Münch/Kunig-Trute, Art. 38 Rn. 69; M/D/H/S-Maunz, Art. 38 Rn. 54; Sachs-Magiera, Art. 38 Rn. 99; Schreiber, § 1 Rn. 26; Seifert, Art. 38 GG Rn. 36.

[1262] So das Argument von Reichel, DJZ 1910, 986; tendenziell auch Galli, DJZ 1910, 1226.

[1263] Ähnlich Liefeldt, S. 36; Böckenförde, NJW 1967, 239.

[1264] Härtel, DJZ 1930, 1580; Schmidt, StPO 2, vor §§ 52 ff. Rn. 12 – anders in Nachtragsband I, vor §§ 52 ff. Rn. 18.

[1265] Reichel, DJZ 1910, 986.

[1266] Vgl. nur MG, vor § 48 Rn. 9.

Auf den ersten Blick scheint die Zulassung einer Zeugenvernehmung unter gleichzeitiger Zubilligung eines Weigerungsrechts ohne Bedenken möglich. Man könnte sagen, wenn der Wähler nach der Wahl seine Wahlentscheidung frei offenbaren darf, spricht nichts dagegen, ihm diese Möglichkeit auch vor Gericht einzuräumen. Wenn er auf sein Wahlgeheimnis nicht verzichten möchte, steht ihm das Zeugnisverweigerungsrecht zur Seite. Der Wähler hat also auch vor Gericht genau wie sonst die volle Dispositionsfreiheit.[1267] Ein weiterreichender Schutz würde die Erfordernisse des Wahlgeheimnisses ohne Not „übererfüllen".

Allerdings besteht durchaus ein qualitativer Unterschied zwischen einer freiwilligen Äußerung in einem beliebigen Kontext und einer solchen vor Gericht. Der Zeuge ist vor Gericht zur Wahrheit verpflichtet, vgl. §§ 153 ff. StGB, sonstigen Äußerungen über das Wahlverhalten mag manchmal Opportunismus oder Unverbindlichkeit innewohnen.[1268] Dies spricht gleichwohl nicht gegen eine grundsätzliche Parallele zur Auslegung des Art. 38 GG. Zum einen rein pragmatisch deswegen nicht, weil das wahre Stimmverhalten in den meisten Fällen unabhängig von der Aussage des Wählers gerade wegen der Geheimheit der Wahl nicht aufklärbar ist und deswegen eine relativ niedrige Hemmschwelle bezüglich einer Falschaussage vor Gericht bestehen dürfte. Zum anderen aber vor allem, weil in den Fällen, in denen der Wähler eine unrichtige Angabe über sein Wahlverhalten macht, nur ein scheinbarer Verzicht auf das Wahlgeheimnis vorliegt. Sein Wahlgeheimnis wahrt er hingegen, da dieses gerade (nur) das Recht betrifft, sein tatsächliches Wahlverhalten geheim zu halten. Wenn darauf aber aus Sicht des grundrechtsgleichen Rechts verzichtet werden kann, spricht zunächst nichts dagegen, diesen Verzicht auch vor Gericht zu erlauben.

Dagegen lässt sich auch nicht überzeugend anführen, dass der Ausübung eines Zeugnisverweigerungsrechts stets in den Augen anderer der Verdacht anhafte, man habe etwas zu verbergen; auch die Existenz eines Zeugnisverweigerungsrechts beeinträchtige die freie Wahl des Einzelnen, weil dieser zwar nicht befürchten müsse, vor Gericht zur Aussage verpflichtet zu sein, aber sehr wohl, bei Ausübung des Zeugnisverweigerungsrechts von anderen mit Argwohn betrachtet zu werden.[1269] Schon der unterstellte negative Beigeschmack der Ausübung des Zeugnisverweigerungsrechts ist zweifelhaft. Noch zweifelhafter ist, ob sich tatsächlich ein Wähler durch das „Risiko", eventuell ein Weigerungsrecht in Anspruch nehmen zu „müssen", in seiner Wahlentscheidung beeinflussen

---

[1267] Seifert, Art. 38 GG Rn. 39; Becker, DÖV 1959, 706; Alsberg/Nüse, S. 451; Junck, S. 72 f.

[1268] So jedenfalls BVerwGE 49, 75 (78).

[1269] Diese Befürchtung hegt Böckenförde, NJW 1967, 239, der dann konsequent ein Beweisthemaverbot postuliert.

lässt.[1270] Schließlich verlangt der Grundsatz der freien Wahl nicht die Berücksichtigung sämtlicher Übersensibilitäten von Wählern;[1271] die Rechtsordnung gewährt ein Recht, an dessen Ausübung im Verfahren keinerlei negative Konsequenzen für den Wähler geknüpft werden dürfen. Und wenn man jegliche Benachteiligungsrisiken ausschließen möchte, müsste man aus den Zeugnisverweigerungsrechten generell Beweiserhebungsverbote machen, womit die Funktionsfähigkeit der Strafjustiz erheblich eingeschränkt wäre und wofür eben auch kein Bedürfnis besteht.

Damit steht ein endgültiges Ergebnis jedoch noch nicht fest. Geht man nämlich mit der allgemeinen Meinung davon aus, dass das Wahlgeheimnis nicht nur subjektives und in Grenzen disponibles Recht, sondern auch objektive Gewährleistung ist, kann es nicht genügen, wenn den Bedürfnissen des subjektiven Rechts über die Ermöglichung der Zeugnisverweigerung Rechnung getragen wird. Schließlich ist auch an andere Wähler zu denken, die über ein Wahlgeheimnis verfügen, zu dessen Schutz der Staat ebenso verpflichtet ist. Wo sind hier Kollisionen denkbar?

Man kann von einer Extremsituation ausgehen, in der nur zwei Wähler ihre Stimme für verschiedene Kandidaten abgegeben haben. Einer der beiden Wähler wird vernommen und sagt aus. Damit ist automatisch das Wahlgeheimnis des anderen Wählers obsolet. Dieser Fall ergibt sich auch bei der Vernehmung mehrerer Wähler, von denen alle bis auf einen aussagen. Hier verbleibt dem letzten Wähler keinerlei Dispositionsfreiheit, das Zeugnisverweigerungsrecht ist für ihn wertlos.[1272] Gerade bei kleineren Stimmbezirken und umfangreichen Ermittlungen ist diese Situation jedenfalls nicht ausgeschlossen. Wenn der Strafprozess aber so gestaltet ist, dass Situationen denkbar sind, in denen das Wahlgeheimnis Einzelner aufgehoben wird, verletzt der Staat seine aus Art. 38 GG folgende Pflicht, eine geheime Wahl zu ermöglichen und vor allem zu gewährleisten.[1273] Insofern ist die Feststellung richtig, ein Wähler dürfe sein Wahlgeheimnis nur soweit offenbaren, als er das Geheimnis anderer Wähler nicht gefährde.[1274]

[1270] Kritisch Tiedemann, NJW 1967, 1014.

[1271] Anders aber BVerwGE 49, 75 (78 f.) zum Wahlprüfungsverfahren bei der Personalratswahl mit der pauschalen Erwägung, eine „Zeugnisverweigerung kann Missdeutungen und allgemeinen Unmut in der Dienststelle und damit Zustände zur Folge haben, die im Interesse einer gedeihlichen Arbeit des Personalrats und im Interesse des Friedens in der Dienststelle vermieden werden müssen".

[1272] Derartige Bedenken auch bei Böckenförde, NJW 1967, 239; ähnlich BVerwGE 49, 75 (77); RAGE 9, 142 (155).

[1273] Zu dieser Pflicht v. Münch/Kunig-Trute, Art. 38 Rn. 70; Sachs-Sachs, Art. 38 Rn. 98.

[1274] Seifert, Art. 38 GG Rn. 36.

cc) Kompromisslösung und Bedenken

Nimmt man beide verfassungsrechtlichen Erkenntnisse – die grundsätzliche Dispositionsfreiheit des Wählers über seine Wahlentscheidung sowie den Schutz des Wahlgeheimnisses anderer – zusammen, so ist eine Beweiserhebung nur dann zulässig, wenn das Wahlgeheimnis Dritter nicht in Gefahr ist. Dabei besteht ein Zeugnisverweigerungsrecht aus Art. 38 GG.[1275]

Diese Lösung dürfte allerdings praktischen Bedenken begegnen. Schließlich muss, damit eine Beweiserhebung durch Zeugenvernehmung zulässig ist, hiernach sicher feststehen, dass keine Gefahr für das Wahlgeheimnis Dritter besteht. In vielen Fällen ist das unmöglich. Man denke nur an eine Stichwahl. Wenn bereits alle bis auf einen Wähler von Kandidat A ihre Wahl offenbart haben, könnte womöglich schon die Aussage des nächsten Zeugen das Wahlgeheimnis aller Wähler von Kandidat B zu Fall bringen. Ab sofort wäre also eine Beweiserhebung mit Zeugen verboten. Die bereits erfolgte Beweiserhebung wäre sinnlos. Eine mit derartigen Unwägbarkeiten verbundene Beweiserhebung wäre in vielen Fällen wohl wenig erfolgversprechend.[1276]

dd) Ergebnis: Zeugnisverweigerungsrecht

Diese Risiken müssen aber dann nicht eingegangen werden, wenn von Verfassung wegen ein Beweiserhebungsverbot in den genannten Fällen nicht erforderlich ist, sondern ein Zeugnisverweigerungsrecht stets genügt. Das ist nur dann möglich, wenn ausnahmsweise ein Eingreifen in das Wahlgeheimnis Dritter zulässig ist. Dessen subjektives Recht auf Geheimhaltung und die Gewährleistung, dass der Staat ihm diese auch möglich machen muss, sind, wie alle Wahlrechtsgrundsätze, schrankenlos garantiert, denn Abs. 3 beinhaltet einen Regelungs-, keinen Gesetzesvorbehalt.[1277] Das heißt freilich nicht, dass die Wahlrechtsgrundsätze stets alle uneingeschränkt zur Geltung kommen müssen. Zu Gunsten anderer verfassungsrechtlich geschützter Positionen können Einschränkungen erforderlich werden.[1278]

[1275] Schreiber, § 1 Rn. 26; zustimmend Jung/Jaxt, ZRP 1985, 51; Liefeldt, S. 39, sieht das Problem des Wahlgeheimnisses Dritter, hält dessen Beeinträchtigungen aber für unbeachtlich.
[1276] Meist unbedenklich möglich wäre eine Vernehmung hingegen beim Verdacht einer Wählernötigung oder Wählertäuschung, weil regelmäßig nur die eigene (beeinflusste) Stimmabgabe herauszufinden ist und bei „üblicher" Stimmenaufteilung andere Stimmabgaben nicht automatisch mitaufgedeckt wären.
[1277] Jarass/Pieroth, Art. 38 Rn. 21; v. Münch/Kunig-Trute, Art. 38 Rn. 18.
[1278] V. Münch/Kunig-Trute, Art. 38 Rn. 18, 71; strengere Formulierungen, wie z.B. bei Sachs-Sachs, Art. 38 Rn. 98, wonach Einschränkungen nur aus zwingenden Gründen und soweit sie zur ordnungsgemäßen Durchführung der Wahl erforderlich sind, in Betracht kommen, sind zu sehr an Durchbrechungen des Wahlgeheimnisses im Vorfeld der Wahl orientiert (Bsp. Unterstützungsunterschriften etc.).

Hier nun ist das gewichtige öffentliche Interesse an einer effektiven Strafverfolgung zu berücksichtigen.[1279] Es wäre geradezu absurd, zum Schutz des ordnungsgemäßen Ablaufs von Wahlen ein Wahlstrafrecht zu schaffen, das aber in vielen Fällen praktisch leer liefe, weil die Tatbestände nicht beweisbar sind.[1280] Gerade, wenn es um eine Willensänderung des Wählers geht, allen voran also bei den §§ 108, 108 a StGB, wird man häufig zur Aufklärung des Sachverhalts auf Aussagen des Beeinflussten zurückgreifen müssen. Dann entspricht es jedoch nicht dem Sinn einer effektiven Strafrechtspflege, diese Ermittlungsmethode weitgehend auszuschließen. Es bleibt zu bedenken, dass nach der hier vertretenen Meinung das Wahlgeheimnis, so wie es in Art. 38 GG beschrieben ist, durch Gewährung eines Zeugnisverweigerungsrechts in den allermeisten Fällen ohnehin komplett erhalten bleibt und nur in Einzelfällen aufgehoben wird. Dieser Eingriff in einer überschaubaren Zahl von Fällen muss hingenommen werden, um die im öffentlichen Interesse stehenden Wahlstraftaten, die gleichfalls Wahlfreiheit und Wahlgeheimnis schützen, in ihrem Zweck nicht Makulatur werden zu lassen.[1281]

Damit erscheint allerdings zunächst nur die Beeinträchtigung des subjektiven Rechts des Dritten als gerechtfertigt. Zugleich wird jedoch auf den Grundsatz der freien Wahl, dessen institutionelle Absicherung die geheime Wahl darstellt, eingewirkt,[1282] weil subjektive und objektive Komponente untrennbar miteinander verbunden sind. Dann kann es aber auch nicht zu unterschiedlichen Ergebnissen kommen. Auch hier überwiegt das öffentliche Interesse an einer effektiven Strafverfolgung, zumal gerade durch eine Verurteilung wegen eines Wahldelikts und deren generalpräventiver Wirkung die Grundsätze der freien und geheimen Wahl gestärkt werden.

Der hier erarbeiteten Lösung eines Zeugnisverweigerungsrechts gelingt es, die Rechte des Einzelnen und der Allgemeinheit so weit wie möglich zur Geltung zu bringen und dabei auch die praktischen Bedürfnisse und den Zweck der Wahldelikte zu berücksichtigen.

[1279] Angedeutet bei BVerwGE 49, 75 (77); RAGE 9, 142 (148).
[1280] So ohne nähere Herleitung die hM in der Strafrechtsliteratur, vgl. nur MünchKomm-Müller, § 107 c Rn. 6.
[1281] Die Kritik von Böckenförde, NJW 1967, 239, ggf. sei die Nichtaufklärbarkeit von Straftaten eben hinzunehmen, greift nicht durch, weil die Situation hier insofern anders liegt, als der Sinn bestimmter Straftaten geradezu in Frage gestellt bzw. der Wille des Gesetzgebers konterkariert werden würde.
[1282] Dies gibt Perels, JW 1930, 1222 f. zu bedenken; ebenso Seifert H., S. 50 ff., der deshalb im Ergebnis zu einem Beweiserhebungsverbot gelangt, S. 54.

Die Forderung nach einem Beweiserhebungsverbot würde ohne Not die Ermittlungsmöglichkeiten übermäßig einschränken, weil auf den sich freiwillig offenbarenden Wähler nicht zurückgegriffen werden dürfte. Ein genereller Aussagezwang widerspräche dem Gehalt des Art. 38 GG. Die Bejahung eines Zeugnisverweigerungsrechts führt nur in Einzelfällen zu Beeinträchtigungen des Wahlgeheimnisses Dritter, die durch das überwiegende Strafverfolgungsinteresse gerechtfertigt sind.[1283]

Unproblematisch ist im Übrigen die Vernehmung eines Zeugen, dessen Briefwahlunterlagen (zu Unrecht) von einem Dritten ausgefüllt wurden (Bsp. „Hausbesuch"), darüber, wie der Dritte gewählt hat. Denn dem „Wahlfälscher", dem unberechtigt Wählenden, steht freilich bei der „Fremdwahl" kein Wahlgeheimnis zu, das hier verletzt werden könnte. Es besteht auch kein Zeugnisverweigerungsrecht, da es nicht um die persönliche Wahlausübung des Opfers geht. Anders stellt sich die Situation dar, wenn zulässigerweise eine Hilfsperson tätig wird, vgl. § 57, 66 III BWO. Die Hilfsperson ist zur Geheimhaltung verpflichtet und dem Wähler, um dessen Wahlentscheidung es sich handelt, steht – wie stets – ein Zeugnisverweigerungsrecht zu. Zweifel könnte man an dieser Lösung allenfalls insoweit haben, als der Zeuge in der beschriebenen Situation implizit seine „Nichtwahl" zugeben müsste, aber auch die Frage der (Nicht)Beteiligung grundsätzlich dem Wahlgeheimnis unterfällt.[1284] Allerdings liegt gar keine von Art. 38 GG geschützte Nichtbeteiligung im Sinne einer politischen Willenskundgebung vor, da der fremdausgefüllte Stimmzettel als eigener abgegeben wird. Art. 38 GG bleibt bei dem hier beschriebenen Weg also unberührt.

ee) Konsequenzen für andere Ermittlungsmaßnahmen

Fraglich ist weiterhin, welche Bedeutung das Wahlgeheimnis für andere Ermittlungsmaßnahmen hat.

(1) Auskünfte

Die Behörden sind gegenüber der Staatsanwaltschaft (§ 161 I StPO) und den Gerichten (§§ 202, 244 II StPO) zur Auskunft verpflichtet.[1285] Allerdings gibt es „Geheimnisse", die einem Auskunftsverlangen entgegenstehen können, so zum Beispiel das Steuergeheimnis (§ 30 AO) und das Sozialgeheimnis (§ 35 SGB I). Dann ist eine Auskunftserteilung grundsätzlich verboten.

[1283] Daraus ergibt sich, dass Fragen dazu, wie ein Dritter gewählt hat (z.B. Zuschauen bei der Briefwahl), nicht zulässig sind, weil die Dispositionsfreiheit des Dritten dann nicht nur wie hier als Nebenfolge, sondern unmittelbar eingeschränkt wäre; vgl. ähnlich Liefeldt, S. 39.

[1284] Vgl. nur Seifert, Art. 38 GG Rn. 38.

[1285] MG, § 161 Rn. 1 a.

Im hiesigen Kontext kann es etwa um Auskünfte über bei Wahlen angelegte Verzeichnisse gehen. Hierfür stellt § 89 II BWO[1286] strenge Voraussetzungen auf: Wenn der Verdacht einer Wahlstraftat im Raum steht oder es um ein Wahlprüfungsverfahren geht, sollen entsprechende Auskünfte aber regelmäßig zulässig sein.

Grundsätzlich gilt, dass das Wahlgeheimnis jedenfalls dann durchbrochen werden kann, wenn es verfahrenstechnisch notwendig ist. So wird etwa der Vermerk über die Tatsache der Stimmabgabe für zulässig erachtet, um wiederholtes Wählen zu unterbinden und die Gleichheit der Wahl damit zu sichern.[1287] Gleiches gilt für die Wahlscheinverzeichnisse. Der Zweck der Einschränkung des Wahlgeheimnisses muss also in der Durchführung der Wahl liegen.

Ein (Wahl)strafverfahren und Ermittlungen innerhalb dessen dienen aber nicht dem unmittelbaren Wahlablauf – auch ohne diese könnte eine ordnungsgemäße Wahl stattfinden. Andernfalls könnte man jegliche Ermittlungsmaßnahme mit der „Verfahrensnotwendigkeit" begründen, womit das Wahlgeheimnis weitestgehend hinfällig wäre. Dann könnte man auch gleich jegliche Maßnahme mit der Effektivität der Strafrechtspflege legitimieren, was dem hohen Stellenwert des Wahlgeheimnisses nicht gerecht werden würde. Stets ist darauf zu achten, dass die Wahlrechtsgrundsätze soweit wie nur irgend möglich ihre volle Wirkkraft erhalten. Bei der Frage der Zeugenaussagen wurde ein Einbruch ins Wahlgeheimnis nur für eventuell vorkommende „Nebenwirkungen" erlaubt, weil das im Hinblick auf eine effektive Strafverfolgung noch hinnehmbar ist. Keineswegs kann dieses Argument also pauschal herangezogen werden.

Was die Auskünfte aus § 89 II BWO angeht, ist zu bedenken, dass diese Einschränkungen vergleichsweise schwach sind, geht es doch nicht um den Inhalt der Stimmabgabe, sondern nur um Fragen des Ob. Aufgrund der Öffentlichkeit der Stimmabgabe (vgl. nur §§ 10, 31 BWG, 54 BWO), ebenfalls einem wesentlichen demokratischen Prinzip, könnten die Auskünfte überwiegend auch durch reine Beobachtung im Wahllokal gewonnen werden.[1288] Dies führt freilich nicht dazu, dass Auskünfte an beliebige Dritte oder gar öffentliche Verlautbarungen zum Ob der Stimmabgabe einzelner Wähler zulässig wären. Deshalb formuliert § 89 II BWO auch vorsichtig, dass die Auskunftserteilung nur zulässig ist, wenn die Informationen für den Empfänger im Zusammenhang mit der Wahl erforderlich sind und nennt den Verdacht von Wahlstraftaten und Wahlprüfungsangelegenheiten als Beispiele. Bei beidem geht es zwar nicht um „Verfahrensnotwen-

---

[1286] Z.B. auch § 82 II EuWO; § 100 II 2 GLkrWO; § 17 a III HandwO.
[1287] V. Münch/Kunig-Trute, Art. 38 Rn. 71; Schreiber, § 1 Rn. 24.
[1288] Was beim Wie der Stimmabgabe eben gerade nicht möglich wäre.

digkeiten", aber dennoch handelt es sich gewissermaßen um Sicherungsinstrumente von Wahlen, es besteht ein sehr enger „Wahlbezug".

Verbunden mit einem nicht allzu intensiven Eingriff gewährleistet demnach auch § 89 II BWO die größtmögliche Wirkung des Wahlgeheimnisses bei gleichzeitiger Anerkennung von Einschränkungsbedürfnissen.

Wie aber soll mit den Unterschriften für einen Wahlvorschlag verfahren werden?

§ 89 III BWO trifft hier eine klare Regelung, die Auskünfte nur zulässt, wenn sie „zur Durchführung [...] eines Wahlprüfungsverfahrens oder zur Aufklärung des Verdachts einer Wahlstraftat erforderlich" sind. Wie bei § 89 II BWO besteht zwar keine „Verfahrensnotwendigkeit", aber ein enger Bezug zur Wahl, weil Wahlprüfung und Wahlstrafverfahren Sicherungsinstrumente einer ordnungsgemäßen Wahl sind.[1289] Anders als bei § 89 II BWO steht hier allerdings mehr das „Wie" als das „Ob" der Wahlentscheidung im Raum, weil die Unterschrift für einen bestimmten Wahlvorschlag geleistet wird. Insofern könnte man hier wie schon bei der Zeugenvernehmung die Dispositionsmöglichkeit des Wählers in den Vordergrund stellen und eine Auskunft nur mit Zustimmung des Wählers zulassen, was § 89 III BWO nicht vorsieht. Allerdings handelt es sich um ganz unterschiedliche Situationen: Einmal geht es um die tatsächlich erfolgte geheime Stimmabgabe, die rekonstruiert werden soll, so dass de facto nachträglich der zentrale geheime Akt der Stimmabgabe wieder aufgehoben wird und einmal um die Aufdeckung eines Unterstützungswillens, der nicht zwingend mit dem später bei der (geheimen!) Stimmabgabe tatsächlich geäußerten übereinstimmen muss. Die Unterstützungsunterschrift wird ohnehin in nicht unerheblichem Ausmaß publik – man denke nicht nur an die verwaltungsinternen Prüfverfahren, sondern auch an Unterschriftensammlungen an öffentlichen Plätzen sowie öffentliche Sitzungen des Wahlausschusses.[1290] Diese beiden Aspekte verbunden mit der engen inhaltlichen Verknüpfung von Wahlprüfung/(Wahl)Strafverfahren und Wahlverfahren lassen die Regelung des § 89 II BWO als mit dem Wahlgeheimnis vereinbar erscheinen.

Wie auch sonst (von Antragsdelikten mal abgesehen) hängt die Initiative der Ermittlungsbehörden dabei nicht von einem wie auch immer gearteten „Ersuchen" der Wahlorgane ab.[1291]

[1289] Anders Nass, S. 101, der Dritte nur einbeziehen will, wenn es um verfahrensimmanente Fragen – wie die Gültigkeit der Unterschriften – geht; einschränkend aber S. 102.
[1290] Vgl. auch Schreiber, § 1 Rn. 25.
[1291] Anders Nass, S. 102.

263

(2) Sicherstellung und Beschlagnahme

Was jedoch, wenn Briefwahlunterlagen bei den Wahlbehörden oder auf dem Weg dorthin sichergestellt werden, ehe sie am Wahltag geöffnet und in die Urne geworfen werden? Das Prekäre daran ist die Erkennbarkeit des Inhalts der Wahl anhand des beiliegenden Wahlscheins.[1292]

Die Konfliktlage mit dem Wahlgeheimnis ist – naheliegenderweise, wenn schon das Zeugnisverweigerungsrecht direkt aus Art. 38 GG herzuleiten ist – nicht ausdrücklich geregelt. Allerdings kann das Beschlagnahmeverbot des § 97 StPO analog angewendet werden. Solange sich also die Wahlunterlagen[1293] im Gewahrsam des Wählers (= des „zur Verweigerung des Zeugnisses Berechtigten") befinden, unterliegen diese nicht der Beschlagnahme, § 97 II 1 StPO analog. Gibt der Wähler die Unterlagen freiwillig heraus, liegt darin ein Verzicht auf das Beschlagnahmeverbot.[1294] Die volle Entscheidungsfreiheit des Wählers bleibt also gewährleistet. Sie besteht nur während der Stimmabgabe selbst nicht, weil diese zwingend geheim stattfinden muss.[1295] Solange also der Wähler nicht den Stimmzettel ausgefüllt und den Wahlumschlag verschlossen hat,[1296] ist auch eine Sicherstellung per se unzulässig, weil der Wähler selbst noch keine Dispositionsfreiheit besitzt.

Da die Voraussetzungen einer Postbeschlagnahme nach § 99 StPO in den hier interessierenden Fällen nicht vorliegen, kommt eine solche auch nicht in Betracht, da keine anderweitige Eingriffsbefugnis ersichtlich ist.

Schließlich ist fraglich, ob die an die Wahlbehörden überbrachten und bei diesen bis zum Wahltag aufgehobenen Briefwahlunterlagen beschlagnahmt werden dürfen.
Das Beschlagnahmeverbot besteht hier nicht, da sich die Unterlagen nicht mehr im Gewahrsam des zur Verweigerung des Zeugnisses Berechtigten befinden. Im Lichte der Amtshilfepflicht kann eine Behörde ein Herausgabeverlangen der

---

[1292] Vgl. § 66 I BWO.
[1293] Oder z.B. ein Tagebuch, in dem der Zeuge seine Wahlentscheidung offen gelegt hat. Die Beschlagnahme eines Tagebuchs bei einem der (Beihilfe zur) Wahlfälschung Beschuldigten ist nach BerlVerfGH, NJW 2004, 593 unzulässig, weil es sich nicht um ein Verbrechen handelt und der Unrechtsgehalt nicht dem der Schwerkriminalität gleichsteht; das Interesse an der Strafverfolgung überwiegt das Allgemeine Persönlichkeitsrecht des Beschuldigten nicht. Abgesehen davon wäre – bei entsprechendem Inhalt der Aufzeichnungen – die große Bedeutung des Wahlgeheimnisses in die Abwägung mit einzustellen, so dass auch damit eine Beschlagnahme regelmäßig unzulässig ist.
[1294] Vgl. nur MG, § 97 Rn. 5.
[1295] Siehe oben, S. 250 f.
[1296] Nach BVerfGE 59, 119 (126) gilt für diesen Zeitraum die Geheimhaltungspflicht.

Strafverfolgungsbehörden nur ausnahmsweise ablehnen, und zwar unter den engen Voraussetzungen des § 96 StPO, die in den hiesigen Fällen aber nicht gegeben sind. Allerdings müssen auch verfassungsrechtliche Vorgaben Berücksichtigung finden.[1297] Greift man auf obige Auslegung des Art. 38 GG zurück, liegt es allein in der Entscheidung des Wählers, ob er seine Wahlentscheidung offenbaren will oder nicht. Ist er einverstanden, dürfen die Wahlunterlagen herausgegeben werden. Ansonsten nicht, denn der Staat muss eine geheime Wahl ermöglichen und gewährleisten. Der pauschale Verweis auf das Interesse an Strafverfolgung geht fehl. Ein Indiz für diese Lösung mag man auch darin erblicken, dass § 89 BWO, der sich mit Auskunftsverlangen beschäftigt, im Hinblick auf die eingegangenen Briefwahlunterlagen keine Regelung trifft.

Nach dem oben Gesagten dürfen gefälschte, also unzulässigerweise von Dritten ausgefüllte Wahlunterlagen jederzeit herausverlangt werden, weil hier keine Gegenrechte entgegenstehen. Allerdings wird man regelmäßig erst über die Untersuchung der Stimmzettel selbst zur sicheren Erkenntnis gelangen können, es handle sich um eine „Fälschung". Entweder man gesteht also das Gegenrecht auch dem zu, der darüber objektiv gar nicht verfügt oder man lässt einen Verdacht genügen. Weil aber kein Grund ersichtlich ist, warum einem „Nichtberechtigten" die Möglichkeit zugestanden werden soll, eine Ermittlungsmaßnahme zu blockieren, wird man wie auch sonst einen Anfangsverdacht genügen lassen müssen, der aber, um die zentrale Bedeutung des Wahlgeheimnisses nicht zu verwässern, auf konkreten Tatsachen beruhen muss.[1298]

Weiter ist der Zeuge, der sich nicht auf sein Zeugnisverweigerungsrecht beruft, damit nicht automatisch verpflichtet, auch einer Einsichtnahme in seine Briefwahlunterlagen zuzustimmen – ebenso wenig wie ein Zeuge, der im Ermittlungsverfahren aussagt und vor Gericht schweigt (§ 252 StPO).
Die Verbindung „Wähler – Inhalt der Wahlentscheidung" ist vor allem relevant bei Tatbeständen, die auf die Willensrichtung bzw. genauer eine Willensänderung des Wählers abstellen. Im Rahmen der Wahlfälschungen kann aber auch relevant sein, dass eine Person, ohne zulässige Hilfsperson zu sein, für andere den Stimmzettel ausgefüllt hat. Hat diese Person zum Beispiel dazu stets den gleichen Stift benutzt, könnte der Verdacht durch eine Untersuchung der Stimmzettel erhärtet werden, in anderen Fällen käme – in Grenzen, man denke an Stimmzettel, auf denen sich nur Kreuze befinden – eine graphologische Untersuchung in Betracht. Dazu müssten die Strafverfolgungsbehörden den Urneninhalt sicherstellen können. Nach dem zu den Briefwahlunterlagen Gesagten wä-

---

[1297] Vgl. BVerfGE 27, 344 im Hinblick auf das Allgemeine Persönlichkeitsrecht aus Art. 2 I, 1 I GG.
[1298] Ähnlich Nass, S. 102.

re hierzu das Einverständnis aller Wähler, deren Stimmzettel sich in der Urne befindet, erforderlich. Würden auch nur wenige Wähler ihre Zustimmung verweigern, wäre die Sicherstellung unzulässig, weil deren Stimmzettel nicht aussortiert werden könnten.

Diese Lösung ist jedoch weder praxistauglich, noch rechtlich erforderlich.[1299] Der Grundsatz der geheimen Wahl erfordert eine Gestaltung des Wahlablaufs, die eine Erkennbarkeit oder Rekonstruierbarkeit der Wahlentscheidung unmöglich macht.[1300] Dem ist auch dann genügt, wenn eine handschriftliche Kennzeichnung vorgesehen ist, wie es etwa in der Natur der Sache liegt, wenn bei Kommunalwahlen Panaschieren und Kumulieren erlaubt sind, weil der Bürger gegebenenfalls seine Handschrift verstellen kann.[1301] Bei einer Wahl, die diesen Anforderungen entspricht, besteht also bei den hier in Rede stehenden Maßnahmen gar nicht die Gefahr, dass die Wahlentscheidung unbeteiligter Dritter offenbart wird. Stets bleibt zu berücksichtigen, dass bei den gefälschten Stimmzetteln das Wahlgeheimnis von vorne herein nicht berührt sein kann.[1302] Dass man im Extremfall die Wahlentscheidung des Täters als „Nebenwirkung" womöglich mit aufdeckt, muss wiederum aufgrund des Strafverfolgungsinteresses hingenommen werden.

Freilich kann auch die Situation entstehen, dass Stimmzettel sichergestellt werden, unter denen sich ein in rekonstruierbarer Weise abgegebener befindet.[1303] Da ein Verzicht auf das Wahlgeheimnis während der Stimmabgabe nicht möglich ist, wird dieses hier durch den Wähler selbst verletzt. Er ist demnach nicht schutzwürdig, da eine „Quasi-Verzichtssituation" vorliegt. Man denke nur daran, dass der Täter seinen eigenen Stimmzettel entsprechend kennzeichnet, ehe er andere Stimmzettel in besagter Weise manipuliert – dürften die Stimmzettel da-

---

[1299] Anders in einem ähnlichen Fall HessVGH, HSGZ 1978, 107 (108), der eine Einsichtnahme in Stimmzettel generell ablehnt, weil anders als beim Zeugnisverweigerungsrecht eine individuelle Entscheidung der Wähler nicht möglich sei.

[1300] HessVGH, HSGZ 1987, 107 (108); VG Wiesbaden, NVwZ-RR 1997, 97 (99); Meyer, in: HdbKommWiss 2, § 27 S. 41.

[1301] BayVerfGH, BayVBl 1969, 387 (389); OVG Rheinland-Pfalz, DÖV 1980, 75 (76).

[1302] Siehe oben, S. 256 f.

[1303] Z.B. im Extremfall ein unterschriebener; Stimmzettel, die ein Merkmal aufweisen, aufgrund dessen eine spätere Rekonstruierbarkeit des bzw. der Abstimmenden möglich ist (z.B. bestimmte Art, das Kreuz zu machen), werden teilweise für ungültig befunden, vgl. OVG Lüneburg, DVBl 1990, 831 (833); Grasser, BayVBl 1988, 515 – an dem Umstand, dass ein Wahlgeheimnis besteht, ändert diese Feststellung jedoch nichts. Teilweise wird die Ungültigerklärung abgelehnt, wenn und weil das Wahlrecht keine bestimmte Form der Kennzeichnung vorschreibe, vgl. VG Frankfurt a.M., HSGZ 1997, 164 (165), wogegen einzuwenden ist, dass sich entsprechende Vorgaben auch aus der Verfassung herleiten lassen. Wieder anders VG Wiesbaden, NVwZ-RR 1989, 97 ff., das die Wahl insgesamt für ungültig erklärt hat.

durch nicht sichergestellt werden, könnte der Täter (!) bestimmte Ermittlungsmaßnahmen durch eigenes Handeln ausschließen.

Regelmäßig wird bei den beschriebenen Vorgehensweisen § 107 c StGB verletzt
sein. Allerdings ist eine Rechtfertigung kraft Eingriffsbefugnis aus der StPO gegeben, wenn die jeweiligen Voraussetzungen eingehalten sind.[1304]

Die geschilderten Konstellationen dokumentieren, wie behutsam man im Spannungsfeld zwischen effektiver Strafverfolgung und Schutz des Wahlgeheimnisses agieren muss. Letzteres muss soweit als möglich Geltung behalten, ohne a-
ber zugleich Sinn und Zweck der Wahlstraftaten durch deren weitestgehende
Nichtverfolgbarkeit zu konterkarieren.

2) Wahlprüfungsverfahren

Nicht nur im Strafprozess, auch in anderen Verfahren kann sich die Frage nach
den Auswirkungen des Wahlgeheimnisses stellen. Dabei ist im hiesigen Kontext
besonders an das Wahlprüfungsrecht zu denken. Im Wahlprüfungsverfahren gelten die Offizial- und die Untersuchungsmaxime.[1305] Im Rahmen der Vorprüfung
können Zeugen und Sachverständige vom Gericht vernommen werden lassen
(§ 5 III, IV WahlPrüfG), in der mündlichen Verhandlung können von Amts wegen Beweiserhebungen angeordnet werden, für die teilweise die Regelungen der
ZPO greifen (§§ 7 II, 9 WahlPrüfG). Es gilt der Grundsatz der freien Beweis-
würdigung.[1306]

Es ist kein Grund ersichtlich, im Wahlprüfungsverfahren kein Zeugnisverweigerungsrecht im Hinblick auf den Inhalt der Wahlentscheidung zuzugestehen[1307] –
für (Rand)Fälle, in denen einzelnen Wählern kraft Offenbarung eines anderen
Wählers ihre Dispositionsfreiheit über das Wahlgeheimnis entzogen wird, kann
hier nicht das Interesse an effektiver Strafverfolgung, wohl aber das starke,
durch das Wahlprüfungsrecht zu garantierende Interesse an einer ordnungsgemäßen Zusammensetzung des gewählten Gremiums ins Feld geführt werden.
Das ist kein zu vernachlässigendes Individualinteresse,[1308] sondern ein funda-

---

[1304] Vgl. nur LK-Hirsch, vor § 32 Rn. 148.

[1305] Seifert, § 2 WahlPrüfG Anm. 1; dabei erfolgt die Prüfung – anders als im Kommunalwahlrecht, Art. 50 GLkrWG – ausschließlich auf Einspruch.

[1306] Seifert, § 7 WahlPrüfG Anm. 6.

[1307] Vgl. auch Ball, S. 33; anders tendenziell die Rspr., vgl. ergänzend ESVGH 5, 167 (170);
ESVGH 7, 98 (99 f.).

[1308] So aber wohl RAGE 9, 142 (153).

mentales Anliegen der Allgemeinheit.[1309] Der Sinn und Zweck der Wahlprüfung wäre andernfalls nicht erreichbar.

Die Auskunftsregelungen des § 89 II, III BWO beziehen auch das Wahlprüfungsverfahren mit ein und sind rechtmäßig.

Eigene Beschlagnahmen können die Wahlprüfungsorgane freilich nicht durchführen, weil es an einer ausreichenden Rechtsgrundlage hierfür fehlt. Über die Amtshilfe können aber die Strafverfolgungsbehörden, die wie gesehen über entsprechende Kompetenzen verfügen, eingeschaltet werden, die zur Ermittlung bei entsprechendem Anfangsverdacht ohnehin verpflichtet sind. Auf diese Ermittlungsergebnisse können die Wahlprüfungsorgane dann zurückgreifen.[1310]

3) Konsequenzen bei einfachgesetzlicher Verankerung des Wahlgeheimnisses

Bisher wurde stets von dem das Wahlgeheimnis verkörpernden Art. 38 GG ausgegangen. Zahlreiche – de lege ferenda auch von den Wahlstraftaten geschützten – Wahlen finden zwar ebenso geheim statt, wobei aber die Geheimheit „nur" einfachgesetzlich festgelegt ist. Diese schwächere Position könnte zu einer abweichenden Beurteilung der aufgeworfenen Fragen führen.

Zunächst ist festzuhalten, dass in der Rechtsprechung des Bundesverfassungsgerichts Wahlrechtsgrundsätze teilweise auf andere als die in Art. 38 i.V.m. Art 28 I 2 GG genannten Wahlen und Abstimmungen Anwendung fanden, wobei stets Fragen der Gleichheit und/oder Allgemeinheit der Wahl von Bedeutung waren.[1311] Die von Art. 38 GG bekannte Auslegung wurde letztlich in Art. 3 GG hineingelesen.[1312] Aus Art. 38 GG lässt sich aber keine Verpflichtung dergestalt herleiten, dass jegliche Wahlen und Abstimmungen geheim stattfinden müssen, wenngleich dies gerade bei Wahlen tatsächlich meist so gehalten wird, weil es sich um ein unsere Demokratie prägendes Prinzip handelt.[1313] Regelmäßig schreibt der Gesetzgeber in den entsprechenden Gesetzen unter anderem die geheime Wahl ausdrücklich fest.[1314] Damit wird in der Sache auf die Auslegung des Wahlgeheimnisses in Art. 38 GG Bezug genommen und zugleich auf eine freie Wahl hingewirkt. Da es sich aber normenhierarchisch gesehen nicht um ein Prinzip bzw. Recht mit Verfassungsrang handelt, sind Einschränkungen grund-

---

[1309] Dies sieht auch Draht, S. 76, folgert aber daraus – zu weitgehend – eine Aussagepflicht im Wahlprüfungsverfahren.

[1310] Siehe unten, S. 275 f.

[1311] Vgl. nur BVerfGE 60, 162 (169); 67, 369 (377); 71, 81 (94).

[1312] Etwa BVerfGE 30, 227 (246); 39, 247 (254): allerdings stärkere Einschränkbarkeit als bei Art. 38 GG.

[1313] Vgl. ausführlich Pieroth, JuS 1991, 89 ff.

[1314] Vgl. etwa § 95 I HandwO, § 12 I RichterwahlG, § 19 I BPersVG.

sätzlich in größerem Umfang möglich.[1315] Das verleitet dazu, im Interesse einer effektiven Strafverfolgung jegliche Beeinträchtigung zuzulassen. Dieser Versuchung sollte man besser nicht erliegen, berücksichtigt man, dass die geheime Wahl auch in den hier beschriebenen Fällen ein Garant für die freie Wahl ist, die man nicht leichtfertig aufs Spiel setzen sollte. Die Gefahr ist real, dass solche Wahlen sonst zur Makulatur verkommen.

Insofern sollte man auch hier die für Art. 38 GG herausgearbeitete, wohl dosierte Lösung favorisieren, mithin ein Zeugnisverweigerungsrecht anerkennen, Auskunftsersuchen analog § 89 II, III BWO behandeln usw.

Auch was ein etwaiges Wahlprüfungsverfahren angeht, kann man auf diese Grundsätze zurückgreifen – die bloß einfachgesetzliche Fixierung des Wahlgeheimnisses rechtfertigt hier keinesfalls ein „Beweisthemaverbot".[1316]

II) Öffentlich-rechtliche Konsequenzen (Wahlprüfungsrecht)

Das Vorliegen von Wahldelikten könnte von Belang für den Bestand von Wahlen sein. Mit derartigen Fragen beschäftigt sich das Wahlprüfungsrecht.

1) Grundzüge des Wahlprüfungsrechts

Auch wenn die Länder bei der Regelung des Wahlprüfungsrechts für die landes-(verfassungs)rechtlich vorgesehenen Wahlen einen weiten Gestaltungsspielraum haben,[1317] ist das Wahlprüfungsrecht des Bundes mit dem der Länder weitestgehend vergleichbar, zumal in der grundlegenden Struktur.[1318] Wahlprüfung bedeutet Prüfung der Gültigkeit der Wahlen (§ 1 WahlprüfG). Zweck des Wahlprüfungsverfahrens ist es nach ständiger Rechtsprechung des Bundesverfassungsgerichts, eine Zusammensetzung des Bundestags zu gewährleisten, die mit dem Wählerwillen übereinstimmt.[1319] Unregelmäßigkeiten sind deshalb nur dann relevant, wenn sie sich auf die Mandatsverteilung ausgewirkt haben bzw. ausgewirkt haben können (Prinzip der potentiellen Kausalität und Erheblichkeitsgrundsatz). Damit wird auch dem im Demokratieprinzip wurzelnden Grundsatz des Bestandsschutzes Rechnung getragen.[1320] Daraus folgt, dass es sich insgesamt um ein objektives Verfahren handelt, das allenfalls mittelbar dem Schutz subjektiver Rechte dient.[1321] Dieser Standpunkt wird im Hinblick

---

[1315] Ähnlich Schreiber, § 1 Rn. 4.

[1316] Anders BVerwGE 49, 75 (Personalratswahlen); RAGE 9, 142 (Betriebsratswahlen); BAGE 3, 80.

[1317] BVerfGE 98, 145 (157 f.); 103, 111 (135).

[1318] Landesrechtliche Besonderheiten werden am Beispiel Bayerns dargestellt; alle (alten) Bundesländer untersuchend Schmiemann, Wahlprüfung im Kommunalwahlrecht, 1972.

[1319] Vgl. nur M/D/H/S-Klein, Art. 41 Rn. 43.

[1320] Dazu Hüfler, S. 26 ff.

[1321] BVerfGE 4, 370 (373 f.); 85, 148 (158 f.); 89, 291 (304).

auf die auch subjektive Komponente des Wahlrechts massiv kritisiert.[1322] Indes bleiben Bundestag und Bundesverfassungsgericht grundsätzlich[1323] bei ihrer Haltung, die deshalb – es geht schließlich um die realen Konsequenzen – auch hier zugrunde gelegt wird.

Gegenstand der Wahlprüfung sind alle Entscheidungen und Maßnahmen, die sich unmittelbar auf das Wahlverfahren beziehen (§ 49 BWG) – für diese gilt die ausschließliche Überprüfbarkeit mit den wahlrechtlichen Rechtsbehelfen bzw. der Wahlprüfung. Das beinhaltet das komplette Wahlverfahren von der Wahlvorbereitung über die Wahlhandlung bis hin zu Ermittlung und Feststellung des Wahlergebnisses.[1324] Das hier allein interessierende materielle Prüfungsrecht, also die Frage, nach welchen Grundsätzen über die Gültigkeit der Wahl entschieden wird, ist weitestgehend ungeregelt. Bundesgesetzlich finden sich sporadisch Vorschriften wie etwa § 39 BWG und § 14 WahlprüfG, landesrechtlich ist etwa in § 51 GLkrWG generalklauselartig von der „Verletzung wahlrechtlicher Vorschriften" die Rede.

Allgemein muss in einem ersten Schritt also ein Wahlfehler gefunden werden, in einem zweiten Schritt sind dann die Konsequenzen aus dessen Vorliegen für die Gültigkeit der Wahl zu ziehen.[1325] Die Praxis belässt es ganz überwiegend dabei, die fehlende Mandatsrelevanz des (behaupteten) Wahlfehlers in den Vordergrund zu stellen, ohne sich abschließend zum Fehler selbst zu äußern.[1326] Wenn das Vorliegen eines Wahlfehlers indes feststeht, muss die Frage nach dessen Folgen stets für den konkreten Fall geprüft werden, da es keine absoluten Nichtigkeitsgründe (mehr) gibt.[1327]

Wahlfehler sind dabei alle Vorkommnisse, die den gesetzlich vorgesehenen ordnungsgemäßen Verlauf der Wahl zu stören geeignet sind.[1328] Insofern muss es sich nicht um Normen handeln, die das Wahlverfahren unmittelbar regeln, sondern es kommt auf die möglichen Folgen deren Verletzung an, die eben eine Be-

---

[1322] Vgl. nur Seifert, S. 397 ff.; Seifert, DÖV 1967, 234 ff.

[1323] Genauer M/D/H/S-Klein, Art. 41 Rn. 49 ff. auch zu den Vorteilen dieser Auffassung.

[1324] BVerfGE 89, 243 (250 f.); M/D/H/S-Klein, Art. 41 Rn. 59; Seifert, Art. 41 GG Rn. 4; genauer hier § 50 I GLkrWG: „die Vorbereitung und die Durchführung der Wahlen".

[1325] M/D/H/S-Klein, Art. 41 Rn. 100; Seifert, S. 396.

[1326] Vgl. etwa für den hiesigen Bereich der Wahlstraftaten BVerfGE 21, 196 (198 f.): „Ob durch die Versendung der Kunststoff-Schneidebrettchen der § 108 b StGB und der Grundsatz der Wahlfreiheit verletzt worden sind, [...], kann dahingestellt bleiben. Selbst wenn ein solcher Wahlfehler vorläge, so ist er im Wahlprüfungsverfahren jedenfalls unbeachtlich, wenn sich aus ihm [...] eine Änderung der Mandatsverteilung nicht ergeben kann." Das bejaht das Bundesverfassungsgericht im konkreten Fall. Kritisch hierzu v. Heyl, S. 111 f.; insgesamt kritisch zum Vorgehen der Praxis AK GG-Schneider, Art. 41 GG Rn. 3; Oppermann, JuS 1985, 520.

[1327] AK GG-Schneider, Art. 41 Rn. 4; M/D/H/S-Klein, Art. 41 Rn. 101; Seifert, S. 400, 405.

[1328] Seifert, Art. 41 GG Rn. 6.

einträchtigung des Wahlverfahrens, wenn auch „nur" mittelbar, herbeiführen können müssen.[1329] Dieses weite Verständnis führt dazu, dass Verstöße gegen diese Vorschriften durch die unterschiedlichsten Personenkreise denkbar sind.

2) Relevanter Personenkreis bei Wahlfehlern

Daraus folgt jedoch nicht zwingend die Beachtlichkeit sämtlicher denkbarer Verstöße durch die verschiedenen Personenkreise.

Insbesondere die bayerische Rechtsprechung scheint hier besonders streng zu sein, indem sie die Verletzung von Bestimmungen über das Wahlverfahren nur dann als Wahlfehler betrachtet, wenn der Verstoß den amtlichen Wahlorganen zuzurechnen ist.[1330] Andere staatliche Stellen, denen Aufgaben zur Vorbereitung oder Durchführung der Wahl übertragen sind, stehen den amtlichen Wahlorganen gleich.[1331] Die Fehlerzurechnung erfolgt dann, wenn der Verstoß durch die Wahlorgane selbst erfolgt oder wenigstens von ihnen geduldet wird.[1332] Zwar muss dabei beachtet werden, wie weit die Prüfpflichten dieser amtlichen Organe reichen,[1333] gleichwohl genügt ein objektiver Verstoß.[1334] Es spielt keine Rolle, ob für die Wahlorgane die Rechtsverletzung vermeidbar oder selbige ihnen vorwerfbar war.[1335] Mit Hilfe dieses „Amtlichkeitskriteriums" soll (privaten) Dritten die Möglichkeit genommen werden, durch Herbeiführen eines Wahlfehlers eine Wahl zum Scheitern zu bringen.[1336]

Ob sich mit dem Urteil im „Dachauer Wahlskandal" eine Änderung dieser Rechtsprechung abzeichnet, ist höchst fraglich. Hier hat das VG München[1337] die Klage gegen die Ungültigerklärung der Oberbürgermeisterwahl abgewiesen, obwohl der Wahlfehler in einem Verhalten Dritter lag: Etwa 70 Briefwähler wählten entgegen der Bestimmung des § 72 I GLkrWO nicht geheim. Das VG stützte sich insbesondere auf das Wertungsargument, dass jedenfalls schwerwie-

---

[1329] M/D/H/S-Klein, Art. 41 Rn. 103 f.

[1330] BayVGH nF 3, 81 (92); 3, 99 (103); 6, 223 (225); 9, 39 (39); 14, 47 (52 f.); 15, 121 (122); vgl. auch Bücher/Hermann, Art. 50 Rn. 6; Oehler, S. 135; Kagerer/Bauer, KommPraxis BY 2003, 245; Waltner/Bauer, Art. 50 Anm. 4.2.; ebenfalls eng HbgVerfG, NVwZ-RR 1999, 354.

[1331] BayVGH nF 9, 39 f.

[1332] Vgl. nur BayVGH nF 3, 99 (103).

[1333] BayVGH nF 6, 223 (225); Büchner, Art. 50 Rn. 6.

[1334] BayVGH nF 32, 106 (110 ff.); BayVGH, NVwZ-RR 1999, 62; Kagerer/Bauer, KommP BY 2003, 245; Schmiemann, S. 88.

[1335] BayVGH nF 32, 106 (110 ff.); BayVGH BayVBl 1986, 211; BayVGH, NVwZ-RR 1999, 62; Büchner, Art. 50 Rn. 6.

[1336] BayVGH nF 3, 81 (92); zustimmend Schmiemann, S. 84 ff.

[1337] Urteil vom 11.12.2002, Az M 7 K02.3783, nicht veröffentlicht.

gende Verstöße[1338] gegen den Grundsatz der geheimen Wahl nicht unberücksichtigt bleiben dürfen, zumal derartige Verstöße weniger leicht überschaubar seien (Briefwähler!) als solche in Form einer unzulässigen Wahlbeeinflussung. Geht man von der bisherigen Rechtsprechung aus, wäre ein Wahlfehler jedenfalls dann zu bejahen, wenn die beobachtet gekennzeichneten Stimmzettel ungültige Stimmen beinhalten, die zu Unrecht vom Wahlvorstand als gültige gewertet worden sind. Ob diese Stimmen aber tatsächlich ungültig sind, ist unter dem Eindruck, dass bei der Briefwahl der Gesetzgeber die Einhaltung des Wahlgeheimnisses gerade in den Verantwortungsbereich des Briefwählers selbst legt[1339] und die Wahlorgane im Gegensatz zur Präsenzwahl nicht einmal objektiv die Möglichkeit eines Einschreitens haben,[1340] zumindest zweifelhaft. Man kann mit guten Gründen behaupten, der Gesetzgeber habe die Möglichkeit der Briefwahl im Bewusstsein der geschilderten Risiken geschaffen und diese billigend in Kauf genommen, so dass nicht schon jede Realisierung dieser Risiken zur potentiellen Ungültigerklärung einer Wahl führen können soll.

Insofern wird das genannte Urteil mit seiner kargen Begründung eher als vom gewollten Ergebnis her entschieden betrachtet werden müssen, ohne dass darin eine Aufgabe der bisherigen, langjährigen Rechtsprechung beabsichtigt ist.

Ganz abgesehen von dieser für sich allein stehenden Entscheidung gibt es auch grundlegende Kritik am „Amtlichkeitskriterium". Dabei wird auf Situationen verwiesen, in denen das „Amtlichkeitskriterium", das gerade ein Scheitern der Wahl durch bewusstes Handeln von Minderheiten verhindern soll, zum genauen Gegenteil führe. So etwa, wenn ein im Wahllokal entstehender Tumult, den der Wahlvorstand trotz aller Bemühungen nicht unterbinden kann, dazu führe, dass zahlreiche Wähler ihre Stimme nicht abgeben wollen oder können.[1341] Die befürchtete Konsequenz (Ungültigerklärung der Wahl ausgeschlossen) würde sich jedoch nach bayerischer Rechtsprechung wohl nicht ergeben, da der Pflichtenkreis des Wahlvorstands in derartigen Fällen denkbar weit gezogen wird. Denn selbst bei undiszipliniertem Verhalten von Wählern (etwa Zuwiderhandlung gegen ausdrückliche Anweisungen durch den Wahlvorstand) wird ein Wahlfehler durch den Wahlvorstand angenommen, weil es „ganz gleich" sei, „ob diese

---

[1338] Eine Straftat (zu deren Relevanz sogleich) nach § 107 c StGB lag nicht vor, weil die Briefwähler beim Ausfüllen ihrer Stimmzettel zwar von einem Dritten beobachtet wurden, Art. 72 I GLkrWO sich jedoch nicht gegen Dritte richtet und damit keine blankettausfüllende Vorschrift zu § 107 c StGB verletzt wurde; siehe oben, S. 92 f.

[1339] BVerfGE 21, 200 (205); 59, 119 (126); BayVerfGHE 27, 139 (147).

[1340] Bei der Wahl im Wahllokal ist z.B. eine Zurückweisung nach § 64 I Nr. 4 GLkrWO vorgesehen. Bei anderweitigen Verstößen gegen die Geheimheit wird man die Ungültigkeit der Stimme bejahen müssen, eben weil die Wahl im amtlichen Einwirkungsbereich stattfindet und insofern ein amtliches Eingreifen jedenfalls objektiv möglich ist.

[1341] Hüfler, S. 17 f. im Anschluss an das Beispiel bei Schattenfroh, BayBgm 1951, 271; Bedenken auch bei HessWahlPrüfG, NVwZ-RR 1993, 116 (117).

[Verstöße durch die Wähler] durch mangelnde Vorkehrungen verursacht oder nur sonstwie ermöglicht oder zugelassen worden sind".[1342] Noch einmal: Der objektive Verstoß genügt. Nun mag man generell den Sinn eines – unter diesen Prämissen wohl fast immer möglichen[1343] – Umdeutens von Formverstößen Dritter in Verstöße der Wahlorgane bezweifeln, der zugrunde liegende Gedanke des Bestandsschutzes der Wahl gegen mutwillige Aktionen Dritter ist aber durchaus nachvollziehbar und verdient Zustimmung.

Schließlich ist auch das Bundesverfassungsgericht, ohne explizit auf ein derartiges „Amtlichkeitskriterium" Bezug zu nehmen, in der Sache hiervon nicht weit entfernt, wenn es festhält, dass Wahlfehler in Form von Mängeln bei der Anwendung der für die Wahl geltenden wahlrechtlichen Regelungen nicht nur von amtlichen Wahlorganen begangen werden können, „sondern auch von Dritten, soweit sie unter Bindung an wahlgesetzliche Anforderungen kraft Gesetzes Aufgaben bei der Organisation einer Wahl erfüllen".[1344] Dabei wird der Kreis der Normen, deren Verletzung durch Dritte relevant ist, gleichzeitig auf einen Kernbestand an Verfahrensgrundsätzen, ohne dessen Einhaltung man nicht mehr von einem demokratischen Wahlvorgang sprechen könnte, beschränkt – und zwar mit einer Begründung, die der der bayerischen Rechtsprechung weitestgehend entspricht: Die Gefahr des Scheiternlassens einer Wahl durch einen (bewussten) Verstoß Dritter gegen wahlrechtliche Regelungen müsse eng begrenzt werden.[1345]

Dieser Grundgedanke gilt auch für den anderen großen Bereich denkbarer Wahlfehler, die Wahlbeeinflussungen. Zwar ist unbestritten, dass derartige Wahlfehler durch jedermann begehbar sind, was sich im Gegensatz zu den Wahlverfahrensverstößen schon aus einer rein tatsächlichen Betrachtung ergibt,[1346] jedoch müssen auch hier gewisse Grenzen beachtet werden. Diese zu ziehen, fällt deshalb so schwer, weil eine demokratische Wahl gerade dadurch gekennzeichnet ist, dass ihr ein freier öffentlicher kommunikativer Prozess vorausgeht, in dem Meinungen und Informationen ausgetauscht, Versprechen und Ankündigungen abgegeben, Stellungnahmen zu anderen Parteien, Personen und Programmen

---

[1342] BayVGH nF 14, 47 (53, 56); zustimmend Schmiemann, S. 87: Das Unvermögen, Ausschreitungen Einhalt zu gebieten, erweise sich als mangelnde Vorbereitung und sei den Wahlorganen anzulasten.

[1343] Eine Ausnahme findet sich etwa in BayVGH nF 14, 47 (53).

[1344] BVerfGE 1994, 923: Einreichung von Kandidatenvorschlägen durch die Parteien; abgesehen davon stellt das Bundesverfassungsgericht später (924) zudem darauf ab, dass die Zulassung des Wahlvorschlags durch den Wahlausschuss (objektiv) zu Unrecht erfolgt ist; vgl. auch Koch, DVBl 2000, 1095 ff.

[1345] BVerfGE 89, 243 (253); zustimmend M/D/H/S-Klein, Art. 41 Rn. 67.

[1346] Beispiele bei BK-Rechenberg, Art. 41 Rn. 22.

geäußert werden, wobei auch persönliche Angriffe denkbar erscheinen. All diese Einwirkungen sind für das Funktionieren einer Wahl geradezu notwendig, von der Verfassung grundsätzlich geschützt (vgl. nur Art. 5, 8, 9, 21 GG) und sie können in der Regel vom Wähler auch richtig eingeordnet werden.[1347] Die Schwelle zur Beachtlichkeit als Wahlfehler ist deshalb nur dann überschritten, wenn in erheblicher Weise gegen die Grundsätze der Freiheit oder Gleichheit der Wahl verstoßen wird.[1348] Als diese „qualifiziert-gesetzwidrigen" Beeinflussungen werden seit jeher die strafbare, die amtliche, die kirchliche und die unter besonderem Druck vorgenommene private Wahlbeeinflussung angesehen, also alle „Wahlbeeinflussungen, die ihrer Natur nach geeignet sind, die Entscheidungsfreiheit des Wählers ernstlich zu beeinträchtigen".[1349]

Relevant ist im hiesigen Kontext allein die Frage nach den strafbaren Wahlbeeinflussungen.[1350] Die Erfüllung der §§ 107 ff. sowie des § 240 StGB wird dabei durchwegs als Wahlfehler betrachtet.[1351] Besonders kategorisch formulierte es das Bundesverfassungsgericht, indem es die (alleinige) Grenze zwischen zulässiger und unzulässiger Wählerbeeinflussung als in § 108 StGB verfassungsgemäß näher umschrieben sah.[1352] Diese Gleichsetzung wird vom Bundesverfassungsgericht heute zwar nicht mehr vollzogen,[1353] doch weil für die Abgrenzung keinerlei Kriterien erkennbar sind, wird man rein praktisch auch weiterhin von den §§ 107 ff. StGB als „Grenzbestimmung" ausgehen müssen,[1354] zumal dieser die Nötigungsmittel im Vergleich zu § 240 StGB bereits (auch) nach unten hin erweitert hat.[1355]

Begründen kann man die Qualifikation der strafbaren Wahl- bzw. Wählerbeeinflussungen als Wahlfehler mit deren Einordnung gerade ins Strafrecht, der die Vermutung eines besonders massiven Eingriffs in die Willensfreiheit des Wäh-

---

[1347] OVG Münster, JZ 1962, 767 (768) mit Anmerkung Ridder, 771 ff.; M/D/H/S-Klein, Art. 41 Rn. 120; Seifert, S. 407.

[1348] BVerfGE 101, 111 (125).

[1349] So schon OVG Münster, JZ 1962, 767 (768) im Anschluss an Seifert, S. 407 f.; auch BVerwGE 118, 101 (106); ähnlich mit historischer Herleitung BVerfGE 103, 111 (125 ff.).

[1350] Vgl. zu den anderen Bereichen AK GG-Schneider, Art. 41 Rn. 11; BK-Rechenberg, Art. 41 Rn. 22; Seifert, S. 408 ff.; genauer zu den Verbänden und Kirchen Klein, DÖV 1967, 615 ff. sowie zu amtlichen Beeinflussungen Sudenroth, AöR, Bd. 125 (2000), S. 257 ff; allgemein Rauber, insbesondere S. 130 ff.

[1351] Vgl. nur M/D/H/S-Klein, Art. 41 Rn. 103, 122; vgl. auch explizit § 32 I Nr. 1 KWG BW; anders wohl Hüfler, S. 252 Fn. 109; Schneider G., S. 72.

[1352] BVerfGE 66, 369 (380).

[1353] Vgl. etwa die offenere Formulierung bei BVerfGE 103, 111 (132 f.): „oder wenn in ähnlich schwer wiegender Art und Weise auf die Wählerwillensbildung eingewirkt worden ist".

[1354] Zustimmend M/D/H/S-Klein, Art. 41 Rn. 123; Erichsen, Jura 1983, 641; Greeve, S. 59.

[1355] Siehe oben, S. 91 f.

lers zugrunde liegt. Die Rechtsordnung wird durch das Begehen einer Straftat besonders herausgefordert und muss darauf reagieren. Das ist freilich bereits durch das Verhängen einer Strafe gegen den Täter der Fall. Man mag aber den Gedanken der Einheit der Rechtsordnung heranziehen und fordern, dass ein strafrechtlich relevantes, weil wahlbeeinträchtigendes Verhalten nicht wahlrechtlich folgenlos bleiben darf. Diese grobe Argumentation ist für die einzelnen Wahldelikte genauer zu untersuchen und zu verfeinern.

3) Relevanz der einzelnen Wahlstraftaten

a) §§ 108, 108 a, 108 b StGB

Die Berücksichtigung der §§ 108 ff. StGB als Wahlfehler lässt sich auch anders als über deren Rechtsnatur als (Wahl)Strafrecht und den damit verbundenen besonders schweren Verstoß gegen die (Wahl)Rechtsordnung erklären.
Stimmen, die unter dem Eindruck der §§ 108 ff. StGB abgegeben werden, sind aufgrund dieser Beeinflussung (materiell) ungültig.[1356] Anders als bei den anderen in § 39 I BWG genannten (formellen) Ungültigkeitsgründen basiert hier die Ungültigkeit allerdings nicht auf einem äußerlich erkennbaren Mangel des Stimmzettels, so dass die beeinflusste Stimme regelmäßig als gültige gezählt werden wird. Man kann also den Wahlfehler auch darin sehen, dass die Wahlorgane ungültige Stimmzettel zu Unrecht als gültig behandeln.

Allerdings werden auch abweichende Begründungsansätze vertreten.
So wird teilweise davon ausgegangen, dass nur die Willensverwirklichung, also das Umsetzen des Willens in die konkrete Stimmabgabe tangierende Einwirkungen als Wahlfehler relevant sind.[1357] Einwirkungen auf die Willensbildung seien strukturell unabgrenzbar und eine Wiederholungswahl (nach Ungültigerklärung der vorangegangenen Wahl) in einem derartigen Fall sinnlos, weil die entsprechenden Einflüsse fortwirkten.[1358] Als Konsequenz ergebe sich, dass Wählernötigungen und Wählerbestechungen bei der Wahlprüfung in der Regel unbeachtlich seien, weil das Wahlgeheimnis es den Wählern grundsätzlich[1359] ermögliche, ihren (wahren) Willen in die Stimmabgabe umzusetzen, so dass die Willensverwirklichung gerade nicht tangiert sei.[1360] Anders hingegen bei der Wählertäuschung, weil hier der Schutz des Wahlgeheimnisses – dem Wähler bleibt die (täuschende!) Einwirkung anders als bei Nötigung und Bestechung

---

[1356] Schreiber, § 39 Rn. 2; Seifert, § 39 BWG Rn. 1.
[1357] V. Heyl, S. 210.
[1358] V. Heyl, S. 210.
[1359] Eine Ausnahme soll da gemacht werden, wo es dem Wähler unzumutbar ist, sich gegen die Einflussnahmen zu wehren, v. Heyl, S. 216 f.
[1360] V. Heyl, S. 216 ff.; zustimmend Kunze/Merk/Quecke-Pfeifer, § 32 Fn. 4.

gerade verborgen – versage. Die in § 108 a StGB beschriebenen Konstellationen stellten demnach Wahlfehler dar.[1361]

Selbst wenn man die Eingrenzung der Wahlfehler auf den Bereich der Willensverwirklichung nicht teilt, könnte man, allein auf die Korrekturwirkung des Wahlgeheimnisses abstellend, zum weitestgehend gleichen Ergebnis gelangen. Wahl- bzw. Wählerbeeinflussungen sind dann generell nur bedeutsam, wenn sich der freie Wille nicht in der Wahl aktualisiert, was regelmäßig[1362] durch den Grundsatz der geheimen Wahl ausgeschlossen ist.[1363] Deshalb sei § 108 StGB für die Wahlprüfung „weitgehend bedeutungslos", Gleiches gelte für § 108 b StGB.[1364]

Die unausgesprochene Konsequenz der Ansichten besteht darin, dass, obige Feststellung wieder aufgreifend, die Stimmen der genötigten bzw. bestochenen Wähler gültig sind.
Diesem Ergebnis und seiner Herleitung ist jedoch zu widersprechen.
Aus historischer Sicht fällt ins Auge, dass es früher im bayerischen Landes- und Kommunalwahlrecht Vorschriften gab, die explizit die Ungültigkeit der unter Nötigung und Bestechung abgegebenen Stimmen festlegte. Art. 31 bzw. 33 LWG besagte: „Die Bestechung und Nötigung von Abstimmenden hat die Ungültigkeit der Stimmen der dabei Beteiligten zur Folge und wird nach den Strafgesetzen geahndet".[1365] Mit der Streichung dieser Norm aus den Wahlgesetzen wollte man jedoch nicht gleichsam ihre Aussage streichen – wie gesehen wird diese auch heute noch sogar auf Bundesebene, wo es keine entsprechende Regelung gab, geteilt. Damit ist jene Aussage dem Wahlrecht weiterhin immanent, so dass die §§ 108, 108 b StGB[1366] für die Wahlprüfung relevant sind.

[1361] V. Heyl, S. 218 ff., 222.
[1362] Dies ist nach Hüfler, S. 230 ff., anders zu beurteilen in den Fällen kollektiver Drohungen (etwa der Gewerkschaften, bei einem bestimmten Wahlausgang einen Generalstreik durchzuführen), weil dabei an den Wahlausgang insgesamt angeknüpft wird, nicht an die Stimmabgabe des Einzelnen, so dass deren Geheimheit nicht korrigierend wirken kann; ähnlich M/D/H/S-Maunz, Art. 38 Rn. 47.
[1363] Hüfler, S. 228.
[1364] Hüfler, S. 229, 252.
[1365] Vgl. etwa GVBl 1950, S. 131; GVBl 1958, S. 224; Art. 15 GWG lautete: „Bestechung und Nötigung der Abstimmenden haben die Ungültigkeit der Stimmen der dabei Beteiligten und den Verlust ihrer Wählbarkeit bei der betreffenden Wahl zur Folge"; Kommentierungen bei Feneberg, LWG, Art. 33; v. Jan, LWG, Art. 19 und Meixner/Prandl, GWG, Art. 15.
[1366] Für die anderen Wahlstraftaten soll es allgemein darauf ankommen, inwiefern durch sie Wahlbestimmungen verletzt und dadurch das Wahlergebnis verdunkelt werden konnte; vgl. hierzu Meixner/Prandl/Waltner, GWG, Art. 15.

Dieser Gedanke kommt im Übrigen auch in mehreren frühen Wahlprüfungsentscheidungen des BayVGH mittelbar zum Ausdruck, der, auch wenn im Einzelfall die Strafbarkeit nicht abschließend beurteilt wurde, klar davon ausgeht, dass Wahlstraftaten zur Ungültigerklärung einer Wahl führen können.[1367]

Der Ansatzpunkt, Wahlfehler auf den Bereich der Willensverwirklichung zu begrenzen, erscheint schon für sich genommen problematisch, weil Willensbildung und Willensverwirklichung nicht strikt trennbar sind. Einwirkungen auf die Willensbildung führen zwar nicht zwingend zu einem diesen folgenden Stimmverhalten, sie sind aber Bestandteil der Entscheidungsgrundlage, auf der die Wahlentscheidung getroffen wird und können sich gegebenenfalls sogar als tragende Gründe durchsetzen.[1368] Ganz abgesehen davon greift die korrigierende Wirkung des Wahlgeheimnisses nicht zwingend durch. Sinn der geheimen Wahl ist es zwar, die freie Wahl abzusichern,[1369] jedoch ist fraglich, ob der beeinflusste Wähler – mag es auch irrational sein – im Schutz der Wahlkabine zu einer völlig freien Entscheidung gelangen kann.[1370] Wie gesehen wirkt die Beeinflussung fort. Wohl auch deshalb misst das Bundesverfassungsgericht dem Grundsatz der freien Wahl die Bedeutung bei, den Wähler bereits vor Beeinflussungen zu schützen, „die geeignet sind, seine Entscheidungsfreiheit trotz bestehenden Wahlgeheimnisses ernstlich zu beeinträchtigen"[1371] und rekurriert dann auf § 108 StGB. Würde das Wahlgeheimnis tatsächlich auch praktisch eine völlig freie und unbeeinflusste Wahlentscheidung garantieren, würde ein wesentliches Argument zur Begründung der Strafbarkeit von Wählernötigung und Wählertäuschung entfallen, denen der Schutz der authentischen Willensbildung bzw. -betätigung beigemessen wird.

Selbst wenn man dem nicht folgen möchte, kann man, wenn man die Wertung des Gesetzgebers nicht missachten will, das besondere Gewicht des Verstoßes gegen ein Strafgesetz nicht in Abrede stellen und gelangt auch so zur Relevanz der §§ 108 ff. StGB für das Wahlprüfungsrecht.

b) § 107 StGB

Dieses Ergebnis muss freilich erst recht für den massiveren Eingriff des § 107 StGB gelten. Wenn zum Beispiel Naturereignisse, die die Wahl (teilweise) verhindern, für die Gültigkeit einer Wahl bedeutsam sind, dann muss dies auch und

---

[1367] BayVGH 2, 35 ff.; 4, 39 f.; 17, 183 ff.; BayVGH nF 2, 120 ff. jeweils zu Wählernötigung und/oder Wählerbestechung.

[1368] Hüfler, S. 242 f.

[1369] Vgl. nur Seifert, Art. 38 GG Rn. 33.

[1370] Bedenken auch bei v. Mangoldt/Klein/Starck, Art. 38 Rn. 125.

[1371] BVerfGE 66, 369 (380).

erst recht für ein vergleichbares, von Menschenhand geschaffenes Ergebnis gelten.[1372]

c) §§ 107 a, b StGB

Nicht ganz so einfach stellt sich die Situation bei den §§ 107 a, b StGB dar, da diese (auch) Konstellationen mit formalen Verstößen beinhalten, so dass insbesondere auf etwaige Wertungswidersprüche zu achten ist. Im Grundsatz laufen Wahl(prüfungs)recht und Strafrecht hier allerdings ganz überwiegend parallel.[1373] Wer ohne materielles oder formelles Wahlrecht, nicht persönlich oder doppelt wählt, produziert eine ungültige Stimme,[1374] die, wenn nicht eine Zurückweisung des Wählers stattgefunden hat, bei der Auszählung nicht mehr als solche identifizierbar ist und damit in aller Regel als gültige gewertet wird. Ein Wahlfehler liegt vor. Jemand hat unbefugt gewählt bzw. sonst ein unrichtiges Ergebnis herbeigeführt im Sinne des § 107 a StGB. Manipulationen am Ergebnis sind ein Wahlfehler[1375] und sind strafrechtlich relevant. Gleiches gilt bei der Unwählbarkeit des Wahlbewerbers.[1376]

Im Wahlprüfungsrecht existiert jedoch das Wählerverzeichnis betreffend eine Besonderheit, die für das Strafrecht irrelevant ist: Die allgemeine Meinung geht davon aus, dass die Nichtberücksichtigung Wahlberechtigter bzw. die Berücksichtigung Nichtwahlberechtigter im Wählerverzeichnis dann keinen rechtserheblichen Wahlfehler darstellt, wenn das Verzeichnis ordnungsgemäß ausgelegt und kein Einspruch dagegen erhoben worden ist. Man könne von den Betroffenen nämlich erwarten, die ihnen zur Verfügung stehenden Rechtsbehelfe auch zu nutzen.[1377] Die Strafbarkeit nach § 107 a StGB ist hingegen von einem derartigen Vorgehen unabhängig. Es gilt nicht etwa parallel zur Feststellung „kein Einspruch, kein Wahlfehler, keine Anfechtung" die Losung „kein Einspruch, keine Strafbarkeit", da das Merkmal „unbefugt" schlicht an die wahre Rechtslage anknüpft, unabhängig von etwaigen Rechtsbehelfen. Das hat zum Beispiel zur Folge, dass ein eingetragener Nichtwahlberechtigter, der, nachdem kein Einspruch gegen das Wählerverzeichnis erhoben worden ist, wählt, sich strafbar macht; ein Wahlfehler läge hingegen nicht vor.[1378] Würde man aber jedes wahl-

---

[1372] So auch Seifert, S. 412.

[1373] Auch nach dem HbgVerfG, NVwZ-RR 1999, 354 (357) „sind Wahlfälschungen bei der Wahlprüfung zu berücksichtigen".

[1374] Schreiber, § 39 Rn. 2; Seifert, § 39 BWG Rn. 1.

[1375] Seifert, S. 400 f., 406 f.

[1376] Seifert, S. 401, 412.

[1377] Vgl. nur Seifert, S. 402 f.; mit weiteren Argumenten Hüfler, S. 59 ff.

[1378] Unterschiede bestehen auch nicht etwa darin, dass das Strafrecht schuldhaftes Verhalten voraussetzt; für das Wahlprüfungsrecht sind subjektive Aspekte auch bei Straftaten irrelevant, dazu sogleich.

strafrechtlich relevante Verhalten als Wahlfehler bewerten, wäre dieser doch gegeben.

Dieser Widerspruch ist zu Gunsten des Strafrechts aufzulösen. Wenn die Wahlprüfung eine dem Wählerwillen entsprechende Parlamentszusammensetzung gewährleisten soll, kann damit nur der Wille der „wahlberechtigten Wähler" gemeint sein. Da ein unangefochtenes Wählerverzeichnis aber nicht etwa konstitutiv ein Wahlrecht verleihen oder aberkennen kann, sondern sich dieses allein nach den §§ 12 f. BWG richtet, kann die Frage des Einspruchs gegen selbiges nicht über das Vorliegen eines Wahlfehlers entscheiden. Zwar ist richtig, dass ein einmal abgeschlossenes Wählerverzeichnis grundsätzlich nicht mehr verändert werden darf,[1379] jedoch ist auch anerkannt, dass ein nichteingetragener Wahlberechtigter nachgetragen werden darf und seine Stimme gültig ist.[1380] Der eingetragene Nichtwahlberechtigte hingegen gibt eine ungültige Stimme ab.[1381] Das bloße Nichtangreifen eines Wählerverzeichnisses ist für das Vorliegen eines Wahlfehlers demnach richtigerweise irrelevant. Damit ist auch hier eine Parallele zum Wahlstrafrecht hergestellt. Folglich ergibt sich die Relevanz des § 107 a StGB nicht nur aus dessen besonderer Bedeutung kraft Einstufung als Wahlstrafrecht.

Gleiches muss auch für die Vorfeldtatbestände des § 107 b StGB gelten, soweit nicht die entsprechenden „Fehler" noch rechtzeitig entdeckt und korrigiert worden sind.[1382]

Insgesamt ist also die Behandlung der §§ 107 ff. StGB als Wahlfehler richtig. Dabei ist aber stets zu beachten, dass das bloße Vorliegen der Wahlstraftat an sich noch nicht zwingend zur Ungültigerklärung der Wahl führt, weil hier wie auch sonst stets die Mandatsrelevanz des Wahlfehlers überprüft werden muss.[1383]

4) Konkrete Anforderungen an Wahlstraftaten als Wahlfehler

Die Parallele Wahlfehler – Wahlstraftat darf nicht zur Schlussfolgerung verleiten, es müsse sich stets um ein tatbestandsmäßiges, rechtswidriges und schuldhaftes Verhalten handeln. Das ist zwar für die Strafbarkeit relevant, nicht aber für die Bejahung eines Wahlfehlers.

[1379] Darauf stützt sich Hüfler, S. 61 f.

[1380] Seifert, § 20 BWO Anm. 10.

[1381] Seifert, § 14 BWG Rn. 3.

[1382] Allerdings ist z.B. eine Vollendung des § 107 b I Nr. 3 StGB nur dann geben, wenn gerade keine Korrektur stattgefunden hat; zu diesen Fragen siehe oben, S. 82 ff.

[1383] AK GG-Schneider, Art. 41 Rn. 6; M/D/H/S-Klein, Art. 41 Rn. 111; v. Münch-Versteyl, Art. 41 Rn. 10.

Die Formulierungen sind dabei allerdings oft sehr unklar, so dass die konkreten Voraussetzungen nicht eindeutig erscheinen. Es wird gesagt, es müsse sich um ein tatbestandsmäßiges Verhalten handeln, die Schuld sei hingegen egal.[1384] Teilweise wird auf eine „objektive Rechtswidrigkeit" rekurriert[1385] oder explizit auf die Verwirklichung des objektiven Tatbestands abgestellt.[1386] Einigkeit besteht in der Aussage, dass die Schuld keine Rolle spiele, weil es im Wahlprüfungsrecht nicht um Vorwerfbarkeit und darauf gründende Vergeltung geht, sondern um den Schutz des Wählerwillens.[1387] Dieser ist aber bereits durch ein objektiv rechtswidriges Verhalten beeinträchtigt, unabhängig davon, ob dem Akteur sein Verhalten auch vorgeworfen werden kann.[1388]

Ob wenigstens ein vorsätzliches Verhalten vorliegen muss, wird meist nicht ausdrücklich behandelt. Die eben genannte Begründung führt freilich dazu, dass es auch auf den subjektiven Tatbestand nicht ankommen kann. Häufig wird den diesbezüglich unklaren Formulierungen das früher überwiegend vertretene System des „neoklassischen" bzw. „kausalen" Straftataufbaus zugrunde liegen, das den Vorsatz als Schuldelement ansieht. Nach dem heute herrschenden Aufbau ist der Vorsatz, basierend auf der finalen Verbrechenslehre, Tatbestandselement.[1389] Der allgemeine Verzicht auf die Schuld kann mithin nur als Verzicht (auch) auf den Vorsatz verstanden werden. Nicht verzichtet wird damit auf subjektive Elemente, die Bestandteil des objektiven Tatbestands sind, wie etwa bei der herrschenden Auslegung des Gewaltbegriffs.[1390]

Weil es sich gleichzeitig um ein rechtswidriges, von der Rechtsordnung nicht erlaubtes Verhalten handeln muss, lässt das Vorliegen der objektiven Merkmale eines Rechtfertigungsgrundes diese Voraussetzung entfallen. Auch hier kommt es auf subjektive Elemente nicht an.

Wahlstraftaten und Wahlfehler unterscheiden sich mithin dadurch, dass es beim Wahlfehler nicht auf ein vorsätzliches und schuldhaftes Verhalten ankommt.

5) Verhältnis Wahlfehler – Strafurteil

Die frühe bayerische Wahlprüfungsrechtsprechung setzte bei Wahlstraftaten als Wahlfehlern das Vorliegen einer rechtskräftigen strafgerichtlichen Entscheidung

---

[1384] M/D/H/S-Klein, Art. 41 Rn. 103.
[1385] Kunze/Merk/Quecke-Pfeifer, § 32 Rn. 41; Schmiemann, S. 91; Seifert, Art. 41 GG Rn. 6.
[1386] BK-Rechenberg, Art. 41 Rn. 22; AK GG-Schneider, Art. 41 Rn. 11; Greeve, S. 59 f.
[1387] Vgl. nur Schneider G., S. 7.
[1388] Schmiemann, S. 88; Greeve, S. 59 f.
[1389] Vgl. zu den verschiedenen Systemen Baumann/Weber/Mitsch, AT, § 12 Rn. 1 ff., die selbst weiterhin „kausal" aufbauen.
[1390] So auch Schmiemann, S. 91.

voraus, weil die Frage nach der Strafbarkeit den Verwaltungsgerichten entzogen sei und man nur so einen Gleichlauf von Verwaltungs- und Strafentscheidung gewährleisten könne.[1391] Nur eine Verurteilung nach einer (Wahl)Straftat könnte damit zu einem Wahlfehler führen.

Das kann schon deshalb nicht stimmen, weil eine Verurteilung ein tatbestands-mäßiges, rechtswidriges und schuldhaftes Verhalten voraussetzt, nach dem eben Gesagten aber die Erfüllung des objektiven Tatbestands zur Bejahung eines Wahlfehlers genügt.[1392] Bedenken ergeben sich auch aus der praktischen Sicht, weil das Zuwarten auf ein rechtskräftiges (!) Strafurteil und das daran anschlie-ßende Wahlprüfungsverfahren sich womöglich über einen großen, im schlech-testen Fall sogar den kompletten Zeitraum der Legislaturperiode hinziehen kön-nen. Der Sinn der Wahlprüfung wäre in vielen Fällen völlig entwertet, weil dem Wählerwillen über einen erheblichen Zeitraum gerade nicht Rechnung getragen werden könnte.[1393]

Ein rechtskräftiges Strafurteil muss folglich nicht abgewartet werden.

Sollten jedoch bereits Erkenntnisse vorliegen, könnten die Wahlprüfungsinstan-zen an die Feststellungen der Strafgerichte gebunden sein.[1394]

Richtig ist, dass ein derartiges Urteil in aller Regel herangezogen werden wird, um das Vorliegen eines Wahlfehlers positiv festzustellen.[1395] Gezwungen, die Beurteilung des Sachverhalts durch die Strafgerichte zu übernehmen, sind die Wahlprüfungsinstanzen jedoch nicht.[1396] Die Wahlprüfungsinstanzen müssen den Sachverhalt, der den Wahlfehler begründet, selbst aufklären. Wird der Wahlfehler im Vorliegen eines Straftatbestands gesehen, so sind eben dessen objektive Tatbestandsmerkmale zu ermitteln. Dies gilt umso mehr, als die Fest-stellungen der Strafgerichte respektive der Staatsanwaltschaft nicht abschließend sein können, etwa wenn das Verfahren aus Opportunitätsgründen eingestellt wird. Ebenso, wenn ein Freispruch erfolgt oder das Verfahren mangels entspre-chenden Verdachts nicht eröffnet wird. In einer derartigen Situation darf nicht das Ausblenden des zugrunde liegenden Sachverhalts aus der Wahlprüfung er-zwungen werden, sondern die Wahlprüfungsinstanzen müssen den Sachverhalt selbst ermitteln und bewerten.[1397] Das ist insofern unproblematisch, als die Wahlprüfungsinstanzen keine den Ermittlungsbehörden bzw. dem Gericht wi-

---

[1391] BayVGH 2, 120 (131); 4, 39 f.
[1392] Ablehnend auch Schmiemann, S. 92 f.; Seifert, S. 408.
[1393] Schattenfroh, BayBgm 1951, 271.
[1394] So AK GG-Schneider, Art. 41 Rn. 6.
[1395] Z.B. bei ESVGH 8, 73 (77).
[1396] Ebenso Schmiemann, S. 92 f.
[1397] Kunze/Merk/Quecke-Pfeifer, § 32 Rn. 41.

dersprechende Entscheidungen treffen, weil beide Verfahrensarten verschiedene Ziele verfolgen.

Mithin sind die Wahlprüfungsinstanzen nicht an Feststellungen von Staatsanwaltschaft und/oder Strafgericht gebunden, in aller Regel werden sie aber auf deren Erkenntnisse zurückgreifen.

III) Schadensrechtliche Konsequenzen

Ein bisher weitestgehend ungelöstes Kapitel besteht in den schadensrechtlichen Konsequenzen der Wahlstraftaten. Konkret geht es um die Frage, ob diejenigen Einrichtungen, die die Wahlen durchführen, ihre Kosten ersetzt verlangen können, wenn aufgrund von Wahlstraftaten eine Wahl für ungültig erklärt wird und deshalb eine Wiederholungswahl durchgeführt werden muss. Dabei dreht es sich schon auf kommunaler Ebene um erhebliche Beträge. So beziffert etwa die Stadt Dachau die ihr durch die Wiederholung der Stadtratswahl, die wegen Wahlfälschungen für ungültig erklärt worden war, entstandenen Kosten auf 117.000 €. Die Wiederholungswahl der Hamburgischen Bürgerschaft, die allerdings nicht auf dem Vorliegen von Wahlstraftaten begründet war, kostete gar über 12 Millionen Mark.[1398] Doch auch für andere Beteiligte kann eine Wiederholungswahl Kosten mit sich bringen: So „müssen" etwa die Parteien wieder in den Wahlkampf einsteigen. Mancher Wähler „muss" womöglich erneut mit dem Taxi zum Wahllokal fahren.

Bei der Lösung dieser Fragen ist sowohl an allgemeine öffentlich-rechtliche als auch an zivilrechtliche Anspruchsgrundlagen zu denken, denn ein Spezialtatbestand fehlt.[1399] Dabei sollen auch Besonderheiten berücksichtigt werden: Was, wenn der Wahlfälscher bereits Stadtratsmitglied war, sich (wieder) um ein Mandat bewirbt oder als Wahlorgan tätig war? Der Dachauer Fall soll mithin Ausgangspunkt der Überlegungen sein.

1) Öffentlich-rechtliche Anspruchsgrundlagen

a) Art. 49 I KWBG i.V.m. Art. 20 I, IV 2 GO

Ist der Täter in besonderen Funktionen innerhalb der Gemeinde tätig, könnte sich ein Anspruch aus Art. 49 I KWBG herleiten lassen.

Kommunale Wahlbeamte sind gemäß Art. 1 KWBG nur die ersten Bürgermeister, die Landräte und die Bezirkstagspräsidenten (jeweils einschließlich ihrer

---

[1398] Koenig, DÖV 1994, 287; in diesem Fall wurde jedoch nicht versucht, haftungsrechtlich vorzugehen.

[1399] Untersucht werden soll nur die Frage, welche Anspruchsgrundlage in Betracht kommt, Aussagen zur Höhe eines potentiellen Anspruchs, insbesondere welche Posten genau in Ansatz gebracht werden könne, müssen außer Betracht bleiben.

Stellvertreter) sowie die berufsmäßigen Gemeinderatsmitglieder. Jedoch verweist Art. 20 IV 2 GO[1400] für die Haftung ehrenamtlich tätiger Gemeindebürger gegenüber der Gemeinde auf die Haftungsregeln für den ersten Bürgermeister, also insbesondere auf Art. 49 KWBG. Dabei wird die Haftung, wie in Art. 49 KWBG ohnehin vorgesehen, auf Vorsatz und grobe Fahrlässigkeit beschränkt. Ehrenamtlich tätige Gemeindebürger sind unter anderem die Gemeinderatsmitglieder (Art. 31 II 1 GO) und die Mitglieder der Wahlvorstände (Art. 6 II, 7 I 1 GLkrWG).[1401]

Ein Anspruch des Dienstherrn ist nach Art. 49 I 1 GLkrWG dann gegeben, wenn der Beamte vorsätzlich oder grob fahrlässig die ihm obliegenden Pflichten verletzt hat. Deren Pflicht besteht nach Art. 20 I GO darin, ihre Obliegenheiten gewissenhaft wahrzunehmen. Bei Mitgliedern des Wahlvorstands gehört herzu insbesondere die unparteiische Wahrnehmung ihrer Aufgaben, Art. 7 II 1 GLkrWG.

Genau wie bei § 839 BGB, wo die Verletzung einer einem Dritten gegenüber bestehenden Amtspflicht inmitten steht, muss die Pflichtverletzung gerade in Ausübung der die besonderen Pflichten begründenden Stellung erfolgen und nicht nur „bei Gelegenheit".[1402] Das erfordert einen engen inneren und äußeren Zusammenhang der Wahrnehmung der übertragenen Aufgaben mit der in Rede stehenden Pflichtverletzung.[1403] Dieser Zusammenhang wird nicht per se durch vorsätzliches oder gar strafbares Verhalten unterbrochen.[1404] Da die Abgrenzung schwierig ist, wird von einer im Vordringen befindlichen Meinung besagter Zusammenhang bereits dann bejaht, wenn die Schädigung durch die übertragenen Aufgaben erheblich erleichtert worden ist.[1405]

Hier kommt es nun entscheidend auf die Gestaltung des einzelnen Falles an. Ein unparteiisches, geschweige denn gewissenhaftes Verhalten liegt bei der Verwirklichung von Wahlstraftaten sicher nicht vor. Problematisch kann aber die Frage nach der Pflichtverletzung „in Ausübung" der übertragenen Aufgaben sein.

[1400] Für die Ebene der Landkreise ergibt sich dies aus Art. 14 IV 2 LKrO, für die Bezirke aus Art. 14 IV 2 BezO.

[1401] Art. 20 GO unterfallen alle Mitglieder von Wahlvorständen, soweit die Gemeinde im übertragenen Wirkungskreis mit der Durchführung von Wahlen betraut ist, also etwa auch bei Bundestagswahlen, vgl. Bauer/Böhle/Masson/Samper, Art. 20 GO Rn. 3.

[1402] Vgl. Art. 49 I KWBG: „so hat er dem Dienstherrn, dessen Aufgaben er wahrgenommen hat"

[1403] Maurer, VerwR, § 26 Rn. 15.

[1404] Palandt-Heinrichs, § 278 Rn. 20.

[1405] Palandt-Heinrichs, § 278 Rn. 22.

Ein (Noch)Mandatsträger, der „Hausbesuche" tätigt und dabei Stimmzettel ausfüllt, bereits ausgefüllte Briefwahlunterlagen mitnimmt und anschließend inhaltlich verändert oder gar die Versicherung an Eides statt, den Stimmzettel persönlich gekennzeichnet zu haben, fälscht, handelt rein privat und nicht „in Ausübung". Es gehört nicht zum Aufgabenbereich eines Mandatsträgers, Wählern bei „Hausbesuchen" bei ihrer Wahl in besagter Form zu „helfen". Seine Aufgabe ist es vielmehr, in den entsprechenden Gremien mitzuwirken, Entscheidungen zu treffen und diese gegebenenfalls nach außen zu vertreten. Man könnte aber der Meinung sein, gerade die Stellung als Mandatsträger erleichtere derartige Aktionen wesentlich, weil dieser in seiner Eigenschaft als Mandatsträger eine besondere Vertrauensstellung innehabe. Rein tatsächlich ist dies in Zeiten enormer Politikverdrossenheit schon fraglich, doch auch unabhängig davon kann diese Idee nicht überzeugen. Die Schädigung, also gerade die Möglichkeit, eine solche zu begehen, muss durch die übertragenen Aufgaben erheblich erleichtert worden sein. Die (unerwünschte) „Beratung" gehört aber nicht zu den übertragenen Aufgaben. Ob sich ein Politiker durch gute Erfüllung seiner Aufgaben ein besonderes Vertrauen der Bürger erwirbt oder nicht, ist eine andere, persönliche Frage. Der Gedanke, dass gerade durch die übertragenen Aufgaben auch ein besonderes Risiko geschaffen worden ist und deshalb noch ein enger Bezug zu den Aufgaben besteht, greift hier nicht. Das wird auch dadurch bewiesen, dass die beschriebenen Einwirkungen durch jede Person möglich sind, zu der der Briefwähler ein besonderes Vertrauen hat, gleich, aus welchem Grund. Ein Handeln „in Ausübung" liegt in diesen Fällen also nicht vor.

Völlig anders stellt sich die Situation dar, wenn Mitglieder des Wahlvorstands bereits ausgefüllte Stimmzettel an Wähler verteilen, Nichtwahlberechtigte zulassen oder Stimmen falsch auszählen. Ihre Aufgabe ist es gerade, für einen ordnungsgemäßen Ablauf der Wahl in ihrem Einflussbereich, also im (und teilweise auch um das) Wahllokal zu sorgen. Aus den Wahlgesetzen ergeben sich die dafür erforderlichen Instrumente und Aufgaben, wie das Vorhandensein eines Wählerverzeichnisses, die Pflicht, bestimmte Wähler zurückzuweisen oder bestimmte Stimmen für ungültig zu erklären usw. Sie haben ihr Amt unparteiisch wahrzunehmen. Die genannten Manipulationen im Rahmen des Ehrenamtes erfolgen mithin allesamt „in Ausübung". „Bei Gelegenheit" hingegen fände etwa das Eintreten einer Tür aus Verärgerung wegen der Kürzung des Erfrischungsgeldes statt.
Die Übertragung der Aufgaben als Wahlvorstand und die damit verbundene Positionierung in den unmittelbaren Einwirkungsbereich auf Wähler und Stimmzettel erleichtert zudem wesentlich die genannten Schädigungen.

Wenn der Täter im Rahmen der Wahl eine besondere öffentlich-rechtliche Stellung innehat, kann die Begehung von Wahlstraftaten zu einem Schadensersatzanspruch nach Art. 49 I KWBG i.V.m. Art. 20 I, IV 2 GO führen. Das ist aber nur dann der Fall, wenn die Straftat gerade „in Ausübung" der übertragenen Aufgaben erfolgt, nicht hingegen, wenn dies nur „bei Gelegenheit" oder in privater Eigenschaft, also völlig außerhalb des öffentlich-rechtlichen Aufgabenkreises, geschieht, was im Einzelfall zu entscheiden ist.

Ist ein derartiger Fall gegeben, stellt sich die weitere Frage, ob daneben überhaupt noch andere Tatbestände Anwendung finden können, weil die genannten Vorschriften keine Haftung für leichte Fahrlässigkeit anordnen, so dass diese Haftungsprivilegierung durch anderweitige Anspruchsgrundlagen unterlaufen werden könnte.

Das Problem kann hier im Ergebnis allerdings dahinstehen, weil die Wahlstraftatbestände nur vorsätzlich begangen werden können. Was die Schuldform angeht, wäre ein Unterlaufen der Privilegierung in diesen Konstellationen also gar nicht denkbar.

Ganz abgesehen davon sind die entsprechenden Tatbestände ohnehin als abschließend anzusehen, was das Innenverhältnis Ehrenamtlicher – Staat angeht. Die gesetzgeberische Entscheidung, Entschlusskraft und Verantwortungsfreude des Betroffenen durch Schaffung einer gesonderten Norm mit besonderen Voraussetzungen zu stärken, lässt die Anwendung etwaiger anderer Haftungsgrundlagen nicht zu.[1406]

Art. 49 I KWBG ist als Spezialtatbestand für Ehrenamtliche abschließend.

b) Ansprüche aus Verletzung eines öffentlich-rechtlichen Schuldverhältnisses

Zwischen Täter und wahldurchführender staatlicher Stelle könnte ein öffentlich-rechtliches Schuldverhältnis bestehen, kraft dessen bestimmte Pflichten existieren. Wäre durch die Begehung einer Wahlstraftat eine dieser Pflichten verletzt, käme ein Schadensersatzanspruch in Betracht.[1407]

Für den eingangs erwähnten Hamburger Fall, dem parteiinterne Pannen bei der Kandidatenaufstellung als Wahlfehler, der zur Ungültigerklärung der kompletten Wahl führte, zugrunde lagen, wird die „öffentlich-rechtliche positive Forderungsverletzung" als mögliche Anspruchsgrundlage betrachtet.[1408]

[1406] BVerwGE 52, 255 (256) zu § 78 BBG; Stelkens, DVBl 1998, 301 f.
[1407] Die Haftung aus derartigen Schuldverhältnissen ist nicht etwa auf Ansprüche des Bürgers gegen den Staat beschränkt; vgl. nur Maurer, VerwR, § 29 Rn. 3.
[1408] Ausführlich Koenig, DÖV 1994, 288 ff.; bejahend auch v. Münch/Kunig-Versteyl, Art. 41 Rn. 48; Umbach/Clemens-Roth, Art. 41 Rn. 31; kritisch M/D/H/S-Klein, Art. 41 Rn. 118.

Problematisch ist, dass die Voraussetzungen einer derartigen Haftung höchst
unklar sind. Der Grundgedanke entstammt dem Zivilrecht: Dieses kennt die Delikts- und die
Vertragshaftung. Dabei ist die Deliktshaftung eine „Jedermann-Haftung", wohingegen die vertragliche Haftung nur zwischen den Parteien eines Vertrages
eine Rolle spielt. Zwischen Vertragsparteien besteht ein besonders intensives
Geflecht von Rechten und Pflichten, das konsequenterweise auch eine besonders
intensive Haftung nach sich zieht. Bei der Deliktshaftung stehen hingegen allgemeine, eben für jedermann zu beachtende Pflichten in Rede, die zu einer weniger intensiven Haftung führen. Es ist aber nicht ersichtlich, weshalb diese Idee
– je dichter und enger die rechtlichen Beziehungen, desto stärker die Haftung
bei Pflichtverstößen – nicht auch im Öffentlichen Recht tragen sollte. Auch hier
gibt es schließlich Situationen, man denke nur an den öffentlich-rechtlichen Ver-
trag oder ein Anstaltsbenutzungsverhältnis, die durch eine besonders enge Verbindung zwischen Bürger und Staat gekennzeichnet sind.[1409]

Die Schwierigkeit besteht darin, diese öffentlich-rechtlichen Schuldverhältnisse
näher zu konkretisieren.
Öffentlich-rechtliche Verträge, öffentlich-rechtliche Verwahrungsverhältnisse,
öffentlich-rechtliche Benutzungs- und Leistungsverhältnisse, die öffentlich-
rechtliche GoA sowie das Beamten-, Zivildienst- und Schulverhältnis sind als
öffentlich-rechtliche Schuldverhältnisse anerkannt.[1410] Darüber hinaus allgemeine Kriterien für andere Fälle zu finden, ist bisher nicht gelungen.
Zur Klarstellung: Liegt ein derartiges Schuldverhältnis vor, kommen die zivilrechtlichen Regelungen über Leistungsstörungen entsprechend zur Anwendung.
Etwaige Schadensersatzansprüche können dabei sowohl zu Lasten des Bürgers
als auch zu Lasten des Staates gehen. Art. 20 III GG verbietet nicht etwa eine
derartige Analogie zu Lasten des Bürgers, solange eine systemgerechte Rechts-
fortbildung vorliegt.[1411]

In den hier interessierenden Konstellationen könnte (neben den anerkannten
Fallgruppen) ein öffentlich-rechtliches Schuldverhältnis zwischen Mandatsträger und Staat, zwischen Mitglied des Wahlvorstands und Staat sowie zwischen
Kandidat und Staat angenommen werden. Nach einhelliger Meinung kommt das
allgemeine Verhältnis Staat – Bürger nicht in Betracht.[1412]

[1409] Windthorst, JuS 1996, 605.
[1410] Ossenbühl, StaatshaftungsR, 8. Teil III 1, S. 339 ff.; str. nur für das Schulverhältnis, vgl.
Ossenbühl, StaatshaftungsR, 8. Teil III 1 g, S. 351 ff.
[1411] BVerwGE 101, 51 (54); Detterbeck/Windhorst/Sproll, StaatshaftungsR, § 19 Rn. 11;
Stelkens, DVBl 1998, 303; generell ablehnend Konzak, NVwZ 1997, 872 f.; kritisch auch
Schwabe, DVBl 1997, 352 f.
[1412] Detterbeck/Windhorst/Sproll, StaatshaftungsR, § 19 Rn. 26.

Bejaht werden kann ein besonders enges, von vielfältigen Rechten und Pflichten durchzogenes Verhältnis zwischen Staat und politischen Parteien im Rahmen der Wahlvorbereitung.[1413] Dies deshalb, weil Staat und Parteien hier regelrechte Arbeitsteilung betreiben: Die Parteien sind nach § 1 II PartG verpflichtet, sich an Wahlen durch die Aufstellung von Bewerbern zu beteiligen, der Staat entscheidet „lediglich" über deren Zulassung zu den jeweiligen Wahlen. Ein denknotweniger Teil der Wahl wird also von Dritten durchgeführt und schließlich einer staatlichen „Schlusskontrolle" unterzogen. Dabei sind die Parteien zu einem binnendemokratischen Verfahren verpflichtet, was der Staat, der die Pflicht hat, eine Wahl ordnungsgemäß durchzuführen, bei seiner Zulassungsentscheidung berücksichtigen muss. Hinzu kommt, dass die Parteien (auch) für ihr Kandidatenaufstellungsverfahren Wahlkampfkostenerstattung erhalten, diese also (auch) Teil des beschriebenen Pflichtengeflechts ist. Diese wechselseitigen Verpflichtungen sind insgesamt einem zivilrechtlichen Schuldverhältnis durchaus vergleichbar, so dass ein öffentlich-rechtliches Sonderrechtsverhältnis vorliegt. Wahlstraftaten als Pflichtverletzung sind hier aber nicht denkbar, weil diese das Kandidatenaufstellungsverfahren nicht betreffen.

Gleiches gilt für die vergleichbar organisierten Wählergruppen, wie sie in Bayern als Wahlvorschlagsträger in Art. 23 LWG, Art. 24 GLkrWG vorgesehen sind.

Teilweise, etwa auf Bundesebene,[1414] kommt als Wahlvorschlagsträger auch eine Gruppe von Wahlberechtigten in Betracht, die über keinerlei organisatorischen Zusammenhalt verfügen müssen. An diesem Verzicht auf die Voraussetzung fester Strukturen liegt es, dass der Gesetzgeber den Wahlkampfkostenerstattungsanspruch in § 49 b BWG dem Bewerber selbst und nicht der ihn aufstellenden Gruppe zuspricht. Obigen Gedanken aufgreifend dokumentiert dies auch das Fehlen eines öffentlich-rechtlichen Schuldverhältnisses; dieses erfordert das Vorhandensein konkreter Parteien, was hier nicht gewährleistet ist. Auch insoweit kommen Schadensersatzansprüche folglich nicht in Frage.

Aus der Erkenntnis, zwischen Staat und Partei im Kandidatenaufstellungsverfahren bestehe ein öffentlich-rechtliches Schuldverhältnis, könnte man davon ausgehen, dass auch die aus diesem innerparteilichen Verfahren hervorgehenden Bewerber um ein Mandat in besonderen Rechtsbeziehungen zum Staat stehen. In Anlehnung an den Rechtsgedanken der zivilrechtlichen (und auch im Öffentlichen Recht jedenfalls bei Verwaltungsverträgen Anwendung findenden[1415]) culpa in contrahendo wäre das dann denkbar, wenn jedenfalls der gewählte Mandatsträger in diesem besonderen Pflichtenverhältnis zum Staat stünde. Die

---

[1413] Vgl. ausführlich Koenig, DÖV 1994, 290 ff.
[1414] Vgl. § 18 I i.V.m. 20 III BWG.
[1415] Ossenbühl, StaatshaftungsR, 8. Teil IV 1 d, S. 356 ff.

Anbahnung eines solchen Verhältnisses könnte selbst schon Rechte und Pflichten mit sich bringen. Anders gewendet: Wenn schon die Eigenschaft als Mandatsträger nicht als öffentlich-rechtliches Schuldverhältnis zu bewerten ist, ist es erst recht nicht die im Vorfeld liegende, weniger enge Beziehung des Wahlbewerbers zum Staat.

Allerdings sind diese Überlegungen nach allgemeiner Meinung hinfällig, wenn für das in Rede stehende Rechtsverhältnis bereits spezialgesetzliche Anspruchsgrundlagen, hier konkret hinsichtlich eines Schadensersatzanspruchs, existieren.[1416] Mal abgesehen von der damit noch nicht zwingend einhergehenden Entscheidung für die Existenz eines öffentlich-rechtlichen Schuldverhältnisses fehlt es dann jedenfalls an der planwidrigen Regelungslücke, die Voraussetzung für eine analoge Anwendung des zivilrechtlichen Leistungsstörungsrechts ist.

In Bayern liegen hier auf kommunaler Ebene umfassende spezialgesetzliche Regelungen vor. Die Mandatsträger auf Gemeinde-, Kreis- und Bezirksebene sind ehrenamtlich Tätige bzw. kommunale Wahlbeamte, deren Haftung sich für die Ausübung ihres Amtes im Ergebnis nach Art. 49 KWBG richtet.[1417] Gleiches gilt für ehrenamtlich tätige Mitglieder von Wahlorganen.[1418] Spezialregelungen existieren auf Bundes- und Landesebene im Beamtenrecht.[1419] Virulent wird die zivilrechtsanaloge Haftung im hiesigen Kontext demnach bei Mandatsträgern und Mitgliedern von Wahlorganen, für die es keine entsprechenden Regelungen gibt.

Für Mandatsträger kann die Frage allerdings schon deshalb offen bleiben, weil bei der Begehung von Wahlstraftaten, wie gesehen, jedenfalls kein Tätigwerden „in Ausübung" der übertragenen Aufgaben vorliegt und insofern ein Anspruch von vorne herein ausscheidet. Gleiches gilt für die jeweiligen Wahlbewerber, da auch ihre Aufgabe nicht in einer „Wahlhilfe" o.ä. besteht.

Das Problem verdichtet sich mithin auf die Frage, ob eine Haftung der ehrenamtlich tätigen Mitglieder von Wahlorganen in analoger Anwendung der zivilrechtlichen „positiven Forderungsverletzung"[1420] denkbar ist, soweit keine speziellen Haftungsnormen existieren.

[1416] Detterbeck/Windhorst/Sproll, StaatshaftungsR, § 20 Rn. 1; Stelkens, DVBl 1998, 303.

[1417] Unmittelbar oder über entsprechende Verweisungen: vgl. Art. 20 IV 2 GO (i.V.m. Art. 31 II 1 GO), Art. 14 IV 2 LKrO (i.V.m. Art. 24 II 3 LKrO), Art. 14 IV 2 BezO (i.V.m. Art. 23 I 2 BezO).

[1418] Siehe oben, S. 278.

[1419] Z.B. § 78 BBG; Art. 85 BayBG.

[1420] Mittlerweile gesetzlich verankert über § 280 I BGB.

Neben der pFV-Lösung[1421] werden aber auch verschiedene andere Ansätze verfolgt, von der analogen Anwendung beamtenrechtlicher bzw. spezialgesetzlicher Regelungen[1422] über die Anwendung der §§ 823 ff. BGB[1423] bis hin zur vollständigen Verneinung einer Haftung.[1424]

Richtig ist es, ausschließlich die §§ 823 ff. BGB heranzuziehen, weil bereits die erste Voraussetzung für eine Analogie, eine planwidrige Regelungslücke,[1425] nicht vorliegt und der komplette Ausschluss einer Haftung nicht begründbar ist. Das Bestehen einer Regelungslücke wie hier genügt für sich genommen nicht. Aus einer Gesamtschau der relevanten Regelungsmaterie muss sich gerade ergeben, dass für das Fehlen einer Regelung kein nachvollziehbarer Grund besteht.[1426] Dieser ist hier aber im ehrenamtlichen Tätigwerden der Mitglieder der Wahlorgane zu sehen.[1427] Gerade weil es sich um ein unentgeltliches Tätigwerden handelt, ist davon auszugehen, dass der Gesetzgeber auch keine besondere Schadensersatzhaftung gewollt hat. Das mag zum Beispiel bei unterschiedlicher Gesetzeslage in verschiedenen Bundesländern zwar zu divergierenden Ergebnissen führen,[1428] ist aber als gesetzgeberische Entscheidung hinzunehmen. Daraus folgt nicht das Fehlen jeglicher Anspruchsgrundlage des Staates gegen den ehrenamtlich Tätigen: Die „Jedermann-Pflichten" sind in diesem Verhältnis nicht etwa suspendiert,[1429] da kein Grund ersichtlich ist, warum diese gegenüber dem Staat, nicht aber gegenüber einem beliebigen Dritten verletzt werden dürfen sollten.

Mithin kommt im hiesigen Kontext eine Haftung wegen Pflichtverletzung in einem öffentlich-rechtlichen Schuldverhältnis nicht in Betracht.

[1421] So etwa Hüttenbrink, DVBl 1981, 994, der auch Anspruchskonkurrenz zu den §§ 823 ff. BGB bejaht; Henneke, Jura 1992, 134.

[1422] Teilweise kritisch Wallerath, DVBl 1971, 197 ff., v.a. 201, 203; ablehnend Henneke, Jura 1992, 130 f.

[1423] Ablehnend ohne nähere Begründung Henneke, Jura 1992, 134.

[1424] So wohl Stober, § 20 V 3, S. 298.

[1425] Larenz/Canaris, Methodenlehre, S. 191 ff., 202 ff.

[1426] Larenz/Canaris, Methodenlehre, S. 191 ff., 202 ff.

[1427] Mit weiteren Argumenten für den fraglichen und i.E. abgelehnten Fall der Haftung eines Mitglieds des studentischen Sprecherrats so auch BVerwGE 101, 51 (55 f.); zustimmend Stelkens, DVBl 1998, 304; Dill, BayVBl 1984, 587 f.

[1428] Art. 20 GO unterfallen alle Mitglieder von Wahlvorständen, soweit die Gemeinde im übertragenen Wirkungskreis mit der Durchführung von Wahlen betraut ist, also etwa auch bei Bundestagswahlen, vgl. Bauer/Böhle/Masson/Samper, Art. 20 GO Rn. 3.

[1429] So auch Dill, BayVBl 1984, 586.

2) Zivilrechtliche Anspruchsgrundlagen

Fälle, in denen der Täter keinerlei öffentlich-rechtliche Funktion innehat, können über öffentlich-rechtliche Anspruchsgrundlagen ohnehin nicht gelöst werden. Denkbar ist aber eine zivilrechtliche Haftung. Wie gesehen besteht diese nach richtiger Auffassung auch bei (öffentlich-rechtlich) ehrenamtlich Tätigen.

a) § 823 I BGB

§ 823 I BGB gewährt einen Schadensersatzanspruch gegenüber demjenigen, der eines der geschützten Rechtsgüter widerrechtlich und schuldhaft verletzt hat. Die konkret benannten Rechtsgüter Leben, Gesundheit, Freiheit und Eigentum sind in den in Rede stehenden Konstellationen regelmäßig nicht beeinträchtigt. Das ist insbesondere darin begründet, dass mit Freiheit nur die körperliche Bewegungsfreiheit, nicht etwa die allgemeine Handlungsfreiheit gemeint ist.[1430]

Im Einzelfall kann dies freilich anders sein, wenn der Täter etwa wahlwillige Bürger zu Hause einsperrt und so an der Wahl hindert.[1431] Dann steht jedenfalls diesen Bürgern ein Anspruch aus § 823 I BGB dem Grunde nach zu. Führt diese Aktion zur Ungültigerklärung einer Wahl und in der Folge zu einer Wiederholungswahl mit deren finanziellen Belastungen, entsteht aber kein Schadensersatzanspruch des Staates als mittelbar Geschädigtem, da dieser nur einen Vermögensschaden hat, das Vermögen aber kein von § 823 I BGB geschütztes Rechtsgut ist.[1432]

Zu denken wäre bei entsprechenden Manipulationen allenfalls an einen Eingriff in den eingerichteten und ausgeübten Gewerbebetrieb als „sonstiges Recht", wobei der Gewerbebetrieb dann in der Durchführung der Wahl bestehen müsste. Mag es auch nicht per se ausgeschlossen erscheinen, dieses sonstige Recht zum Beispiel auf kommunale Wirtschaftstätigkeit anzuwenden, so wird die Wahl doch nicht von einem „Gewerbebetrieb" durchgeführt, sondern von bestimmten Wahlorganen. Es geht schon nicht um irgendwelches Tätigwerden, bei dem der Staat wie ein Privater wirtschaftlich tätig wird,[1433] sondern um die Organisation einer Veranstaltung von staatspolitischer Bedeutung durch spezielle, außerhalb der allgemeinen Verwaltung stehende Organe. Mithin passen die Kategorien des eingerichteten und ausgeübten Gewerbebetriebs von vorne herein nicht auf die hier in Rede stehende Tätigkeit.

[1430] Vgl. nur Palandt-Thomas, § 823 Rn. 6; Larenz/Canaris, SchuldR II/2, § 76 II 2, S. 385 f.

[1431] Ähnliche Situationen sind denkbar als Gesundheitsverletzung, wenn unmittelbar Gewalt angewendet wird.

[1432] Vgl. nur Larenz/Canaris, SchuldR II/2, § 75 I 3 c, S. 357 f.

[1433] Der BGH fasste mit dieser Argumentation die Bundesbahn, die nicht rechtsfähiges Sondervermögen des Bundes war, unter den Gewerbebetrieb, vgl. BGHZ 90, 113 (123).

Womöglich erfasst dieses „sonstige Recht" aber auch das „Recht am eingerichteten und ausgeübten Amtsbetrieb",[1434] unter den man die Durchführung von Wahlen und Abstimmungen prima vista durchaus subsumieren könnte. Häufig dürfte es zwar, wie etwa bei Wählerbestechung oder Wählertäuschung, am unmittelbar betriebsbezogenen Eingriff fehlen, jedenfalls bei nach § 107 StGB strafbaren Verhaltensweisen erschiene eine Rechtsverletzung unter Heranziehung der bekannten Konstellationen beim Gewerbebetrieb jedoch nicht von vorne herein ausgeschlossen. In der Tat wird der Begriff des Gewerbebetriebs hier nicht streng handelsrechtlich verstanden, sondern es werden teilweise auch freie Berufe darunter gefasst.[1435] Gleichwohl fällt die Amtstätigkeit des Staates nicht darunter, da diese schon ihrer Natur nach nicht den dem „eingerichteten und ausgeübten Gewerbebetrieb" zugrunde liegenden Strukturen entspricht. Bei diesem geht es um den Schutz der Grundlagen und des Freiheitsspielraums der unternehmerischen Tätigkeit, der Schutzbereich erfasst die gesamte unternehmerische Tätigkeit, Bestand, wirtschaftliche Betätigung und Entfaltung des Betriebs.[1436] Im Zentrum steht mithin der Unternehmensschutz, das Agieren im Wirtschaftsverkehr.[1437] Mit diesen Kategorien hat aber die Amtstätigkeit des Staates nichts zu tun. Die Verwaltung ist kein Wirtschaftsbetrieb, sondern eine der drei Staatsgewalten. Die Verwaltung steht nicht im Wettbewerb. Auch aus der Erweiterung auf freie Berufe folgt nichts anderes, denn diese sind der Sache nach, was ihre wirtschaftlichen Grundlagen angeht, mit den „echten" Gewerbebetrieben vergleichbar. Und dies gilt auch für den Staat: Wenn er wie ein Privater wirtschaftlich tätig wird, verdient er grundsätzlich auch den entsprechenden Schutz.[1438] Sonst nicht. Dies gilt umso mehr, als die Konturen des Rechts am eingerichteten und ausgeübten Gewerbebetrieb ohnehin nicht allzu klar sind und dieses „sonstige Recht" teilweise prinzipiell in Frage gestellt wird.[1439]
Der Amtsbetrieb fällt demnach nicht unter das Recht am eingerichteten und ausgeübten Gewerbebetrieb.

Zu bedenken bleibt aber, dass gerade unter § 107 StGB fallende Verhaltensweisen auch eine Verletzung des Eigentums des Staates (Staat als Fiskus) darstellen können (Randale im Wahllokal mit Vernichtung von Stimmzetteln), durch die es

---

[1434] In diese Richtung, im Ergebnis aber offen lassend Stelkens, DVBl 1998, 302.
[1435] Vgl. nur Palandt-Thomas, § 823 Rn. 127; aA Larenz/Canaris, SchuldR II/2, § 81 I 1 c, S. 540.
[1436] MünchKomm BGB-Mertens, vor §§ 823 ff. Rn. 481 ff.
[1437] Insofern greift die Schlussfolgerung von Stelkens, DVBl 1998, 302, zu weit, wenn er alle tätigen Organismen unter das Recht am eingerichteten und ausgeübten Gewerbebetrieb fassen will.
[1438] BGHZ 90, 113 (123); zustimmend im Hinblick auf § 824 BGB Schwerdtner, JZ 1984, 1103; Staudinger-Hager, § 823 Rn. D 8.
[1439] Vgl. insbesondere Larenz/Canaris, SchuldR II/2, § 81, S. 537 ff.

dann zur Ungültigerklärung der Wahl und zur Wiederholungswahl kommen kann. Diese sekundären Vermögensschäden sind ersatzfähig, zumal keine Gründe ersichtlich sind, die am erforderlichen Schutzzweckzusammenhang zweifeln lassen.

Aus der Perspektive des Wählers könnte man schließlich danach fragen, ob es sich beim (subjektiven) Wahlrecht, dessen zentrale Ausformung im Recht auf Stimmabgabe besteht, um ein „sonstiges" Recht handelt, das durch etwaige Einwirkungen verletzt sein könnte. Als „sonstiges Recht" ist nur ein solches anerkannt, das den ausdrücklich genannten in deren wesentlichen Eigenschaften, namentlich des Zuweisungsgehalts und der Ausschlussfunktion gleich steht.[1440] Daran fehlt es dem Wahlrecht: Mit dem Wahlrecht kann man gerade nicht „nach Belieben verfahren", wie es § 903 BGB für das Eigentum festlegt. Das Wahlrecht ist „weder veräußerlich noch verzichtbar, weder abtretbar noch zur Ausübung übertragbar"[1441], es ist grundsätzlich der Disposition des Wahlrechtsinhabers entzogen.[1442] Demnach ist das (subjektive) Wahlrecht nicht von § 823 I BGB geschützt.[1443]

b) § 823 II BGB

Bei der Frage nach der Verletzung eines Schutzgesetzes gelangen zwei Gesichtspunkte in den Fokus der Betrachtung: Einmal muss das Schutzgesetz wenigstens auch dem Einzelnen und folglich nicht ausschließlich der Allgemeinheit zu dienen bestimmt sein.[1444] Und zudem erstreckt sich der Deliktsschutz nur auf diejenigen Personen, deren Schutz durch die Norm gewährleistet werden soll (Schutzzweck der Norm).[1445]

Die Frage des (Auch)Individualschutzes ist dahingehend zu konkretisieren, dass es nicht genügt, wenn sich das Schutzgesetz zwar (faktisch) auf Einzelne positiv auswirkt, diese individuellen Auswirkungen aber nicht beabsichtigt waren,[1446] sich also nur als Reflex darstellen.[1447] Nach der hier vertretenen Meinung ist dieser Individualschutzcharakter demnach für die §§ 107, 107 a und 107 b, 108 b II StGB zu verneinen,[1448] bei den §§ 107 c, 108, 108 a, 108 b I StGB hingegen zu bejahen.[1449] Hier steht zwar das Allgemeinrechtsgut im Vordergrund, die Indivi-

---

[1440] Vgl. nur Palandt-Thomas, § 823 Rn. 11; Larenz/Canaris, SchuldR II/2, § 76 I 1 c, S. 375.
[1441] M/D/H/S-Maunz, Art. 38 Rn. 32.
[1442] Schreiber, Einführung Rn. 19.
[1443] Offen gelassen von Rutschke, S. 134.
[1444] Staudinger-Hager, § 823 Rn. G 19; Soergel-Zeuner, § 823 Rn. 289.
[1445] Staudinger-Hager, § 823 Rn. G 24; Soergel-Zeuner, § 823 Rn. 290.
[1446] St. Rspr.; vgl. nur BGHZ 116, 7 (13); Soergel-Zeuner, § 823 Rn. 289.
[1447] Staudinger-Hager, § 823 Rn. G 23.
[1448] Siehe oben, S. 29, 38 ff., 73 ff., 133 ff.
[1449] Siehe oben, S. 87 f., 95, 123 f., 133 f.

dualrechtsgüter sind aber nicht etwa nur reflexartig, sondern auf der Grundlage des subjektiven Charakters des freien und geheimen Wahlrechts nachrangig mitgeschützt. Es ist zwar richtig, dass man im Kontext der Staatsschutzvorschriften den Individualschutzcharakter nicht schon damit begründen kann, dass jeder einzelne Bürger ein Interesse am Funktionieren „des Staates" habe,[1450] weil sonst jede Abgrenzungsschärfe verloren ginge, eine generelle Verneinung dieser Eigenart ist aber wie gesehen ebenso unrichtig.[1451] Zu bedenken bleibt, dass selbst bei den (auch)individualschützenden Normen Geschützter stets der einzelne Bürger ist. Ansprüche des Staates im Hinblick auf die Kosten einer Wiederholungswahl lassen sich aus der Begehung von Wahlstraftaten demnach nie herleiten.[1452]

Sollten im Einzelfall auch Urkundsdelikte erfüllt sein, ergibt sich nichts anderes, weil diese ausschließlich die Sicherheit und Zuverlässigkeit des Rechtsverkehrs mit Urkunden schützen.[1453] Nicht ganz so eindeutig stellt sich die Lage dar, wenn § 156 StGB verwirklicht ist. Einerseits verwundert die pauschale Einordnung als Schutzgesetz schon aufgrund der systematischen Stellung innerhalb von Delikten, die allein dem Schutz der Rechtspflege und damit ausschließlich einem Allgemeinrechtsgut dienen.[1454] Andererseits mag die falsche Versicherung an Eides Statt, die ja in verschiedenen Verfahren vorgesehen ist, im Einzelfall durchaus den Individualschutz (mit)bezwecken.[1455] Für die vorliegenden Konstellationen ist dies allerdings nicht der Fall, da die Versicherungen an Eides Statt im Rahmen von Wahlen und Abstimmungen Instrument dafür sind, einen ordnungsgemäßen Ablauf der Wahl zu garantieren. Dieser Zweck liegt im Interesse der Allgemeinheit, so dass sich auch aus § 823 II BGB in Verbindung mit den Urkundsdelikten kein Anspruch herleiten lässt.

[1450] Mit ähnlicher Begründung wird die Schutzgesetzeigenschaft der Steuerhinterziehung von BFH NJW 1997, 1725 (1727) abgelehnt.

[1451] Zu pauschal deshalb Staudinger-Hager, § 823 Rn. G 23 unter Verweis auf Staudinger[12]-Schäfer, § 823 Rn. 581; ebenso BFH NJW 1997, 1725 (1727) („ebensowenig die sog. Staatsschutzdelikte des StGB"); differenzierter hingegen das Reichsgericht in RGZ 100, 142 (146): „Nur Gesetze, die ausschließlich die Ordnung des Staatsganzen, seine Verfassung und Verwaltung zum Gegenstande haben, fallen außerhalb des Rahmens des Schutzgesetzes des § 823 Abs. 2 BGB".

[1452] Aus dem gleichen Grund auch nicht, wenn man in § 107 a StGB ein Individualrechtsgut als mitgeschützt ansehen will.

[1453] BGHZ 100, 13 (15 ff.).

[1454] Anders aber BGH, DB 1959, 111.

[1455] Generell ablehnend Sch/Sch-Leckner, vor §§ 153 ff. Rn. 2.

Bemerkt sei, dass die Parallelnorm zu den Wahlstraftaten im Betriebsverfassungsgesetz, § 119 I, ganz überwiegend als Schutzgesetz angesehen wird.[1456] Mit dieser Norm seien (auch) die Vermögensinteressen des Unternehmers geschützt, weil die aufgeführten Einrichtungen der Ordnung des Betriebes dienten und der Arbeitgeber gerade dessen Vermögensträger sei.[1457] Primär geht es im durch § 119 I Nr. 1 BetrVG strafbewehrten Verstoß gegen § 20 II BetrVG freilich um den Schutz der freien Willensbildung der Wahlbeteiligten.[1458] Es sind unter Berücksichtigung beider Aspekte sowohl Ansprüche von Arbeitnehmern als auch von Arbeitgebern denkbar.

§ 823 II BGB kann mithin allenfalls zum Anspruch einzelner Wähler gegen den Täter führen, niemals aber zu einem derartigen Anspruch des Staates.

c) § 826 BGB

Schließlich kommt das Vorliegen einer vorsätzlichen sittenwidrigen Schädigung in Betracht.

Dazu müsste sich zunächst die Verwirklichung der Wahldelikte als Verstoß gegen die guten Sitten darstellen. Dabei wird die nähere Beschreibung dessen, was sittenwidrig ist, im Einzelnen unterschiedlich gehandhabt.[1459] Im Grundsatz wird aber bei § 826 BGB die von § 138 StGB her bekannte Formel vom „Anstandsgefühl aller billig und gerecht Denkenden" herangezogen.[1460] Ausgangspunkt ist danach die herrschende Sozialmoral, verstanden als vorherrschende Überzeugung bezüglich eines Mindeststandards.[1461] Diese ist insbesondere (auch) durch tragende Prinzipien der Rechtsordnung geprägt.[1462]

Auf dieser Basis ist ein Verstoß gegen die guten Sitten in den hiesigen Fällen unschwer festzustellen.

Die Erfüllung des Tatbestands der Wahlstraftaten führt stets zu einer Beeinträchtigung des ordnungsgemäßen Ablaufs der jeweiligen Wahl oder Abstimmung. In einem Staat, in dem alle Staatsgewalt vom Volke ausgeht und es diese in Wahlen und Abstimmungen ausübt, also in einer Demokratie, sind Wahlen und Abstimmungen die Grundpfeiler der Staatsform schlechthin. Sie sind Definitions-

---

[1456] Bejahend Palandt-Thomas, § 823 Rn. 62; Staudinger-Hager, Art. 823 Rn. G 44; Herschel, DB 1975, 690 f.; anders, auch für § 20 BetrVG (entgegen der ganz hM, vgl. nur F/E/R/S/T/L, § 20 Rn. 34), Sax, S. 98 ff.
[1457] Herschel, DB 1975, 691.
[1458] Vgl. nur GK BetrVG-Kreutz, § 20 Rn. 24.
[1459] Ausführlich Staudinger-Oechsler, § 826 Rn. 24 ff.
[1460] Vgl. nur Jauernig-Teichmann, § 826 Rn. 3.
[1461] Soergel-Hönn/Dönneweg, § 826 Rn. 24.
[1462] Vgl. nur Jauernig-Teichmann, § 826 Rn. 3: normative Wertung.

merkmal. Dabei setzt eine „echte" Demokratie natürlich einen Ablauf voraus, der zu einem vom wahren Willen der Wähler getragenen Ergebnis gelangt. Die verfassungsrechtliche Verankerung dieser Grundsätze in Art. 20 (i.V.m. Art. 28 I 2 GG) dokumentiert diese zentrale Bedeutung, die auch von der Bevölkerung mitgetragen wird. Wer demnach auf diesen Zentralpfeiler unserer Staatsordnung negativ einwirkt, verstößt gegen die guten Sitten.

Problematischer gestaltet sich jedoch die Frage nach dem subjektiven Tatbestand. Dabei wird vorausgesetzt, dass der Täter sowohl die tatsächlichen, das Urteil der Sittenwidrigkeit ergebenden Umstände kennt, als auch vorsätzlich im Hinblick auf den verursachten Schaden handelt.[1463] Aufgrund der beschriebenen herausgehobenen Bedeutung von Wahlen und Abstimmungen in einer Demokratie ist regelmäßig nur der Schädigungsvorsatz fraglich. Dieser erfordert mindestens dolus eventualis.[1464] Der Täter muss also zumindest den schädigenden Erfolg für möglich gehalten und billigend in Kauf genommen haben. Dabei wird kein Vorsatz bezüglich des genauen Kausalverlaufs und des Schadensumfangs vorausgesetzt, wohl aber bezüglich der gesamten Schadensfolgen und der Richtung, in der sich das schädigende Verhalten auswirken konnte.[1465] Im Hinblick auf die einzelnen Schadenspositionen darf demnach nicht voreilig von einem pauschalen Schädigungsvorsatz ausgegangen werden. Dabei kam dem Vorsatz lange Zeit auch die Funktion der Einschränkung der Haftung im Hinblick auf mittelbare Schäden zu, die nur dann zu ersetzen waren, wenn der Schädigungsvorsatz sich auf sie erstreckte.[1466] Heute wird überwiegend auf den Sittenwidrigkeitszusammenhang abgestellt, wonach Schäden immer dann ersatzfähig sind, wenn gerade gegenüber der geschädigten Person Sittenwidrigkeit und Schädigungsvorsatz zu bejahen sind.[1467]

Meist werden Wahldelikte begangen, um einem bestimmten oder mehreren Kandidaten zum Wahlerfolg zu verhelfen. Dieser Erfolg kann freilich bei der Wahl nur dann eintreten, wenn sie Bestand hat und nicht für ungültig erklärt wird. Die Ungültigerklärung (und die damit verbundene Wiederholungswahl) ist demnach genau das, was der Täter nicht will. Die von ihm allenfalls noch gewollte Folge ist das Feststellen eines Wahlfehlers, dessen Mandatsrelevanz aber zugleich verneint wird.[1468] Damit scheint man den Vorsatz ablehnen zu können.

[1463] Vgl. nur Staudinger-Oechsler, § 826 Rn. 61.
[1464] Ganz hM, vgl. nur BGHZ 148, 175 (182); Soergel-Hönn/Dönneweg, § 826 Rn. 63.
[1465] Soergel-Hönn/Dönneweg, § 826 Rn. 64 f.; Staudinger-Oechsler, § 826 Rn. 75 ff.
[1466] Staudinger-Oechsler, § 826 Rn. 109.
[1467] Soergel-Hönn/Dönneweg, § 826 Rn. 70 ff.; Wolf, NJW 1967, 710 f.
[1468] Rutschke, S. 136.

Dies spielt aber womöglich gar keine Rolle, wenn nämlich der relevante Schaden bereits im Vorfeld von Ungültigerklärung und Wiederholungswahl liegt und also im der (beeinflussten) Wahl anhaftenden „Makel der Angreifbarkeit" besteht.[1469] Diesbezüglich wäre der Vorsatz zu bejahen: Die Täter von Wahldelikten wissen – das ist ja ihr Motiv –, dass sie den ordnungsgemäßen Wahlablauf beeinträchtigen und regelmäßig dadurch das Ergebnis der Wahl verändern. Ihnen ist grundsätzlich auch bekannt, dass derart manipulierte Wahlen in unserer Demokratie keinen Bestand haben, sondern Möglichkeiten bzw. Vorgaben bestehen, diese zu „kippen". Zudem müssten sie diese Angreifbarkeit nur für möglich halten und billigend in Kauf nehmen, weil dolus eventualis genügt.

Konkret: Nach diesem Verständnis liegt der Schaden im nicht ordnungsgemäß zustande gekommenen Wahlergebnis, in der fehlerbehafteten und deshalb angreifbaren Wahl. In der Ungültigerklärung der Wahl und der damit verbundenen Wiederholungswahl aktualisiert sich dieser Schaden lediglich. Man wird nicht einmal sagen können, der Schaden realisiere sich, denn der Schaden ist in der angreifbaren Wahl nicht nur angelegt, sondern bereits eingetreten,[1470] ohne freilich schon bezifferbar und in seinem Ausmaß absehbar zu sein. Sollten die Wahlmanipulationen nicht entdeckt werden, läge gleichwohl ein Schaden vor. Dieser wäre auch dann gegeben, wenn das Ergebnis berichtigt werden kann und eine Wahlwiederholung somit nicht erforderlich ist.[1471]

Dieses Ergebnis überrascht: Freilich existieren Situationen, in denen ein Schaden vorliegt, ohne dass jemand davon weiß. Hier wie dort stellt sich dann die Frage eines Schadensersatzanspruchs nicht, weil niemand diesen geltend machen wird bzw. kann.

Gleichwohl wird diese Argumentation den strukturellen Besonderheiten des § 826 BGB nicht gerecht. Dieser Tatbestand ist einerseits weiter als § 823 BGB, weil er nicht die Verletzung eines bestimmten Rechtsguts bzw. Schutzgesetzes verlangt und damit insbesondere primäre Vermögensschäden erfasst, zum anderen enger als § 823 BGB, weil nur vorsätzliches Verhalten tatbestandsmäßig

---

[1469] So der Weg des LG München II, GNR 3 O 1581/04, nicht veröffentlicht (wesentlicher Inhalt wiedergegeben bei Kagerer, KommPraxis BY 2005, 288 ff.). Man müsste diese Auffassung wohl noch dahingehend ergänzen, dass vom „Makel der Angreifbarkeit" nur ausgegangen werden kann, wenn die Fehler Mandatsrelevanz haben, da ansonsten ein „Umschlagen" in eine Vermögensschädigung ausgeschlossen ist, weil keine Ungültigkeitserklärung erfolgen kann.

[1470] Wobei das LG München II hier nicht ganz konsequent vorgeht, wenn es abschließend konstatiert, es sei ausreichend, dass den Tätern bewusst gewesen sei, dass die Fälschungen eine kostspielige Wahlwiederholung nach sich ziehen konnte; insofern wird doch wieder auf die Kosten der Wahlwiederholung als Schaden abgestellt und nicht auf die bloße Angreifbarkeit der Wahl an sich.

[1471] Als Aktualisierung des Schadens würden dann womöglich die Verwaltungskosten für die Berichtigung u.ä. angesehen werden können.

ist.[1472] Erforderlich ist dabei anders als bei § 823 I BGB nicht Vorsatz bezüglich der Verletzung bestimmter Rechtsgüter, sondern Vorsatz bezüglich der gesamten Schadensfolgen.[1473] Die Auffassung, auch bei § 826 BGB seien die Interessenverletzung und die Schadensfolgen zu unterscheiden, wobei Vorsatz nur hinsichtlich der ersten vorliegen müsse,[1474] widerspricht dem eindeutigen Wortlaut[1475] und wird der Einschränkungsfunktion des Schädigungsvorsatzes[1476] nicht gerecht. Zuzugeben ist freilich, dass die Anforderungen an den Schädigungsvorsatz nicht allzu strikt sind, wenn man die beschriebenen Konkretisierungen berücksichtigt, so dass es im Einzelfall nicht zu unterschiedlichen Ergebnissen kommen mag. Nichtsdestotrotz setzt § 826 BGB nach dem Gesagten voraus, dass der Schädiger das Entstehen der einzelnen Schadenspositionen in seinen Willen aufgenommen hat. Jeder Versuch, den Schaden und damit auch den Schädigungsvorsatz „nach vorne" zu verlagern auf einen Zeitpunkt, in dem noch kein realer Schadenserfolg vorliegt, muss sich den Vorwurf gefallen lassen, § 826 BGB über das vom Wortlaut gewollte Maß hinaus auszudehnen, weil ein Schaden künstlich konstruiert wird,[1477] um zur Bejahung des entsprechenden Vorsatzes gelangen zu können. Geht es wie hier im Ergebnis um einen materiellen Schaden (Kosten für die Wiederholungswahl), genügt es gerade nicht, wenn sich der Vorsatz auf das Herbeiführen einer (materiell) riskanten Lage bezieht, die womöglich, nicht aber zwangsläufig in einen Schaden umschlägt, vielmehr muss der Schädiger den endgültig sich realisierenden Schaden wenigstens für möglich halten und billigend in Kauf nehmen. Strafrechtlich formuliert muss der mit der schädigenden Handlung kausal verknüpfte Erfolg vom Vorsatz erfasst sein, nicht hingegen dessen Umfang und der konkrete Kausalverlauf.[1478] Dabei geht es nicht um den Erfolg in seiner konkreten Gestalt, wohl aber um dessen Art und Richtung.[1479] Würde man das bemakelte Wahlergebnis selbst als Schaden genügen lassen, der sich in den Kosten der Wiederholungswahl lediglich aktualisiert, müsste man vergleichbare Kosten, die ebenso unmittelbare Folge der Wiederholungswahl sind, wie etwa die erneute Durchführung eines Wahlkampfs oder Beförderungskosten des Wählers zur Wahl, ebenfalls als bereits im bemakelten Wahlergebnis angelegt ansehen.[1480] Diese wären ohne weiteres er-

---

[1472] Vgl. nur Larenz/Canaris, SchuldR II/2, § 78, I 1, S. 447 f.

[1473] BGH, NJW 1951, 596 (597) mit insoweit zustimmender Anmerkung Coing, NJW 1951, 597; BGH, NJW-RR 2000, 393 (394); Staudinger-Oechsler, § 826 Rn. 77; Soergel-Hönn/Dönneweg, § 826 Rn. 64; ganz hM.

[1474] So MünchKomm BGB-Werner, § 826 Rn. 19 ff.

[1475] Larenz/Canaris, SchuldR II/2, § 78, III 1 b, S. 454.

[1476] Staudinger-Oechsler, § 826 Rn. 77.

[1477] Soll hier bereits ein Vermögensschaden vorliegen?

[1478] Staudinger-Oechsler, § 826 Rn. 78 m.w.N.

[1479] Soergel-Hönn/Dönneweg, § 826 Rn. 64 m.w.N.

[1480] Das gilt trotz des jeweils eigenen Entschlusses der Parteien und Wähler, weil ein „Herausforderungsfall" vorliegt.

satzfähig. Das widerspräche allem, was bisher zum Schaden und zum Schädigungsvorsatz bei § 826 BGB anerkannt ist. Denn in vergleichbaren Fällen, in denen der Täter ebenfalls zunächst eine (materiell) riskante Situation herbeiführt, muss gerade im Bezug auf Schäden bei Dritten der Schädigungsvorsatz besonders sorgfältig geprüft werden. So genügt nicht bereits die vorsätzliche Erstellung eines fehlerhaften und deshalb für das Folgegeschehen (materiell) riskanten Gutachtens, wenn ein Dritter auf die Richtigkeit desselben vertraut und daher einen Vermögensschaden erleidet, sondern es ist Voraussetzung, dass der Gutachter „mit einer Kenntniserlangung seines unrichtigen Gutachtens durch Dritte gerechnet, eine dadurch verursachte Schädigung des Dritten für möglich gehalten und billigend in Kauf genommen"[1481] hat. Ganz auf dieser Linie liegt es, wenn den Fälschern von für ein Adoptionsverfahren benötigten Geburtsurkunden zwar Vorsatz im Hinblick auf die „Bemakelung" dieses Verfahrens unterstellt wird, was aber nicht zur Folge hat, dass auch im Hinblick auf sämtliche Schadensfolgen von billigender Inkaufnahme ausgegangen werden kann.[1482] Führt mithin beim zu beurteilenden Geschehensablauf eine Handlung des Schädigers zunächst zu einem nur (materiell) riskanten Zustand, der nicht zwangsläufig in einen realen Vermögensschaden mündet, liegt darin noch kein Schaden. Relevant ist aus den genannten Gründen allein der tatsächlich eingetretene Schaden, auf den sich der Vorsatz des Schädigers beziehen muss.

Folglich muss die Frage nach dem Vorsatz hinsichtlich der Kosten der Wiederholungswahl doch beantwortet werden. Dabei wird regelmäßig nur die Willenskomponente des Vorsatzes von Bedeutung sein, weil in einem demokratischen Staat allgemein bekannt ist, dass Mechanismen existieren, eine Wahl bei Manipulationen „kippen" zu können, so dass dies grundsätzlich von den Tätern auch für möglich gehalten wird. Allerdings wollen diese die Ungültigerklärung und ihre Konsequenzen nicht, weil dadurch ihr eigentliches Ziel, sich oder anderen zu einer höheren Stimmenzahl und damit zu einem Mandat zu verhelfen, gerade zunichte gemacht werden würde. Insofern ist fraglich, ob sie diese Folgen billigend in Kauf nehmen oder aber darauf vertrauen, der Schaden werde nicht eintreten.

Derartige Konstellationen, in denen der volle Nutzen bzw. der Handlungszweck nur dann erreicht wird, wenn der Schaden bzw. Erfolg ausbleibt, sind im Strafrecht bekannt und werden anhand des „Lacmannschen Schießbudenfalls"[1483] und des Bettlerfalls[1484] diskutiert. Bei ersterem wird jemandem Geld geboten, wenn er einem in einer Schießbude tätigen Mädchen eine Glaskugel aus der Hand

---

[1481] BGH, NJW 1991, 3282 (3284).
[1482] OLG Düsseldorf, NJW-RR 1994, 1349 (1350).
[1483] Lacmann, ZStW 31 (1911), 159.
[1484] Philipps, ZStW 23 (1973), 31.

schießt, ohne es zu verletzen. Beim Misslingen seines Schusses glaubt er, ungefährdet im Jahrmarktgetümmel verschwinden zu können. Er trifft die Hand des Mädchens. Bei letzterem wollen Bettler ein Kind verstümmeln, um mit diesem Mitleid erregen und Geld erbetteln zu können. Allerdings verstirbt das Kind an den Folgen des Eingriffs. Das Geld kann der Junge nur erhalten, wenn das Mädchen unverletzt bleibt. Das Mittel zur Bettelei besteht nur dann, wenn das Kind am Leben bleibt. Die Wahlmanipulationen zeitigen nur dann Erfolg, wenn die Wahl nicht für ungültig erklärt wird.

Nach der ersten Frankschen Formel, wonach Vorsatz dann nicht vorliegt, wenn der Täter bei sicherer Kenntnis des Erfolgs nicht gehandelt hätte,[1485] wäre hier von (bewusster) Fahrlässigkeit auszugehen. Das wird in dieser Zwangsläufigkeit heute aber einhellig abgelehnt, da es für die Verneinung des Vorsatzes nicht genügt, wenn der Erfolg von der Zielsetzung des Täters her als Fehlschlag erscheint.[1486] Ganz im Gegenteil ist von dolus eventualis auszugehen, weil der Täter sich mit seinem Entschluss zur Tat gegen die Vermeidung des (erkannten) Risikos entschieden hat.[1487] Die Erfolgsaussichten waren ihm mehr wert als das (einkalkulierte) Fehlschlagsrisiko.[1488] Derjenige, der eher zur Hinnahme des Risikos als zum Verzicht auf sein Handeln bereit ist, findet sich mit dem schädigenden Erfolg ab, er nimmt ihn in der Terminologie der Rechtsprechung billigend in Kauf.[1489]

Obige Argumentation, mit der man den Vorsatz scheinbar eindeutig ablehnen kann, geht hier also fehl. Ob der Täter neben den Kosten für die Wahlwiederholung auch die für den erneuten Wahlkampf der Parteien und eventuelle Kosten der Wähler billigend in Kauf genommen hat, ist Frage des Einzelfalls, wird aber in aller Regel zu bejahen sein.

Mithin kommt ein Schadensersatzanspruch nach § 826 BGB in Betracht.[1490]

[1485] Frank, § 59 Anm. V.

[1486] Lacmann, GA 58, 109 ff.

[1487] Bockelmann/Volk, S. 83.

[1488] Roxin, AT I, § 12 Rn. 49.

[1489] Vgl. nur Sch/Sch-Cramer/Sternberg-Lieben, § 15 Rn. 83; ähnlich, aber nicht sauber nach Willens- und Wissenskomponente unterscheidend das OLG München. Az. 18 U 5328/04, nicht veröffentlicht (wesentlicher Inhalt wiedergegeben bei Kagerer, KommPraxis BY 2005, 292 ff.): weil man sich der Nichtaufdeckung der Straftat nicht sicher sein könne, nehme man ein Aufdeckungs(rest)risiko billigend in Kauf; damit erkenne (!) man auch die mögliche Wiederholung der Wahl und den damit verbundenen Schaden. Es fehlt die obige Begründung, dass auch gerade die Schadensfolge billigend in Kauf genommen wurde.

[1490] Der Vollständigkeit halber sei darauf hingewiesen, dass ein möglicher Verweis darauf, die eigenen Manipulationen hätten für eine Ungültigerklärung nicht ausgereicht, nach den Grundsätzen der kumulativen Gesamtkausalität ins Leere geht.

E) Fazit

Aller Ausleuchtung der §§ 107 ff. StGB zum Trotz bleibt zum Schluss die Hoffnung, dass die Wahlstraftaten zumindest in der Praxis auch weiterhin ein Schattendasein führen mögen.

Es hat sich gezeigt, dass die Wahlstraftaten schon de lege lata einen guten Schutz gewährleisten und die besonders massiven Beeinträchtigungen von Wahlen und Wählern erfassen. Gleichwohl sind Verbesserungen möglich und angebracht, denn es ist für den Wähler nicht nachvollziehbar, warum für seine Wahl andere strafrechtliche Regeln gelten als für die Wahlen der Gewählten. Des Weiteren sind auch die Willensbildungsprozesse bei Einrichtungen der Selbstverwaltung schutzbedürftig. Die Wahlrechtsakzessorietät des Wahlstrafrechts macht zudem Veränderungen nötig, wenn Onlinewahlen oder ein Familienwahlrecht eingeführt werden. Da nationale Grenzen selbst im Strafrecht zunehmend verschwinden, werden sich Abgeordnete nach Umsetzung der europäischen und internationalen Übereinkommen noch stärker verantworten müssen. Auch das ist Ausdruck einer starken Demokratie, zu der es genauso gehört, dass elementare Wahlprinzipen wie das Wahlgeheimnis nicht pauschal dem Interesse an effektiver Strafverfolgung unterworfen werden. Und nicht zuletzt wurde gezeigt, dass sich strafbare Wahlmanipulationen, die Wahlfehler darstellen, auch finanziell nicht lohnen.

Genauso deutlich wie die ausbleibende Verwirklichung der Wahlstraftaten Zeichen einer starken, weil in der Bevölkerung verwurzelten Demokratie ist, ebenso entscheidend ist deren Existenz für eine starke Demokratie. Wahlen und Abstimmungen werden als so wichtig betrachtet, dass sie durch das Strafrecht geschützt werden. Erst dann meint man es wirklich ernst mit dieser Staatsform.

„So, wie die Freiheit eine Voraussetzung für die Demokratie ist, so schafft mehr Demokratie erst den Raum, in dem Freiheit praktiziert werden kann."
Willy Brandt

Literaturverzeichnis

Aden, Hartmut, Online-Demokratie: Verfassungsrechtliche Möglichkeiten und Grenzen, KJ 2002, 398 ff.

Alsberg, Max, Zur Rechtsprechung des Reichsgerichts in Strafsachen, GA Bd. 61, 205 ff.

Alsberg, Max / *Nüse,* Karl-Heinz, Der Beweisantrag im Strafprozeß, 5. Auflage, Köln 1983

Alternativ-Kommentar zum Grundgesetz, Denninger, Erhard / *Hoffmann-Riem,* Wolfgang / *Schneider,* Hans-Peter / *Stein,* Ekkehart (Hrsg.), 3. Auflage, Stand: August 2002, Neuwied 2001, zit. AK GG-Bearbeiter

Alternativ-Kommentar zum Strafgesetzbuch, Wassermann, Rudolf (Hrsg.), Band 3, Neuwied 1986, zit. AK-Bearbeiter

Amelung, Knut, Die Zulässigkeit der Einwilligung bei den Amtsdelikten, in: FS Dünnebier, Berlin 1982, S. 487 ff.

Amelung, Knut, Die strafrechtliche Bewältigung des DDR-Unrechts durch die deutsche Justiz, Dresden 1996

Arnold, Jörg / *Kühl,* Martin, Zur strafrechtlichen Beurteilung von Wahlfälschungen in der DDR, NJ 1992, 476 ff.

Arzt, Gunther, Anmerkung zum Urteil des BGH vom 23.11.1983, JZ 1984, 428 ff.

Arzt, Gunther / *Weber,* Ulrich, Strafrecht Besonderer Teil, Bielefeld 2000, zit. BT

Badura, Peter, Staatsrecht, 3. Auflage, München 2003, zit. StaatsR

Ball, Kurt, Das materielle Wahlprüfungsrecht, seine Entwicklung und seine Rechtsgrundsätze, Berlin 1931

Bamberger, Heinz Georg / *Roth,* Herbert, Kommentar zum Bürgerlichen Gesetzbuch, §§ 1-610, München 2003

Barton, Stephan, Der Tatbestand der Abgeordnetenbestechung (§ 108 e StGB), NJW 1994, 1098 ff.

Bauchrowitz, Wolfgang, Der „immaterielle" Vorteilsbegriff der Bestechungsdelikte im StGB, Frankfurt a.M. 1988

Bauer, Martin / *Böhle,* Thomas / *Masson,* Christoph / *Samper,* Rudolf, Gemeindeordnung, Landkreisordnung, Bezirksordnung, 4. Auflage, 84. Ergänzungslieferung Juli 2005, Stuttgart

Baumann, Jürgen / *Weber,* Ulrich / *Mitsch,* Wolfgang, Strafrecht Allgemeiner Teil, 11. Auflage, Bielefeld 2003, zit. AT

Bechtold, Rainer, Kartellgesetz, 3. Auflage, München 2002

v. Behm, Arnold, Die Wahlfälschung nach deutschem und ausländischem Recht, Erlangen-Bruck 1933

Becker, Michaela, Korruptionsbekämpfung im parlamentarischen Bereich, Bonn 1998

Becker, Ulrich / *Heckmann,* Dirk / *Kempen,* Bernhard / *Manssen,* Gerrit, Öffentliches Recht in Bayern, 3. Auflage, München 2005

Beling, Ernst, Deutsches Reichsstrafprozessrecht, 1928, zit. ReichsstrafprozessR

Beling, Ernst, Die Beweisverbote als Grenzen der Wahrheitserforschung im Strafprozess, Darmstadt 1968, zit. Beweisverbote

Belke, Rolf, Die vertikalen Wettbewerbsbeschränkungsverbote nach der Kartellgesetznovelle 1973, Teil 2, ZHR Bd. 138 (1974), 291 ff.

Beuthien, Volker, Genossenschaftsgesetz, 14. Auflage, München 2004

Binding, Karl, Lehrbuch des gemeinen deutschen Strafrechts, Besonderer Teil, Band 2 Abteilung 2, Leipzig 1905, Neudruck Aalen 1969, zit. BT 2/2

Blank, Theodor, Die strafrechtliche Bedeutung des Art. 20 IV GG (Widerstandsrecht), Baden-Baden 1982

Bleckmann, Albert, Europarecht, 6. Auflage, Köln 1997, zit. EuropaR

Blei, Hermann, Das Bayerische Landesstraf- und Verordnungsgesetz, JZ 1957, 602 ff.

Blei, Hermann, Strafrecht II Besonderer Teil, 12. Auflage, München 1983, zit. BT

Bockelmann, Paul / *Volk,* Klaus, Strafrecht Allgemeiner Teil, 4. Auflage, München 1987, zit. AT

Böckenförde, Christoph, Strafverfahren und Wahlgeheimnis, NJW 1967, 239 f.

Boettcher, Enno / *Högner,* Reinhard, Bundeswahlgesetz, Bundeswahlordnung, 13. Auflage, München 1994, zit. BWG

Boettcher, Enno / *Högner,* Reinhard, Europawahlgesetz, Europawahlordnung, 4. Auflage, München 1994, zit. EuWG

Boettcher, Enno / *Högner,* Reinhard, Landeswahlgesetz, Bezirkswahlgesetz, Landeswahlordnung, 14. Auflage, München 1994, zit. LWG

Bolt, Marie / *Gosch,* Ina, Wahlbehinderung – Wahlbeeinflussung – Wahlwerbung, AiB 1997, 559 ff.

Bonner Kommentar zum Grundgesetz, Dolzer, Rudolf / *Vogel,* Klaus / *Graßhof,* Karin (Hrsg.), 120. Ergänzungslieferung Dezember 2005, Heidelberg, zit. BK-Bearbeiter

Born, Ulrich, Die Rechtfertigung der Abwehr vorgetäuschter Angriffe, Karlsruhe 1984

Breitbach, Michael, Stimmennötigung, Wahlprüfung und das Argument der Macht, DuR 1984, 432 ff.

Bremke, Nils, Der Grundsatz der Öffentlichkeit der Wahl und Internetwahlen, MMR 2004, Heft 4, IX ff.

Bremke, Nils, Internetwahlen, LKV 2004, 102 ff.

Bruns, Hans-Jürgen, Nochmals: Urkundenfälschung an Stimm- und Wahlzetteln? Ein notwendiges Wort der Erwiderung zur Methode der Rechtsfindung im Strafrecht, NJW 1954, 948

Bruns, Hans-Jürgen, Urkundenfälschung an Stimm- und Wahlzetteln?, NJW 1954, 456 ff.

Büchner, Hermann, Kommunalwahlrecht in Bayern, 13. Ergänzungslieferung 2001, Kronach

Buchstein, Hubertus, Präsenzwahl, Briefwahl, Onlinewahl und der Grundsatz der geheimen Stimmabgabe, ZParl 2000, 886 ff.

Bühring, Conrad, Der Schutz der öffentlichen Wahlen und Abstimmungen nach geltendem Recht und nach den Entwürfen zu einem deutschen Strafgesetzbuch, Würzburg 1921

Burkiczak, Christian, Die Bundesversammlung und die Wahl des Bundespräsidenten – Rechtliche Grundlagen und Staatspraxis, JuS 2004, 278 ff.

Burmeister, Thomas / *Huba,* Hermann, Der Skandal vor der Wahl, Jura 1988, 598 ff.

v. Coelln, Christian, Keine Bundeskompetenz für § 143 StGB, NJW 2001, 2834 ff.

Coing, Anmerkung zum Urteil des BGH vom 08.03.1951, NJW 1951, 596 f.

Combrinck, Bodo, Wahldelikte, Würzburg 1932

Däubler, Wolfgang / *Kittner,* Michael / *Klebe,* Thomas, Betriebsverfassungsgesetz, 9. Auflage, Frankfurt a.M. 2004

Dalcke, A. / *Fuhrmann,* Ernst / *Schäfer,* Karl, Strafrecht und Strafverfahren, 37. Auflage, Berlin 1961

Degenhart, Christoph, Staatsrecht I Staatsorganisationsrecht, 21. Auflage, Heidelberg 2005, zit. StaatsR I

Deiters, Mark, Zur Frage der Strafbarkeit von Gemeinderäten wegen Vorteilsannahme und Bestechlichkeit, NStZ 2003, 453 ff.

Dell, Gillian, Eindämmung von Bestechung und Bestechlichkeit, Vereinte Nationen 2004, 77 ff.

Detterbeck, Stefan / *Windthorst,* Kay / *Sproll,* Hans-Dieter, Staatshaftungsrecht, München 2000, zit. StaatshaftungsR

Dietmeier, Frank, Blankettstrafrecht – Ein Beitrag zur Lehre vom Tatbestand, Marburg 2002

Dill, Ricarda, Die Haftung der Mitglieder des studentischen Sprecherrats in Bayern, BayVBl 1994, 585 ff.

Dölling, Dieter, Anmerkung zum Urteil des BGH vom 21.10.1985, NStZ 1987, 69 f.

Dölling, Dieter, Die Neuregelung der Strafvorschriften gegen Korruption, ZStW 112 (2000), 334 ff.

Dölling, Dieter, Empfehlen sich Änderungen des Straf- und Strafprozeßrechts, um der Gefahr von Korruption in Staat, Wirtschaft und Gesellschaft wirksam zu begegnen?, Gutachten C für den 61. Deutschen Juristentag, München 1996, zit. Gutachten

Drath, Martin, Das Wahlprüfungsrecht bei der Reichstagswahl, Berlin 1927

Dreher, Eduard, Was ist Strafrecht i. S. des Art. 74 Nr. 1 GG?, NJW 1952, 1282 f.

Dreher, Eduard, Das Dritte Strafrechtsänderungsgesetz, JZ 1953, 421 ff.

Dreier, Horst, Grundgesetz, Band 2, Tübingen 1998

Drenkmann, Über die Wahlvergehen – Ein Beitrag zur Revision der §§ 84-86 des Strafgesetzbuchs, GA Bd. 17, 168 ff.

Dürr, Hermann, Lücken oder Sackgasse – Strafvorschriften gegen Fehlverhalten von Abgeordneten?, ZRP 1979, 264

Epp, Ursula, Die Abgeordnetenbestechung: § 108 e StGB, Frankfurt a.M. 1997

Erdsiek, Umwelt und Recht, NJW 1959, 25 ff.

Erichsen, Hans-Uwe, Die Wahlrechtsgrundsätze des Grundgesetzes, Jura 1983, 635 ff.

Eser, Albin, Strafrecht Band 3, Delikte gegen die Person und Gemeinschaftswerte, München 1978, zit. StrafR 3

Faßbender, Marcel, Angriffe auf Datenangebote im Internet und deren strafrechtliche Relevanz – Distributed Denial of Service Angriffe, Hamburg 2003

Feist, Ursula, Rechtstatsächliche Anonymität, Personenechtheit und Fälschungssicherheit von Brief- und Urnenwahlen bei nationalen Wahlen, Landtagswahlen, Kommunalwahlen und Unternehmenswahlen in der Bundesrepublik Deutschland, Gutachten im Auftrag der Universität Osnabrück im Rahmen des Forschungsprojekts „Strategische Initiative: Wahlen im Internet" des Bundesministeriums für Wirtschaft und Technologie, 2000, nicht veröffentlicht

Feneberg Hermann, Landeswahlgesetz, Bezirkswahlgesetz, Landeswahlordnung, 6. Auflage, München 1968

Fillié, Werner, Delikte gegen das Wahlrecht, Schwerin 1932

Fischer, Thomas, Anmerkung zum Urteil des BGH vom 20.10.1999, NStZ 2000, 142 f.

Fitting, Karl / *Engels,* Gerd / *Schmidt,* Ingrid / *Trebinger,* Yvonne / *Linsenmaier,* Wolfgang, Betriebsverfassungsgesetz, 22. Auflage, München 2004 zit. F/E/S/T/L-Bearbeiter

v. Flemming, Tam-Wolf, Wahlbestechung und Stimmbeeinflussung, Würzburg 1935

Frank, Reinhard, Der Schutz des Volkswillens, DJZ 1919, 140 ff.

Frank, Reinhard, Das Strafgesetzbuch für das Deutsche Reich, 18. Auflage, Tübingen 1931

Frassati, A., Die Strafbestimmungen der drei Gesellschaftsgesetze vom 18. Juli 1884, vom 1. Mai 1889 und vom 20. April 1892, ZStW 15 (1895), 453 ff.

Freudenthal, Berthold, Die Wahlbestechung, in: Strafrechtliche Abhandlungen, I. Serie Heft 1, Breslau 1896

Galli, Wahlgeheimnis und Zeugnispflicht, DJZ 1910, 1226

Galli, Das neueste Heft der Entscheidungen des Reichsgerichts in Strafsachen (Bd. 46 Heft 1), DJZ 1913, 781 ff.

Gänßle, Peter, Das Antikorruptionsstrafrecht – Balsam aus der Tube der symbolischen Gesetzgebung?, NStZ 1999, 543 ff.

Geerds, Friedrich, Einwilligung und Einverständnis des Verletzten, Kiel 1953

Geerds, Friedrich, Einwilligung und Einverständnis des Verletzten im Strafgesetzentwurf, ZStW 72 (1960), 42 ff.

Geerds, Friedrich, Anmerkung zum Urteil des BGH vom 21.10.1985, JR 1986, 253 ff.

Geerds, Friedrich, Über Änderungen der Bekämpfung krimineller Korruption, JR 1996, 309 ff.

Geilen, Gerd, Verfassungsorgane, Wahlen, Abstimmungen (Straftaten), in: *Ulsamer*, Gerhard (Hrsg.), Lexikon des Rechts, Strafrecht, Strafverfahrensrecht, 2. Auflage, Neuwied 1996, S. 937 ff., zit. LdR

Gerland, Heinrich, Der deutsche Strafprozess, Mannheim 1927, Neudruck Aalen 1977, zit. Strafprozess

Gerland, Heinrich, Der Rechtsschutz gegen politische Unehrlichkeit, Beiheft der Deutschen Juristen-Zeitung, Berlin 1931

Geßler, Ernst / *Hefermehl*, Wolfgang / *Eckardt*, Ulrich / *Kropff*, Bruno, Aktiengesetz, Band 6, München 1976 ff., zit. G/H/E/K-Bearbeiter

Gottschalk, Alfred, Der Schutz des Wahlrechts im Vorentwurf zu einem deutschen Strafgesetzbuche, in: FS v. Liszt, Berlin 1911, Neudruck Aalen 1971, S. 73 ff.

Grasser, Walter, Durchführung geheimer Abstimmungen im Gemeinderat; Ungültigkeit von Stimmzetteln bei besonderer Kennzeichnung, BayVBl 1988, 513 ff.

Greeve, Joachim Christoph, Die Wahlprüfung unter besonderer Berücksichtigung der Wahl zum Bundestag der Bundesrepublik Deutschland, Hamburg 1953

Greiser, Peter, Die Briefwahlunterlagen als Gesamturkunde, NJW 1978, 927 f.

Groß, Christian, Die Wahl zur Vollversammlung der Industrie- und Handelskammern, Bonn 2002

Grüll, Stefan, Strafbarkeit der Abgeordnetenbestechung, ZRP 1992, 371 ff.

Gurwitsch, Girsch, Der strafrechtliche Schutz des Wahlrechts (§§ 107-109 RStGB), Borna-Leipzig 1910

Härtel, Ueberspannung des privaten Rechtsschutzes auf Kosten der Allgemeinheit?, DJZ 1930, 1579 f.

Hanßmann, Anika, Möglichkeiten und Grenzen von Internetwahlen, Baden-Baden 2004

Harnischmacher, Robert, Die Staatsschutzdelikte in der Bundesrepublik Deutschland, Stuttgart 1984

Hartmann, Theodor, Zur Frage der Strafbarkeit der Gemeinderatsmitglieder wegen Bestechlichkeit und Geheimnisverrats im geltenden Recht und im Entwurf des Strafgesetzbuchs (E 1962), DVBl 1966, 809 ff.

Hartmann, Theodor, Zur Straflosigkeit der Abgeordnetenbestechung, DVBl 1964, 615 ff.

v. Hassel, Henning Leopold, Möglichkeiten der Verhinderung von Wahlstörungen, Tübingen 1952

Hassemer, Winfried, Besprechung des Urteils des BGH vom 21.10.1985, JuS 1986, 568 f.

Hefendehl, Roland, Kollektive Rechtsgüter im Strafrecht, Köln 2002

Heinrich, Bernd, Der Amtsträgerbegriff im Strafrecht, Berlin 2001

Heinrich, Bernd, Rechtsprechungsüberblick zu den Bestechungsdelikten (§§ 331-335 StGB) – (1998-2003) – 1. Teil, NStZ 2005, 197 ff.

Heisz, Janina, Die Abgeordnetenbestechung nach § 108 e StGB – Schließung einer Regelungslücke? Aachen 1998

Helms, Wilhelm, NJW 1967, 920

Hendler, Reinhard, Selbstverwaltung als Ordnungsprinzip, Köln 1984

Henneke, Hans-Günter, Haftung kommunaler Mandatsträger für rechtswidrige Beschlüsse?, Jura 1992, 125 ff.

Herschel, Wilhelm, Schadensersatz bei Behinderung und Störung von Betriebsversammlungen, DB 1975, 690 ff.

Hess, Harald / *Schlochauer*, Ursula / *Worzalla*, Michael / *Glock*, *Dirk*, Kommentar zum Betriebsverfassungsrecht, 6. Auflage, München/Unterschleißheim 2003, zit. H/S/W/G-Bearbeiter

Hesse, Alfons, Die Verbrechen und Vergehen in Beziehung auf die Ausübung staatsbürgerlicher Rechte (§§ 105-109 StGB, 118-122 VE und 129-134 GE), Dinslaken 1916

Hesse, Konrad, Grundzüge des Verfassungsrechts der Bundesrepublik Deutschland, 20. Auflage, Heidelberg 1995, zit. VerfassungsR

v. Heyl, Arnulf, Wahlfreiheit und Wahlprüfung, Berlin 1975

Hilgendorf, Eric, Grundfälle zum Computerstrafrecht, JuS 1996, 509 ff., 702 ff., 890 ff.

v. Hippel, Robert, Der deutsche Strafprozess, Marburg 1941

Höchst, Sigrid, Anmerkung zum Urteil des Bezirksgerichts Dresden vom 07.02.1992, JR 1992, 433 ff.

Höpfl, Frank / *Ratz*, Eckart, Wiener Kommentar zum Strafgesetzbuch, 2. Auflage, Wien 1999, Stand: 56. Lieferung, Ergänzungsheft 2005

v. Holtzendorff, Fr., Handbuch des deutschen Strafrechts, Band 3, Berlin 1874, Nachdruck Frankfurt a.M. 1986

Holznagel, Bernd / *Grünwald*, Andreas / *Hanßmann*, Anika (Hrsg.), Elektronische Demokratie – Bürgerbeteiligung per Internet zwischen Wissenschaft und Praxis, 2001

Horn, Hans-Detlef, Zum Recht der gewerblichen Veranstaltung und Vermittlung von Sportwetten, NJW 2004, 2047 ff.

Hübner, Jan-Kristof, Die strafrechtliche Beurteilung von DDR-Wahlfälschungen nach der Wiedervereinigung, Münster 1997

Hüfler, Thomas, Wahlfehler und ihre materielle Würdigung, Berlin 1980

Hüttenbrink, Jost, Die öffentlich-rechtliche Haftung der ehrenamtlichen Organwalter gegenüber ihren Selbstverwaltungskörperschaften, DVBl 1981, 989 ff.

Immenga, Ulrich / *Mestmäcker*, Ernst-Joachim, Kommentar zum Kartellgesetz, 3. Auflage, München 2001

Isensee, Josef / *Kirchhof*, Paul (Hrsg.), Handbuch des Staatsrechts, Band 4, 2. Auflage, Heidelberg 1999, zit. HdbStR 4

Jacobi, Erwin, Zum geheimen Stimmrecht, in: GS Jellinek, München 1955, S. 141 ff.

v. Jan, Heinrich, Das bayerische Landeswahlgesetz, München 1920

Jarass, Hans D. / *Pieroth*, Bodo, Grundgesetz, 7. Auflage, München 2004

Jauernig Othmar, Kommentar zum BGB, 11. Auflage, München 2004

Jescheck, Hans-Heinrich / *Weigend*, Thomas, Lehrbuch des Strafrechts Allgemeiner Teil, 5. Auflage, Berlin 1996, zit. AT

Junck, Robert, Strafrechtliche Grenzen der Beeinflussung von Wählern im Wahlkampf, Hamburg 1995

Jung, Franz Josef / *Jaxt*, Dagmar, Farbige Kennzeichnung von Stimmzetteln – ein Verstoß gegen den Grundsatz der geheimen Wahl?, ZRP 1985, 50 ff.

Kääb, Artur / *Rösch*, Walther, Bayerisches Landesstraf- und Verordnungsgesetz, 2. Auflage, München 1967

Kagerer, Max / *Bauer*, Ferdinand Martin, Wahlprüfung, Wahlanfechtung, Ungültigerklärung und Nachwahl, KommPraxis BY 2003, 244 ff.

Kagerer, Max, Schadensersatz bei Wahlwiederholungen nach Ungültigerklärung wegen Wahlfälschungen, KommPraxis BY 2005, 288 ff.

Kargl, Walter, Parteispendenakquisition und Vorteilsannahme, JZ 2005, 503 ff.

Kienapfel, Diethelm, Urkunden im Strafrecht, Frankfurt a.M. 1967

Kirschner, Ernst Heinrich, Die Wahldelikte im geltenden Recht und im Entwurf 1962, Köln 1964

Klee, Karl, Selbstverletzung und Verletzung eines Einwilligenden, Theil II, GA Bd. 50, 364 ff.

Klein, Hans H., Die Beeinflussung politischer Wahlen durch Verbände, insbesondere die Kirchen, DÖV 1967, 615 ff.

Klein, Rolf, Straflosigkeit der Abgeordnetenbestechung, ZRP 1979, 174

Kleinknecht, Theodor / *Müller*, H. / *Reitberger*, L., Strafprozessordnung, Band 1, 6. Auflage, Darmstadt 1966, zit. KMR[6]-Bearbeiter

Kleinknecht, Theodor / *Müller*, H. / *Reitberger*, L., Strafprozessordnung, 40. Ergänzungslieferung August 2005, Neuwied, zit. KMR-Bearbeiter

Klüber, Hans, Verstößt die Briefwahl gegen das Grundgesetz?, DÖV 1958, 249 ff.

Kluth, Winfried, Funktionale Selbstverwaltung: verfassungsrechtlicher Status - verfassungsrechtlicher Schutz, Tübingen 1997

Knödler, Christoph, Wahlrecht für Minderjährige – eine gute Wahl?, ZParl 1996, 553 ff.

Koch, Thorsten, „Bestandsschutz" für Parlamente? – Überlegungen zur Wahlfehlerfolgenlehre, DVBl 2000, 1093 ff.

Koenig, Christian, Schadensersatzansprüche nach verfassungsgerichtlicher Ungültigkeitserklärung von Parlamentswahlen?, DÖV 1994, 286 ff.

König, Peter, Anmerkung zum Urteil des BGH vom 26.11.1992, JR 1993, 207 ff.

Kohlrausch / *Lange*, Richard, Strafgesetzbuch, 43. Auflage, Berlin 1961

Konzak, Olaf, Analogie im Verwaltungsrecht, NVwZ 1997, 872 f.

Korte, Matthias, Der Einsatz des Strafrechts zur Bekämpfung der internationalen Korruption, wistra 1999, 81 ff.

Kraft, Alfons / *Kreuz*, Peter, Gesellschaftsrecht, 11. Auflage, Neuwied 2000

Kraft, Alfons / *Wiese*, Günter / *Kreutz*, Peter / *Oetker*, Hartmut / *Raab*, Thomas / *Weber*, Christoph / *Franzen*, Martin, Gemeinschaftskommentar zum Betriebsverfassungsgesetz, 8. Auflage, Neuwied 2005, zit. GK BetrVG-Bearbeiter

Kroppenstedt, Franz / *Würzberger*, Paul B., Organisatorische und rechtliche Probleme bei Bundestagswahlen, VerwA 73 (1982), 311 ff.

Kühl, Kristian, Strafrecht Allgemeiner Teil, 5. Auflage, München 2005, zit. AT

Kuhlen, Lothar, Zu den Tathandlungen bei Vorteilsannahme und Bestechlichkeit – Zugleich eine Besprechung von BGH 4 StR 554/87, NStZ 1988, 433 ff.

Kühne, Jörg-Detlef, Die Abgeordnetenbestechung, Bonn 1971

Kunig, Philip, Fragen zu den Wahlrechtsgrundsätzen, Jura 1994, 554 ff.

Kunze, Richard / *Merk,* Alfred / *Quecke,* Albrecht, Das Kommunalwahlrecht in Baden-Württemberg, 4. Auflage, Stuttgart 1989

Lackner, Karl / *Kühl,* Kristian, Strafgesetzbuch, 25. Auflage, München 2004

Lacmann, W., Die Abgrenzung der Schuldformen in der Rechtslehre und im Vorentwurf zu einem deutschen Strafgesetzbuch, ZStW 31 (1911), 142 ff.

Langen, Eugen / *Bunte,* Hermann-Josef, Kommentar zum deutschen und europäischen Kartellrecht, 9. Auflage, München 2001

Larenz, Karl / *Canaris,* Claus-Wilhelm, Lehrbuch des Schuldrechts Band 2 Halbband 2 Besonderer Teil, 13. Auflage, München 1994, zit. SchuldR II/2

Larenz, Karl / *Canaris,* Claus-Wilhelm, Methodenlehre der Rechtswissenschaft, 3. Auflage, Berlin 1995, zit. Methodenlehre

Laubenthal, Klaus, Sexualstraftaten, Berlin 2000

Lechleitner, Marc, Die Erforderlichkeitsklausel des Art. 72 Abs. 2 GG, Jura 2004, 746 ff.

Leipziger Kommentar zum Strafgesetzbuch, Jagusch, Mezger / *Heinrich,* Edmund / *Schaefer,* August / *Werner,* Wolfhart (Hrsg.), 8. Auflage, Berlin 1958, zit. LK⁸-Bearbeiter

Leipziger Kommentar zum Strafgesetzbuch, Paldus, Paulheinz / *Willms,* Günther (Hrsg.), 9. Auflage, Berlin 1974

Leipziger Kommentar zum Strafgesetzbuch, Jescheck, Hans-Heinrich / *Ruß,* Wolfgang / *Willms,* Günther (Hrsg.), 10. Auflage, Berlin 1988

Leipziger Kommentar zum Strafgesetzbuch, Jähnke, Burkhard / *Laufhütte,* Heinrich Wilhelm / *Odersky,* Walter (Hrsg.), 11. Auflage, Berlin 1992 ff., zit. LK-Bearbeiter

Leisner, Walter, Wahlfälschung als Demokratiegefahr – Neuordnung der Wahlüberwachung, NJW 2005, 486 f.

Lenzen, Karl, Zuständigkeit für das Strafrecht kraft Sachzusammenhangs, JR 1980, 133 ff.

Liefeldt, Joachim, Untersuchungen über das Wahlgeheimnis, Berlin 1931

Linck, Joachim, Geheime Wahlen der Ministerpräsidenten – eine Sünde wider den Geist des Parlamentarismus, DVBl 2005, 793 ff.

Lindenstruth, Louis Friedrich, Die Nötigung von Verfassungsorganen (§ 105 StGB) und die Nötigung des Bundespräsidenten und von Mitgliedern eines Verfassungsorgans (§ 106 StGB), Bochum, 1988

Lindner, Georg, Der Schutz des Wahlrechts im geltenden Strafgesetzbuch und im Entwurf von 1927, Lauf a. d. Pegnitz 1930

Lindner, Josef Franz, Zur Änderungs- und Freigabekompetenz des Bundesgesetzgebers nach Art. 125 a II GG, NJW 2005, 399 ff.

v. Liszt, Franz, Lehrbuch des Deutschen Strafrechts, 19. Auflage, Berlin 1912

Lorenz, Frank Lucien, Zum „Beitrittsprinzip" und zur Strafbarkeit von DDR-Wahlfälschungen, NStZ 1992, 422 ff.

Löw, Konrad, Kinder und Wahlrecht, ZRP 2002, 448 ff.

Löwe-Rosenberg, Strafprozessordnung, 25. Auflage, Berlin 1997 ff., zit. LR-Bearbeiter

Lüttger, Hans, Der Missbrauch öffentlicher Macht und das Strafrecht, JR 1977, 223 ff.

v. Mangoldt, Hermann / *Klein,* Friedrich / *Starck,* Christian, Kommentar zum Grundgesetz, Band 2, 5. Auflage, München 2005

308

Marel, Knut, Die Strafbarkeit kommunaler Mandatsträger gem. §§ 331, 332 StGB, StraFo 2003, 259 ff.

Marxen, Klaus / *Werle*, Gerhard, Strafjustiz und DDR-Unrecht, Band 1: Wahlfälschung, Berlin 2000

Maunz, Theodor / *Dürig*, Günter / *Herzog*, Roman / *Scholz*, Rupert, Grundgesetz, 45. Ergänzungslieferung August 2005, München, zit. M/D/H/S-Bearbeiter

Maurer, Hartmut, Allgemeines Verwaltungsrecht, 15. Auflage, München 2004, zit. VerwR

Maurach, Reinhart / *Schroeder*, Friedrich-Christian / *Maiwald*, Manfred, Strafrecht Besonderer Teil Teilband 2, 9. Auflage, Heidelberg 2005, zit. BT 2

Maurach, Reinhart / *Zipf*, Strafrecht Allgemeiner Teil, Teilband 1, 8. Auflage, Heidelberg 1992, zit. AT 1

Mayer, Max Ernst, Bekämpfung der Wahlumtriebe durch das Strafrecht, ZfP 3 (1910), 10 ff.

Mayer, Theodor, Der strafrechtliche Schutz des Wahlrechts im geltenden Recht und Entwurf von 1927, Bonn 1928

Meyer-Goßner, Lutz, Strafprozessordnung, 48. Auflage, München 2005, zit. MG

Meixner, Robert / *Prandl*, Josef, Gemeindewahlgesetz, Landkreiswahlgesetz, Wahlordnung, 11. Auflage, München 1972

Meixner, Robert / *Prandl*, Josef / *Waltner*, Georg, Gemeindewahlgesetz, Landkreiswahlgesetz, Wahlordnung, 13. Auflage, München 1977

Mittermaier, Über die Bestrafung der bei Wahlen verübten Vergehen, Archiv des Criminalrechts NF 1849, 338 ff.

Möhrenschlager, Manfred Ernst, Die Struktur des Straftatbestandes der Abgeordnetenbestechung auf dem Prüfstand – Historisches und Künftiges, in: FS Ulrich Weber, 2004, S. 217 ff.

Mommsen, Theodor, Römisches Strafrecht, Darmstadt 1955

Monz, Heinz, Die Problematik der rechtmäßigen Durchführung der Briefwahl, ZRP 1972, 229 ff.

Müller, Jan, Symbol 89 – Die DDR-Wahlfälschungen und ihre strafrechtliche Aufarbeitung, Berlin 2001

Müller, Klaus, Kommentar zum Gesetz betreffend die Erwerbs- und Wirtschaftsgenossenschaften, Band 4, 2. Auflage, Bielefeld 2000

Müller-Gugenberger, Christian / *Bieneck*, Klaus, Wirtschaftsstrafrecht, 3. Auflage, Köln 2000

v. *Münch*, Ingo, Kinderwahlrecht, NJW 1995, 3165 ff.

v. *Münch*, Ingo / *Kunig*, Philip, Grundgesetz-Kommentar, Band 2, Art. 20-69, 5. Auflage, München 2001, zit v. Münch/Kunig-Bearbeiter

v. *Münch*, Ingo / *Kunig*, Philip, Grundgesetz-Kommentar, Band 3, Art. 70-146, 5. Auflage, München 2003, zit v. Münch/Kunig-Bearbeiter

Münchener Kommentar zum BGB, §§ 705-853 BGB, 4. Auflage, München 2004, zit. MünchKomm BGB-Bearbeiter

Münchener Kommentar zum BGB, §§ 1589-1921 BGB, 4. Auflage, München 2002, zit. MünchKomm BGB-Bearbeiter

Münchener Kommentar zum StGB, *Joecks*, Wolfgang / *Miebach*, Klaus (Hrsg.), Band 1, §§ 1-51, München 2003, zit. MünchKomm-Bearbeiter

Münchener Kommentar zum StGB, *Joecks*, Wolfgang / *Miebach*, Klaus (Hrsg.), Band 2/2, §§ 80-184 f, München 2005, zit. MünchKomm-Bearbeiter

Münchener Kommentar zum StGB, *Joecks*, Wolfgang / *Miebach*, Klaus (Hrsg.), Band 3, §§ 185-262, München 2003, zit. MünchKomm-Bearbeiter

309

Nass, Klaus Otto, Wahlorgane und Wahlverfahren bei Bundestags- und Landtagswahlen, Grundlagen des Wahlvollzugs, Göttingen 1959

Nelles, Ursula, Statusfolgen als „Nebenfolgen" einer Straftat (§ 45 StGB), JZ 1991, 17 ff.

Nolte, Jakob Julius, Das freie Mandat der Gemeindevertretungsmitglieder, DVBl 2005, 870 ff.

Nomos Kommentar zum Strafgesetzbuch, Neumann, Ufrid / *Puppe,* Ingeborg / *Schild,* Wolfgang (Hrsg.). 1. Auflage, Baden-Baden 1995 ff., zit. NK-Bearbeiter

Nowak, Manfred, Das Wahl- und Stimmrecht als Grundrecht in Österreich, EuGRZ 1983, 89 ff.

Nowak, Manfred, Anmerkung zum Erkenntnis des VfGH Wien vom 16.03.1985, EuGRZ 1985, 184 f.

Nowak, Manfred, Politische Grundrechte, Wien 1988

Oebbecke, Janbernd, Das Wahlrecht von Geburt an, JZ 2004, 987 ff.

Oehler, Anmerkung zum Urteil des BGH vom 29.10.1980, JR 1981, 519 f.

Oehler, Gerhard, Bayerisches Kommunalwahlrecht, München 2001

Olderog, Rolf, Die Wahl- und Abgeordnetenbestechung, Kiel 1965

v. Olshausens Kommentar zum Strafgesetzbuch für das Deutsche Reich, Band 1, 11. Auflage, Berlin 1927

Oppermann, Thomas, Wahlprüfung, Wahlbeeinflussung und Wählernötigung – BVerfGE 66, 369, JuS 1985, 519 ff.

Ossenbühl, Fritz, Staatshaftungsrecht, 5. Auflage, München 1998, zit. StaatshaftungsR

Otten, Dieter / *Küntzler,* Jürgen, Über die Herstellung von Anonymität bei elektronischen Wahlen, DuD 26 (2002), 1 ff.

Otto, Harro, Aktienstrafrecht, Erläuterungen zu den §§ 399-410 AktG, Berlin 1997, zit. AktG

Otto, Harro, Grundkurs Strafrecht – Die einzelnen Delikte, 7. Auflage, Berlin 2005, zit. BT

Palandt, Bürgerliches Gesetzbuch, 65. Auflage, München 2006

Papenfuss, Matthias, Die personellen Grenzen der Autonomie öffentlich-rechtlicher Körperschaften, Berlin 1991

Pelz, Christian, Steuerliche und strafrechtliche Schritte zur Bekämpfung der Korruption im Auslandsgeschäft, WM 2000, 1566 ff.

Perels, Anmerkung zum Urteil des RG vom 14.01.1930, JW 1930. 1221 ff.

Peschel-Gutzeit, Lore Maria, Unvollständige Legitimation der Staatsgewalt oder: Geht alle Staatsgewalt nur vom volljährigen Volk aus?, NJW 1997, 2861 ff.

Pestalozza, Christian, Hund und Bund im Visier des Bundesgesetzgebers, NJW 2004, 1840 ff.

Peter, Anne-Marie / *Volk* Klaus, Zur partiellen Weitergeltung alten DDR-Strafrechts, JR 1991, 89 ff.

Peters, Karl, Beweisverbote im Strafprozeß, Gutachten für den 46. Deutschen Juristentag, München 1966,

Philipps, Lothar, Dolus eventualis als Problem der Entscheidung unter Risiko, ZStW 23 (1973), 27 ff.

Pieroth, Bodo, Offene oder geheime Wahlen und Abstimmungen?, JuS 1991, 89 ff.

Preisendanz, Holger, Strafgesetzbuch, 30. Auflage, Berlin 1978

Püttner, Günter (Hrsg.), Handbuch der kommunalen Wissenschaft und Praxis, Band 2, 2. Auflage, Berlin 1982, zit. HdbKommWiss 2

Puppe, Ingeborg, Die neue Rechtsprechung zu den Fälschungsdelikten, JZ 1997, 490 ff.

Ramm, Thilo, Die Freiheit der Willensbildung – ein Grundprinzip der Rechtsordnung, NJW 1962, 466 ff.

Ransiek, Andreas, Strafrecht und Korruption, StV 1996, 446 ff.

Rauber David Nikolai, Wahlprüfung in Deutschland, Baden-Baden 2005

Rehm, Wahlbeeinflussung, DJZ 1912, 61 ff.

Reichel, Wahlgeheimnis und Zeugniszwang, DJZ 1910, 987 ff.

Reimer, Franz, Privatisierung des Wahlgeheimnisses? – Die Wahlrechtsgrundsätze unter Sparzwang, ZRP 2003, 8 ff.

Rengier, Rudolf, Strafrecht Besonderer Teil II, 6. Auflage, München 2005, zit. BT 2

Richardi, Reinhard, Betriebsverfassungsgesetz, 10. Auflage, München 2006

Richter, Heinrich, Urkundenfälschung an Stimm- und Wahlzetteln. Ein Wort zur Methode der Rechtsfindung, NJW 1954, 664 ff.

Ridder, Helmut, Anmerkung zum Urteil des OVG Münster vom 14.02.1962, JZ 1962, 771 ff.

Römer, Peter, Das strafrechtliche Problem der Abgeordnetenbestechung, München 1964

Rosenthal, Julius, Ueber den reichsrechtlichen Schutz des Wahlgeheimnisses, Tübingen 1918

Rüping, Hinrich, Das Strafverfahren, 2. Auflage, München 1983

Rüß, Oliver René, E-democracy – Demokratie und Wahlen im Internet, ZRP 2001, 518 ff.

Rüß, Oliver René, Wahlen im Internet – Wahlrechtsgrundsätze und Einsatz von digitalen Signaturen, MMR 2000, 73 ff.

Rutschke, Wolfgang, Das Wahlmanöver in rechtlicher Beleuchtung, Heidelberg 1948

Sachs, Michael, Grundgesetz, 3. Auflage, München 2003

Saliger, Frank / *Sinner,* Stefan, Korruption und Betrug durch Parteispenden, NJW 2005, 1073 ff.

Samson, Erich, Zur Straflosigkeit von DDR-Wahlfälschungen, StV 1992, 141 ff.

Satzger, Helmut, Internationales und Europäisches Strafrecht, Baden-Baden 2005, zit. Internationales Strafrecht

Sax, Walter jun., Die Strafbestimmungen des Betriebsverfassungsrechts, Würzburg 1975

Schaller, Heiner, Strafrechtliche Probleme der Abgeordnetenbestechung, Tübingen 2002

Schattenfroh, M., Gemeindewahlrecht, BayBgm 1951, 268 ff.

Schaupensteiner, Wolfgang J., Bekämpfung von Korruptionsdelinquenz, Kriminalistik 1994, 514 ff.

Schaupensteiner, Wolfgang J., Gesamtkonzept zur Eindämmung der Korruption, NStZ 1996, 409 ff.

Schlüchter, Ellen, Zur (Un-)Lauterkeit in den Volksvertretungen, in: FS Geerds, Lübeck 1995, S. 713 ff.

Schlünder, Guido, Die Rechtsfolgen der Missachtung der Betriebsverfassung durch den Arbeitgeber, Frankfurt a.M. 1991

Schmidhäuser, Eberhard, Strafrecht Besonderer Teil, 2. Auflage, Tübingen 1983, zit. BT

Schmidt, Eberhard, Lehrkommentar zur Strafprozessordnung und zum Gerichtsverfassungsgesetz, Teil 2, Göttingen 1957, zit. StPO 2

Schmidt, Eberhard, Lehrkommentar zur Strafprozessordnung und zum Gerichtsverfassungsgesetz, Nachtragsband 1, Göttingen 1967, zit. Nachtragsband 1

Schmiemann, Klaus, Wahlprüfung im Kommunalwahlrecht, Siegburg 1972

Schmitt-Vockenhausen, Hermann, Die Wahlprüfung in Bund und Ländern unter Einbeziehung Österreichs und der Schweiz, Bad Homburg 1969

Schneider, Gerhard, Die unzulässige Beeinflussung politischer Wahlen, Tübingen 1960

Schneider, Hans, Gesetzgebung, 3. Auflage, Heidelberg 2002

311

Schneider, Hans-Peter / *Zeh*, Wolfgang, Parlamentsrecht und Parlamentspraxis in der Bundesrepublik Deutschland, Berlin 1989

Schneidler, Carl, Die Delicte gegen das öffentliche Wahl- und Stimmrecht, RStGB §§ 107-109, GS 40, 1 ff.

Schönke, Adolf, Strafgesetzbuch, 6. Auflage, München 1952

Schönke, Adolf / *Schröder*, Horst, Strafgesetzbuch, 17. Auflage, München 1974, zit. Sch/Sch

Schönke, Adolf / *Schröder*, Horst, Strafgesetzbuch, 26. Auflage, München 2001, zit. Sch/Sch-Bearbeiter

Scholz, Peter, Nötigung von Verfassungsorganen (§ 105 StGB) durch Streik?, Jura 1987, 190 ff.

Schreiber, Wolfgang, Handbuch des Wahlrechts zum Deutschen Bundestag, 6. Auflage, Köln 1998

Schreiber, Wolfgang, Handbuch des Wahlrechts zum Deutschen Bundestag, 7. Auflage, Köln 2002

Schreiber, Wolfgang, Nachwahl am Tag der Hauptwahl und andere wahlrechtliche Auffälligkeiten – Rechtliche Nachbetrachtungen zur Bundestagswahl 2002, NVwZ 2003, 402 ff.

Schreiber, Wolfgang, Die Wahl zum Europäischen Parlament in der Bundesrepublik Deutschland – Neue Rechtsgrundlagen im Vorfeld der Konstitutionalisierung der Europäischen Union, NVwZ 2004, 21 ff.

Schröder, Anmerkung zum Urteil des OLG Hamm vom 20.12.1956, JZ 1957, 584 ff.

Schroeder, Friedrich-Christian, Der Schutz von Staat und Verfassung im Strafrecht, München, 1970

Schroeder, Friedrich-Christian, Rückwirkung milderen Rechts und Wiedervereinigung – Zugleich zum DDR-Wahlfälschungsurteil des BGH, NStZ 1993, 216 ff.

Schroeder, Werner, Familienwahlrecht und Grundgesetz, JZ 2003, 917 ff.

Schroth, Ulrich, Präzision im Strafrecht, in: *Grewendorf*, Günther, Rechtskultur als Sprachkultur, Frankfurt a.M. 1992

Schroth, Urich, Vorsatz und Irrtum, München 1998

Schroth, Ulrich, Strafrecht Besonderer Teil, 4. Auflage, Stuttgart 2005

Schulze, Burkhard, Zur Frage der Strafbarkeit der Abgeordnetenbestechung, JR 1973, 485 ff.

Schwabe, Jürgen, Anmerkung zur Entscheidung des BVerfG vom 14.08.1996, DVBl 1997, 352 f.

Schwarz, Oliver, Die strafgerichtliche Aberkennung der Amtsfähigkeit und des Wahlrechts, Baden-Baden, 1991

Schwarz, Otto, Strafgesetzbuch, 15. Auflage, München 1952

Schwarz, Otto / *Kleinknecht*, Theodor, Strafprozessordnung, 26. Auflage, München 1966

Schwerdtner, Peter, Anmerkung zum Urteil des BGH vom 07.02.1984, JZ 1984, 1103 ff.

Seifert, Helmut, Das Wahlgeheimnis – eine rechtsvergleichende Darstellung, Zeulenroda 1934

Seifert, Karl-Heinz, Briefwahl und Grundgesetz, DÖV 1958, 513 ff.

Seifert, Karl-Heinz, Gedanken zu einer Reform des Wahlprüfungsrechts, DÖV 1967, 231 ff.

Seifert, Karl-Heinz, Bundeswahlrecht, 3. Auflage, München 1976

Seifert, Karl-Heinz / *Hömig* Dieter, Grundgesetz, 7. Auflage, Baden-Baden 2003

Sello, Friedrich Wilhelm, Der Schutz der öffentlichen Wahlen nach dem Reichsstrafgesetzbuch (§§ 107-109), Berlin 1908

Simma, Bruno / *Volk*, Klaus, Der Spion, der in die Kälte kam – Zur BGH-Entscheidung über die Strafbarkeit der DDR-Spionage, NJW 1991, 871 ff.

Soergel, Bürgerliches Gesetzbuch, Band 5/2, §§ 823-853; 12. Auflage, Stuttgart 1998

312

Solbach, Günter / *Vedder,* Axel, Der Anspruch auf Beweiserhebung in der Hauptverhandlung in Strafsachen (2. Teil), JA 1980, 161 ff.

Sondermann, Waldemar, Vergehen bei Abstimmungen und Wahlen im Reichstrafgesetzbuch und in den Entwürfen, insbesondere im Entwurf von 1927, Emsdetten 1934

Spiegel, Jan-Peter, Parlamentsrechtliche Strukturmerkmale im Recht der kommunalen Volksvertretung, Frankfurt a.M. 2005

Spira, Emil, Die Wahlfälschung in Theorie und Legislation, GrünhutsZ 1908, 479 ff.

Staudinger, Kommentar zum Bürgerlichen Gesetzbuch, §§ 823-832, 12. Auflage, Berlin 1986, zit. Staudinger[12]-Bearbeiter

Staudinger, Kommentar zum Bürgerlichen Gesetzbuch, §§ 134-163, 13. Bearbeitung, Berlin 2003, zit. Staudinger-Bearbeiter

Staudinger, Kommentar zum Bürgerlichen Gesetzbuch, §§ 823-825, 13. Bearbeitung, Berlin 1999, zit. Staudinger-Bearbeiter

Staudinger, Kommentar zum Bürgerlichen Gesetzbuch, §§ 826-829, Neubearbeitung, Berlin 2003, zit. Staudinger-Bearbeiter

Stege, Dieter, Betriebsverfassungsgesetz, 9. Auflage, Köln 2002

Stein, Katrin, „Wer die Wahl hat..." – Der Grundsatz der Allgemeinheit der Wahl und der Ausschluss vom Wahlrecht wegen strafgerichtlicher Verurteilung, GA 2004, 22 ff.

Stenglein, M., Lexikon des deutschen Strafrechts nach den Entscheidungen des Reichsgerichts zum Strafgesetzbuche, Band 2, Berlin 1900.

Stelkens, Ulrich, Schadensersatzansprüche des Staates gegenüber Privaten, DVBl 1998, 300 ff.

Stern, Klaus, Das Staatsrecht der Bundesrepublik Deutschland, Band 2, München 1980, zit. StaatsR 2

Stern, Werner, Vergehen bei Wahlen u. Abstimmungen, Quakenbrück 1933

Sternberg-Lieben, Detlev, Die objektiven Schranken der Einwilligung im Strafrecht, Tübingen 1997

Stieber, Erich, Die Wahlbestechung (§ 109 RStGB), München

Stober, Rolf, Kommunalrecht in der Bundesrepublik Deutschland, 3. Auflage, Stuttgart 1996

Strafrecht der Deutschen Demokratischen Republik, 8. Auflage, Berlin 1987

Sudenroth, Stefan, Wahlbeeinflussung durch staatliche Funktionsträger, AöR 125 (2000), 257 ff.

Systematischer Kommentar zum StGB, Rudolphi, Hans-Joachim / *Horn,* Eckhard / *Günther,* Hans-Ludwig / *Samson,* Erich (Hrsg.), 7./8. Auflage, 41. Ergänzungslieferung Oktober 2005, Neuwied, zit. SK-Bearbeiter

Systematischer Kommentar zur StPO, Rudolphi, Hans-Joachim / *Frisch,* Wolfgang / *Paeffgen,* Hans-Ullrich / *Rogall,* Klaus / *Schlüchter,* Ellen / *Wolter,* Jürgen (Hrsg.), 45. Ergänzungslieferung Oktober 2005, Neuwied, zit. SK StPO-Bearbeiter

Tenckhoff, Anmerkung zum Urteil des BGH vom 03.12.1987, JR 1989, 33 ff.

Tiedemann, Klaus, Strafrecht und Wahlrecht, NJW 1967, 1013 f.

Trinkaus, Kurt, Die Wahldelikte im geltenden Deutschen Strafrecht, Hamburg 1955

Tröndle, Herbert / *Fischer,* Thomas, Strafgesetzbuch und Nebengesetze, 53. Auflage, München 2006

Überhofen, Michael, Korruption und Bestechungsdelikte im staatlichen Bereich: ein Rechtsvergleich und Reformüberlegungen zum deutschen Recht, Freiburg 1999

313

unbekannter Verfasser, Der Schutz der Wahlhandlung nach § 108 StGB in der Judikatur des Reichsgerichts, AöR 20 (1906), 285 ff.

Vahlenkamp, Werner / *Knauß*, Ina, Korruption – ein unscharfes Phänomen als Gegenstand zielgerichteter Prävention, Wiesbaden 1995

Vergleichende Darstellung des deutschen und ausländischen Strafrechts, Besonderer Teil, Band 1, *Birkmeyer*, Karl / *van Calker*, Fritz / *Frank*, Reinhard / *v. Hippel*, Robert / *Kahl*, Wilhelm / *v. Lilienthal*, Karl / *v. Liszt*, Franz / *Wach*, Adolf (Hrsg), Berlin 1906, zit. M. E. Mayer

Vetter, Jan, Gesetzeslücken bei der Internetkriminalität, Hamburg 2003

Vogt, Aloys, Behinderung und Beeinflussung von Betriebsratswahlen, BB 1987, 189 ff.

Volk, Klaus, Die Merkmale der Korruption und die Fehler bei ihrer Bekämpfung, in: GS Zipf, Heidelberg 1999, S. 419 ff.

Volk, Klaus, Grundkurs StPO, 4. Auflage, München 2005, zit. StPO

Volk, Klaus, Nötigung durch Drohung mit Unterlassen, JR 1981, 274 ff.

Vormbaum, Thomas, Zur strafrechtlichen Verantwortlichkeit von DDR-Richtern wegen Rechtsbeugung, NJ 1993, 212 ff.

Wabnitz, Heinz-Bernd / *Janovsky*, Thomas, Handbuch des Wirtschafts- und Steuerstrafrechts, 2. Auflage, München 2004

Wagner, Heinz, Die Rechtsprechung zu den Straftaten im Amt seit 1975 – Teil 1, JZ 1987, 594 ff.

Wallerath, Max, Die öffentlich-rechtliche Innenhaftung von Organwaltern, DVBl 1971, 197 ff.

Waltner, Georg / *Bauer*, Martin, Gemeinde- und Landkreiswahlgesetz mit Wahlordnung, 17. Auflage, München 2001

Warda, Günter, Grundzüge der strafrechtlichen Irrtumslehre (4. Teil), Jura 1979, 286 ff.

Weber, Hermann, Grundfälle zum Rechtsschutz im Kommunalwahlrecht, insbesondere zur Wahlprüfung, JuS 1989, 902 ff., 977 ff.; 1990, 291 ff.

Weber, Ulrich, Zum Verhältnis von Bundes- und Landesrecht auf dem Gebiet des straf- und bußgeldrechtlichen Denkmalschutzes, in: FS Tröndle, Berlin 1989, S. 337 ff.

Wernsmann, Rainer, Das demokratische Prinzip und der demographische Wandel, Der Staat 2005, 43 ff.

Wessels, Johannes / *Beulke*, Werner, Strafrecht Allgemeiner Teil, 35. Auflage, Heidelberg 2005, zit. AT

Wessels, Johannes / *Hettinger*, Michael, Strafrecht Besonderer Teil I, 29. Auflage 2005, zit. BT 1

Will, Martin, Internetwahlen – Verfassungsrechtliche Möglichkeiten und Grenzen, Stuttgart 2002

Will, Martin, Wahlen und Abstimmungen via Internet und die Grundsätze der allgemeinen und gleichen Wahl, CR 2003, 126 ff.

Willms, Anmerkung zum Urteil des BGH vom 23.11.1983, JR 1984, 120 f.

Windthorst, Kay, Staatshaftungsrecht, JuS 1996, 605 ff.

Wolf, Gerhard, Straftaten bei Wahlen und Abstimmungen, Bonn 1961

Wolf, Manfred, Der Ersatzberechtigte bei Tatbeständen sittenwidriger Schädigung, NJW 1967, 709 ff.

Wolff, Hans J. / *Bachof*, Otto / *Stober*, Rolf, Verwaltungsrecht, Band 1, 11. Auflage, München 1999, zit. VerwR 1

Wolff, Hans J. / *Bachof*, Otto / *Stober*, Rolf, Verwaltungsrecht, Band 3, 5. Auflage, München 2004, zit. VerwR 3

Wolfrum, Rüdiger, Die Bewertung innerparteilicher Vorgänge bei der Zulassung von Parteiwahlvorschlägen zu Landtags- und Bundestagswahlen, ZParl 1975, 323 ff.

Wurzel, Gabriele, Gemeinderat als Parlament?, Würzburg 1975

Zacharias, Diana, Das Prinzip der demokratischen Legitimation, Jura 2001, 446 ff.

Zaczyk, Rainer, Das Unrecht der versuchten Tat, Berlin 1989

Zieschang, Frank, Das EU-Bestechungsgesetz und das Gesetz zur Bekämpfung internationaler Bestechung, NJW 1999, 105 ff.

Zippelius, Reinhold / *Würtenberger*, Thomas, Deutsches Staatsrecht, 31. Auflage, München 2005, zit. StaatsR

Gesetzentwürfe

Vorentwurf zu einem Deutschen Strafgesetzbuch, Berlin 1909, zit. VE 1909

Gegenentwurf zum Vorentwurf eines deutschen Strafgesetzbuchs, Berlin 1911, zit. GE 1911

Entwurf der Strafrechtskommission (1913), in: Entwürfe zu einem Deutschen Strafgesetzbuch, Berlin 1920, zit. E 1913

Entwurf von 1919, in: Entwürfe zu einem Deutschen Strafgesetzbuch, Berlin 1920, zit. E 1919

Amtlicher Entwurf eines Allgemeinen Deutschen Strafgesetzbuchs nebst Begründung, Berlin 1925, zit. E 1925

Entwurf eines Allgemeinen Deutschen Strafgesetzbuchs, RT-Drs. 3/3390, zit. E 1927

Entwurf eines Allgemeinen Deutschen Strafgesetzbuchs, RT-Drs. 5/395, zit. E 1930

Entwurf eines Deutschen Strafgesetzbuchs 1936 nebst Begründung,Nachdruck Bonn 1954, zit. E 1936

Entwurf eines Deutschen Strafgesetzbuchs, Neudruck Juni 1939, zit. E 1938

Entwurf eines Gesetzes zur Änderung des Strafgesetzbuches (Strafrechtsänderungsgesetz 1950), BT-Drs. 1/1307, zit. E 1950

Entwurf eines Strafgesetzbuchs nach den Beschlüssen der Großen Strafrechtskommission in erster Lesung, Bonn 1959, zit. E 1959 I

Entwurf eines Strafgesetzbuchs nach den Beschlüssen der Großen Strafrechtskommission in zweiter Lesung, Bonn 1959, zit. E 1959 II

Entwurf eines Strafgesetzbuchs (StGB), E 1960, mit Begründung, BT-Drs. 3/2150, zit. E 1960

Entwurf eines Strafgesetzbuchs (StGB), E 1962, mit Begründung, BT-Drs. 4/650, zit. E 1962

Niederschriften über die Sitzungen der Großen Strafrechtskommission, Bonn 1960, zit. GrStRK

Materialien zur Strafrechtsreform, 7. Band, Entwurf eines Einführungsgesetzes um Allgemeinen Deutschen Strafgesetzbuch und zum Strafvollzugsgesetz 1930, Nachdruck Bonn 1954, zit. E EGStGB 1930

Anhang

forsa. Gesellschaft für
Sozialforschung und statistische Analysen mbH

Meinungen zu Wahlstraftaten

Datenbasis:	1.002 Befragte
Erhebungszeitraum:	1. bis 3. Juni 2004
statistische Fehlertoleranz:	+/- 3 Prozentpunkte

Wenn einem ein Politiker 100 Euro dafür bieten würde, dass man bei der Europawahl eine bestimmte Partei wählt, würden nur 3 Prozent der Wahlberechtigten auf jeden Fall auf das Angebot eingehen. 11 Prozent würden nur darauf eingehen, wenn es sich dabei um die Partei handeln würde, die man ohnehin wählen wollte. 85 Prozent sagen, dass sie auf dieses Angebot auf keinen Fall eingehen würden.

Bei den unter 30-Jährigen ist der Anteil derer, die das Angebot auf jeden Fall ablehnen würden, etwas geringer als bei den älteren Wahlberechtigten.

Von denjenigen, die glauben, dass sie sich dadurch strafbar machen würden, sagen 12 Prozent, dass sie (unter Umständen) auf das Angebot eingehen würden. Diejenigen, die diese Tat für nicht strafbar halten, sagen etwas häufiger, dass sie dies tun würden. Allerdings würden auch in dieser Gruppe 80 Prozent das Angebot ablehnen.

forsa. Gesellschaft für Sozialforschung und statistische Analysen mbH

- **Würde man seine Stimme verkaufen?**

Wenn einem ein Politiker bei der Europawahl
100 Euro dafür bieten würde, dass man eine
bestimmte Partei wählt, würden auf das
Angebot eingehen

	ja, auf jeden Fall	nur wenn es sich um die Partei handelt, die man ohnehin wählen wollte	nein, auf *) keinen Fall
	%	%	%
insgesamt	3	11	85
Ost	2	8	88
West	3	12	85
18- bis 29-Jährige	4	25	70
30- bis 44- Jährige	4	10	85
45- bis 59- Jährige	3	7	90
60 Jahre und älter	1	7	91
Handlung wird für strafbar gehalten			
ja	2	10	88
nein	6	13	80

*) an 100 Prozent fehlende Angaben = „weiß nicht"

forsa.

Gesellschaft für
Sozialforschung und statistische Analysen mbH

Zwei Drittel der Wahlberechtigten (66 %) glauben, dass man sich selbst strafbar machen würde, wenn man seine Stimme verkaufen würde. Ein Viertel der Wahlberechtigten (25 %) ist dagegen der Meinung, dass man sich dadurch nicht strafbar machen würde. 9 Prozent sagen von sich aus, dass sie das nicht wüssten.

Die Ostdeutschen und die unter 30-jährigen Wahlberechtigten glauben etwas häufiger als die anderen Gruppen, dass der „Stimmenverkauf" strafbar sei. Die formal besser Gebildeten sind etwas häufiger als der Durchschnitt der Meinung, dass man sich selbst nicht strafbar machen würde.

- Ist der Stimmenverkauf strafbar?

	Es glauben, dass man sich selbst strafbar machen würde, wenn man seine Stimme verkauft		
	ja %	nein %	weiß nicht %
insgesamt	66	25	9
Ost	71	22	7
West	64	26	10
18- bis 29-Jährige	76	22	2
30- bis 44- Jährige	64	26	10
45- bis 59- Jährige	66	27	7
60 Jahre und älter	62	25	13
Hauptschule	62	24	14
mittlerer Abschluss	70	22	8
Abitur/Studium	64	29	7

Criminalia

Herausgegeben von Klaus Volk

www.peterlang.de

Peter Lang · Europäischer Verlag der Wissenschaften

Anne Marlene Simon-Holtorf

Geschichte des Familienwahlrechts in Frankreich (1871 bis 1945)

Frankfurt am Main, Berlin, Bern, Bruxelles, New York, Oxford, Wien, 2004. 288 S.
Rechtshistorische Reihe. Verantwortlicher Herausgeber: Werner Schubert. Bd. 298
ISBN 3-631-52945-7 · br. € 51.50*

Die Forderung nach Einführung eines Familienwahlrechts (vote familial) kam in Frankreich in der Mitte des 19. Jahrhunderts auf. Hiernach sollten dem Familienoberhaupt mehrere Wahlstimmen zustehen, sei es in Vertretung der Kinder, sei es für die Familie als solche. Die Arbeit behandelt außer der umfangreichen Literatur alle parlamentarischen Initiativen zwischen 1871 und 1938 zur Einführung des Familienwahlrechts (seit 1924 verbunden mit dem erst 1945 in Frankreich verwirklichten Frauenstimmrecht) und die Verfassungsprojekte von Vichy, die ein Familienwahlrecht vorsahen. Zum Abschluß bringt die Arbeit einen detaillierten Überblick über die derzeitige Diskussion zur Einführung eines Familien- bzw. Kinderwahlrechts in Deutschland.

Aus dem Inhalt: Wahlrecht und Gesetzgebung in Frankreich · Begriff und Zweck des Familienwahlrechts · Anfänge des Familienwahlrechts in Frankreich von 1871 bis 1899 · Familienwahlrecht in Belgien, Tunesien und Marokko · Familienwahlrecht in Frankreich von 1900 bis 1938 · Familienwahlrecht in der Vichy-Zeit · Familienwahlrecht heute

Frankfurt am Main · Berlin · Bern · Bruxelles · New York · Oxford · Wien
Auslieferung: Verlag Peter Lang AG
Moosstr. 1, CH-2542 Pieterlen
Telefax 00 41 (0) 32 / 376 17 27

*inklusive der in Deutschland gültigen Mehrwertsteuer
Preisänderungen vorbehalten
Homepage http://www.peterlang.de